ŒUVRES
DE MONSIEUR
DE SAINT-EVREMOND,

Publiées sur les Manuscrits de l'Auteur.

Nouvelle édition revûë, corrigée & augmentée de la vie de l'Auteur.

TOME PREMIER.

A LONDRES,

Chez JACOB TONSON, Libraire, à Grais-Inn Gate,

Et se vendent chez les Libraires François dans le Strand.

M. DCCXXV.

A
MYLORD DUC
DE
MONTAIGU,

Marquis de MONTHERMER, &c. Du Conseil Privé de SA MAJESTE', Grand Maître de la Garderobe, &c.

YLORD,

Je prens la liberté de presenter à VOSTRE GRANDEUR les OEuvres de Monsieur de Saint-Evremond.

S'il

S'il les avoit données lui-même au public, je suis sûr qu'il se seroit fait honneur de leur procurer la même protection que vous lui aviés accordée. On sçait que vous l'avez honoré de votre estime & de votre amitié ; & que pendant trente années vous lui en avez donné de solides preuves. D'ailleurs, MYLORD, il connoissoit peu de personnes aussi capables que vous de juger de ses écrits, & qui fussent aussi touchés de la finesse de ses pensées, & de la délicatesse de son expression: aussi n'y avoit-il personne de l'approbation de qui il fît plus de cas que de la vôtre. Il y a même telle piéce dont il avoüoit que vous lui aviez souvent fourni les pensées dans la conversation ; & qu'il n'avoit fait que les mettre en œuvre.

Vous dédier ses Ouvrages, c'est suivre

EPITRE.

les intentions de Monsieur de Saint-Evremond, & vous rendre un bien qui vous apartient. Mais j'ai une autre raison qui me regarde particulierement. Désesperant de pouvoir rien produire de mon propre fonds qui soit digne de vous être offert, je me sers de cette occasion pour faire connoître les obligations infinies que je vous ai. Depuis que j'ai l'honneur d'être connu de VOTRE GRANDEUR, j'ai reçû en toutes sortes de rencontres des témoignages de votre bienveillance. Vos bienfaits & vos graces ont toûjours prévenu mes souhaits: permettez-moi, MYLORD, de rendre publique la juste & sincere reconnoissance que j'en conserverai toute ma vie.

Si je suivois la coûtume établie dans les épitres dédicatoires, j'aurois une occasion fort naturelle d'étaler la noblesse & l'an-

EPITRE.

ciennété de la Maison de MONTAIGU, dont vous êtes l'ame & le chef. Je remonterois jusqu'à Guillaume le Conquerant : je parlerois du fameux Comte de Salisbury, qui se signala contre les François au Siege d'Orleans : & que ne pourrois-je pas dire du Rang que tient presentement dans l'Etat votre illustre Maison, dont nous voyons quatre Pairs avoir séance dans la Chambre des Seigneurs? distinction qu'on voit rarement dans une famille: Mais, MYLORD, tous ces avantages vous sont, pour ainsi dire, étrangers. Pour faire votre éloge, on n'auroit pas besoin d'avoir recours à une longue suite d'Ayeux: loin de recevoir quelque éclat de leur noblesse, vous leur avez donné un nouveau lustre. Elevé jeune à la Cour de Charles II. vous vous êtes distingué dans les charges que vous avez possedées. Deux

EPITRE.

Ambassadeurs extraordinaires en France ont fait connoître votre capacité dans les plus importantes négociations : mais toûjours superieur aux affaires, vous avez trouvé le tems de goûter les douceurs & les agrémens d'une société choisie ; & votre Hôtel a été le rendez-vous de tout ce qu'il y avoit de plus fin & de plus délicat parmi les Courtisans & les beaux esprits. Homme public, qui en a soûtenu le caractere avec plus de grandeur ! Qui a mieux fait valoir que vous les interêts de son Prince & de sa patrie ? Particulier, qui a vécu avec plus de dignité, avec plus de politesse ! Vous avez introduit les beaux arts en Angleterre : vous y avez fait voir dans les bâtimens la magnificence & la commodité ; dans les meubles, la richesse & le bon goût ; dans les jardins, la belle ordonnance & la variété. Votre Maison est

EPITRE.

ouverte aux curieux, aux connoisseurs; votre table aux gens de lettres, aux gens d'esprit. Les étrangers se loüent de vos manieres honnêtes & polies; tout le monde de votre accès libre & facile. Voilà le sujet d'un bel éloge; & ce qui doit en augmenter le prix, c'est que ce sont des choses qui n'ont pas besoin d'être ornées, & qu'il suffit simplement de les dire. Je suis, avec un profond respect,

MYLORD,

DE VOTRE GRANDEUR,

Le très-humble & très-obéissant serviteur,
SILVESTRE.

AVER-

AVERTISSEMENT (1)
Sur cette nouvelle edition.

LES premiers ouvrages qui parurent de Mr. de Saint Evremond, il y a quarante Ans, furent si bien reçus du public, que les Libraires commencerent dès-lors à lui attribuer plusieurs pieces, où il n'avoit aucune part. Depuis ce tems-là, il ne s'est point fait d'Editions, tant en France, qu'en Hollande, où ils n'ayent ajouté de ces pieces supposées. Il s'est même trouvé des Auteurs, qui voulant donner cours à leurs productions, ou vendre mieux leurs copies, ont cru que le nom de Mr. St. Evremond en releveroit le prix, & les feroit recevoir plus favorablement. Cette espece de brigandage litteraire a fait que jusques à present on a donné plusieurs pieces sous son nom, qui n'étoient nullement de lui. Cette nouvelle Edition, que nous publions, Mr. Silvestre & moi, mettra fin à ce desordre; puis qu'elle contient (2) tout ce qu'il

---

(1) Cet Avertissement est de Mr. des Maizeaux, Ami particulier de Mr. de St Evremond, qui a donné ses soins pour la perfection de cette édition. *Voyez la preface suivante.*

(2) Dans les cinq premiers Tomes.

AVERTISSEMENT.

qu'il a fait de plus considérable, sans aucun mélange de ce que l'atifice ou l'avarice des Auteurs lui avoient fait attribuer.

Il faut pourtant avoüer que tous les oûvrages qu'on a fait passer sous le nom de M. S. Evremond, ne sont pas également mauvais. Il y en a même un assez grand nombre dont il faisoit beaucoup de cas, (1) & que de fort habiles gens ont cru être éffectivement de lui. Ce sont ces derniers que je donne présentement au public, dans les deux derniers Tomes intitulez: OEUVRES MESLE'ES; ou, MELANGE CVRIEVX DE PIECES ATTRIBUE'ES A MR. DE ST. EVREMOND.

Je ne me suis pas non plus proposé de recuëillir dans cette édition tout ce qu'on avoit attribué à Mr. de St. Evremond. Ceux qui voudront s'emparer des pieces que j'ai laissées, en pourront faire un recuëil presque aussi gros que celui-ci, sans y faire entrer les MEMOIRES DE LA VIE DU COMTE DE ***, & sans rien prendre du SAINT EVREMONIANA. J'ai eu dessein de faire un choix; & il y a lieu de se flâter que ce choix ne déplaira pas aux connoisseurs. D'ailleurs, j'ai mis quelques petites

---

(1) *Voyez la* Lettre de Mr. de St. Evremond au Sieur Barbin, Libraire de Paris, *To. V. pages* 339. & celle à Mademoiselle de l'Enclos, dans le n.ême Tome. *page* 400.

AVERTISSEMENT.

tites notes dans les endroits qui ont semblé en avoir besoin, & j'ai restitué, autant que j'ai pu, à leurs veritables Auteurs les pieces qui n'avoient encore paru qu'anonymes.

Pour donner une grosseur raisonnable à ces deux Volumes, le Libraire m'a engagé d'y mettre quelques ouvrages qu'on ne trouve plus que difficilement, ou qui n'ont pas encore paru. Je lui ai donné *les Melanges Historiques*, & les *Particularitez* de litterature de Mr. Colomiés, plus amples, & plus correctes qu'on ne les avoit encore vuës : le *Plaidoyé* de Mr Erard, contre Madame la Duchesse Mazarin : le *Caractere* de Charles II. Roi d'Angleterre, par Mr. le Duc de Buckingham & Normanby, des Poësies de Mr. le Duc de Nevers, &c. (1)

Au reste, quoique le titre des sixiéme & septiéme volumes, ne promette aucun ouvrages qui soit de Mr. de St. Evremond, on y trouvera pourtant quelque pieces où il a eu beaucoup de part; comme *l'Apologie* pour Mr. le Duc de Beaufort : la *Maxime* qu'il ne faut point manquer à ses amis, &c.

Mais

---

(1) Dans cete nouvelle édition, on a ajouté à toutes ces pieces, les MEMOIRES de Madame la Duchesse de Mazarin; parce qu'on a cru qu'il pouvoient servir à faire entendre plusieurs endroits de la REPONSE de Mr. de St. Evremond au PLAIDOYÉ de Mr. Erard.

AVERTISSEMENT.

Mais j'ai particularisé tout cela dans les notes. J'ajoûterai ici que quelques amis de Mr. de St. Evremond ont donné, sans nôtre participation, aux Libraires, plusieurs petites pieces, que Mr. Silvestre & moi n'avions pas d'abord jugés à propos de publier avec ses autres ouvrages. Mais comme elles ont été mises dans une des éditions faites en Hollande; & même dans celle qui doit passer pour la plus exacte (1), j'ai cru que pour ne rien laisser à souhaiter au Lecteur, on devoit aussi les mettre dans celle-ci. C'est la raison pour laquelle je les ai mis dans le VII. Volume, non comme apocriphes, mais comme pieces qui ne méritoient pas la même estime que les autres.

Il est bon encore de remarquer que toutes les editions des *Oeuvres* de M. de St Evremont, qui ont parus jusqu'à present, tant en France qu'en Hollande, ont été toutes défectueuses, & qu'il n'y a que celles qui ont été imprimées à Londres, qui aient été correctes. Celles qui ont porté pour titre: *Les Veritables Oeuvres de Mr. de St. Evremond* (2), ont été plus mauvaises & plus fau-

_____

(1) Imprimé en Hollande en sept Volumes in douze, en 1708.

(2) Elles ont été imprimées à Roüen sur la premiere edition de Londres qui ne se piquant d'aucune exactitude, n'ont eu aucun soin des epreuves de 1705. en cinq volumes in douze, on en trois

AVERTISSEMENT.

fautives que pas une. C'est dans ces derninieres, dans lesquelles on s'est donné la liberté de changer ce qu'on a trouvé à propos, sans aucun goût ni discernement; en sorte qu'il y a une infinité d'endroits qu'il est impossible d'entendre.

Enfin, on peut dire avec raison qu'il n'y a point eu jusques à present d'édition plus complette, ni plus exacte que celle-ci puisque, outre plusieurs Notes qu'on a ajoutées pour l'intelligêce des endroits qui en avoient besoin, il y a la Vie de l'Auteur que j'ai mis à la tête de ce premier volume, & deux volumes entiers, qui sont les VI. & VII. Ils contiennent non-seulement plusieurs pieces attribuées à Mr. de St. Evremond, dans les differentes éditions, dont on a fait un choix, ainsi que je l'ai déja dit; mais on y trouvera aussi quelques petites pieces, qui ne sont pas à la verité fort considérables, mais qui sont effectivement de lui, & qu'on a recouvrées; joint à cela que dans les cinq premiers volumes (1), il y a plusieurs ouvrages

---

volumes, de très petit & de trèsmauvais caractere. Elles ont été contrefaites par des Imprimeurs ves, ont laissé passer une prodigieuses quan-tité de fautes; & même ont passé des demi-pages toutes entieres.

(1) Les cinq premiers Volumes de cette edition contiennent les pieces qu

AVERTISSEMENT.

vrages, dont on a rétabli des endroits considérables, & qu'on a verifiés sur les manuscrits de l'Auteur, ausquels on a donné toute la perfection qu'on peut souhaiter. Au reste si les nouvelles pieces, qui son veritablement de Mr. de Saint Evremond, & qui sont dans le VII. Tome, n'ont pas les mêmes agrémens, ni la même solidité que celles qu'on a déja vûës, elles serviront du moins à faire voir que l'on avoit usé de quelque discernement (1), en publiant ses ouvrages.

sont véritablement de Mr. de St. Evremond, & qu'il avoüoit lui-même, ainsi qu'il les a marqué de sa main, sur l'exemplaire de Mr. des Maizeaux.

(1) Dans la premiere edition, imprimée en deux Volumes *in quarto* à *Londres*, en 1705.

PREFACE.(1)

IL y a si long-tems qu'on demande une édition correcte des œuvres de Mr. de Saint-Evremond, que je ne doute point que le public ne reçoive favorablement celle qu'on lui donne. Elle peut passer en effet pour la premiere, toutes les éditions qui ont paru, soit en France ou en Hollande, étant extrémement défectueuses. Ceux qui n'ont pas connu Mr. de Saint-Evremond, doivent sçavoir qu'il n'a jamais rien fait imprimer, & que les Livres qu'on a publiés sous son nom, ont été imprimés sur des copies qui couroient dans le monde; copies souvent tronquées, & d'ordinaire très-peu exactes. Les deux premiers volumes qu'on a vûs de lui, eurent un si prompt débit, que le Libraire de Paris (2) voulant donner une Edition plus ample,

---

(1) Cette preface est de Mr. Silvestre, ami particulier de Mr. de St Evremond. Elle a été mise à la tête de l'Edition *in quarto* de Londres de 1705. On y a ractifié quelques petits endroits dans cette édition.

(2) Une personne digne de foi, m'a dit qu'étant un jour chez un Auteur, qui écrivoit assez poli-

ample, n'épargna rien pour ramasser de nouvelles piéces. Cela fit que sans beaucoup de choix, il ajouta aux véritables écrits de Mr. de Saint-Evremond, diverses piéces qui n'étoient pas de lui. Ce désordre a augmenté dans toutes les Editions suivantes, & il est allé enfin si loin, qu'on a imprimé des volumes entiers, où il n'y a rien de Mr. de Saint-Evremond. Tel est le SAINT-EVREMONIANA; tel est le RECUEIL d'Ouvrages de Mr. de Saint-Evremond, imprimé chez Anisson en 1701. Je ne parle point des MEMOIRES de la Vie du Comte D... avant sa retraite, redigez par Mr. de Saint-Evremond. Ce seroit faire tort au discernement du public, de croire qu'il eût pû se laisser surprendre au titre de ce roman.

Il faut encore remarquer que fort souvent dans les Editions de Paris, on a supprimé, ou du moins défiguré les noms, & qu'on a retranché bien des endroits qui paroissoient trop libres. Bien loin de corriger ces fautes, on les a multipliées dans les Editions de Hollande :

---

ment, le Sieur Barbin, Libraire de Paris, qui avoit mis au jour les OEUVRES de S. Evremond, y arriva; & s'adressant à cet Auteur, lui dit en termes positifs: *Hé, Monsieur, je vous prie, faites-moi du Saint-Evremond, je vous donnerai trente pistoles; vous m'en avez déja bien fait, dont j'ai été content.*

PRÉFACE.

lande : au lieu de rétablir les omissions, on y a encore ajouté de mauvaises piéces ; & l'on a fait un si étrange alliage de bonnes & de méchantes choses, que Mr. de Saint-Evremond ne s'y reconnoissoit plus.

On l'avoit sollicité de France à revoir ses ouvrages : les amis qu'il avoit à Londres, le pressoient tous les jours d'en donner une Edition qu'il pût avoüer ; mais il s'en étoit toûjours défendu. Depuis la derniere Paix, les Libraires de Paris lui firent faire des offres assez avantageuses, pour tenter un homme moins desinteressé que lui : rien ne put l'ébranler. „ J'ai un grand desavantage, mandoit-il à Mademoiselle de l'Enclos,(1) en " ces petits Traités qu'on imprime sous mon " nom. Il y en a de bien faits, que je n'avoüe " point, parce qu'ils ne m'appartiennent pas ; " & parmi les choses que j'ai faites, on a mêlé " beaucoup de sottises, que je ne prens pas la " peine de desavoüer. A l'âge où je suis, une " heure de vie bien ménagée, m'est plus con- " sidérable que l'interêt d'une médiocre ré- " putation. Qu'on se défait de l'amour-pro- " pre difficilement ! Je le quitte comme Au- " teur, je le reprens comme Philosophe, sen- " tant une volupté secrete à negliger ce qui " fait le soin des autres. Il me souvient que "

par-

---

(1) Dans le Traité de la morale d'Epicure à la moderne Leontium *Tome V. page 1.*

PREFACE.

ample, n'épargna rien pour ramasser de nouvelles piéces. Cela fit que sans beaucoup de choix, il ajouta aux véritables écrits de Mr. de Saint-Evremond, diverses piéces qui n'étoient pas de lui. Ce désordre a augmenté dans toutes les Editions suivantes, & il est allé enfin si loin, qu'on a imprimé des volumes entiers, où il n'y a rien de Mr. de Saint-Evremond. Tel est le SAINT-EVREMONIANA; tel est le RECUEIL d'Ouvrages de Mr. de Saint-Evremond, imprimé chez Anisson en 1701. Je ne parle point des MEMOIRES de la Vie du Comte D... avant sa retraite, redigez par Mr. de Saint-Evremond. Ce seroit faire tort au discernement du public, de croire qu'il eût pû se laisser surprendre au titre de ce roman.

Il faut encore remarquer que fort souvent dans les Editions de Paris, on a supprimé, ou du moins défiguré les noms, & qu'on a retranché bien des endroits qui paroissoient trop libres. Bien loin de corriger ces fautes, on les a multipliées dans les Editions de Hollande :

...ment, le Sieur Barbin, Libraire de Paris, qui avoit mis au jour les OEUVRES de S. Evremond, y arriva ; & s'adressant à cet Auteur, lui dit en termes positifs : *Hé,*

Monsieur, je vous prie, faites-moi du Saint-Evremond, je vous donnerai trente pistoles; vous m'en avez déja bien fait, dont j'ai été content.

londe : au lieu de rétablir les omissions, on y a encore ajouté de mauvaises piéces ; & l'on a fait un si étrange alliage de bonnes & de méchantes choses, que Mr. de Saint-Evremond ne s'y reconnoissoit plus.

On l'avoit sollicité de France à revoir ses ouvrages : les amis qu'il avoit à Londres, le pressoient tous les jours d'en donner une Edition qu'il pût avoüer ; mais il s'en étoit toûjours défendu. Depuis la derniere Paix, les Libraires de Paris lui firent faire des offres assez avantageuses, pour tenter un homme moins desinteressé que lui : rien ne put l'ébranler. „ J'ai un grand desavantage, mandoit-il à Mademoiselle de l'Enclos,(1) en " ces petits Traités qu'on imprime sous mon " nom. Il y en a de bien faits, que je n'avoüe " point, parce qu'ils ne m'appartiennent pas ; " & parmi les choses que j'ai faites, on a mêlé " beaucoup de sottises, que je ne prens pas la " peine de desavoüer. A l'âge où je suis, une " heure de vie bien ménagée, m'est plus consi- " dérable que l'interêt d'une médiocre ré- " putation. Qu'on se défait de l'amour-pro- " pre difficilement ! Je le quitte comme Au- " teur, je le reprens comme Philosophe, sen- " tant une volupté secrete à negliger ce qui " fait le soin des autres. Il me souvient que "

par-

---

(1) Dans le Traité de la morale d'Epicure à la moderne Leontium *Tome V.* *page* 1.

PREFACE.

parlant un jour avec lui sur ce sujet, & lui ayant dit que puisqu'il ne vouloit pas prendre la peine de revoir ses ouvrages, il devoit du moins donner cette satisfaction à beaucoup d'honnêtes-gens, de marquer les piéces qu'il desavoüoit ; il me répondit : „ Il se mê-
„ le peut-être un peu de vanité dans ma con-
„ duite. Il y a telle piéce imprimée parmi
„ mes Oeuvres, que j'avoüerois de tout mon
„ cœur, & qui vaut mieux que ce que j'ai
„ fait.

Mais quoique Mr. de St. Evremond eût toûjours refusé de publier ses écrits, il changea de sentiment quelque-tems ayant sa mort, & jetta les yeux sur Mr. Des Maizeaux, pour le charger de ce soin. Il relut avec lui ses ouvrages ; il marqua sur un exemplaire ce qui étoit de sa façon, & ce qui n'en étoit pas; il corrigea beaucoup de choses, & lui donna des éclaircissemens sur les endroits qui avoient besoin de commentaire : enfin il lui communiqua ses manuscrits, & revit avec lui les copies qu'il en faisoit. Son grand âge & ses infirmitez ne laissant pas esperer qu'il pût vivre long-tems, Mr. Des Maizeaux se hâtoit de tirer tous les secours, & toutes les lumieres necessaires; & il ne lui manquoit plus que quelques piéces, lorsqu'il fut obligé d'aller à la campagne. Cependant Mr. de St. Evremond se sentant plus foible qu'à l'ordinaire, témoigna plusieurs fois l'envie qu'il

avoit

PREFACE.

avoit de le voir: il pria même Mr. Le Fevre, de lui écrire de venir au plutôt. Mais ayant cessé de vivre, avant que Mr. des Maizeaux pût être de retour, ses manuscrits qu'il m'avoit souvent promis de me laisser, me furent remis par son ordre, après sa mort. Par-là je me suis vû en quelque maniere engagé à travailler de concert avec Mr. des Maizeaux à l'édition de ses ouvrages. Voici la méthode que nous avons suivie.

Nous avons retranché tout ce que Mr. de St. Evremond desavoüoit: bon ou mauvais, tout a été également supprimé. Notre scrupule a été si grand, qu'à la réserve d'une seule piéce,(1) sur quoi nous sommes encore en doute, on peut être assuré que tout ce qu'on verra dans les cinq premiers volumes de cette édition, sans être expressément marqué, comme fait par un autre, est véritablement de Mr. de St. Evremond. Nous avons revû avec beaucoup de soin sur les manuscrits, tout ce qui avoit été imprimé. Comme il y avoit plusieurs copies, on a choisi parmi diverses leçons, celle qui paroissoit la plus

---

(1) L'ODE à Mr. le Duc de Nevers, Tome IV. pag. 266. On l'a trouvée parmi les papiers de Mr. de St. Evremond, mais on ne veut pas garantir qu'elle soit de lui; au contraire, on a tout lieu de la croire de Mr. l'Abbé de Chaulieu, ainsi qu'on l'a mis dans la note, qui est au bas de cette piéce.

PREFACE.

plus naturelle ; on a rétabli par un manuscrit, ce qui manquoit dans l'autre : enfin pour la ponctuation, la chose du monde que Mr. de St. Evremond négligeoit le plus, on a suivi celle qui donnoit un plus beau sens & un meilleur tour ; & par-là on a rendu à diverses periodes la clarté & la netteté qui y manquoient. On y a ajouté beaucoup de piéces, qui n'ont pas encore paru ; & dans ce nombre-là, (si je ne me trompe,) on en trouvera qui ne cedent pas aux premieres. On a surtout publié autant de lettres & de billets qu'on en a pû ramasser. Si on ne trouve rien de fort important dans ces petites piéces, on y verra du moins le tour d'esprit de Mr. de St. Evremond. Ce n'est pas par un ouvrage limé & fini, qu'on doit toûjours juger d'un Auteur : on est bien-aise de le connoître dans son naturel ; & rien n'est plus propre à nous le représenter tel qu'il est, que ce qu'il écrit familiérement & sans préméditation. Au reste, ce n'est pas sans beaucoup de peine qu'on a ramassé tout cela. Il y a bien des piéces que Mr. de St. Evremond n'avoit pas lui-même, & qu'il a fallu chercher de côté & d'autre. Mr. le Févre Médecin à Londres, nous en a fourni un bon nombre. D'ailleurs, comme il avoit connu particuliérement Mr. de St. Evremond, & que depuis quarante ans, il le voyoit avec beaucoup de familiarité, il nous a donné des éclaircissemens sur beaucoup de

faits,

PREFACE.

faits, & nous a appris plusieurs particularités que nous ignorions.

On a pris grand soin dans tout l'ouvrage de remplir les lacunes, & de nommer les gens dont les noms avoient été effacés, ou défigurés. On a aussi ajouté des notes. Tantôt c'est un passage que l'Auteur cite en François; ou bien à quoi il fait allusion : ailleurs, c'est l'explication d'un fait; ou bien, on indique les personnes dont il s'agit, & s'il est necessaire pour l'intelligence du texte, on dit un mot de leur caractere. Ceux qui sçavent tout, trouveront qu'on a mis dans ces notes des choses trop communes : mais pour un lecteur qui s'en plaindra, il y en aura vingt qui auroient souhaité au contraire qu'on eût grossi considérablement les notes, & qu'on leur eût expliqué jusqu'à la moindre chose. En cela, on a tâché de garder un juste milieu.

Quoiqu'il semble qu'il n'importoit guere en quel ordre on placeroit les piéces détachées qui composent ce recüeil, on a cru pourtant devoir les ranger à peu près, suivant l'ordre des tems où elles ont été écrites. Je dis à peu prés; car il n'a pas toûjours été possible de le découvrir, & souvent il a fallu deviner. Cet ordre est sans doute le plus naturel; & pour le dire ici en passant, il seroit à souhaiter qu'en ramassant en un corps les ouvrages d'un Auteur, on les publiât

bliât dans le même ordre qu'il les a faits. On jugeroit par là de ses progrés : on marqueroit le tems où il a le mieux écrit; de même que dans les ouvrages de certains Peintres fameux, on distingue ce qu'ils ont fait dans le commencement, dans le fort, ou dans la décadence de leur réputation : & le même plaisir qu'on prend à remarquer les différentes manieres qu'un Peintre s'est souvent faites, on l'auroit, à voir le changement qui paroît quelquefois dans le stile & dans le tour d'esprit d'un Auteur.

On avoit d'abord résolu de désigner par quelque marque particuliére, les piéces qui n'avoient pas encore paru : mais on a changé de sentiment, parce que parmi les écrits qui avoient déja été imprimés, il y en a qui ont été entierement refondus, & qui peuvent passer pour nouveaux. Ceux-là, on n'auroit sçu en quelle classe les ranger. Il faut encore remarquer que l'Auteur ayant revu en differens tems ses ouvrages, y ajoutoit aprés coup de nouvelles choses. Ainsi, à prendre tout à la rigueur, on pourroit le condamner sur quelques Anachronismes. On a fait cette remarque, particuliérement dans la Comédie des ACADEMICIENS : mais on a cru la devoir faire encore ici, parce qu'elle peut avoir lieu pour quelques autres piéces.

Aprés avoir rendu compte de cette édition, je ne m'arrêterai point à faire l'éloge des ouvrages

PREFACE.

ouvrages de Mr. de St. Evremond. Il est en possession, il y a long-tems de l'approbation du public; en sorte que désormais, c'est au public à justifier sur cela son goût & son jugement. Il y a cinquante ans qu'on lit, & qu'on estime ses écrits. Si une longue prescription peut établir le mérite, & répondre de la durée des ouvrages, nous en avons une d'un demi-siecle. C'est déja un préjugé assez favorable pour les premieres piéces. Celles qu'il a faites dans la suite, ont été encore plus estimées. Ajoutons que si, avec tous les desavantages dont on a parlé, les œuvres de Mr. de St. Evremond n'ont pas laissé d'avoir un si grand nombre d'approbateurs, il n'y a pas lieu de douter que paroissant présentement dans un meilleur état, elles ne soient reçûës plus favorablement.

On n'est pas au reste assez prévenu en sa faveur, pour croire que tout ce qu'il a écrit, soit de la même force. Il y a entr'autres des piéces de Poësie, qui sont au dessous du médiocre. On a été tenté d'en supprimer quelques-unes, qu'il avoit composées dans sa jeunesse; mais comme elles avoient déja été imprimées, on n'a pas cru les devoir retrancher, de peur que le public ne s'imaginât qu'on s'étoit érigé en Juge, & qu'on vouloit décider du prix & du mérite de chaque chose. Pour celles qui n'avoient pas encore paru, on en a usé plus librement. On n'a pas voulu

publier

PREFACE.

publier toutes les bagatelles qu'il faisoit assez à la hâte, & qu'il ne se donnoit pas la peine de corriger : on a fait seulement le meilleur choix qu'on a pû. Je prévois que tous les lecteurs n'en seront pas également touchés. Il y a dans telle piéce une pensée finie ; une raillerie délicate, qui échapera à la plupart des gens. Pour être capable de la sentir, il faudroit être exactement instruit du caractére des personnes, avec lesquelles on est en commerce ; il faudroit sçavoir certains faits, certaines circonstances, qui donnent lieu à un jeu, à une plaisanterie ; & qui hors de-là, paroissent trés-insipides. Cela est inévitable dans les ouvrages purement d'esprit. Le seul moyen de remédier à cet inconvénient, seroit d'éclaircir tout par de bonnes notes : mais outre que ce seroit un travail infini, il n'est pas toujours permis de nommer les personnes, sur-tout si elles sont vivantes ; & d'ailleurs, il y a bien des choses qu'on ne peut pas dire. On a fait seulement un essai sur deux ou trois piéces, qui regardent Morin;(1) que ceux qui les ont luës autrefois, & qui n'y ont rien trouvé, les relisent, je suis sur qu'ils y trouveront tout un autre sel. Ils pourront par-là juger du reste;& s'il y a quelques endroits qu'ils n'entendent point, ils suspen-

___
(1) Fameux joueur de Bassette, qui tailloit en Angleterre chez Madame Mazarin.

PREFACE. xxvij

suspendront leur jugement, & rendront du moins cette justice à l'Auteur, qu'il peut avoir eu en vûë un autre sens que celui qui se présente d'abord.

Puisque je me suis insensiblement engagé à défendre Mr. de St. Evremond, je répondrai en peu de mots à deux objections qu'on peut faire contre ses ouvrages. La premiere regarde ce mélange bizarre de serieux & de comique; de choses graves & de bagatelles. Que ne s'est-on contenté, disent certaines gens austéres & difficiles, de ramasser tout ce qu'il y a de bon & de solide? Pourquoi n'avoir pas retranché tout ce qu'il y a, non-seulement d'inutile, mais aussi de badin? Ces gens, qui voudroient qu'on ne s'attachât qu'à des études utiles, doivent considérer que ce n'est point ici un Docteur qui écrit pour instruire & pour dogmatiser; que ce n'est point un homme engagé par sa profession, à rendre compte au public de ses occupations & de ses veilles. C'est un homme du monde, qui dans une grande oisiveté, cherche à passer agréablement le tems; qui écrit tantôt sur un sujet, tantôt sur un autre, uniquement pour s'amuser: c'est un bel-esprit, qui pense à se divertir, (1) & à divertir un certain nombre

___

(1) Une personne de consideration parlant un jour à Mr. de S. Evremond de ses ouvrages, & lui disant qu'il y avoit quelques endroits qui n'étoient pas

PRÉFACE.

nombre d'honnêtes-gens, avec qui il est en commerce. Il y auroit assurément de l'injustice à juger de lui avec trop de sévérité; & l'injustice seroit encore plus grande, de vouloir obliger ceux qui publient ses ouvrages, à supprimer tous ceux qui sont purement divertissans.

L'autre objection roule sur le stile de Mr. de St. Evremond. On dit qu'il n'est pas toujours clair; qu'il y a quelquefois de l'obscurité, & souvent de l'affectation. On y voit, dit-on, une mesure trop exacte & trop recherchée: ce sont des antithèses trop fréquentes. Je ne prétens pas justifier sur-tout Mr. de St. Evremond; mais on peut dire qu'il pensoit avec justesse, & s'exprimoit noblement. Son tour est délicat: sa diction est pure, hardie & soutenuë. Il passera toujours pour un de nos meilleurs Ecrivains. Ses négligences même sont heureuses. Il les connoissoit

„ approuvez du public ! „ Ce public a tort, ré„ pondit-il. Quel droit „ prétend-il avoir sur „ mes Ecrits ? Je n'ai ja„ mais eu en vûe de lui „ plaire; je nai jamais „ recherché son approba„ tion. Si je n'ai écrit „ quelque chose, tantôt „ sur un sujet; tantôt sur un autre, ç'a été pour „ me divertir moi-même, „ ou pour la satisfaction „ de quelques personnes „ qui m'honoroient de „ leur amitié, & avec qui „ j'étois en liaison. Que „ le public cesse donc de „ critiquer ce qui n'a „ point été fait pour lui. „

PRÉFACE.

connoissoit aussi-bien que personne; mais il ne vouloit pas s'assujettir scrupuleusement aux regles introduites par nos Puristes modernes. Il se plaignoit de la trop grande exactitude de nos Auteurs, qui à force de polir la langue françoise, l'ont renduë sans nerfs & sans force. Il ne pouvoit souffrir ceux qui écrivent d'une maniere toûjours exacte, mais trop uniforme; aussi un des conseils qu'il donnoit pour bien écrire, étoit de varier, autant qu'il étoit possible, la construction & le tour de la phrase. Mais c'est assez parler des ouvrages; il est tems de parler de l'Auteur.

CHARLES DE SAINT-DENIS, Seigneur de SAINT-EVREMOND, étoit d'une noble & ancienne Maison de Basse-Normandie. Le véritable nom de sa famille étoit Marcquetelle; (1) mais depuis assez long-tems, ses ancêtres ont pris celui de Saint-Denis, de la Terre de Saint-Denis du Guast, dans le Cotantin, entre Saint-Lo & Coutance.

Le Baron de Saint-Denis, son pere, commandoit la Compagnie des Gendarmes de Henri de Bourbon, dernier Duc de Montpensier,

---

(1) Celui qui nous a donné des MELANGES D'HISTOIRE ET DE LITTERATURE, sous le nom de Vigneul-Marville, dit que c'étoit De Margotelle.

penfier, Gouverneur de Normandie. Il épousa N. de Rouville, sœur du Marquis de Rouville, qui avoit été nommé Surintendant des Finances ; & de ce mariage, il eut six garçons, tous bien faits, & gens d'esprit. Mr. de St. Evremond, qui étoit un des cadets, a survêcu à tous ses freres ; & de cette nombreuse famille, il ne reste plus d'enfans mâles, que ceux qui sont descendus de l'aîné. Le Marquis de Saint Denis, fait aujourd'hui une figure considérable en Normandie.

Mr. de St. Evremond fut envoyé fort jeune à Paris au College de Clermont. Il y fit ses premieres études, & après sa philosophie, vint à Caën, où il étudia en Droit. Mais son génie n'étant pas tourné de ce côté-là, on le mit à l'Academie. Il n'y demeura que peu de mois ; car à peine avoit-il seize ans, qu'il entra dans le service : il eut bien-tôt une compagnie d'Infanterie, & se trouva au premier siége d'Arras. Il servit ensuite dans la Cavalerie, & entra dans la compagnie des Gardes de Mr. le Duc d'Anguien.(1) Il se trouva au combat de Fribourg, & l'année suivante, à la bataille de Nortlinguen. Il étoit alors Lieutenant des Gardes de Mr. le Prince ; & ayant été commandé

avec

---

(1) Loüis II. dernier Prince de Condé, qu'on appelloit Duc d'Anguien du vivant de son Pere.

avec deux Escadrons, pour occuper une hauteur, il essuya un si grand feu des ennemis, que presque toute sa troupe fut défaite. Il fut blessé lui-même au genoüil gauche d'un coup de fauconneau. On demeura prés de six semaines dans l'incertitude si on lui couperoit la cuisse. Les Chirurgiens voyant qu'il y avoit quelque esperance de guérison, differerent d'en venir à cette dure extrémité, & le tirerent heureusement d'affaire; mais ce ne fut qu'aprés avoir souffert plusieurs mois. Sa blessure se rouvrit à Londres, plus de trente ans aprés, & guérit si bien, qu'il ne lui en restoit d'autre incommodité, qu'un peu de foiblesse dans cette jambe.

Il continua de servir en Allemagne, & en Flandres, sous Monsieur le Prince de Condé; & s'acquit l'estime & l'amitié de la plupart des Généraux. Sa capacité fut connuë dans les differens emplois par où il passa; & sa valeur parut plus d'une fois dans les occasions, aussi-bien que dans les combats singuliers, dont il se tira avec beaucoup d'honneur. D'ailleurs, il se distinguoit du commun des officiers, par une maniere de penser, fine & délicate, par une expression juste & polie. Ces endroits le firent connoître & estimer de Monsieur de Turenne; du vieux Maréchal d'Etrées; du Maréchal d'Albret, & de plusieurs autres personnes du premier rang.

rang. Mais ses plus grandes liaisons furent avec le Comte de Grammont; le Comte d'Olonne; le Duc de Candale; le Maréchal de Clerambaut, & le Maréchal de Crequi. Tout le tems que ce dernier a vécu, l'a honoré de son amitié, & lui en a donné des marques essentielles, dans un tems & dans des circonstances, où il est rare de trouver de vrais amis.

Les premieres années que Mr. de St. Evremond fut auprés de Mr. le Prince, il eut beaucoup de part à sa bienveillance. Il étoit de ceux avec qui son Altesse aimoit à se retirer, & à s'entretenir familiérement : on le mettoit même assez souvent des parties de plaisir. Mr. le Prince le dépêcha plus d'une fois à la Cour, pour des affaires importantes; & je ne dois pas oublier qu'en l'envoyant en 1646. porter à la Reine-Mere la nouvelle de la prise de Furnes, Son Altesse le chargea de voir le Cardinal Mazarin; de lui faire la premiere ouverture du Siége de Dunkerque, & de régler avec ce Ministre tout ce qui étoit necessaire pour l'exécution d'un si grand dessein. Quelque relief que cela lui donnât dans l'armée, il ne put resister au penchant naturel qu'il se sentoit à découvrir & à marquer le foible des hommes; talent qu'il a bien fait valoir depuis. De concert avec le Maréchal de Clerembaut, il s'attacha à observer les sentimens & les moindres

PREFACE. xxxiij

moindres actions de Mr. le Prince; & faisant profession l'un & l'autre d'admirer ses grandes qualités, ils ne le ménagerent pas assez dans leurs railleries, & ne garderent peut-être pas toûjours le respect qu'ils lui devoient. Cela dura plusieurs mois, mais ils ne purent joüer leur jeu si finement que Mr. le Prince ne s'en apperçût. De l'humeur dont il étoit, on peut juger qu'il n'en eut pas un médiocre ressentiment, particuliérement contre Mr. de St. Evremond. La prison des Princes, & la guerre civile survinrent peu de tems aprés, & Mr. le Prince fut obligé de se retirer dans les Païs-Bas. Mais la paix étant faite, Son Altesse eut la générosité de lui pardonner, & lui témoigna beaucoup de bonté, quand il le revit à Paris. Depuis cela, en plusieurs occasions, ce Prince lui fit donner des assurances de son affection & de son estime.

Après la prise de Dunkerque, il alla servir en Catalogne. Les troubles étant survenus les années suivantes, il demeura toûjours attaché au parti du Roi, & obtint un brevet de Maréchal de Camp, avec une pension de mille écus. (1) Il eut pendant la guerre civile divers commandemens dans la Guienne, & personne n'eut plus de crédit que lui auprés du Duc de Candale, qui commandoit une petite

---

(1) On a les deux brevets, dattés de Compiegne les 16 & 17 de Septembre 1652.

petite Armée dans cette Province. On payoit alors peu réguliérement les troupes : on donnoit simplement aux Officiers des assignations sur les Villes & sur les Communautés ; & chacun en tiroit ce qu'il pouvoit. Habile à profiter des conjonctures, & soutenu par Mr. Fouquet, de qui il étoit particuliérement connu, Mr. de St. Evremond ne fit pas mal ses affaires dans la Guienne. Il avoüoit lui-même, & en plaisantoit souvent, qu'en deux ans & demi, il en avoit rapporté cinquante mille francs tous frais faits : „ Précaution, ajoutoit-il, qui m'a été d'un „ grand secours tout le reste de ma vie.

Il lui arriva peu de tems aprés une fâcheuse affaire. Le Duc de Candale étoit trés-bien dans l'esprit du Cardinal Mazarin : on peut même dire que le Ministre avoit fait toutes les avances, & qu'il n'avoit rien oublié pour l'attacher à ses interêts. Cependant dans l'accommodement que fit la Province de Guienne, le Duc prit un parti, qui déplut au Cardinal ; & celui-ci n'osant pas attaquer directement Mr. le Duc de Candale, crut devoir mortifier Mr. de St. Evremond, qu'on accusoit d'avoir eu part à ces conseils. Sur un prétexte assez leger, c'est-à-dire, pour quelques plaisanteries dites à table, à quoi Mr. de St. Evremond n'avoit pas plus de part que le reste de la compagnie, le Cardinal le fit mettre à la Bastille. Aprés y avoir

resté

resté un peu plus de trois mois, il fut mis en liberté : mais l'idée effrayante de la Bastille lui demeura toûjours dans l'esprit, & cette crainte fut la principale raison qui l'obligea à sortir de France, comme on le dira dans la suite.

On commençoit à traiter de la Paix; & les Plenipotentiaires des deux Couronnes s'étant rendus à la conference, Mr. de St. Evremond y alla avec plusieurs personnes de qualité. Il étoit trop habile & trop délié, pour ne pas voir le manége du Cardinal Mazarin, & de Don Loüis de Haro. Ces deux premiers Ministres joüoient au plus fin; mais dans le fonds, ils vouloient également la paix, quoique par des motifs differens. En partant de Paris, Mr. de St. Evremond s'étoit engagé d'écrire à quelques-uns de ses amis, & de leur rendre compte de ce qui se passoit à la conference. Entre ceux-là, il y en avoit un assez grand nombre qui souhaitoient la continuation de la guerre : le Maréchal de Crequi étoit un des premiers; & Mr. de St. Evremond crut lui faire plaisir, en traitant de ridicule le fameux traité des Pirenées, qu'on regardoit alors comme desavantageux à la France. Il s'expliqua sans doute trop librement, ou pour mieux dire, il railla trop fortement le Ministre, dans la lettre qui fut la cause de sa disgrace. C'est ce qu'il avoüoit lui-même; mais il ne pouvoit pas prévoir que cette lettre deviendroit publique. On verra bien-tôt comment cela arriva.

Le Roi Charles II. revint en Angleterre peu de tems après la paix, & fut complimenté sur son heureux rétablissement par tous les Princes & Etats de l'Europe. Le Roi de France se distingua sur tous, en envoyant Mr. le Comte de Soissons. Cette ambassade fut des plus magnifiques, soit par le rang de l'Ambassadeur, ou par le grand cortege des gens de qualité qui l'accompagnerent. Mr. de St. Evremond fut de ce nombre-là. Pendant près de six mois qu'il resta à Londres, outre qu'il eut l'honneur d'être connu particuliérement du Roi, & du Duc d'Yrok, il vit beaucoup de Seigneurs Anglois, qu'il avoit connus en France, & fit de nouvelles habitudes. Ce fut ce qui le détermina dans la suite à fixer son sejour en Angleterre.

Quelque tems après son retour en France, le Cardinal Mazarin mourut, & la perte de Mr. Fouquet fut résoluë. On auroit bien de la peine à deviner comment la disgrace de Mr. Fouquet causa celle de Mr. de St. Evremond. Qu'on me permette de développer ce fait, dont peu de gens sont exactement instruits. Pour mieux cacher le dessein qu'on avoit, la Cour alla faire un tour en Anjou; & de-là, en Bretagne. Mr. de St. Evremond fit le voyage avec le Maréchal de Clerembaut,

PREFACE.

Clerembaut, & laissa en partant à Madame Duplessis-Beliere une Cassette, où il avoit quelque argent comptant, des billets, & tous ses papiers. Lorsque Mr. Fouquet fut arrêté, on ne se contenta pas de saisir tous les papiers qu'on trouva chez lui; on fit mettre le scellé chez ses amis, & chez les gens avec qui il avoit eu le plus de liaison. Madame Duplessis étant amie de Mr. Fouquet, on mit aussi le scellé chez elle, & avec les papiers, qu'on croyoit appartenir au Surintendant, on emporta la cassette de Mr. de St. Evremond. On y trouva la lettre sur la paix des Pirenées, qui jusqu'alors n'avoit été vûë que des Maréchaux de Crequi & de Clerembaut: on la montra au Roi; & on n'oublia rien pour aigrir l'esprit de ce Prince. Comme il n'est pas ordinaire dans les Cours de s'intéresser à la réputation d'un Ministre mort, on s'étonna sans doute qu'il se soit trouvé des gens qui ayent pris assez à cœur la memoire du Cardinal, pour faire un crime capital de quelques railleries. Mais il faut sçavoir que Messieurs le Tellier & Colbert, qui s'élevoient sur les ruïnes de Mr. Fouquet, étoient créatures de S. E. & qu'affectant l'un & l'autre une pieuse reconnoissance pour leur maître & leur bienfaiteur, ils représenterent au Roi, que déchirer si cruellement un Ministre, qui avoit gouverné l'Etat pendant sa minorité, c'étoit attaquer

la

la Régence de la Reine sa mere, & tourner en ridicule les commencemens de son regne. Ces insinuations firent leur effet, & Mr. de St. Evremond averti de bonne-heure des mauvaises impressions qu'on avoit données de lui, s'absenta par le conseil de ses amis. Il se retira d'abord en Normandie, chez un de ses parens; mais ne s'y croyant pas en sureté, il fut obligé de changer souvent de retraite. Il alla d'une Province dans une autre, voyageant toûjours de nuit, & ne logeant que chez des gens dont il étoit connu. Enfin ennuyé de cette vie errante, & voyant que les tentatives que ses amis avoient faites en sa faveur, étoient inutiles; & plus que tout cela, appréhendant la Bastille, où il avoit fait quelques années auparavant un assez rude noviciat, il prit le parti de sortir de France vers la fin de l'année 1661. Il vint d'abord dans les Païs-Bas Espagnols; & delà en Hollande. Il n'y fit pas un long séjour; mais passa en Angleterre, où il salua le Roi Charles II. qui le reçut trés-favorablement. Il y vécut d'abord avec beaucoup de familiarité avec les Ducs de Buckingham & d'Ormond, les Comtes de St. Albans & d'Arlington, avec Mylord Crofts, & quelques autres Seigneurs; mais sur tout dans une grande liaison avec Mr. d'Aubigny. Il s'attacha à la lecture, & ne négligea pas la conversation des gens de lettres. Il fit connoissance

avec

PREFACE.

avec Mr. Waller, un des plus beaux esprits d'Angleterre ; avec le fameux Hobbes ; avec Mr. Cowley, Mr. Isaac Vossius, & divers autres savans.

Quelque agréablement qu'il passât ses jours en Angleterre, il pensoit souvent à revoir sa patrie, & à rentrer dans ses emplois. Dans cette vûë, il écrivoit à ceux de ses amis qui avoient le plus de crédit à la Cour de France, & ne négligeoit rien pour obtenir son retour. Mais trouvant inflexible l'esprit des Ministres, il tomba dans une profonde mélancolie, & dans une espéce de langueur. On lui conseilla, pour dissiper ses ennuis, de passer la Mer ; & il eut d'autant moins de peine à s'y résoudre, que la peste commençoit à regner dans Londres ; & que la Cour pensoit déja à se retirer. Il partit en 1665. & passa en Hollande, où au bout de quelques mois, il recouvra sa santé. Il y connut particuliérement le Pensionaire de Wit, & les personnes les plus considérables de l'Etat. Il eut beaucoup d'habitude avec le Marquis d'Estrades, le Baron de Lisola, & la plupart des Ministres étrangers qui étoient à la Haye. Mais sur tout, il vit alors le Prince d'Orange, (1) qui bien que dépoüillé des charges de ses ancêtres, & réduit en quelque maniere

(1) Guillaume III. Roi de la Grande Bretagne.

PREFACE.

maniere à une condition privée, ne laiſſoit pas de donner dans un âge peu avancé, des marques d'un génie extraordinaire, de cette humeur guerriere, & de cette noble ambition qu'il a fait paroître dans toute la ſuite de ſa vie.

Le Traité de Breda commença peu aprés. Mr. de St. Evremond y alla paſſer quelques mois, & y connut preſque tous les Plenipotentiaires. De-là, il fit un tour à Bruxelles, & revint à la Haye. Le Prince de Toſcane, (1) qui voyageoit incognitò, y paſſa allant en Angleterre. On avoit retenu pour lui une maiſon, qui étoit préciſément celle où Mr. de St. Evremond étoit logé. Il ſe préparoit à en ſortir, de même que les autres qui y avoient des appartemens; mais le Prince lui fit dire qu'il ſouhaitoit qu'il demeurât. Tout le tems que Son Alteſſe fut à la Haye, Mr. de St. Evremond lui fit réguliérement ſa cour, & eut l'honneur de manger ordinairement à ſa table. Depuis ce tems-là, le Grand Duc a toûjours conſervé beaucoup d'eſtime & de bienveillance pour lui, & lui en a donné des aſſurances par des lettres trés-obligeantes, & par des regales que S. A. R. lui envoyoit de tems en tems.

Il y avoit plus de quatre ans que Mr. de St. Evremond étoit en Hollande, lorſque le Chevalier

(1) Le Grand Duc d'à preſent.

PREFACE.

Chevalier Temple lui fit dire de la part du Roi Charles II. que Sa Majesté souhaitoit qu'il retournât en Angleterre. Il se rendit à Londres, où le Roi le reçut avec une extrême bonté, & lui donna une pension de trois cens livres sterling, qui fut toûjours régulièrement payée. Il avoit fait une grande perte à la mort de Mr. d'Aubigny; mais il retrouva un grand nombre d'anciens amis, & se fit bien-tôt connoître des jeunes courtisans. La lecture & la societé des honnêtes-gens faisoient toute son occupation, & on peut dire qu'il vivoit aussi agréablement, qu'un étranger & un exilé pouvoit le souhaiter. Mais ce qui contribua le plus à la douceur de sa vie, fut l'arrivée de Madame la Duchesse Mazarin en Angleterre. Alors tous ses soins auparavant partagés se réünirent; toute son assiduité fut pour une personne si extraordinaire. Il devint un de ses plus zelés, & de ses plus constans admirateurs. Elle a servi de sujet à ce qu'il a fait de plus délicat dans tous les genres d'écrire. En mille endroits de ses ouvrages, il a célébré sa beauté incomparable, les agrémens de son esprit, les charmes de sa conversation : mais quelques éloges qu'il lui ait donnez, ils sont encore beaucoup au-dessous de ceux qu'elle méritoit. Et, à dire le vrai, on ne sçait qui des deux avoit le plus d'obligation, ou Madame Mazarin à son panegyriste, d'avoir fait

d   connoître

connoître à tout le monde ses rares & admirables qualités ; ou Mr. de St. Evremond à Madame Mazarin, de lui avoir fourni les occasions d'écrire mille choses qui lui feront toûjours beaucoup d'honneur dans l'esprit des personnes qui ont de la délicatesse & du bon goût. Il trouvoit chez elle ce que l'Angleterre avoit de plus qualifié & de plus poli, ce qu'il y avoit de plus distingué parmi les Ministres étrangers ; il trouvoit ceux que les charmes de Madame Mazarin, ceux que la liberté de sa maison y attiroient ordinairement : mais ce qu'il estimoit plus que tout le reste, il voyoit tous les jours Madame Mazarin ; c'étoit sa principale occupation. Si le tems, qui détruit ce qu'il y a de plus grand & de plus beau, qui efface jusqu'aux noms & aux titres, pouvoit faire oublier la beauté, le rang, la fortune d'Hortence Mancini, les ouvrages de M. de S. Evremond lui assureroient l'immortalité. Son nom & ses titres sont plus en sûreté, que si on les avoit gravés sur le marbre & sur le bronze. Le lecteur me pardonnera ce que je viens de dire de Madame Mazarin. Elle a eu tant de part aux écrits que M. de S. Evremond a faits en Angleterre, que je ne pouvois me dispenser de m'étendre sur son sujet ; & on ne sauroit se souvenir d'une personne si accomplie, sans être également touché de son mérite & de sa perte.

PREFACE.

Du tems que M. Colbert de Croissi étoit Ambassadeur en Angleterre, il s'employa pour obtenir le rappel de M. de S. Evremond. Il écrivit plusieurs fois à M. Colbert, son frere, & le pressa de s'expliquer. M. Colbert promit de ne faire point d'opposition, si quelqu'un vouloit prendre sur soi d'en parler au Roi : mais il ajouta qu'il ne pouvoit pas agir directement dans une affaire, où en quelque maniere il avoit été partie. Ainsi cette tentative ne réussit pas mieux que les précedentes.

Aprés la mort du Roi Charles II. le Comte de Sunderland, qui étoit Secretaire d'Etat, & Président du Conseil, proposa au Roi Jacques II. de créer une nouvelle charge pour Monsieur de Saint Evremond. C'étoit en quelque maniere une charge de Secretaire du Cabinet ; car on vouloit qu'il fît les lettres particulieres du Roi aux Princes étrangers. M. de S. Evremond s'excusa d'accepter un tel Emploi, ne croyant pas qu'il convînt à un homme de son âge. Il pria Mylord Sunderland de remercier trés-humblement le Roi, & de dire à Sa Majesté, qu'aprés soixante & dix ans, il falloit joüir du peu qui restoit à vivre, & renoncer entiérement aux affaires.

La révolution, qui arriva sur la fin de l'année 1688. & qui donna une nouvelle face à l'Angleterre, loin de nuire à M. de S. Evremond, lui fut plûtôt avantageuse. Il alla saluer le Prince d'Orange, dés qu'il fut arrivé à Londres, & fut reçu de lui avec beaucoup de diſtinction. Ce Prince ayant été élevé ſur le Thrône, lui donna en toutes ſortes d'occaſions des marques de bonté, & les accompagna ſouvent de graces & de bienfaits ſolides. Lorſque Sa Majeſté mangeoit chez quelque Seigneur, elle le nommoit aſſez ſouvent pour un des convives, & ſe plaiſoit fort à ſa converſation. Aſſuré de la protection & de la bienveillance du nouveau Roi, il ne ſongeoit qu'à finir tranquillement ſes jours en Angleterre, lorſqu'on lui fit dire qu'il pouvoit retourner en France. Ce fut avant la déclaration de la guerre de 1689. que le Comte de Grammont le lui fit ſavoir de la part des Miniſtres. Pluſieurs de ſes amis le ſolliciterent en même tems de ſe rendre à Paris, & lui firent des offres trés-obligeantes, Mais ſoit que l'extrême paſſion qu'il avoit euë fût rallentie par l'âge, ou qu'il fût content du genre de vie, & de la ſocieté qu'il avoit choiſie, il répondit au Comte de Grammont, qu'il étoit trop vieux pour ſe tranſplanter ; que d'ailleurs il aimoit mieux reſter par choix à Londres, où il étoit connu de ce qu'il y avoit d'honnêtes-gens, où l'on étoit accoutumé à ſa loupe, & à ſes cheveux blancs, à ſes manieres, & à ſon tour d'eſprit, que de retourner en France, où il avoit perdu toutes ſes habitudes ; où il ſeroit comme étranger, & où à peine connoîtroit-il un autre

courtiſan

PREFACE.

courtisan que le Comte de Grammont lui-même.

Le reste de la vie de M. de St. Evremond a été trop uni & trop égal, pour nous arrêter long-tems. Il suffit de dire qu'il vivoit à Londres en Philosophe. La lecture & la conversation étoient plus que jamais sa principale affaire. Le reste du tems, il l'employoit à composer de petites piéces pour son amusement, & pour celui d'un certain nombre d'honnêtes-gens, qui s'assembloient tous les jours chez Madame Mazarin. La mort de cette Dame le toucha vivement. Il ne pouvoit quelque-fois la nommer, sans répandre des larmes. Quelques-uns de ses amis lui firent sur cela de nouvelles instances, & le solliciterent de quitter l'Angleterre ; mais il demeura ferme dans sa premiere résolution.

Il a conservé jusqu'à la fin un jugement sain, une memoire heureuse, & une santé aussi parfaite qu'on pouvoit la souhaiter à son âge. Il commença à se plaindre huit ou dix mois avant sa mort, d'une difficulté d'uriner, causée par un ulcere dans la vessie. Ce mal augmenta insensiblement, & lui causa des douleurs vives, & des insomnies qui l'affoiblirent, & lui ôterent enfin l'appetit, qu'il avoit toûjours eu fort bon. Se sentant accablé, il fit un testament, & disposa du peu qui lui restoit en faveur de ses domestiques, & de quelques-uns de ses amis. Il mourut le

20.

20. de Septembre 1703. (1) ayant toûjours eu les sens libres, & parla autant qu'il put se faire entendre. On n'a jamais sçu exactement son âge; mais par la plus juste supputation qu'on ait faite, il ne pouvoit pas avoir moins de 92. ans. Il fut enterré dans l'Abbaye de Westminster, auprès des savans Casaubon, Camden, Barrow, & des Poëtes Chaucer, Spencer, Cowley, &c. On a pris soin de faire faire par un habile Sculpteur son buste, qui est très-ressemblant. Il est placé au dessus de l'inscription, qu'on a gravée sur un marbre blanc, & qu'on trouvera ci-après. (2)

Finissons, en disant un mot de sa personne & de son caractére. M. de St. Evremond étoit d'une taille avantageuse & bien prise. Comme il avoit bien fait dans sa jeunesse tous ses exercices, il lui en restoit dans un âge trés-avancé, une démarche naturelle & aisée. Il avoit les yeux bleus, vifs, & pleins de feu, une physionomie spirituelle, un souris malin. Il avoit eu de beaux cheveux noirs. Quoiqu'ils fussent devenus tout blancs, & qu'il lui en restât même fort peu, il ne voulut jamais prendre la perruque, & se contenta d'une calotte. Plus de vingt ans avant sa mort, il

lui

---

(1) Ou, selon le vieux stile, qu'on observe encore en Angleterre, le 9. Septembre 1703.

(2) Cette inscription ou épitaphe, est ci-après, à la fin de la vie de M. de St. Evremond.

PREFACE.

lui vint à la racine du nez une loupe, qui groſſit conſidérablement : mais cela ne le défiguroit pas beaucoup, du moins ceux qui étoient accoûtumés à le voir, n'y trouvoient rien de fort choquant.

Sa converſation étoit enjoüée & facile, ſes reparties vives & piquantes, ſes manieres honnêtes & polies. En un mot, on peut dire qu'il ſentoit en tout ſon homme de qualité. Rigide obſervateur des regles de la civilité, il ne manquoit point à rendre une viſite: mais c'étoit ſans cette affectation de cérémonie, qui gâte la doùceur & l'agrément du Commerce.

Il n'avoit pas un grand ſavoir ; mais ce qu'il avoit lû, il le ſavoit bien. En liſant, il s'attachoit plus à étudier le génie & le caractére d'un Auteur, qu'à charger ſa mémoire d'une érudition faſtueuſe, & ſouvent inutile.

Il écrivoit avec facilité. Quoique ſon ſtile ſente le travail & l'étude, il s'étoit fait une ſi grande habitude d'écrire, que cela lui coûtoit peu. Ce n'eſt pas qu'il ne corrigeât ſes ouvrages. Il les reprenoit au bout d'un certain tems : il ajoutoit, quelquefois il retranchoit : mais aſſez ſouvent du premier coup il réuſſiſſoit mieux que dans ſes corrections.

Quoiqu'au jugement de tout le monde, ſa poëſie ſoit fort au-deſſous de ſa proſe, il n'en jugeoit pas toûjours comme le public. On peut même dire qu'il avoit souvent un peu trop de prévention pour ses vers. D'ailleurs, il les faisoit avec beaucoup de facilité. Il aimoit passionnément la musique; & l'entendoit assez bien, pour composer des airs. Il nota le Concert de Chelsy, un Prologue en Musique, & diverses autres piéces, qu'on verra dans cette édition. Il est vrai que pour les Ouvertures, les Basses continuës, les Chœurs, & toute la symphonie, il les donnoit à faire à quelque Musicien habile. Grand admirateur d'une belle voix, & encore plus des instrumens bien touchés, il ne manquoit aucun concert, ni aucun divertissement de cette nature-là.

Tout le tems qu'il resta dans le service, il fut très-appliqué à remplir les devoirs d'un bon Officier: hors de-là, aimant le plaisir; homme de commerce, de bonne-chere. Le Comte d'Olonne, le Marquis de Boisdauphin & lui, furent nommés les Côteaux,(1) pour avoir voulu rafiner sur le goût, & sur la délicatesse de la table. Dans les païs étrangers, il a toûjours aimé la bonne-chere; & lors même que les autres passions l'ont quitté, celle-ci l'a accompagné jusqu'au tombeau.

Quoique naturellement il eut du penchant à la Satire, ou plutôt à une raillerie fine, à une

(1) Voyez la note qu'on a mise dans le tome V. de cette édition, page 293.

PRÉFACE.

une ironie ingénieuse; sa politesse & le grand monde, dans lequel il avoit vécu, l'avoient rendu fort circonspect & fort réservé. Sur ses vieux jours, il affectoit de loüer tout, & même d'applaudir un peu trop aux favoris & aux personnes en place. C'étoit plutôt un effet de crainte & de défiance, compagnes ordinaires de la vieillesse, qu'un changement dans son humeur & dans son tour d'esprit. Il a exprimé dans ces quatre vers la disposition où il se trouvoit.

Je pers le goût de la Satire.
L'art de loüer malignement,
Cede au secret de pouvoir dire
Des verités obligeamment. (1)

Non-seulement il a vécu très-long-tems, mais pendant tout le cours de sa vie, il a joüi d'une santé forte & vigoureuse. Il a conservé jusqu'à la fin une humeur gaye; un enjoüement, qui ne tenoit rien de l'austérité, ni du chagrin de la vieillesse. Il aimoit la compagnie des jeunes-gens : il étoit sensible à tous leurs plaisirs. Les divertissemens qu'il n'étoit plus en état de goûter, faisoient sur son esprit une impression vive & agréable : il se plaisoit à en entendre parler.

Il étoit naturellement mal-propre; & ce qui y contribuoit le plus, c'est qu'il avoit toujours chez lui des chiens, des chats, & de

_____

(1) Voyez le Sonnet entier, adressé à Mademoiselle de l'Enclos, *Tom.* IV *pag.* 317.

PREFACE.

de toutes sortes d'animaux. Il disoit que pour divertir les ennuis inséparables de la vieillesse, il falloit toujours avoir devant les yeux quelque chose de vif & d'animé.

Il emporta de France tout l'argent qu'il put retirer, laissant quelques billets au Maréchal de Crequi, qui lui en fit une rente viagere de deux cens écus. Quand il passa la seconde fois de Hollande en Angleterre, il donna cinq cens livres sterling à Mylord, Duc de Montaigu, qui lui en a fait près de trente années, & jusqu'à sa mort, une rente viagere de cent livres sterling par an. Cela joint à ce qu'il retiroit de Normandie, & aux gratifications qu'il a eües des Rois Charles II. & Guillaume III. lui suffisoit pour le necessaire, & pour les commodités de la vie.

En voilà assez pour faire connoître M. de St. Evremond. S'il manque quelques traits à son portrait, on peut voir celui qu'il a fait lui-même : (1) il le finit par ces vers, qui nous apprennent en quoi il faisoit consister sa Religion.

De justice & de charité,
Beaucoup plus que de penitence,
Il compose sa pieté :
Mettant en Dieu sa confiance,
Esperant tout de sa bonté,
Dans le sein de la Providence
Il trouve son repos & sa felicité.

(1) Voyez le Tome cinquieme de cette édition, page 343.

LA VIE
DE MESSIRE
Charles de Saint-Denis,
SIEUR DE
SAINT-EVREMOND,
Maréchal de Camp des Armées
du Roi Très-Chrétien.

PAR

Monsieur DES MAIZEAUX.

AVERTISSEMENT.

Lorsque je formai le dessein d'écrire la vie de M. de St. Evremond, je n'avois en vûë que de satisfaire la curiosité de M. Bayle: mais un Libraire d'Amsterdam l'ayant demandée, pour la joindre aux OEUVRES MESLE'ES ou MELANGE curieux des meilleures Piéces attribuées à M. de St. Evremond, je la lui envoyai. (1) Quelque tems après, on la réimprima à Cologne, ou plutôt à Utrecht, sur un Exemplaire où j'avois fait quelques corrections. Mais quoique cette seconde Edition soit moins mauvaise que la premiere, elle m'a paru encore defectueuse; de sorte que je n'ai pû me résoudre à voir publier ici cet ouvrage, sans employer quelques heures à le retoucher. Quelque soin que j'eusse pris d'être exact, je me suis apperçu que je m'étois trompé en plusieurs choses; quelquefois

(1) En 1708.

AVERTISSEMENT.

fois faute d'attention, & souvent pour avoir fait trop de fond sur ce qui m'avoit été rapporté. Ceux qui prendront la peine de comparer cette nouvelle Edition avec les précédentes, trouveront que j'ai refondu plusieurs endroits; que j'en ai retranché d'autres; & que j'ai fait un assez grand nombre d'additions. J'ai profité de deux memoires sur la famille de M. de St. Evremond, qui sont très-curieux. M. l'Abbé Fraguier m'a fait la grace de m'en communiquer un, & je suis redevable de l'autre à M. Misson, si connu par son Voyage d'Italie. J'ai ordinairement cité à la marge les livres qui m'ont fourni quelque fait nouveau, ou qui tendent à confirmer ce que j'avois déja dit. J'oubliois d'avertir que dans les dates, je me sers toûjours du stile nouveau.

LA VIE
DE MONSIEUR
DE SAINT-EVREMOND,
A
MONSIEUR BAYLE. (1)

A maniere obligeante, Monsieur, dont vous avez bien voulu recevoir la vie de M. de St. Evremond, que j'eus l'honneur de vous envoyer il y a un an, m'a engagé à la revoir, & à tâcher de la rendre un peu plus digne de l'approbation que vous lui avez donnée. Ne vous attendez pourtant pas, Monsieur, à une histoire suivie & complette de la vie de

(1) *Auteur du* Dictionnaire Historique & Critique.

de Mr. de St. Evremond. Je repete ce que je vous dis dans ce tems-là: il n'y a personne en Angleterre qui puisse vous fournir rien de pareil; & vous n'en serez pas surpris, lorsque vous saurez que M. de St. Evremond étoit peut-être l'homme du monde qui aimoit le moins à parler de lui. Dés qu'il s'appercevoit qu'on vouloit le mettre sur quelque évenement de sa vie, il détournoit la conversation; ou bien il s'excusoit, sur ce *qu'il y avoit si long-tems que ces choses-là étoient arrivées, qu'il ne s'en souvenoit plus.* Cependant vous avez raison de croire que je n'ai laissé échaper aucune occasion de m'instruire sur ce sujet, autant qu'il m'a été possible: j'oserai même dire que la révision que je faisois avec lui de ses ouvrages, m'a donné lieu d'apprendre plus de circonstances de sa vie, que bien d'autres personnes, qui l'ont frequenté plus long-tems que moi. Je recüeillois avec soin les particularités qu'il m'avoit dites, afin d'en conserver des idées plus nettes & plus sûres. Je donne tout ce que j'ai pû apprendre de plus curieux de la vie de M. de St. Evremond, & y joindrai l'histoire de ses principaux ouvrages. Je tâcherai de vous en donner le précis, autant que cela se pourra faire, sans trop grossir ces memoires. Vous vous appercevrez bien-tôt qu'il y a peu de gens qui le connoissent bien. On le regarde, il est vrai, comme un homme qui avoit l'esprit juste,

le

le goût exquis, le discernement délicat : mais on ne sait pas qu'il a eu des emplois considérables à l'armée, & qu'il a mérité l'estime des plus grands Capitaines de son siécle. Il faut donc joindre l'homme-de-guerre au bel-esprit. Il faut regarder M. de St. Evremond comme un Officier de distinction, qui a toûjours aimé les belles-lettres; comme un courtisan délicat, qui n'a jamais écrit que pour s'amuser lui-même; ou pour faire plaisir à ses amis. C'est sous cette double idée que je vais tâcher de le représenter.

M. de St. Evremond étoit d'une des meilleures familles de Normandie, & des mieux alliées, tant par les filles qui en sont sorties, que par les femmes qui y sont entrées. GILLES DE MARGUETEL, Châtellain ou Baron de St. Denis le Guast, épousa Magdeleine Martel, sœur d'Etienne Martel, Evêque de Coûtances, de la branche de Basqueville-Martel. JEAN, son fils, qui prit le nom & les armes de St. Denis, (1) épousa Catherine Martel, de la branche de Fonteine-Martel. Il eut six filles, (2) & deux fils; Henri, qui mourut sans avoir été marié, & Charles. CHARLES DE

(1) La Terre de St. Denis le Guast, à trois lieuës de Coutance, dans la Basse-Normandie, étoit entrée dans la Famille, par sa mere, qui en étoit heritiere.

(2) Les cinq aînées épouserent les sieurs de Vierville, de Savigny,

DE ST. DENIS épousa Charlotte de Rouville, de la famille des Comtes de Rouville-de la Cour. Elle étoit sœur de M. le Comte de Rouville, qui avoit été nommé à la Surintendance des Finances, mais qui mourut avant que de pouvoir exercer cet emploi. La mere de Charlotte étoit de la famille du Veneur, Comte de Tilliere, aîné de cette famille, & avoit pour sœur l'heritiere de cet aîné, la Comtesse de Vaudemont, d'où sont issus Messieurs de Lorraine. CHARLES eut sept enfans : une fille, qui mourut jeune, & six fils; François, dit de Hellande ; Jean, dit de la Beloutiere, Abbé ; Charles, dit de St. Evremond ; Pierre, dit de Grimesnil; Henri, dit de la Neuville; & Philippe, dit le Tanus. Outre cette distinction, fondée sur des terres, qui relevoient de la Châtellenie ou Baronie de St. Denis, on donna encore à ces six freres une espece de surnom dans la famille, tiré de leur caractere particulier. On appelloit l'aîné, St. Denis l'HONNETE-HOMME; l'Abbé, LE FIN; St. Evremond, l'ESPRIT; Grimesnil, LE SOLDAT; la Neuville, LE DAMERET; & le Tanus, LE CHASSEUR.

 CHARLES DE ST. DENIS, SIEUR DE Gambieres, de Tauville, du Mesnil Poisson, & de Fontenay-Haubert Vierville, du Mesnil-Poisson & Fontenay, étoient Protestans.

DE SAINT-EVREMOND.

DE St. Evremond, (1) naquit à St. Denis le Guast, le premier jour d'Avril 1613. Comme il étoit un des cadets, (2) on le destina pour la robe; & dés qu'il eut atteint l'âge de neuf ans, on l'envoya à Paris, pour y faire ses études. (1622.) Il entra en cinquiéme dans le College de Clermont, & en quatre ans qu'il y demeura, il fit ses Humanités, & sa Rhetorique sous le Pere Canaye. Il alla ensuite (1626.) dans l'Université de Caën, pour y faire sa Philosophie : mais il n'y demeura qu'un an. Il retourna à Paris, (1627.) où il étudia encore pendant une année au College de Harcourt. Il ne se distingua pas moins dans les exercices, que dans ses études, & particulierement dans celui de faire des armes : de sorte qu'on parloit de *la Botte de St. Evremond*. Dés qu'il eut achevé sa Philosophie, & fait ses exercices, il commença l'étude du Droit : (1628.) mais soit que ses parens eussent alors d'autres vûës, ou que son inclination le portât du côté des armes,

---

(1) Saint-Evremond est une Terre à une lieuë de St. Lo. Ce nom vient originairement de St. Evremond (*Sanctus Evermundus*) qui vivoit dans le septiéme siécle, & qui étoit Abbé de Fontenay-sur-Orme en Bessin. Ses reliques sont à Creil, à dix lieuës de Paris.

(2.) Sa portion fut de dix mille francs, en argent, & une pension de deux cens écus ; ce qui est beaucoup pour un cadet de Normandie.

mes, il quitta cette étude, aprés s'y être appliqué un peu plus d'un an, & fut fait Enseigne, (1629.) ayant à peine seize ans accomplis. Aprés avoir servi deux ou trois Campagnes, il obtint (1632.) une Lieutenance; & on lui donna une Compagnie aprés le Siége de Landrecy. (1637.)

Les armes n'empêcherent pas M. de St. Evremond d'étudier la religion, & de cultiver la Philosophie & les belles-lettres: & il lui arriva bien-tôt à l'égard de la Philosophie, ce qui arrive ordinairement aux personnes, qui dans un âge plus avancé, s'avisent de faire usage de leur raison. Il examina d'abord s'il étoit bien vrai que ses maîtres lui eussent fait connoître la nature des choses: mais plus il poussoit ses recherches, plus il reconnoissoit la vanité de leurs prétentions. Ce qu'ils lui avoient souvent proposé comme étant de la derniere évidence, ne lui paroissoit pas même vrai-semblable. „ Dans ce tems, *dit-il lui-* „ *même*, où l'entendement s'ouvre aux con- „ noissances, j'eus un desir curieux de com- „ prendre la nature des choses, & la pré- „ somption me persuada bien-tôt que je l'a- „ vois connuë: la moindre preuve me sem- „ bloit une certitude: une vrai-semblance „ m'étoit une verité; & je ne vous sçaurois dire

(1) Dans le jugement | s'appliquer un honnête-
sur les sciences où peut | homme, To. 1. page 160.

dire avec quel mépris je regardois ceux « que je croyois ignorer ce que je pensois « bien savoir. A la fin, *ajoute-t-il*, quand l'â- « ge & l'experience, qui malheureusement « ne vient qu'avec lui, m'eurent fait faire « de serieuses réflexions, je commençai à me « défaire d'une science toûjours contestée, & « sur laquelle les plus grands hommes avoient « eu de differens sentimens. Je savois par le « consentement universel des nations, que « Platon, Aristote, Zénon, Epicure, avoient « été les lumieres de leur siécle; cependant on « ne voyoit rien de si contraire que leurs opi- « nions. Trois mille ans aprés, je les trouvois « également disputées ; des partisans de tous « les côtés ; de certitude & de sûreté nulle « part. Au milieu de ces méditations, qui me « desabusoient insensiblement, j'eus la curio- « sité de voir Gassendi, le plus éclairé des « Philosophes, & le moins présomptueux. « Aprés de longs entretiens, où il me fit voir « tout ce que peut inspirer la raison, il se « plaignit que la nature eut donné tant d'éten- « duë à la curiosité, & des bornes si étroites « à la connoissance : qu'il ne le disoit point « pour mortifier la présomption des autres, « ou par une fausse humilité de soi même, qui « sent tout-à-fait l'hypocrisie : que peut-être « il n'ignoroit pas ce que l'on pouvoit pen- « ser sur beaucoup de choses ; mais de bien « connoître les moindres, qu'il n'osoit s'en « assurer.

„ assurer. Alors, continuë Mr. de St. Evre-
„ mond, une science qui m'étoit déjà sus-
„ pecte, me parut trop vaine, pour m'y assu-
„ jettir plus long-tems : je rompis tout com-
„ merce avec elle, & commençai d'admirer
„ comme il étoit possible à un homme sage,
„ de passer sa vie à des recherches inutiles.
Voilà ce que pensoit M. de St. Evremond
sur les speculations creuses & steriles de la
Philosophie. Il avoit une idée bien differente
de l'étude du Droit : (1) il la jugeoit non-
seulement utile, mais même nécessaire à un
honnête-homme ; & il se fit toujours un plaisir de la cultiver.

La maniere avantageuse dont il se fit connoître à l'armée, lui attira l'estime de plusieurs Officiers de distinction ; comme des
Maréchaux d'Estrées & de Grammont, du
Vicomte de Turenne, &c. Mais il fut particulierement aimé du Comte de Miossens,
connu depuis sous le nom de Maréchal d'Albret ; du Comte de Palluau, qui fut ensuite
Maréchal de Clerembaut ; & du Marquis de
Crequi, qui devint aussi Maréchal de France.
Il entra dans leur confidence ; & tant qu'ils
ont vêcu, ils lui ont donné des marques d'une
amitié sincere, & que rien n'a été capable
d'alterer.

M. de Saint-Evremond se trouva au siége
d'Arras

(1) *Voyez le Tome III.* | *de cette Edition, page 62.*

d'Arras en 1640. & l'année d'après (1641.) il entra dans la Cavalerie ; ce qui lui fournit de nouvelles occasions de se faire connoître. M. le Duc d'Enguien fut si touché des agrémens de sa conversation, qu'il lui donna la Lieutenance de ses Gardes, [1642.] afin de l'avoir toujours auprés de lui. Ce jeune Prince avoit une grande pénétration, & beaucoup de justesse d'esprit. Il aimoit les belles lettres; & vous savez, Monsieur, qu'après la mort du Cardinal de Richelieu, plusieurs membres de l'ACADEMIE FRANÇOISE avoient dessein de le choisir pour leur protecteur. La lecture des bons livres faisoit un de ses plus agréables amusemens, & il destinoit tous les jours quelques heures à l'étude. (1) Ce Prince souhaita que M. de Saint-Evremond assistât à ses lectures : & il n'oublia rien pour les lui rendre également agréables & instructives. Persuadé que les Princes ne doivent pas étudier à la maniere des autres hommes, & que le tems leur est précieux. Lorsqu'il lisoit quelque chose des anciens

(1) *Voyés* l'histoire du Prince de Condé, *pag.* 8. de la seconde édition. 1695. M. de St. Evremond ayant lû cet ouvrage, me dit qu'excepté la rélation de la bataille de Lens, où il y avoit quelque chose à réformer, l'auteur (M. Coste) lui paroissoit avoir été trés-bien informé des faits qu'il rapporte, & qu'il les avoit narrés avec beaucoup de pureté & d'éleganc e.

ciens historiens, il laissoit aux Grammairiens l'explication scrupuleuse des mots & des phrases, & s'attachoit à bien déveloper le sens des Auteurs, à faire des réflexions sur la justice & la beauté de leurs pensées, à remarquer l'habileté avec laquelle ils dépeignent les grands-hommes, & les differences délicates qu'ils marquent dans leurs caracteres. Enfin il s'appliquoit à bien faire connoître la situation des affaires de ce tems-là; à pénétrer dans les differentes vuës des Princes, & à découvrir les ressorts qui les avoient fait agir.

C'est-là effectivement, la maniere dont non-seulement les Princes, mais toutes les personnes de qualité, qui sont parvenuës à l'âge de discernement & de réflexion, devroient lire les anciens Auteurs. J'avouë qu'il est difficile de trouver des gens capables de leur bien déveloper toutes ces choses. Les Commentateurs y suppléeroient en quelque maniere, s'ils avoient tourné leurs vuës de ce côté-là : mais soit qu'ils ayent cru cet attachement trop fort pour eux, ou qu'ils se soient imaginés qu'il n'étoit pas de leur ressort, les livres qu'ils nous ont donnés jusqu'ici, ne sont guere propres à perfectionner cette étude. M. de St. Evremond a si bien marqué leurs défauts, que je ne saurois m'empêcher de transcrire ici ses propres paroles. ,, J'ai vu depuis quelques années, dit-il, il, (1) un grand nombre de critiques, & « peu de bons juges. Or je n'aime pas ces « gens doctes, qui employent toute leur étu- « de à restituer un passage, dont la restitution « ne nous plaît en rien. Ils font un mystere « de savoir ce qu'on pourroit bien ignorer, « & n'entendent pas ce qui merite veritable- « ment d'être entendu. Pour ne rien sentir, « pour ne rien penser délicatement, ils ne « peuvent entrer dans la délicatesse du sen- « timent, ni dans la finesse de la pensée. Ils « réussiront à expliquer un Grammairien ; « ce Grammairien s'appliquoit à leur même « étude, & avoit leur même esprit : mais ils « ne prendront jamais celui d'un honnête « homme des anciens; car le leur y est tout-à- « fait contraire. Dans les histoires, ils ne con- « noissent ni les hommes, ni les affaires : ils « rapportent tout à la chronologie ; & pour « nous pouvoir dire quelle année est mort un « Consul, ils negligeront de connoître son « génie, & d'apprendre ce qui s'est fait sous « son Consulat. Ciceron ne sera jamais pour « eux qu'un faiseur d'ORAISONS; César, « qu'un faiseur de COMMENTAIRES. Le « Consul, le Général leur échapent : le génie « qui

(1) *Tom.* III. *pag.* 60. dans le discours à M. le Maréchal de Crequi, qui lui avoit demandé en quelle situation étoit son esprit, & ce qu'il pensoit sur toutes choses dans sa vieillesse.

„ qui anime leurs ouvrages, n'est point ap-
„ perçu, & les choses essentielles qu'on y
„ traite, ne sont point connuës.

M. de St. Evremond n'avoit garde de donner dans ces défauts ; & l'on peut juger de ce qu'il étoit capable de faire sur ce sujet, par quelques ouvrages qu'il nous a laissés ; & sur tout par ses REFLEXIONS sur les divers génies du peuple Romain ; par son JUGEMENT sur Petrone, sur Saluste, & sur Tacite ; son DISCOURS sur les Historiens François ; ses REFLEXIONS sur les Poëmes des Anciens, &c.

Aprés la campagne de Rocroi, (1643.) M. de St. Evremond fit une espece de Satire contre l'Academie Françoise, qu'on nomma la COMEDIE DES ACADEMISTES. Elle courut long-tems manuscrite ; &, comme il arrive dans ces occasions, chacun se donna la liberté d'y ajouter, ou d'en retrancher ce qu'il jugeoit à propos ; de sorte que quand elle fut imprimée en 1650. M. de St. Evremond ne la reconnoissoit plus. Avec tout cela, M. Pelisson en a parlé d'une maniere assez avantageuse dans son HISTOIRE DE L'ACADEMIE FRANÇOISE. Après avoir remarqué (1) que l'Abbé de St. Germain fut le premier qui
attaqua

---

(1) Histoire de l'Academie Françoise. p. 47. 48.

taqua publiquement l'Académie, il ajoute «
que de toutes les autres choses qui ont été «
faites contre cette Compagnie, il n'en a vû «
que trois qui meritent qu'on en parle. La «
premiere, continuë-t-il, est cette COMEDIE «
DE L'ACADEMIE, qui après avoir couru «
long-tems manuscrite, a été enfin imprimée «
en l'année 1650. mais avec beaucoup de «
fautes, & sans nom, ni de l'Auteur, ni de «
l'Imprimeur. Quelques uns ont voulu l'at- «
tribuer à un des Academiciens mêmes, par- «
ce que cet ouvrage ne se rapporte pas mal «
à son stile, à son esprit, & à son humeur, «
& qu'il y est parlé de lui comme d'un hom- «
me qui ne fait guere d'état de ces conferen- «
ces; (1) mais quelques autres m'ont assuré «
qu'elle étoit d'un Gentilhomme Normand, «
nommé Monsieur de S. Evremond......... «
Cette piéce, quoique sans art & sans regles, «
& plûtôt digne du nom de Farce, que de «
celui de Comédie, n'est pas sans esprit, & «
a des endroits fort plaisans. " Cette piéce n'a-
voit point encore paru avec les autres ouvrages de M. de St. Evremond, & elle étoit devenuë si rare, que je ne l'aurois peut-être jamais vûë, si vous ne m'aviez fait la grace de
me l'envoyer. M. de St. Evremond desavoüoit cet imprimé; & lorsque je le lui de-
mandai

(1) Mr. Pelisson veut marquer par-là Saint-
Amant.

mandai, il me dit qu'en 1680. il avoit retouché cette piéce à la priere de la Duchesse de Mazarin, & avoit tâché d'en faire quelque chose de plus exact; mais qu'il avoit perdu ce manuscrit. J'eus le bonheur de le déterrer, & de le lui faire avoir. Il le revit avec moi, & c'est sur la copie que j'en fis, que nous l'avons imprimé à la tête de ses ouvrages. (1)

Mais quoique cette Comédie soit présentement plus reguliere qu'elle n'étoit dans l'état où vous l'avez vûë, je ne sai si elle aura la même approbation qu'elle auroit eu il y a soixante ans. Toutes les personnes qu'on y raille, sont mortes, & à peine reste-t-il quelqu'un aujourd'hui qui les ait connuës. Cependant on ne sauroit bien juger sans cela de la finesse du ridicule qui y est répandu. C'est le sort de tous les ouvrages de cette nature, qui sont fondés sur des circonstances trop particulieres, & sur des faits où personne ne s'interesse plus.

M. de St. Evremond fit la campagne de Fribourg en 1644. & l'année suivante (1645.) il fut dangereusement blessé à la bataille de Nortlingue. Ayant eu ordre de se mettre à la tête d'un Escadron, & de se poster au dessous d'une petite hauteur, qui étoit

occupée

(1) Cette piece est la premiere du premier Tome de cette édition.

occupée par les ennemis, il y essuya pendant trois heures tout le feu de leur mousqueterie, & d'une batterie de quatre piéces de campagne ; de sorte qu'il y perdit presque tout son monde, & fut blessé lui-même au genoüil gauche d'un coup de Fauconneau. Sa blessure fut trouvée si dangereuse, que pendant prés de six semaines, on ne croyoit pas qu'il en pût guerir. L'habileté des Chirurgiens, jointe à la bonté de son tempérament, le tirerent néanmoins d'affaire : mais il demeura long-tems sans pouvoir marcher. Trente ans aprés, sa playe se rouvrit à Londres : mais elle fut si bien traitée, qu'il ne lui en est jamais resté d'autre incommodité, que celle d'avoir cette jambe un peu plus foible que l'autre.

Il n'y avoit pas long-tems que M. de St. Evremond étoit gueri, lorsque le Duc d'Enguein tomba dangereusement malade. Dés qu'il commença à se mieux porter, Mr. de St. Evremond chercha à le divertir par quelque lecture agréable & enjoüée. Il lui lut d'abord quelque chose de Rabelais; mais il s'apperçut bien-tôt que ce Prince ne goûtoit que médiocrement cet Auteur. Il prit ensuite Pétrone, & le Duc d'Enguein en fut charmé. Je ne dis cette particularité, que pour faire voir que toutes les personnes d'esprit ne sont pas également frappées des beaux endroits qui sont dans Rabelais. Peut-être cela vient-il
de

de ce que ces sortes d'endroits se trouvant dispersés, & comme confondus dans tout l'ouvrage, on est rebuté par ce qu'il y a de mauvais, avant que d'arriver à ce qui est effectivement bon. Peut-être aussi que ce qu'il y a de meilleur, demande une espece de goût; un certain tour d'esprit particulier, pour pouvoir être bien senti. Enfin cela peut venir de ce qu'on ignore une infinité de circonstances particulieres, ausquelles cet Auteur fait une perpetuelle allusion. Mais ce n'est pas ici le lieu de traiter cette matiere.

 M. de St. Evremond sut si bien gagner l'estime & l'amitié du Duc d'Enguein, que ce Prince lui communiqua souvent ses desseins, & lui confia des affaires, qui étoient de la derniere importance. Aprés la prise de Furnes, (1646.) il le choisit pour en porter la nouvelle à la Cour;(1) & lui ayant dit le dessein qu'il avoit de faire le siége de Dunkerque, il le chargea d'en faire la proposition au Cardinal, & de regler avec lui tout ce qui étoit necessaire pour l'execution d'un si grand projet. M. de St. Evremond sut si bien ménager l'esprit de ce Ministre, qu'il le fit consentir à tout ce que M. le Duc d'Enguein souhaitoit.

 Quelque tems après, (1647.) M. de St. Evremond

_____
(1) Voiez les Memoires du Comte de Bussi-Rabutin, tom. I. p. 131.

DE SAINT-EVREMOND. lxxj

Evremond composa trois petits ouvrages, à l'occasion de quelques conversations qu'il avoit euës avec ses amis. C'étoient des réflexions sur les maximes suivantes. 1°. Que l'homme qui veut connoître toutes choses, ne se connoît pas lui-même. 2°. Qu'il faut mépriser la fortune, & ne pas se soucier de la Cour. 3°. Qu'il ne faut jamais manquer à ses amis. On imprima ces trois piéces à Paris en 1668. mais toutes changées. M. de St. Evremond a rétabli les deux premieres ; & vous les trouverez dans le premier Tome de ses OEUVRES: (1) mais comme il n'a pas retouché la derniere, on n'a pas crû devoir l'y mettre, parce qu'il la désavoüoit dans l'état où elle est. (2) Il remarque dans le premier de ces ouvrages, que l'Auteur de la nature n'a pas voulu que nous pussions bien connoître ce que nous sommes ; & que parmi des desirs de savoir tout, il nous a réduits à la necessité de nous ignorer nous mêmes. Il soutient que jamais homme n'a été bien persuadé par la raison, ou que l'ame fût certainement immortelle, ou qu'elle s'anéantît effectivement avec le Corps. Il fait voir ensuite que les Philosophes

---

(1) *Page 97. & page* 171.

(2) Voiez les OEUVRES MESLE'ES, ou le Mélange curieux des meilleures pieces attribuées à M. de St. Evremond, &c. *tom. 7. page* 264. *de cette édition.*

losophes les plus éclairés, Socrate, Platon, Epicure, Aristote, Sénéque, Salomon même, le plus grand des Rois & le plus sage des hommes, n'ont jamais bien pû se satisfaire sur ce sujet : & il conclut de la contrariété de leurs opinions, ,, qu'à moins que la Foi n'as-
,, sujetisse notre raison, nous passons la vie
,, à croire & à ne croire point ; à nous vou-
,, loir persuader & à ne pouvoir nous con-
,, vaincre. Il n'appartient qu'à Dieu, ajoute-
,, t-il un peu plus bas, de faire des Martirs, &
,, de nous obliger sur sa parole à quitter la
,, vie dont nous joüissons, pour en trouver
,, une que nous ne connoissons point. vouloir
,, se persuader l'immortalité de l'ame par la
,, raison, c'est entrer en défiance de la parole
,, que Dieu nous en a donnée, & renoncer
,, en quelque façon à la seule chose par qui
,, nous pouvons en être assurés. (1) Dans l'autre piéce, M. de St. Evremond fait plusieurs réflexions sur le génie des courtisans; sur la maniere dont il en faut user avec les Favoris; & sur la conduite qu'un honnête-homme doit tenir à la Cour. ,, Il n'est pas défendu

---

(1) M. Locke s'est servi fort avantageusement de cette pensée dans sa derniere réponse à M. Stillingfleet, Evêque de VVorcester. On trouvera l'histoire de leur dispute dans un memoire dressé par M. Coste, & inseré dans les nouvelles de la République des Lettres des mois d'Octobre & de Novembre 1699. Voiez la page 500.

du à un honnête homme, dit-il, d'avoir son "
ambition & son intérêt; mais il ne lui est per-"
mis de les suivre que par des voies légiti-"
mes. Il peut avoir de l'habileté, sans finesse;"
de la dextérité, sans fourberie; & de la com-"
plaisance, sans flaterie. "

 Il arriva bien-tôt une affaire, (1648.) qui
obligea M. de St. Evremond de quitter la
charge qu'il avoit auprés du Prince de Condé: car c'est ainsi que se nommoit le Duc
d'Enguein, depuis la mort de son pere, qui
étoit arrivée sur la fin de l'année 1646. M.
le Prince se plaisoit extrêmement à chercher
le ridicule des hommes ; & il s'enfermoit
souvent avec le Comte de Miossens & M.
de St. Evremond, pour s'appliquer avec eux
à ce nouveau genre d'étude. Un jour sor-
tant d'une conversation de cette nature, il
échappa à M. de St. Evremond de demander
à M. de Miossens, s'il croyoit que Son Altesse,
qui aimoit si fort à découvrir le ridicule des
autres, n'eût pas lui-même son ridicule. Aprés
avoir raisonné quelque tems là dessus, ils convinrent que cette affectation de découvrir le
ridicule des autres, lui en donnoit un d'une
espece toute nouvelle. Ils se divertirent assez
long-tems de cette pensée avec leurs amis :
mais ceux-ci l'ayant dit à d'autres, M. le Prince en fut informé. On peut juger jusqu'où
son impetuosité naturelle en dût porter le
ressentiment. Il ôta à M. de St. Evremond la

Lieutenance de ses Gardes, & ne voulut plus avoir de liaison avec le Comte de Miossens. Cependant il y a apparence qu'il les auroit rétablis dans sa faveur, si d'autres affaires plus importantes ne l'eussent occupé tout entier. La guerre de Paris avoit déja commencée, & la prison des Princes arriva bientôt aprés. M. le Prince prit ensuite les armes contre la Cour, & il se retira enfin dans les Païs-Bas, où il fut déclaré Généralissime des armées du Roi d'Espagne. Lors qu'il revint en France, aprés la Paix des Pyrenées, il témoigna beaucoup de bonté à M. de St. Evremond, & lui fit connoître qu'il ne lui restoit plus aucun ressentiment de ce qui étoit arrivé. Il lui offrit même sa protection; & dans la suite, il lui fit donner en plusieurs rencontres des assurances de son affection & de son estime.

M. de St. Evremond alla en Normandie en 1649. pour voir sa famille. Le Parlement de Paris s'étoit déclaré contre le Cardinal; & le Duc de Beaufort, le Prince de Conti, & le Duc de Longueville, suivirent bien-tôt son exemple. Ce dernier se retira d'abord dans son Gouvernement de Normandie, où il étoit presque absolu. Il assembla toute la noblesse, & n'oublia rien pour engager M. de St. Evremond à se joindre à eux. On lui offrit le commandement de l'Artillerie : mais il le refusa; comme il le dit lui-même dans la piéce satirique, intitulée : RETRAITE de M. le Duc de Longueville dans son Gouvernement de Normandie. (1) On voulut, dit-il assez plaisamment, donner le Commandement de l'Artillerie à Saint-Evremond; & à dire vrai, dans l'inclination qu'il avoit pour Saint-Germain, (2) il eût bien souhaité de servir la Cour, en prenant une charge considérable, où il n'entendoit rien. Mais comme il avoit promis au Comte d'Harcourt de ne point prendre d'emploi, il tint sa promesse, tant par honneur, que pour ne ressembler pas aux Normans, qui avoient presque tous manqué de parole. Ces considerations, ajoute-t-il, lui firent généreusement refuser l'argent qu'on lui offroit, & qu'on ne lui eût pas donné. " Le Cardinal Mazarin étoit charmé de cette satire. Il la trouvoit remplie d'une raillerie si fine, & les caractères lui paroissoient si bien marqués, qu'il ne pouvoit se lasser de la lire. Dans sa derniere maladie, il souhaita plusieurs fois que M. de St. Evremond lui en fît la lecture, lors qu'il ne pouvoit dormir.

Aprés que M. de St. Evremond eut demeuré quelque-tems à Saint-Denis, il retourna à Roüen; & dans ce voyage, il empêcha que la

---

(1) Tome premier de cette édition, p. 39. & suivantes.

(2) Le Roi y étoit alors.

la petite armée du Duc de Longueville ne fût entiérement défaite par le Comte d'Harcourt, qui commandoit les troupes du Roi. Il trouva ce Duc à trois lieuës de Roüen, & il lui apprit que le Comte d'Harcourt s'avançoit avec toute la diligence possible pour l'attaquer, & qu'il arriveroit dans moins de trois heures. Le Duc de Longueville voyant bien qu'il n'étoit pas en état de tenir la campagne, se crut perdu, & fit faire une si prompte marche à ses troupes, qu'elles arriverent à Roüen presqu'aussi-tôt que M de St. Evremond.

L'année suivante, (1650.) le Prince de Condé, le Prince de Conti, & le Duc de Longueville furent arrêtés, & conduits à Vincennes par le Comte de Mioffens, Lieutenant des Gendarmes. La Duchesse de Longueville n'en eût pas plûtôt été informée, qu'elle alla en Normandie, pour tâcher d'engager le Parlement de Roüen, & toute la Province, à prendre le parti des Princes, & pour s'assûrer des places du Duc son mari; & sur tout du Havre-de-Grace. Cela obligea la Cour d'y aller avec des troupes, afin d'en chasser cette Duchesse, & d'ôter aux créatures de sa maison les gouvernemens qui étoient entre leurs mains. M. de St. Evremond fit ce voyage avec le Duc de Candale, pendant lequel il eut avec lui cette longue CONVERSATION, qu'il a écrite dans la suite,

suite, (1) & où il a mêlé aux conseils judicieux qu'il donnoit à son ami, le portrait des courtisans avec qui il avoit le plus de liaison; comme du Duc d'Epernon; du Duc de la Rochefoucault; des Comtes de Palluau & de Miossens; des Marquis de Crequi & de Ruvigny; à quoi il a aussi joint le portrait du Duc de Candale. Cette piéce seule fait voir la connoissance exacte que M. de St. Evremond avoit de la Cour, & du genie des courtisans; son habileté à peindre le caractere des hommes, & la maniere fine & délicate dont il savoit s'insinuer dans leur esprit. Mais j'aurai occasion d'en parler dans un autre endroit.

Le Duc de Beaufort, quoique d'un génie peu élevé, avoit gagné en (1651.) l'amour des Parisiens par une conduite assez adroite, mais encore plus par son langage naturellement grossier, & ses manieres populaires. (2) Il se reconcilia ensuite avec la Cour: mais les courtisans ne laissoient pas de le tourner en ridicule. Un jour que le Duc de Candale, le Comte de Palluau, le Comte de Moret, M.

---

(1) Cette piéce est la premiere du troisiéme tome de cette édition.

(2) Comme ce Duc ne parloit qu'un jargon de mots populaires, ou toûjours mal placez, & qu'avec cela il n'avoit pas laissé de se rendre maitre de Paris, on l'appelloit ordinairement, Le Roi des Halles.

lxxviij LA VIE DE MONSIEUR
M. de St. Evremond, & cinq ou six autres avoient soupés ensemble, & se trouvoient de bonne humeur, ils firent le plan d'une satire contre ce Duc, & lui donnerent pour titre, APOLOGIE *de M. le Duc de Beaufort, contre la Cour, la Noblesse, & le Peuple.* Chacun fournit ce qu'il croyoit le plus capable de le rendre ridicule, & on chargea M. Girard, qui nous a donné la VIE du Duc d'Epernon, de rédiger par écrit ce qu'ils avoient dit. Cette APOLOGIE ironique n'est pas dans les OEUVRES de M. de St. Evremond: mais vous la trouverez dans le Recueil des meilleures piéces qu'on lui avoit attribuées. (1)

La guerre civile commença peu de tems aprés; (1652.) & le Roi connoissant le merite & la bravoure de M. de St. Evremond; & sachant qu'il avoit toûjours refusé de prendre parti contre la Cour, le fit Maréchal de Camp. Voici la copie de son Brevet, dont j'ai actuellement l'original entre les mains.

AUJOURD'HUY 16. *Septembre mil six cens cinquante deux,* LE ROY *étant à Compiegne, mettant en consideration les fidelles & agréables services qui lui ont été rendus par le Sieur de St. Evremond, & se confiant particulierement en sa valeur, experience en la guerre, vigilance*

(1) Elle est la premiere du VI. Tome de cette édition.

vigilance & bonne conduite, & en sa fidelité & affection singuliere à son service, pour les diverses preuves qu'il en a renduës en toutes les charges & emplois qu'il a eus, dont il s'est dignement acquitté; & Sa Majesté voulant lui témoigner la satisfaction qui lui en demeure, & lui donner moyen de la servir de plus en plus utilement, en l'élevant dans les charges de la guerre, SA MAJESTE' l'a retenu, ordonné & établi en la charge de Maréchal de Camp en ses armées; pour dorénavant en faire les fonctions, en joüir & user aux honneurs, autoritez, prérogatives, prééminences, droits & appointemens qui y appartiennent, tels & semblables dont joüissent ceux qui sont retenus en pareilles charges; M'ayant Sa Majesté, pour témoignage de sa volonté, commandé d'en expedier audit Sieur de St. Evremond le present Brevet, qu'Elle a signé de sa main, & fait contresigner par moi son Conseiller-Secretaire d'Etat & de ses Commandemens & Finances. Signé, LOUIS.

Et plus bas, LE TELLIER.

Le lendemain, le Roi lui donna une pension de trois mille livres, dont la copie du Brevet suit. J'en ai aussi l'original.

LOUIS PAR LA GRACE DE DIEU ROY DE FRANCE ET DE NAVARRE; A nos Amez & Feaux Conseillers les Gens de nos Comptes à Paris; SALUT. Voulant reconnoître les bons & fideles services qui nous ont été rendus en nos armées en plusieurs & diverses

ses occasions par notre Cher & bien Amé le Sr. de St. Evremond, & lui donner d'autant plus de moyen de les continuer à l'avenir: A CES CAUSES, & autres à ce nous mouvans, Nous lui avons accordé & fait don; accordons & faisons don par ces Présentes, signées de notre main, de la somme de trois mille livres de pension par chacun an, à prendre sur les deniers, tant ordinaires qu'extraordinaires de notre Epargne, que nous voulons lui être dorénavant payée par les Trésoriers d'icelui, presens & à venir, chacun en l'année de son exercice, suivant les Etats qui en seront par nous signez & arrêtez, à commencer du premier jour de la presente année. Si vous mandons & ordonnons que ces Presentes vous ayez à faire enregistrer, & du contenu en icelles faire jouïr & user pleinement & paisiblement ledit S. de St. Evremond. Mandons aussi à nos Amez & feaux Conseillers en nos Conseils, & Trésoriers de notre épargne, presens & à venir, chacun en l'année de son exercice, de payer audit S. de St. Evremond ladite somme de trois mille livres par chacun an, aux termes & en la maniere accoûtumée, en vertu de nosdits Etats & des Presentes. Qu'apportant lesquelles, ou copie d'icelles düement collationnée, pour une fois seulement, avec Quittance dudit S. de St. Evremond sur ce suffisante, nous voulons ladite somme de trois mille livres être passée & alloüée en la dépense de leurs Comptes, déduite & rabbatuë de la recette d'iceux, par vous Gens de nosdits

nosdits Comptes; Vous mandant ainsi le faire sans difficulté. Car tel est notre plaisir. Donné à Compiegne le 17. jour de Septembre, l'an de grace mil six cens cinquante deux, & de notre regne le dix. Signé, LOUIS.

Et plus bas, *Par le Roi*, LE TELLIER.

M. de St. Evremond servit ensuite sous le Duc de Candale, dans la guerre de Guienne; & si on avoit fait le siége de Bergerac avant celui de Bordeaux, comme c'étoit l'avis de plusieurs Officiers, il devoit en être Gouverneur, à la place du Marquis de Bougi, qui s'étoit laissé prendre, comme vous sçavez.

Après la réduction de la Guienne, (1653.) M. de St. Evremond fut mis à la Bastille, & il y demeura deux ou trois mois. Quelques railleries contre le Cardinal Mazarin, faites dans une compagnie où il s'étoit trouvé, & où il n'avoit pas eu plus de part que les autres, en fournirent le prétexte : mais en voici la veritable raison. Lors qu'on parla d'un accommodement avec la Guienne, le Cardinal vouloit qu'on s'adressât aux créatures qu'il avoit dans le parti des Princes : mais le Duc de Candale crut devoir traiter avec l'Evêque d'Agen, & les autres qui avoient chassé le Duc d'Epernon. Il prévit bien qu'étant les plus forts, leur suffrage entraîneroit celui des autres; ce qui arriva effectivement. Le Cardinal fut piqué au vif de ce manque

de déférence; & s'imaginant que M. de St. Evremond avoit donné ce conseil au Duc de Candale, il resolut de l'en punir. Cependant lorsque M. de St. Evremond l'alla remercier après son élargissement, il lui dit fort obligeamment ,, qu'il étoit persuadé de son in-
,, nocence; mais que dans le poste qu'il oc-
,, cupoit, on se trouvoit obligé d'écouter
,, tant de choses, qu'il étoit bien difficile de
,, distinguer le vrai du faux, & de ne pas
,, maltraiter quelquefois un honnête-homme.

M. de St. Evremond servit en Flandres l'année d'après: (1654.) & ce fut dans ce tems-là qu'en dînant chez le Maréchal d'Hoquincourt, il fut témoin de la conversation que ce Général eut avec le Pere Canaye, qui avoit alors la direction de l'Hôpital de l'armée du Roi. M. de St. Evremond trouva cette conversation si plaisante, qu'il l'écrivit quelque tems après; (1) & c'est assûrement une de ses meilleures piéces.

La Cour étoit alors extrémement polie & galante. L'amour & la bonne-chere y regnoient également.
M.

Une politique indulgente
De notre nature innocente
Favorisoit tous les desirs;
  Tout goût paroissoit legitime;
La douce erreur ne s'appelloit point crime;
Les vices délicats se nommoient des plaisirs. (2)

(1) Cette piéce est dans le tome II. page 28.

M. de St. Evremond n'avoit pas un penchant extraordinaire pour le beau sexe: mais il ne laissa pas d'aimer tendrement quelques Dames d'un merite distingué; & cette amitié a duré tant qu'il a vécu. Mademoiselle de l'Enclos en est la preuve. L'éloge que M. de S. Evremond en fait dans ses ouvrages, vous la fera mieux connoître que tout ce que je pourrois vous écrire. Je dirai seulement qu'on l'a toûjours regardée comme un modelle de politesse; qu'elle avoit cultivé son esprit par la lecture des bons livres; qu'elle se distinguoit par une amitié constante & inviolable; & qu'enfin sa maison a toûjours été le rendez-vous de tout ce qu'il y avoit de plus spirituel à la Cour. Vous verrez par les lettres qu'elle a écrites à M. de St. Evremond, qu'elle avoit veritablement merité le titre qu'il lui a donné de Moderne Leontium, par l'usage qu'elle faisoit des maximes d'Epicure. (1)

M. de St. Evremond se fit bien plus connoître par son raffinement sur la bonne-chere, que par l'attachement qu'il avoit pour les Dames. Mais la bonne-chere dont on se piquoit

---

(2) Voïez les Stances à Mademoiselle de l'Enclos, *tom*. 3. p. 104. sur les premieres années de la Regence.

(1) Mademoiselle de l'Enclos est morte à Paris le 17. Octobre 1705.

quoit à la Cour, se distinguoit moins par la somptuosité & la magnificence, que par la délicatesse & la propreté. Tels étoient les répas du Commandeur de Souvré; du Comte d'Olonne, & de quelques autres Seigneurs qui tenoient table. Il y avoit entr'eux une espece d'émulation à qui feroit paroître un goût plus fin & plus délicat. M. de Lavardin, Evêque du Mans, & Cordon-bleu, s'étoit aussi mis sur les rangs. Un jour que M. de St. Evremond mangeoit chez lui, cet Evêque se mit à le railler sur sa délicatesse, & sur celle du Comte d'Olonne, & du Marquis de Bois-dauphin. ,, Ces Messieurs, dit ce Prélat,
,, outrent tout, à force de vouloir raffiner sur
,, tout. Ils ne sçauroient manger que du Veau
,, de Riviere: Il faut que leurs Perdrix vien-
,, nent d'Auvergne; que leurs Lapins soient
,, de la Roche-Guyon ou de Versine. Ils ne
,, font pas moins difficiles sur le Fruit: &
,, pour le Vin, ils n'en sçauroient boire que
,, des trois Coteaux d'Ay, d'Haut-Villiers,
,, & d'Avenay. M. de St. Evremond ne manqua pas de faire part à ses amis de cette conversation; & ils furent ravis de trouver une si belle occasion de tourner en ridicule un Prélat, dont ils n'estimoient pas beaucoup la délicatesse. Enfin, ils répéterent si souvent ce qu'il avoit dit des Côteaux, & ils en plaisanterent en tant d'occasions, qu'on les appella LES TROIS CÔTEAUX.

Voilà,

Voilà, Monsieur, la veritable origine des CÔTEAUX, qui a été connuë de peu de personnes. (1) L'Abbé de Bois-robert entreprit la défense du Prélat, & fit contre ces trois Messieurs une espece de satire, intitulée LES CÔTEAUX. La maniere desavantageuse dont on a parlé de cet Evêque du Mans, ne venoit pas de ce qu'il aimoit les plaisirs & la bonne chere : de la façon que l'on vit aujourd'hui, ce ne seroit pas un grand mal. La raison pourquoi il a été si décrié, c'est qu'il avoit témoigné assez ouvertement qu'il n'étoit pas bien convaincu des verités de la religion. Il prenoit trés-peu de soin de cacher ses sentimens ; en sorte qu'on disoit de lui publiquement, qu'il n'avoit de religieux que l'habit, & que du reste c'étoit un franc Epicurien. Le credit qu'il avoit, empêcha qu'on ne lui en fît des affaires pendant sa vie : mais peu de tems aprés sa mort, (2) sur le témoignage de plusieurs personnes, qui l'avoient ouï dogmatiser, on réordonna quelques Prêtres, qui avoient reçu les Ordres de lui ; & entr'autres, le Pere Mascaron, ce célebre Prédicateur. (3) On avoit dessein de pousser

(1) Le Pere Bouhours, M. Ménage, & M. Despreaux s'y sont trompés. Voyez ce qu'on a dit là-dessus dans les Nouvelles de la Republique des Lettres, Août 1704. p. 167. 168.
(2) Il mourut en 1671.
(3) Il est mort Evêque

lxxxvj LA VIE DE MONSIEUR
pousser plus loin cette affaire; & on consulta là-dessus le fameux M. Pavillon, Evêque d'Alet, lequel répondit qu'il falloit premierement assembler un Synode Provincial, & que sur la déposition de ces mêmes personnes qui l'avoient déféré, on procederoit contre sa memoire; qu'ensuite on en écriroit au Pape, afin qu'il autorisât les procedures qu'on auroit faites. Mais comme cela eût fait trop d'éclat, & qu'il y avoit des personnes d'un grand merite qui appartenoient à la maison de cet Evêque, on prît le parti d'en demeurer là. (1)

Lorsque la Reine Christine étoit à Paris, (1656.) on n'y parloit que de son abdication, de son savoir, & de ses manieres. Ces conversations produisoient quelquefois des scenes fort plaisantes & fort singulieres. Telle fut la dispute qu'il y eut un jour entre le Comte de Bautru, le Commandeur de Jars, & l'Evêque du Mans, trois grands parleurs, & grands originaux. Monsieur de Saint Evremond, qui en fut témoin, trouva qu'ils s'y étoient si bien dépeints eux-mêmes, qu'elle méritoit d'être écrite, (2) & envoyée au Comte d'Olonne.

Dans

d'Agen en 1703.
(1) Je tiens ces particularités d'un trés-honnête-homme, qui a été Confrere du Pere Mascaron, avant qu'il fût Evêque.
(2) Cette piéce est dans

DE SAINT-EVREMOND. lxxxvij

Dans ce tems-là, qui étoit en quelque maniere le regne des précieuses, il fît une espece de satire, intitulée LE CERCLE, (1) où il donne le caractere d'une prude, d'une précieuse, &c. A la fin de cette piéce, il explique plus particulierement ce que c'est qu'une précieuse.

Je pense que ce fut peu de tems après, (1657.) qu'il se batit en duël contre le Marquis de Fore : mais je n'ai pas encore bien pû sçavoir le détail de cette affaire. Je me contenterai donc de dire, que quoiqu'on eût pris toutes les précautions possibles pour la tenir secrette, elle ne laissa pas d'être sçûë à la Cour; de sorte que M. de St. Evremond fut obligé de se retirer à la campagne, jusqu'à ce que ses amis eussent menagé son pardon. Il fit apparemment dans ce tems-là le discours *sur les Plaisirs*, qu'il envoya au Comte d'Olonne. (2). Il lui dit d'abord que "pour vivre heureux, il faut faire peu de ré-" "flexions sur la vie, mais sortir souvent com-" "me hors de soi; & parmi les plaisirs que" "fournissent les choses étrangeres, se dé-" "rober la connoissance de ses propres maux." Il ajoute qu'il ne faut pas trop penser à la mort ; ce n'est pas qu'il veüille qu'on n'y fasse

le tome 1. page 104.
(1) Tome 1. page 108.
(2) Ce discours sur les Plaisirs est dans le tome 1. page 125.

faſſe jamais attention : il croit qu'il eſt comme impoſſible de ne pas faire réflexion ſur une choſe ſi naturelle, & qu'il y auroit même de la moleſſe à n'oſer jamais y penſer : il prétend ſeulement qu'on n'en doit pas faire une étude particuliere, & il ſoutient qu'une telle occupation eſt trop contraire à l'uſage de la vie. Il paſſe de-là à des conſiderations ſur la maniere dont il faut ménager ſes plaiſirs, pour les rendre plus vifs & plus durables ; & il finit en marquant l'avantage qu'ont les veritables Chrétiens ſur les ſectateurs d'Epicure & d'Ariſtippe. Dans la LETTRE qu'il écrivit alors à une Dame qui vouloit devenir dévote, (1) il découvre les motifs qui engagent ordinairement les femmes à devenir dévotes, & les reſſorts ſecrets qui animent leur dévotion ; & il donne enſuite pluſieurs conſeils à ſon amie, pour la diriger dans le nouveau genre de vie qu'elle eſt prête d'embraſſer.

La mort du Duc de Candale, qui arriva en 1658. fut une grande perte pour M. de St. Evremond. Ce jeune Seigneur étoit entierement dans la faveur du Cardinal : il avoit des emplois très-conſiderables, & il ſeroit ſans doute parvenu aux premieres charges de l'Etat, ſi la mort ne l'avoit pas enlevé à la fleur de ſon âge. Car il n'avoit que

(1) Tome 1. page 137.

que vingt-sept ans, quand il mourut; & cependant il étoit général de l'infanterie françoise, Gouverneur d'Auvergne, &c. Une galanterie qu'il eut à Avignon avec Madame de Castelane, depuis Marquise de Ganges, si fameuse par sa mort tragique, (1) le jetta dans une fiévre, dont il mourut à Lion. M. de St. Evremond fit une Elegie sur la mort de ce Duc, (2) où il fait parler la Comtesse d'Olonne, qui étoit inconsolable de la perte de son amant.

M. de St. Evremond continua (1659.) de servir en Flandres, jusqu'à la suspension d'armes, dont la France & l'Espagne étoient convenuës, pendant qu'on negocieroit la Paix. Le Cardinal Mazarin partit ensuite de Paris avec un superbe équipage, pour l'aller conclure avec Don Loüis de Haro, Ministre & Plenipotentiaire du Roi d'Espagne. Plusieurs courtisans accompagnerent le Cardinal, & M. de St. Evremond fut du nombre. Avant qu'il quittât la Cour, le Marquis de Crequi avoit exigé de lui qu'il l'instruiroit du détail, & du succez des conferences, & de la maniere dont elles seroient ménagées. La paix ne fut pas plûtôt signée, que M.

---

(1) Voyez les Histoires tragiques de notre tems, compilées par François de Rosset page 513. édition de Lion, en 185.
(2) Cette Elegie est dans le Tome I. page 142.

M. de St. Evremond lui écrivit une lettre, où la conduite artificieuse du Cardinal étoit parfaitement bien dévelopée, & où ses vûës interessées paroissoient dans tout leur jour. Il faisoit voir que ce Ministre avoit sacrifié l'honneur & l'interêt de la France à ses interêts particuliers, & qu'il avoit eu des raisons secretes de tout accorder à Don Louis, dans un tems où il pouvoit lui imposer les conditions les plus dures, l'Espagne se trouvant hors d'état de pouvoir soutenir plus long-tems la guerre. Tout cela étoit assaisonné d'une ironie fine & délicate, & de plusieurs traits piquans contre la personne du Cardinal. Voilà en deux mots le sujet de cette lettre, (1) & la maniere dont elle étoit tournée.

Je n'ai pas besoin de vous prouver que le jugement que M. de St. Evremond faisoit de cette paix, étoit dans le fonds très-veritable. Le Cardinal la conclut si avantageusement pour la France, que les plus éclairés ont crû qu'il n'en usa de la sorte, que par les prieres, ou par les commandemens de la Reine-mere, en

---

(1) Dans l'édition de la VIE de M. de St. Evremond, faite en Hollande, & dans la seconde, faite à Utrecht, cette lettre est rapportée tout au long, comme étant cause de sa disgrace: elle est même dans la derniere édition faite à Londres in quarto en 1709. mais on a crû pouvoir se dispenser de la mettre dans celle-ci, puisque cette piéce est dans le Tome I. des Oeuvres, page 146.

en qui le Roi son mari avoit toûjours remarqué un cœur Espagnol. (1) Cependant cette lettre étant tombée entre les mains des créatures du Cardinal, quelque tems après sa mort, (1661.) on voulut en faire un crime d'état à M. de St. Evremond ; & c'est ce qui l'obligea de s'exiler de sa patrie. Voici comment cela arriva. Le Roi partit pour aller en Bretagne, quelques jours avant qu'on arrêtât M. Fouquet. Sa Majesté nomma ceux qui le devoient accompagner dans ce voyage. M. de St. Evremond fut une des personnes nommées ; & avant que de partir, il laissa à Madame du Plessis-Belliere, mere de la Marquise de Crequi, une Cassette, où il y avoit de l'argent, des billets, & plusieurs lettres. Aussi-tôt que M. Fouquet eut été arrêté, on ne se contenta pas d'enlever tous ses papiers, on mit encore le scellé chez toutes les personnes qu'on croyoit avoir été dans sa confidence. On ne manqua pas d'aller chez Madame du Plessis-Belliere ; elle étoit trop amie du Sur-intendant, pour être oubliée. On se saisit entr'autres choses de la cassette de M. de St. Evremond, & l'on y trouva une copie de la lettre sur la paix des Pyrenées, qui n'avoit été communiquée qu'au Maréchal de

---

(1) DICTIONNAIRE Historique & Critique, Article de Loüis XIII. | Remarque V. page 1905, de la seconde édition.

de Clerambaut, & à deux ou trois autres personnes. Messieurs le Tellier & Colbert, qui étoient, pour ainsi dire, les éleves du Cardinal, crûrent devoir profiter de cette occasion, pour faire voir au Roi la haute estime qu'ils avoient pour la memoire de leur bienfaicteur. Ils lûrent cette lettre à Sa Majesté, & lui représenterent en même tems le zele que Son Eminence avoit toûjours fait paroître pour ses interêts, & les services qu'il avoit rendus à l'Etat dans des tems fâcheux. Ils ajouterent que cet écrit étoit d'autant plus criminel, que toutes les invectives qui s'y trouvoient contre le premier Ministre, retomboient sur la Regence de la Reine-mere, & portoient même jusques sur le regne du Roi, puisqu'il avoit trouvé à-propos de suivre le plan & les maximes que le Cardinal avoit laissées. Qu'enfin, si on permettoit à des particuliers de juger des affaires d'Etat selon leur caprice, & de censurer impunément la conduite des Ministres, il n'y en auroit pas un qui pût se mettre à couvert de la médisance, quelque bien intentionné qu'il fût pour les interêts de Sa Majesté. Et sans doute qu'on ne manqua pas de se prévaloir des liaisons d'amitié que M. de St. Evremond avoit toûjours euës avec le Surintendant, dont on avoit juré la perte.

Ces insinuations firent d'autant plus d'impression sur l'esprit du Roi, que ce Prince avoit

avoit de veritables sentimens de reconnoissance pour les services du Cardinal, & que sa memoire lui étoit chere. M. de St. Evremond étant informé des mauvais offices qu'on tâchoit de lui rendre, s'absenta de la Cour. Il alla d'abord chez M. le Maréchal de Clerembaut, où il demeura un mois; & aprés cela, il se retira en Normandie, où il se tint caché pendant quelque tems. Il esperoit que cet orage se dissiperoit: mais ses amis lui ayant écrit que les Ministres continuoient de le rendre odieux, & qu'on parloit même de le mettre à la bastille, il s'approcha secretement des frontieres du Royaume, & resolut enfin de passer en Hollande, où il arriva sur la fin de l'année 1661.

Voilà la cause de la disgrace de M. de St. Evremond, dont on n'avoit parlé que confusément. Il me semble qu'on usa de trop de rigueur contre lui. J'avouë que le tour & les expressions de cette lettre pouvoient être mieux ménagés: mais il faut aussi remarquer que M. de St. Evremond y entretenoit librement son ami, comme il auroit fait dans un tête à tête. Il n'avoit garde de croire que sa lettre dût devenir publique. D'ailleurs, il avoit toûjours conservé du ressentiment contre le Cardinal, depuis que cette éminence l'avoit fait mettre à la Bastille; & ainsi il ne faut pas être surpris qu'il ne l'épargnât pas dans cette occasion. Si on ajoute à ces consi_

derations

derations ce que j'ai déja posé, que le fond de cette lettre étoit solide & judicieux, on conviendra sans doute que l'on ne devoit pas en user ainsi avec un homme de distinction, qui avoit tosjours bien servi son Prince, & dont le seul crime étoit d'avoir eu trop de zele pour la gloire de sa patrie, & trop de lumiere sur ses veritables interêts. Ce qu'il y a de sûr, c'est que M. de St. Evremond n'a jamais reconnu qu'il eût fait une faute, ni qu'il se fût trompé dans l'idée qu'il avoit de cette paix, comme on le verra dans la suite de ces memoires.

M. de St. Evremond avoit trop d'amis en Angleterre, pour faire un long sejour en Hollande. Il passa la mer en (1662.) & ne fut pas moins bien reçu à la Cour du Roi de la Grande-Bretagne, qu'il l'avoit été un an auparavant. Car j'avois oublié de dire, qu'aussi-tôt que Charles II. eut été rétabli sur le thrône de ses ancêtres, le Roi Très-Chrétien envoya le Comte de Soissons en Angleterre, pour l'en feliciter. Plusieurs personnes de qualité, qui avoient eu l'honneur d'être connus du Roi Charles, pendant qu'il étoit en France, profiterent de cette occasion, pour aller voir l'Angleterre; & rendirent cette Ambassade une des plus magnifiques qu'on ait jamais veües. M. de St. Evremond étoit un de ceux-là : & pendant un sejour de six mois qu'il fit à Londres,

il renoüa les liaisons qu'il avoit euës en France avec plusieurs Seigneurs Anglois, & fit de nouvelles habitudes. De sorte que quand il vint la seconde fois, il se trouva dans une Cour, où il étoit déja très-connu. Les Ducs de Buckingham & d'Ormond, les Comtes de St. Albans & d'Arlington, Monsieur d'Aubigny, oncle du dernier Duc de Richemond & de Lenox, Mylord Crofts, étoient de ses meilleurs amis. Mais il s'attacha plus particulierement au Duc de Buckingham, & à M. d'Aubigny. Le premier étoit un courtisan délicat, qui aimoit les belles-lettres & les beaux-arts. Il a fait quelques ouvrages d'esprit, qui ont été l'admiration de toute l'Angleterre. Sa Comedie du REHEARSAL est une Critique fine des Piéces de Théatre de M. Dryden, & de quelques autres Poëtes de ce tems-là. Les Gens de lettres, polis & spirituels, étoient toûjours bien venus chez lui, & comme il étoit favori du Roi Charles, rien ne l'empêchoit de satisfaire le généreux penchant qu'il avoit à leur faire du bien. Il fit donner à M. Clifford la direction de la Chartreuse de Londres, (1) & l'engagea à publier son TRAITE' de la raison humaine. (2) M. Clifford le dédia à son bienfaicteur;
&

---

(1) Ce poste est presentement occupé par M. Burnet, si connu par sa *Theorie sacrée de la Terre*, & par son *Archaeologiae philosophicae*.

& celui-ci lui écrivit une lettre, où après avoir parlé du fort qu'auroit son livre, il fait d'excellentes réflexions sur l'esprit de préoccupation & d'intolerance, qui regne parmi les Chrétiens. Ce Duc connoissoit si bien les malheurs qu'entraîne après soi l'esprit de persecution, que quand le Parlement eut condamné la proclamation, où Charles II. accordoit à ses sujets la liberté de conscience, il conseilla au Roi de risquer plûtôt tout, que de se relâcher sur ce point. Il fit ensuite un petit livre, (3) dont le principal but, étoit de prouver la tolerance. J'ajouterai, pour achever de faire connoître le Duc de Buckingham, qu'il étoit extrémement poli, galant, affable, généreux. Mais se laissant trop aller à son humeur aisée & nonchalante, ceux qui avoient le maniement de ses affaires, abuserent de sa facilité, & dissiperent tellement son bien, que d'un des plus riches Seigneurs d'Angleterre, il devint un des plus pauvres.

M. d'Aubigny avoit été envoyé en France dès l'âge de cinq ans, & il avoit été élevé à Port-Royal. Il entra jeune dans la Clericature,

---

(2) Cet ouvrage parut en 1574. & l'Auteur mourut en 1677.

(3) Imprimé en 1685. sous ce titre : A short Discourse upon the Reasonnableness of Den's having a Religion, or VVorship of God.

ture, & fut fait Chanoine de Nôtre-Dame de Paris. Après le rétablissement de Charles II. il vint en Angleterre, & le Roi ayant épousé l'Infante de Portugal, M. d'Aubigny eut la charge de Grand-Aumônier de la Reine. Il avoit beaucoup d'esprit, & encore plus de franchise. Son commerce avoit des charmes pour ceux qui aimoient à joindre aux agrémens de la conversation, l'ouverture du cœur, & cette douce union, qui est inseparable d'une veritable amitié. C'est par là qu'il plut infiniment à M. de St. Evremond. Le Duc de Buckingham, M. d'Aubigny, & lui, se voyoient souvent, & s'entretenoient sur toutes sortes de matieres; mais particulierement sur les piéces de Théatre des differentes nations. Comme M. de St. Evremond n'entendoit pas l'Anglois, ces Messieurs lui expliquoient ce que les Poëtes dramatiques de cette nation avoient composé de meilleur; & il s'en formoit une idée si nette & si exacte, que quarante ans après, il s'en souvenoit encore fort distinctement. Cette lecture lui fournit les réflexions qu'il a faites sur les tragedies & sur les comédies Angloises, (1) dans quelques-uns de ses ouvrages. Ce fut aussi cette espece d'étude, qui donna occasion à ces Messieurs de travailler ensemble

(1) Ces réflexions sont dans le To. III. pages 176. 177. 191. & tom. IV. page 68.

ble à la comedie de SIR POLITICK WOULD-BE. (1) Chacun fournissoit une partie des caracteres, & M. de St. Evremond leur donnoit la forme. Ceux qui trouveront cette comedie un peu trop longue, doivent se souvenir qu'elle a été faite à la maniere des Anglois, qui dans ce tems-là faisoient leurs piéces de théatre extrémement longues : & d'ailleurs, il faut remarquer que cette piéce n'ayant pas été faite, pour être joüée, on s'est plus appliqué à bien marquer les caracteres, qu'à animer l'action par des intrigues attachantes, & par un denouëment peu attendu. C'est-là le but qu'on s'est proposé dans la composition de cette piéce ; & c'est par-là aussi qu'on doit en juger. Peu de tems auparavant, un de ses amis lui ayant demandé à quelles sciences il croyoit qu'un honnête-homme pût s'appliquer, il lui envoya un petit discours, (2) où il les reduit à la morale, la politique, & aux belles-lettres. Il écrivit ensuite le JUGEMENT sur Cesar & sur Alexandre, (3) où il compara ces deux Heros, par rapport à leur naissance, à leurs mœurs, aux qualités de leur esprit, à leurs actions, & à leur conduite. C'est une piéce,

dit

(1) Cette comedie est dans le tome II. page 49. & suivantes.
(2) Ce discours est dans le tome I. page 158.
(3) Cette piéce est dans le tome I. page 165.

dit M. le Clerc, (1) pleine de bon sens & de pénétration.

La dispute entre les Jesuites & les Jansenistes faisoit alors (1663.) le plus de bruit : de sorte que M. de St. Evremond ayant dit un jour à M. d'Aubigny la conversation qu'il avoit euë avec le Pere Canaye sur l'animosité qui regnoit entre ces deux partis, M. d'Aubigny fut charmé de la franchise du Jesuite ; & pour faire voir qu'il n'y avoit pas moins de candeur parmi les Jansenistes que parmi les Peres de la societé, il lui fit le caractere des Jansenistes, & lui expliqua tout le secret: M. de St. Evremond a écrit la conversation qu'il eut là-dessus avec M. d'Aubigny ; (2) la lecture de cette piéce donne beaucoup de plaisir. Peu de tems après, il écrivit le JUGEMENT sur Sénéque, Plutarque, & Pétrone. (3) Il remarque d'abord que la Latinité de Sénéque n'a rien de celle du tems d'Auguste : qu'elle n'a rien de facile & de naturel, mais qu'elle est pleine de pointes & d'imaginations outrées. Ce qu'il trouve de plus beau dans les ouvrages de ce Philosophe, ce sont les exemples & les citations qu'il y mêle.

Il

---

(1) Bibliotheque choisie. tome IX. page 326.
(2) La Conversation avec le Pere Canaye est dans le tome II. page 38. & celle avec M. d'Aubigny est dans le même volume, page 41.
(3) Tom. II. pag. 1.

Il reconnoît qu'il avoit infiniment de l'esprit, & un savoir assez étendu : mais son stile n'a rien qui le touche : ses opinions lui paroissent avoir trop de dureté ; & il trouve fort ridicule qu'un homme comme Sénéque, qui vivoit dans l'abondance, & se conservoit avec tant de soin, ne prêchât que la pauvreté & la mort. Il le compare ensuite avec Plutarque, & il remarque que celui-ci a des maximes beaucoup plus douces & plus accommodées à la societé que l'autre ; qu'il insinuë doucement la sagesse, & tâche de rendre la vertu familiere dans les plaisirs mêmes. Il est charmé des VIES des hommes illustres de cet auteur, & il regarde cet ouvrage comme son chef-d'œuvre. M. de St. Evremond passe ensuite à Pétrone, & montre que l'amour qu'il avoit pour les plaisirs, ne l'avoit pas rendu ennemi des occupations ; qu'il eut le merite d'un gouverneur dans son gouvernement de Bythinie, & la vertu d'un Consul dans son Consulat. Il n'oublie pas la mort de Pétrone : il croit que c'est la plus belle de l'antiquité ; & il fait voir qu'elle a quelque chose de plus grand, & de plus noble que celle de Caton, & de Socrate. Pétrone, dit-il, ne nous laisse à sa mort qu'une image de la vie ; nulle action, nulle parole, nulle circonstance, qui marque l'embarras d'un mourant. C'est pour lui proprement, que mourir, est cesser de vivre. Il parle après

cela

cela de la satire de Pétrone, (1) dont il ne nous reste que quelques fragmens, & il en dévelope les principales beautés. Il admire la pureté du stile, la delicatesse des sentimens; mais sur tout, la grande facilité qu'a ce bel-esprit à nous donner ingenieusement toute sorte de caracteres. Il ne doute point qu'il n'ait eu en vûë de décrire les débauches de Neron; mais il ne lui semble pas qu'il ait composé cette satire avec le même esprit qu'Horace écrivoit les siennes. Il croit que c'est plûtôt un courtisan délicat qui trouve le ridicule, qu'un censeur public qui s'attache à blâmer la corruption. Il est persuadé que s'il avoit voulu nous laisser une morale ingenieuse

(1) M. de St. Evremond croit que cette piéce est effectivement du Pétrone, dont parle Tacite, & il suit en cela l'opinion généralement reçuë : mais il me semble que ce sentiment n'est pas trop bien fondé. Car il est visible par le manuscrit de de Gravv, qui se trouve presentement dans la Bibliotheque du Roi Très-Chrétien, que ce qui nous reste aujourd'hui de cet ouvrage, ne contient que des lambeaux du quinziéme & du seiziéme livre; au lieu qu'il paroît, ce me semble, par le narré de Tacite, dont on se sert pour établir l'opinion commune, que Pétrone ne décrivit les débauches de Neron, qu'après avoir commencé de se faire ouvrir les veines; c'est-à-dire, trés-peu de tems avant sa mort. On trouvera une description curieuse de ce manuscrit dans un memoire de M. Flament, inseré dans le Journal des Savans du 27. Août 1703.

genieuse dans la description des voluptés, il auroit tâché de nous en donner quelque dégoût. Il n'auroit pas représenté le vice avec tant d'agrément; & il nous auroit du moins donné quelque exemple de la Justice divine ou humaine sur la personne de ses débauchés.

Les REFLEXIONS sur les divers genies du peuple romain (1) que M. de S. Evremond écrivit ensuite, lui ont merité l'applaudissement du public, & ont même obtenu une espece de préférence sur tous ses autres ouvrages. Il les commence par des remarques sur l'origine fabuleuse des romains, & sur le génie de ce peuple sous les premiers Rois. Il parle ensuite du génie des anciens romains dans les commencemens de la Republique, & de leurs premieres guerres. Il réfute après cela Tite-Live, qui a crû que les romains auroient vaincu Alexandre le Grand, s'il leur avoit fait la guerre; & il fait voir qu'il s'en falloit beaucoup que les Consuls n'eussent alors d'aussi bonnes troupes, & autant de capacité dans l'art militaire, que ce conquérant. Il décrit ensuite le génie des romains, dans le tems que Pyrrhus leur fit la guerre: il parle de la premiere & de la seconde guerre punique, du génie des romains vers la fin de

(1) Ces réflexions sont édition, page 181, & dans le tome I. de cette. suivantes.

de la seconde guerre de Carthage ; & enfin du gouvernement d'Auguste & de Tibere ; de leur génie, & de celui des romains, qui vivoient sous l'Empire de ces deux Princes. Il régne tant de bon sens, de pénétration, & de solidité dans cet ouvrage, que je ne crois pas hazarder beaucoup, en disant, qu'il ne s'est encore rien fait de meilleur sur l'histoire romaine. M. de S. Evremond est si bien entré dans le génie des anciens romains; il a dévelopé avec tant d'art les divers intérêts qui les avoient fait agir, & a si bien pénétré dans les vûës particulieres des généraux, & dans le but des Sénateurs, qu'on diroit, en lisant ses réfléxions, qu'il a vêcu parmi eux, & qu'il a eu part aux affaires. Malheureusement il s'est perdu presque la moitié de cet ouvrage, comme on le voit, par le précis que je viens d'en faire. Le vuide qu'on y apperçoit, étoit rempli par la révolte de Gracchus contre le Senat ; par des réfléxions sur le génie du peuple romain, lorsque Jugurta s'empara du Royaume de Numidie; sur le sale intérêt qui régnoit alors, & sur l'infamie des premiers romains qui furent employés dans cette affaire. On y trouvoit ensuite le portrait de Scaurus, la guerre conduite par Metellus, le caractere de ce général, celui de Jugurta, & des traits de l'orgüeil de la noblesse. Ces considérations étoient suivies du caractere de Marius

tius, & de quelques réfléxions sur l'arrogance de ce Consul, On y marquoit le génie du peuple, qui s'étoit acquis une superiorité tirannique sur le Senat, laquelle pensa devenir funeste à la République. M. de S. Evremond y donnoit ensuite le caractere de Silla: il faisoit voir comment il avoit affranchi le Senat, & jetté le peuple dans l'oppression; & il parloit ensuite de Pompée & de Sertorius. Après cela, il representoit l'Etat de Rome, & le génie des Romains dans la conspiration de Catilina, dont il donnoit le caractere, aussi-bien que celui de Clodius. Il faisoit le portrait de Ciceron, parloit de son bannissement, & de l'état où se trouva Rome dans le partage du gouvernement entre Pompée, Cesar & Crassus. Enfin il dévelopoit les motifs de la guerre civile entre Pompée & César. Il donnoit le caractere de ces grands hommes; faisoit voir ce que le Sénat étoit à Pompée, & ce que le peuple étoit à César; découvroit les sentimens du premier touchant la République, & l'établissement de son pouvoir au préjudice de la liberté; & représentoit l'esprit de César, allant par degrés au dessein d'une domination absoluë. M. de St. Evremond avoit traité tous ces grands sujets, mais cela s'est perdu, & il n'a jamais voulu se donner la peine de le refaire, comme je le dirai plus particulierement dans la suite.

M.

M. de St. Evremond reçut dans ce tems-là (1664.) une lettre du Maréchal de Grammont. Ce seigneur l'accusoit de trop négliger & ses propres affaires, & les amis qu'il avoit laissé en France. Il le blâmoit de ce qu'il ne les sollicitoit pas assez fortement de travailler à faire sa paix avec la Cour. Il fit une réponse (1) à ce généreux ami, qui fut admirée de tout le monde, & que je rapporterois volontiers tout au long, parce qu'elle marque dans quelle situation il étoit sur son retour en France, & ce qu'il pensoit de sa disgrace. Elle a été dans presque toutes les éditions de ses ouvrages.

M. de St. Evremond aimoit trop les belles lettres, pour négliger de voir les sçavans, & les beaux-esprits d'Angleterre. Il avoit souvent des conversations avec le Chevalier Digby, le fameux M. Hobbes; mais plus particulierement avec les M. Cowley & Waller, qui avoient de l'esprit & de la délicatesse, comme on le peut voir dans les poësies qu'ils nous ont laissées. Un jour que M. Digby & lui raisonnoient sur la philosophie, ce Chevalier lui dit, qu'ayant lû autrefois les écrits de Descartes, il résolut de passer en Hollande, pour le voir; il alla le trouver dans sa solitude d'Egmond; & après avoir parlé

(1) Elle est dans cette édition, tome II. page 220.

parlé long-tems avec lui, sans se faire connoître. Descartes qui avoit vû quelques-uns de ses ouvrages, lui dit qu'il ne doutoit point qu'il ne fût le célebre M. Digby : (1) Et vous, Monsieur, repliqua Digby, si vous n'étiez pas l'illustre M. Descartes, vous ne me verriez pas venir exprès d'Angleterre, pour avoir le plaisir de vous voir. Il lui dit ensuite : ,, Que nos connoissances speculati-
,, tives étoient à la vérité belles & agréables;
,, mais qu'après tout, elles étoient trop incer-
,, taines & trop inutiles, pour faire l'occu-
,, pation de l'homme ; que la vie étoit si
,, courte, qu'à peine avoit-on le tems de bien
,, connoître les choses nécessaires ; & qu'il
,, étoit beaucoup plus digne de lui, qui con-
,, noissoit si bien la construction du corps hu-
,, main, de s'appliquer à rechercher les
,, moyens d'en prolonger la durée ; que de
,, s'attacher aux simples spéculations de la
,, Philosophie. Descartes l'assura qu'il avoit
,, déja medité sur cette matiere, & que de
,, rendre l'homme immortel, c'est ce qu'il
,, n'osoit pas se promettre, mais qu'il étoit bien

(1) M. Baillet s'est trompé dans la VIE de M. Descartes, lorsqu'il a dit (tom. II. p 244.) que M. Digby étoit Comte & Chevalier de la Jarretiere. Il l'a apparamment confondu avec le Lord Digby, Comte de Bristol, mort en 1677. Il a aussi ignoré le voyage du Chevalier Digby, pour aller voir M. Descartes.

„ bien sûr de rendre sa vie égale à celle des
„ Patriarches. Lorsque M. de St. Evremond
m'apprit cette particularité, il ajoûta que
cette opinion de Descartes étoit très-connuë en Hollande, & qu'il en avoit oüi parler à plusieurs personnes, qui avoient eu commerce avec ce Philosophe. Il me dit aussi, „ que les amis que les Descartes "
avoit en France, n'ignoroient pas que ce "
ne fut son sentiment, & que l'Abbé Picot "
son disciple & son martyr, étoit si persua- "
dé de l'habitude de son maître sur cette ma- "
tiere, qu'il demeura long-tems sans pou- "
voir croire sa mort, & que lors qu'il en "
fut convaincu, il s'écria, que ç'en étoit "
fait, & que la fin du genre humain alloit "
venir. „

Il est très-sûr que Descartes s'imaginoit de pouvoir trouver le moyen de prolonger la vie de l'homme. Je n'ai jamais eu tant de soin, disoit-il à M. de Zuytlichem, (1) qui lui avoit demandé à quoi il s'occupoit ; je n'ai jamais eu tant de soin de me conserver, que maintenant; & au lieu que je pensois que la mort ne me pût ôter que trente ou quarante ans tout au plus, elle ne sauroit désormais me surprendre, qu'elle ne m'en ôte l'esperance de plus d'un siecle. (2) Car il me semble

(1) Lettres de Des Cartes, tome 3. page 374.

semble voir très-évidemment, que si nous nous gardions seulement de certaines fautes que nous avons coûtume de commettre au régime de nôtre vie, nous pourrions sans autre invention, parvenir à une vieillesse beaucoup plus longue & plus heureuse que nous ne faisons. Mais parce que j'ai besoin de beaucoup de tems & d'expériences pour examiner tout ce qui sert à ce sujet, je travaille maintenant à composer un Abregé de Medecine, que je tire en partie des livres, & en partie de mes raisonnemens. J'espere pouvoir me servir par provision de ce travail, pour obtenir quelque délai de la nature, & par ce moyen poursuivre mieux mon dessein dans la suite des tems. (1) Baillet, dans la vie de Descartes, qui n'est qu'un panegyrique perpetuel de ce philosophe, nous apprend que l'Abbé Picot l'ayant accompagné en Hollande en 1646. il se conforma à son régime de vivre durant trois mois qu'il demeura avec lui à Egmond, & ,, qu'il en
,, fut si content, qu'à son retour en France,
,, il renonça serieusement à la bonne chere,
,, dont il n'avoit pas été ennemi jusqu'alors,
,, & voulut se réduire à l'institut de Descartes,

(2) Descartes écrivoit cela d'Egmond en 1638. à l'âge de 42 ans. Il mourut 12. ans aprés.

(1) Lettres de Descartes tome 2. page 448.

DE SAINT-EVREMOND. cix

„ cartes, croyant que ce seroit l'unique
„ moyen de faire réüssir le secret qu'il pré-
„ tendoit avoir été trouvé par nôtre Philoso-
„ phe, pour faire vivre les hommes quatre
„ ou cinq cens ans. (1) Cet Abbé, dit encore Baillet, étoit si persuadé de la certitude des connoissances de Descartes sur ce
point, qu'il auroit juré qu'il lui auroit été impossible de mourir, comme il fit, à cinquante-
quatre ans, & que sans une cause étrangere
& violente (comme celle qui dérégla sa machine en Suede) il auroit vécu cinq cens ans,
après avoir trouvé l'art de vivre plusieurs
siecles. (2)

Il étoit pourtant bien éloigné de ce rare
secret, s'il est vrai, comme prétend M. Go-
ris, qu'il se soit tué, en voulant se traiter lui
même, selon les principes de sa medecine.
Ce Philosophe, dit-il, [3] s'étoit mis si fort "
en tête, que les semblables se guérissoient "
par les semblables, qu'étant malade de la "
fiévre dont il est mort, il se fit apporter de "
l'eau de vie, qu'il but avec impatience, "
dans le dessein de guérir le semblable par le "
semblable. Le medecin voulant l'empêcher "
de boire cette eau de vie, le malade répon- "
dit :

(1) VIE de Descar- | pag. 452. & 453.
tes, Tome II. p. 432. & | (3) Voiez le Journal
433. | des Savans du 10. Decem-
(2) Baillet *ubi suprà*, | bre 1703.

„ dit : que les semblables se guérissent par les
„ semblables, & lui dit, laissez-moi, je vous
„ prie, gouverner ma petite machine. En
„ même tems il but ce prétendu remede,
„ qui aussi-tôt lui causa des hoquets furieux,
„ & le déroba à tous les secours. Mais ce
n'est qu'un conte fait à plaisir. Ce qu'il y
a de vrai, c'est que Des-Cartes dans le
plus fort de la fiévre qui le consumoit, ne
voulut jamais souffrir qu'on le saignât, &
qu'il n'y consentit que lors qu'il étoit trop
tard. (1)

On parloit beaucoup alors (1664.) en
Angleterre d'un Irlandois, qui faisoit dans
son pays des choses tout-à-fait surprenantes,
& qui sembloient tenir du miracle. C'étoit
un homme d'assez bonne maison, nommé
Greaterikc, qui avoit été lieutenant d'une
compagnie pendant la guerre d'Irlande, &
qui avoit exercé après cela quelques charges
dans le Comté de Cork. Il y avoit une
grande apparence de simplicité dans ses
mœurs, & il sembloit avoir beaucoup de
pieté & de religion. Il m'a dit que dés l'année

---

(1) Voyez la VIE de Descartes, Tom. II. pag. 456. & suiv. Consultez aussi la lettre de VVeulles, Medecin de la Reine de Suede, que Crenius a publiée dans le I. Tome de son RECUEIL, intitulée : Animadversiones philologicæ & historicæ, page 136.

née 1662. un pressentiment intérieur lui fit croire, qu'il avoit le don de guérir les écroüelles, & que cette persuasion devint si forte, qu'il toucha plusieurs personnes, & les guérit presque toutes. Trois ans après, la fiévre étant devenuë épidemique dans sa Province, une nouvelle suggestion interieure le persuada qu'il pourroit aussi la guérir. Il en fit essai, & il nous assura qu'il guérit tous ceux qui lui furent presentez. Enfin, il eut au mois d'Avril de l'an 1665. une autre espece d'inspiration, qui le porta à croire, qu'il avoit aussi le pouvoir de guérir les playes & les ulceres. Et l'experience, dit-il encore, ne démentit point ce dernier pressentiment. Il trouva même qu'il guérissoit des convulsions, l'hidropisie, & plusieurs autres maladies. On venoit à lui en foule de toutes parts, & sa réputation s'accrut si fort, qu'une Dame de grande qualité en Angleterre, qui étoit malade depuis long-tems, l'engagea à la venir voir. A mesure qu'il s'avançoit dans les Provinces de la Grande Bretagne, les Magistrats des villes & des bourgs voisins le prioient de passer chez eux, pour guérir leurs malades. Le Roi en ayant été informé, lui fit ordonner par le Comte d'Arlington, Secretaire d'Etat, de se rendre au plûtôt à Whitehald. La Cour ne fut pas trop persuadée de son pouvoir miraculeux, mais elle ne lui défendit pas néanmoins

moins de se produire. Il alloit tous les jours dans un certain quartier de Londres; & c'est-là qu'on voyoit s'assembler de tous côtez un nombre incroyable de personnes de toute condition & de tout sexe, pour lui demander le rétablissement de leur santé. Il ne faisoit autre chose que les toucher. Les douleurs, la goute, le rhumatisme, les convulsions, &c. étoient chassées par cet attouchement d'une partie à une autre, jusqu'aux dernieres extrémitez du corps, après quoi, elles disparoissoient entierement. C'est ce qui lui fit donner le nom de Toucheur. Il attribuoit plusieurs maladies à des esprits malins; & Il croyoit avoir fait des observations, qui le confirmoient dans cette pensée. Cependant il ne put pas persuader tout le monde de la réalité de son don miraculeux. On écrivit violemment contre lui; mais il trouva de zelés défenseurs, même parmi les medecins. Il publia lui-même une lettre adressée au celebre Boyle, où il lui donne une histoire abregée de sa vie.(1) Il joignit à cet Ecrit un très-grand

---

(1) Cet Ecrit est intitulé: A brief Account of M. Valentine Greatrack's, and divers of the strange Cures bi him performed Wirtten bi himself in a Letter eddressed to the honourable Robert Boile Esq; Whereunto are annexed the Testimonials of several eminent and vvorthi Persons of the chief Matters of fact therein related. A Londres 1666. J'en ai tiré ce que je viens de dire.

grand nombre de Certificats, signés par des personnes considérables, & entre-autres par Boyle, Wichcot, Cudworth, & Patrick, [1] fameux Théologiens, qui attestoient la verité des cures merveilleuses qu'il avoit faites. Avec tout cela, sa réputation ne se soûtint guere plus long-tems que celle de Jacques Aymar. [2] Il se trouva enfin qu'il n'étoit redevable de tant de guérisons miraculeuses, qu'à la credulité du public. On remarqua même que cet imposteur touchoit les femmes avec plus d'attention que les hommes; & on se divertit ensuite à Londres, de quelques intrigues fondées sur la trop grande familiarité qu'il avoit euë avec le beau sexe. Le bruit qu'avoit fait cet homme, donna occasion à M. de S. Evremond, d'écrire une NOUVELLE, intitulée le Prophéte Irlandois, (3) où il raille finement la credulité du peuple; & l'histoire qu'il rapporte là-dessus, fait voir que toutes les conjurations du monde ne sont pas capables de chasser cette espece de démon, qui trouble quelquefois

(1) M. Simon Patrick, qui a été ensuite Evêque d'Ely.

(2) C'étoit un paysan du Village de S. Veran, prés de la Ville de S. Marcellin en Dauphiné, qui fit beaucoup de bruit en France, il y a quelques années, par les merveilleux effets de sa baguette devinatoire. Il y a eu plusieurs écrits publiez à son sujet, pour & contre.

(3) Elle est dans le Tom. II. page 202.

k

fois la paix du mariage.

M. de St. Evremond adoucissoit ainsi les chagrins de sa disgrace, lors qu'il lui survint des vapeurs, (1665.) qui le jetterent dans une espece de melancolie, qui l'affoiblit beaucoup. Les medecins lui dirent qu'il n'y avoit guere que le changement d'air qui pût le guerir; & que s'il ne pouvoit pas aller à Montpellier, il feroit bien du moins de passer la mer, & d'aller faire quelque sejour en Hollande. Il n'eut pas de peine à prendre ce dernier parti, que l'on commençoit déja à se ressentir à Londres de l'infection de l'air, qui produisit bien tôt la plus furieuse peste qu'on ait jamais vûë en Angleterre.

Dès qu'il fut arrivé à la Haye, (1666.) il écrivit une lettre (1) au Marquis de Crequi, où il lui dit d'abord, " qu'après avoir ,, vécu dans la contrainte des Cours, il se ,, console d'achever sa vie dans la liberté ,, d'une République, où s'il n'y a rien à ,, esperer, il n'y a pour le moins rien à ,, craindre.

Il fait ensuite l'éloge du gouvernement de Hollande, & y joint celui de M. le Pensionnaire de Wit. Il donne le caractere des Dames Hollandoises, & fait une courte description des agrémens de la Haye. Il n'oublie

pas

___
(1) Elle est dans le Tome II. page 249.

pas le Prince d'Orange, qui à l'âge de quinze ans, faisoit déja paroître cette grandeur d'ame, & cette vertu heroïque, qu'il a si heureusement mise en œuvre dans la suite de sa vie. " De tems en tems, dit-il, nous " allons faire notre Cour au jeune Prince, à " qui je laisserai sujet de se plaindre, si je dis " seulement que jamais personne de sa qua- " lité n'a eu l'esprit si bien fait que lui à son " âge. "

M. d'Aubigny étoit alors à Paris, & il avoit écrit à M. de St. Evremond, qu'à son retour, il passeroit en Hollande, & qu'ils visiteroient ensemble les principales Cours d'Allemagne. Cependant, comme il n'avoit pas moins de credit en France, qu'en Angleterre, on sollicita si fortement pour lui à la Cour de Rome, qu'il fut nommé au Cardinalat, préferablement à l'Abbé de Montaigu, qui avoit aussi de puissantes recommandations. Il est vrai qu'il n'eut pas la satisfaction de joüir long-tems de sa nouvelle dignité ; car il mourut au mois de Novembre de l'année 1665. (1) quelques heures après l'arrivée

---

(1) Voiez la GAZETTE d'OXFORD, Numero 1. à l'Article de Paris du 14. de Novembre 1665. La Gazette de Londres n'est qu'une continuation de celle-là. La Cour s'étant retirée à Oxford, à cause de la peste de Londres, on commença d'y publier cette Gazette le 24. de Novembre 1665. & cela dura

l'arrivée du courier, qui lui apportoit la ca-
lote. M. de St. Evremond fut extrémement
touché de la mort de M. d'Aubigny; & pour
faire quelque diversion à sa douleur, il écrivit la conversation qu'il avoit euë autrefois
avec le Duc de Candale, (1) de laquelle j'ai
déja parlé. " Je ne prétens pas, dit-il, au
commencement de cette piéce, entretenir
le public de ce qui me regarde. Il importe
peu aux hommes de sçavoir mes affaires &
mes disgraces; mais on ne sçauroit trouver
mauvais sans chagrin, que je fasse réflexion
sur ma vie passée, & que je détourne mon
esprit de quelques fâcheuses considerations,
sur des pensées un peu moins desagréables.
Cependant, comme il est ridicule de parler
toûjours de soi, fût-ce à soi-même, plusieurs
personnes seront mêlées dans ce discours,
qui me fera trouver plus de douceur, qu'aucune conversation ne m'en peut fournir,
depuis que j'ai perdu celle de M. d'Aubigny.

M. de St. Evremond ne demeura pas long-
tems (1666.) à la Haye, sans se faire connoître

jusqu'à ce que la peste Titre de Gazette de Lon-
ait passé; & la Cour dres, & on a toûjours
étant retournée à VVhi- continué ainsi du depuis.
tehall, on donna la vingt-   (1) Cette Piéce est dans
nu-riéme Gazette du 15. le Tome III page 1.
de Février 166. sous le

noître des personnes les plus distinguées de la Hollande. Il eut aussi des liaisons particulieres avec les Ministres étrangers qui residoient à la Haye; avec le Baron de Lisola, Ambassadeur de l'Empereur; avec le Comte d'Estrades, qu'il avoit connu dans la guerre de Guienne, & qui étoit alors Ambassadeur de France; avec le Comte de Melos, Ambassadeur de Portugal, &c. Il y connut aussi le Comte de Lionne, premier Ecuyer de la Grande Ecurie, & neveu de M. le Marquis de Lionne, Secretaire d'Etat pour les affaires étrangeres. Il fut si charmé de la conversation & des manieres de M. de St. Evremond, qu'il l'assura que dès qu'il seroit de retour en France, il n'oublieroit rien pour tâcher de lui faire obtenir la permission d'y revenir.

M. de St. Evremond se fit aussi un plaisir de voir quelques savans & quelques philosophes célébres, qui étoient alors à la Haye, & particulierement Heinsius, Vossius & Spinoza. " Ce dernier, me disoit-il un jour, " avoit la taille mediocre & la physionomie " agréable. Son savoir, sa modestie, & son " desinteressement (1) le faisoient estimer & " rechercher de toutes les personnes d'esprit " qui se trouvoient à la Haye. Il ne paroissoit "

(1) Voiez la Vie de Spinoza, par Colerus, Ministre Lutherien de la Haie.

,, point dans ses conversations ordinaires
,, qu'il eût les sentimens qu'on a ensuite trou-
,, vés dans ses OEUVRES POSTHUMES.
,, Il supposoit un Etre distinct de la matiere,
,, qui avoit operé les miracles par des voyes
,, naturelles, & qui avoit ordonné la religion,
,, pour faire observer la Justice & la Chari-
,, té, & pour exiger l'obéïssance. C'est aussi,
,, ajoutoit M. de St. Evremond, ce qu'il a
,, tâché de prouver ensuite dans sa THEO-
,, LOGIE POLITIQUE.

Il semble en effet que c'est-là le principal but de ce livre : mais si on l'examine de près, on verra bien-tôt que l'Auteur en veut à la religion même. Spinoza ne s'est pas découvert tout d'un coup. Il gardoit encore des ménagemens dans la conversation ordinaire, lorsque M. de St. Evremond étoit en Hollande : mais s'il en faut croire M. Stoupp, quelques années aprés, il disoit hautement dans ses Discours, que Dieu n'est pas un Etre doüé d'intelligence, (1) &c. Vous avez sans doute remarqué, Monsieur, la même conduite dans ses ouvrages. Sa

THE-

(1) RELIGION des Hollandois, lettre III. p. 65. & suiv. Notez, que M. Stoupp ayant écrit cet ouvrage, pour rendre les Hollandois odieux, on ne doit pas toûjours faire fonds sur ce qu'il dit, particulierement lors qu'il s'agit de la Religion. Voyés la réponse que M. le Brun, plus connu sous le nom de Braunius, a fait ce Libelle.

THÉOLOGIE POLITIQUE, contient les semences de son athéisme, mais d'une maniere enveloppée; & ce n'est que dans ses OEUVRES POSTHUMES qu'on peut dire qu'il a levé le masque. Au reste, il me semble qu'on ne sauroit bien refuter ce dernier ouvrage, sans détruire le grand principe de Spinoza, qu'il n'y a qu'une seule substance. Car c'est là-dessus que roule tout son systême. C'est donc par-là qu'il faut l'attaquer; & ceux qui prendront une autre voie, n'y feront jamais de fort grandes bréches. Mais que penser de ces Philosophes, qui soutiennent que nous ne connoissons point les Substances, & que tout ce que nous voyons, n'est que modalité? ils ne sont pas plus propres à combatre Spinoza, que les autres. Mais ce n'est pas ici le lieu de parler de Metaphysique.

M. le Comte de Lionne ne fut pas plûtôt arrivé à Paris, [1667.] qu'il écrivit à M. de St. Evremond qu'il avoit parlé de son affaire à plusieurs personnes de distinction, qui lui avoient paru disposées à lui rendre toute sorte de bons offices. Il lui nomma particulierement le Marquis de Lionne, & le Comte de Lausun, qui avoit alors la faveur du Roi. Quelque tems aprés, M. de Turenne fit assurer M. de St. Evremond par le Comte d'Auvergne & le Comte d'Estrade, qu'il seroit bien aise de trouver quelque occasion de
le

le servir. M. de St. Evremond ne manqua pas de l'en remercier, & de le supplier en même tems de lui continuer l'honneur de sa bien-veillance.

Cependant M. de St. Evremond partageoit son tems à voir ses amis, & à composer quelque petit ouvrage. Il se divertit à faire le portrait d'une personne accomplie; & il choisit une femme, plûtôt qu'un homme, parce, comme il le dit lui-même, qu'il manque toûjours au Commerce des hommes, je ne sai quelle douceur qu'on rencontre en celui des femmes; & qu'il paroît moins impossible de trouver dans une femme la plus forte & la plus saine raison des hommes, que dans un homme les charmes & les agrémens naturels aux femmes. Cette piece a pour Titre, IDE'E de la femme qui ne se trouve point, & qui ne se trouvera jamais. (1) Les conversations qu'il avoit avec M. Vossius, lui firent naître le dessein de jetter sur le papier quelques réflexions sur Saluste & sur Tacite. Il leur donna le nom d'OBSERVATIONS, & les adressa à M. Vossius, (2) qu'il apelloit son Ami de Lettres. M. le Comte de Lionne, qui avoit vû quelques-unes de ces pieces, le pria de les lui envoyer; mais il ne lui fit tenir d'abord

(1) Cette piece est dans le Tome II. page 241. | (2) Tome II. page 263.

bord que l'Idée de la femme qui ne se trouve point.

M. de St. Evremond alla passer quelque tems à Breda, pendant qu'on y negotioit la paix entre l'Angleterre & la Hollande. Il alla ensuite aux eaux de Spa, & de-là à Bruxelles, où il vit Madame la Princesse d'Isenghien, & Don Antonio de Cordouë, favori de Don Juan, & Lieutenant-Général de la Cavalerie Espagnole, qui avoit de l'esprit infiniment. En retournant à la Haye, il passa à Liege ; & c'est-là qu'il connut M. Sluse, Chanoine de St. Lambert, si célèbre par la grande connoissance qu'il avoit du Droit & des Mathematiques.

Quelque tems après, le Comte de Lionne lui apprit que le Marquis de Lionne l'avoit chargé de lui marquer qu'il prenoit beaucoup de part à sa disgrace. Il ajoutoit que ce Ministre étoit d'avis que M. de St. Evremond lui écrivît une Lettre, qui pût être montrée au Roi, & qu'il s'engageoit de l'appuyer & de la faire valoir auprès de Sa Majesté. Cela obligea M. de St. Evremond d'adresser à ce Ministre une lettre (1) trés-belle & trés bien écrite, qui fut lûë à Sa Majesté : mais elle ne produisit aucun effet. M. de Turenne parla aussi au Roi en sa faveur, sans pouvoir être plus heureux que

(1) Cette lettre est dans le Tome II. page 235.

que M. de Lionne. Plusieurs autres personnes de qualité & de mérite, sollicitèrent pour lui; mais inutilement. Les Ministres, qui avoient tout pouvoir sur l'esprit du Roi, s'opoférent au penchant qu'il avoit à lui pardonner.

M. le Prince de Toscane alla en Hollande vers le commencement de l'année 1668. & comme il avoit dessein de faire quelque jour à la Haye, il loüa une maison, où M. de St. Evremond avoit un appartement, aussi bien que quelques autres personnes de qualité. On les obligea de chercher d'autres logemens; & M. de St. Evremond se préparoit à en sortir comme les autres, lorsque ce Prince le fit prier de demeurer, & souhaita même qu'il mangeât avec lui, pendant qu'il seroit à la Haye. Il l'a depuis toûjours honoré de sa bienveillance; & il ne se passoit point d'année, qu'il ne lui envoyât des meilleurs vins d'Italie.

Le Comte de Lionne faisoit tout ce qu'il pouvoit, pour obliger M. de St. Evremond à lui communiquer les petits ouvrages qu'il avoit écrits en Hollande. Il le pria de nouveau de lui envoyer les OBSERVATIONS sur Saluste & sur Tacite, ajoutant que M. de Lionne, le ministre, seroit bien aise de les voir. Les éloges dont il accompagnoit cette prière, obligèrent M. de St. Evremond à lui en faire des reproches. "Je vous

vous prie, lui dit-il, (1) de vous mocquer « moins de moi par des loüanges excessives « que vous donnez à des bagatelles. L'inu- « tilité les a produites, & je n'en fais cas, « que par l'amusement qu'elles me donnent « en des heures fort ennuyeuses ; je souhai- « terois qu'elles pussent faire le vôtre. Tel- « les qu'elles sont, je ne laisserai pas de vous « envoyer par le premier ordinaire, les Ob- « servations sur Saluste & sur Tacite, des- « quelles je vous ai parlé. Le premier donne « tout au naturel : chez lui les affaires sont de « purs effets du temperament ; d'où vient que « son plus grand soin est de donner la verita- « ble connoissance des hommes, par les élo- « ges admirables qu'il nous en a laissés. L'au- « tre tourne tout en politique, & fait des mi- « steres de tout, ne laissant rien desirer de la « finesse & de l'habileté, mais ne donnant « presque rien au naturel. Je passe de là à la « difficulté qu'il y a de trouver ensemble une « connoissance des hommes, & une profonde « intelligence des affaires ; & en huit ou dix « lignes, je fais voir que M. de Lionne, le « Ministre, a réuni deux talens ordinairement « separés, qui se trouvent en lui dans la plus « grande perfection où ils sauroient être. « Ces OBSERVATIONS ne cedent en rien aux meilleures pieces de M. de St. Evremond. Si

(1) Tome II. page 254.

Si nos Grammairiens, dit un savant Critique, (1) savoient raisonner & écrire de la sorte sur l'antiquité, ils feroient prendre à tout le monde l'envie de l'étudier ; mais leur science ne consistant qu'en une connoissance de mots & de coûtumes, & tout au plus de chronologie, jointe à une admiration aveugle de tout ce qu'ils lisent, dégoute les honnêtes-gens des belles lettres.

 M. de St. Evremond envoya aussi à M. de Lionne la DISSERTATION (1) qu'il avoit faite quelque tems auparavant sur la Tragedie de M. Racine, intitulée Alexandre le Grand, & le pria de ne la montrer qu'à ses meilleurs amis, & lui recommanda sur tout, de n'en point laisser tirer de copie. Mais M. de Lionne lui apprit bien-tôt que cette piece couroit en manuscrit, & que Barbin Libraire „ se disposoit à l'imprimer avec quelques autres petits ouvrages qu'on assuroit être de lui. Il ajoutoit que les amis de M. Racine, étoient trés-mécontens de cette critique, craignant qu'elle ne lui fit du tort dans le monde. Cette nouvelle surprit beaucoup M. de St. Evremond. " Madame Bour-
„ neau, dit-il, dans une lettre, (2) à M. de Lionne,

_____

(1) M. le Clerc Bibliotheque Choisie Tome IX. page 328.

(2) Cette dissertation est dans le Tome II. page 233.

(3) Tome I. page 291.

Lionne, m'a fait un trés-méchant tour, "
d'avoir montré un sentiment confus que "
je lui avois envoyé sur l'Alexandre. C'est "
une femme que j'ai fort vûë en Angleterre "
& qui a l'esprit très-bien fait. Elle m'en- "
voya cette piece de Racine, avec priere "
de lui en écrire mon jugement. Je ne me "
donnai pas le loisir de bien lire sa Tragedie, "
& je lui écrivis en hâte ce que j'en pensois; "
la priant autant qu'il m'étoit possible, de "
ne point montrer ma lettre. Moins religieu- "
se que vous à se gouverner selon les sen- "
timens de ses amis, il se trouve qu'elle l'a "
montrée à tout le monde, & qu'elle m'atti- "
re aujourd'hui l'embarras que vous me man- "
dez. Je hai extrémement de voir mon nom "
courir par le monde presque en toutes cho- "
ses, & particulierement en celles de cette "
nature. Je ne connois point Racine, c'est "
un fort bel esprit que je voudrois servir; & "
ses plus grands ennemis ne pourroient pas "
faire autre chose, que ce que j'ai fait sans y "
penser. Cependant, Monsieur, s'il n'y a pas "
moyen d'empécher que ces petites pieces "
ramassées ne s'impriment, comme vous me "
le mandez, je vous prie que mon nom n'y "
soit pas. Il vaut mieux qu'elles soient impri- "
mées comme vous les avez, & le plus cor- "
rectement qu'il est possible, que dans le "
desordre où elles passent de main en main, "
jusqu'à celles d'un Imprimeur. Il y a beau- "
coup

coup d'apparence que M. de Lionne n'eût aucune part à l'impression que l'on fit alors (1) de quelques Ouvrages de M. de St. Evremond. S'il s'en fût mêlé, on n'y verroit pas tant de fautes, & il n'auroit sans doute pas permis qu'on les eût mutilés, comme on a fait.

Mais pour revenir à la Dissertation sur L'ALEXANDRE, je remarquerai que M. de St. Evremond avouë qu'il y a dans cette Tragedie des pensées fortes & hardies, & des expressions qui égalent la force des pensées : mais il ne croit pas que M. Racine ait bien exprimé le caractere de Porus & d'Alexandre. Il trouve qu'au lieu d'entrer dans leur interieur, & de les faire parler d'une maniere conforme au genie de leur siecle & de leur nation, il leur a donné l'humeur & les manieres de France. Il l'accuse d'avoir voulu donner une plus grande idée de Porus que d'Alexandre, & d'avoir asservi ces heros à des princesses imaginaires. Il le blâme d'occuper Porus de son seul amour, sur le point d'un grand combat qui alloit décider pour lui de toutes choses ; & d'en faire sortir Alexandre, quand les ennemis se rallient. Il examine ensuite l'Usage qu'on doit faire de l'amour

---

(1) A Paris chez Barbin ; & en Hollande, où elle fut contrefaite sur l'édition de Paris, avec autant de fautes pour le moins.

l'amour dans les Tragedies, & montre que M. Corneille n'a pas moins bien réussi à cet égard là, que dans le caractere de tous ses heros. Il souhaite que M. Racine voulût l'imiter, & apprendre de lui l'art de bien peindre les grands hommes. M. Corneille fut si sensible aux loüanges que M. de St. Evremond lui avoit données dans cette occasion, qu'il crût devoir l'en remercier. Sa lettre (1) est d'un tour fin & délicat, & la réponse (2) que lui fit M. de S. Evremond, marque encore mieux l'estime qu'il avoit pour cet illustre Poëte.

Dans ce tems-là, M. le Comte de Lionne apprit à M. de St. Evremond que sa lettre avoit été lûë au Roi, mais qu'elle n'avoit pas produit l'effet qu'on en attendoit; que les Ministres qui s'étoient déclarés contre lui, n'en vouloient pas revenir, & que comme ils avoient beaucoup de pouvoir sur l'esprit du Roi, ils continuoient à s'opposer à son rappel, que cependant il ne falloit désesperer de rien, puisque Sa Majesté n'avoit pas encore donné de Réponse définitive. Je n'avois " rien sû, lui répondit M. de St. Evremond, " (3) de tout ce que vous m'écrivez, aucun "

_____

(1) La lettre de M. Corneille à M. de Saint-Evremond est dans le tome II page 11.

(2) La réponse de M. de St. Evremond est dans le même tome page 314.

(3) Tome II. page 320.

„ de mes amis n'ayant voulu me faire savoir,
„ non plus que vous, une chose assez fâcheu-
„ se : mais cette discretion, toute obligeante
„ qu'elle est, me laisse deviner, qu'ils ont
„ mauvaise opinion de ma constance. Sept an-
„ nées entieres de malheurs ont dû me faire
„ une habitude à souffrir, si elles n'ont pû
„ me former une vertu à résister. Pour finir
„ un discours moral, impertinent à celui qui
„ le fait, & trop austere pour celui qu'on en-
„ tretien : je vous dirai en peu de mots,
„ que j'aurois bien souhaité de revoir le plus
„ agréable païs que je connoisse, & quelques
„ amis aussi chers pour le témoignage de leur
„ amitié, que par la considération de leur
„ merite. Cependant il ne faut pas se déses-
„ perer, pour vivre chez une nation où les
„ agrémens sont rares. Je me contente de
„ l'indolence, quand il se faut passer des plai-
„ sirs : J'avois encore cinq ou six années à
„ aimer la comedie, la musique, la bonne
„ chere, & il faut se repaître de police,
„ d'ordre, d'œconomie, & se faire un amu-
„ sement languissant, à considerer des vertus
hollandoises peu animées „. Il promet dans
cette même lettre d'envoyer à M. de Lionne
trois petits discours (1) qu'il avoit faits en
Angleterre, sur l'interêt sale & vilain, sur la
vertu

(1) Ces trois petits ou- II. page 325. & suivan-
vrages sont dans le tome tes.

vertu toute pure; avec le sentiment d'un homme du monde qui sait le temperament, & qui tire de l'un & de l'autre, ce qui doit entrer dans le commerce. C'est le titre qu'il donne lui-même à ces trois pieces.

Quelque tems après (1669.) M. de Lionne lui écrivit qu'il continuoit à solliciter fortement toutes les personnes qui s'interressoient pour lui, & particulierement Madame de *** & M. le Comte de Lausun. M. de St. Evremont le remercia de ses soins, & le pria en même tems, de ne rendre pas ses sollicitations trop importunes. Je suis dit-il, infiniment obligé aux bontés de Madame *** & à la chaleur de leurs bons offices: mais je serai bien-aise à l'avenir, que personne n'excite M. le Comte de Lausun à me servir. Je suis sûr, qu'il sera de lui-même tout ce qu'il pourra, sur mon sujet, sans se nuire; & je serois fâché de lui attirer le moindre desagrément. Il ne doit rien dire à son maître que d'agréable, & n'en rien entendre, qui ne lui laisse de la satisfaction. Un maître qui refuse une fois, se fait aisément une habitude de ne pas accorder les autres choses qui lui sont demandées. J'ai oüi dire à un grand courtisan, qu'il falloit éviter autant qu'on pouvoit, le premier rebut; je serois au désespoir de l'avoir attiré une personne que j'honore autant que M. le Comte de Lausun. Ce n'est pas « que je n'aye presque une nécessité d'aller « en France pour deux mois, à moins que de « me résoudre à prendre le peu que j'y ai, & « tout ce qui me fait vivre au pays étrangers. « Je croi qu'il m'y est dû encore quarante « mille livres, dont je ne puis rien tirer, ce- « pendant je crains plus que la nécessité, le « secours de la nature, qui pourroit finir tous « les maux que me fait la fortune. „

M. de St. Evremond ne songeoit qu'à passer tranquillement le reste de sa vie en Hollande, lorsque (1670.) le Chevalier Temple lui rendit des lettres du Comte d'Arlington, Secretaire d'Etat, qui lui apprenoient que ses amis & le Roi Charles même, souhaitoient fort qu'il retournât en Angleterre. Il repassa la mer sur ces avis, & le Roi lui donna une pension de trois cens livres sterling. Mais cela ne lui fit pas perdre l'envie qu'il avoit de revoir la France. « Je suis revenu,
„ dans une Cour, dit-il, écrivant (1) à M.
„ le Comte de Lionne, après avoir été qua-
„ tre ans dans une Republique, sans plaisir,
„ ni douceur; car je croi que la Haye est le
„ vrai pays de l'indolence. Je ne sai com-
„ me j'ai ranimé mes sentimens: mais
„ enfin il m'a pris envie de sentir quelque
„ chose de plus vif, & quelque imagination
de

(1) Cette lettre est dans le tome III. page 37.

„ de retourner en France, m'avoit fait cher-
„ cher Londres, comme un milieu entre les
„ courtisans François, & les Bourguemestres
„ de Hollande. Jusques-ici je pouvois de-
„ meurer dans la pesanteur, ou, pour parler
„ plus obligeamment, dans la gravité de
„ Messieurs les Hollandois: car je ne me trou-
„ ve gueres plus avancé vers la France, que
„ j'étois ; & l'étude de vivacité que j'ai faite,
„ nuit fort à mon repos, & me recule de
„ l'indolence, sans m'avancer vers les plaisirs.
„ J'entens, celui que je me m'imaginois à
„ vous voir à Paris; ne laissant pas, à dire le
„ vrai d'en trouver ici, parmi beaucoup
„ d'honnêtes gens.

Mademoiselle de Queroualle étant venue
en Angleterre dans ce tems-là, M.' de St.
Evremond lui envoya un problême (1) à l'i-
mitation des Espagnols, où il demande
*lequel nuit le plus au bonheur de la vie des fem-
mes, ou de s'abandonner à tous les mouvemens
de la passion, ou de suivre tous les sentimens de
la vertu: & si leur abandonnement est suivi de
plus de maux, que la contrainte ne leur ôte de
plaisirs.* Il ajoûte, que s'il avoit vû des voluptueuses s'affliger du mépris où l'amour les
avoit jettées; il a aussi trouvé des prudes,
qui gémissoient sous les rigueurs de la vertu,
&c.

(1) Cette piece est dans le tome III. de cette édition page 90.

& dont le cœur cherchoit à se soulager par des soupirs, du secret tourment de n'oser aimer. Il conclut que celle-là est heureuse, qui peut se conduire discretement, sans gêner ses inclinations: car s'il y a de la honte à aimer sans réserve, il y a bien de la peine à passer sa vie sans amour. Il s'adresse ensuite à Mademoiselle de Queroualle, & l'assure, que pour éviter ce dernier malheur, il sera bon qu'elle suive un avis qu'il veut lui donner sans intérêt: " Ne rebutez pas trop sévérement, dit-il, les tentations en ce païs-ci; elles y sont modestes, elles ont plus de pudeur à s'offrir, que n'en doit avoir une honnête fille à les éviter. Peut-être êtes-vous assez vaine, ajoûte-t-il, pour ne vous contenter que de vous-même, mais vous vous lasserez bien-tôt d'être vous seule à vous plaire, & à vous aimer; & quelque complaisance que fournisse l'amour-propre, vous aurez besoin de celui d'un autre pour le véritable agrément de vôtre vie. Laissez-vous donc aller à la douceur des tentations, au lieu d'écouter vôtre fierté. Vôtre fierté vous feroit bien-tôt retourner en France, & la France vous jetteroit, selon le destin de beaucoup d'autres, en quelque convent. "

Il lui represente après cela les inconveniens qu'elle trouvera dans un convent, & les dégoûts qu'elle ne manqueroit pas d'avoir dans ce triste lieu de retraite. Il n'y avoit guere lieu de craindre que Mademoiselle de Queroualle prît ce parti là. Ceux qui avoient dirigé son voyage, étoient bien éloignés d'en vouloir faire une Religieuse, & la suite fit assez voir, qu'elle n'étoit pas indigne du Rôle dont ils l'avoient chargée. L'attachement que Charles II. eut pour elle, le titre de Duchesse de Portsmouth qu'il lui donna, & la déférence qu'il eut pour ses conseils, même dans les affaires les plus importantes de l'Etat, en sont une bonne preuve.

M. le Comte de Lionne lui apprit en 1671. que M. le Marquis de Lionne étoit mort, & que M. le Comte de Lausun avoit été relegué dans la Citadelle de Pignerol. (1) Cette nouvelle l'affligea d'autant plus, qu'il avoit une estime particuliere pour ces deux illustres amis, & qu'il faisoit beaucoup de fond sur leur crédit, & sur l'amitié qu'ils avoient pour lui, M. le Maréchal de Crequi lui ayant demandé dans ce tems-là en quelle situation étoit son esprit, & ce qu'il pensoit sur toutes choses dans sa vieillesse. Il lui envoya un assez long discours, (2) contenant plusieurs réflexions, sur les differentes situations de

(1) C'étoit pour avoir voulu épouser Mademoiselle, fille unique de Gaston Duc d'Orléans. Il ne fut mis en liberté qu'en 1682.

(2) Tome III. p. 36.

de l'esprit de l'homme, par rapport à ses differens âges; sur la lecture, sur le choix des livres, sur la poësie, & les meilleurs Auteurs Espagnols, Italiens, & François; sur la conversation, sur les belles-lettres, & la Jurisprudence; sur les ingrats, & enfin sur l'esprit particulier, qui distingue la Religion Catholique de la Réformée.

De tous les ouvrages de M. de St. Evremond, il n'y en a point où il ait mieux exprimé son tour d'esprit & son génie, que dans celui-ci. C'est un excellent morceau, & je suis bien fâché que les bornes que je me dois prescrire, ne me permettent pas de vous en donner le précis.

L'année d'après [1672.] M. de St. Evremond écrivit les RÉFLEXIONS sur la Tragedie ancienne & moderne. [1] Il remarque dans cette piece, que la POETIQUE d'Aristote est un excellent ouvrage, mais qu'il n'y a rien d'assez parfait pour régler toutes les nations & tous les siecles: que les dieux & les déesses faisoient tout ce qu'il y avoit de grand & d'extraordinaire sur le théatre des anciens; mais que toutes ces merveilles étant regardées aujourd'hui comme fabuleuses, si un auteur à l'imitation des anciens, introduisoit des Anges & des Saints sur nôtre Scene, il scandaliseroit les devots, comme prophane,
&

---

(1) Tome III. p. 106.

& paroîtroit imbecille aux libertins. Il ajoûte que quand même ces sortes de sujets seroient permis, on ne sauroit en faire de bonnes pieces, parce que l'esprit de nôtre Religion, est directement opposé à celui de la tragedie ; & que l'humilité & la patience de nos Saints, ne sauroient compatir avec les vertus des héros que demande le théatre.

Il croit que les histoires du VIEUX TESTAMENT, s'accommoderoient beaucoup plus à nôtre Scene: mais il craint que leur représentation ne leur fît perdre de leur autorité, & ne diminuât la vénération qu'elles nous doivent inspirer. Il dit après cela, que s'il ne veut pas comparer la PHARSALE A L'ENEIDE, il est pourtant vrai qu'il y a quelque chose de plus grand & de plus noble, dans l'idée que Lucain nous donne des grands-hommes, que dans celle que Virgile nous donne des immortels. " celui-ci, ajoûte-t-il, a revêtu ,, ses dieux de nos foiblesses, pour les ajuster ,, à la portée des hommes ; celui-là éleve ses héros, jusqu'à pouvoir souffrir la comparaison des dieux.

Victrix causa Diis placuit ; sed victâ Catoni.

Dans Virgile les dieux ne valent pas des héros. Dans Lucain, les héros valent des dieux. M. de S. Evremond remarque ensuite, que la tragedie des anciens auroit fait une perte heureuse, en perdant ses dieux avec ses oracles & ses devins; & que c'étoit par-là qu'on voyoit régner au théâtre, un esprit de superstition & de terreur, capable d'infecter le genie humain de mille erreurs, & de l'affliger encore de plus de maux. En effet, tragedie consistant, comme elle faisoit, en des mouvemens excessifs de crainte & de pieté, c'étoit faire du théâtre une école de frayeur & de compassion, où l'on apprenoit à s'épouvanter de tous les périls, & à se désoler de tous les malheurs. Cela amolissoit le courage des Atheniens, & causoit même quelquefois la déroute de leurs armées. Il est vrai qu'Aristote ayant connu le préjudice que cette crainte & cette pieté pourroient faire, tâcha d'y remedier, en établissant je ne sai quelle purgation, que personne n'a encore bien expliquée: mais M. de St. Evremond trouve qu'il étoit ridicule de former une science qui donnoit sûrement la maladie, pour en établir une autre, qui travailloit incertainement à la guerison. Il releve après cela l'avantage de nos representations sur celles de l'antiquité; & fait voir qu'elles n'ont pas les mêmes inconveniens: les mouvemens de pitié & de crainte y sont beaucoup mieux ménagés; & l'amour même qu'on y a mêlé, la perfectionne, pourvû qu'on en sache faire un bon usage. Il ajoute que notre tragedie a du-moins cet avantage, que les dieux n'y favorisent & n'y commettent point de crimes,

& qu'on a la liberté d'y inspirer de l'horreur pour le vice, & de l'amour pour la vertu. Il finit, en nous marquant l'idée qu'il a de la tragedie, & qu'il appelle un sentiment hardi & nouveau. " C'est, dit-il, qu'on " doit rechercher à la tragedie, devant tou- " tes choses, une grandeur d'ame bien expri- " mée, qui excite en nous une tendre ad- " miration. Il y a dans cette sorte d'admira- " tion quelque ravissement pour l'esprit ; le " courage y est élevé, l'ame y est touchée. "

Il écrivit aussi dans ce tems-là des réflexions sur les caracteres de tragedies. (1) Il les commence par une particularité assez remarquable. " J'ai eu dessein autrefois, dit- " il, de faire une tragedie; & ce qui me faisoit " le plus de peine, c'étoit de me défendre " d'un sentiment secret d'amour propre, qui " nous laisse renoncer difficilement à nos qua- " lités, pour prendre celles des autres. Il me " souvient que je formois mon caractere, sans " y penser, & que le heros descendoit in- " sensiblement au peu de merite de St. Evre- " mond, au lieu que Saint-Evremond devoit " s'élever aux grandes vertus de son heros. " il étoit de mes passions comme de mon ca- " ractere : J'exprimois mes mouvemens, vou- " lant exprimer les siens. Si j'étois amoureux, je " tournois toutes choses sur l'amour: Si je me "
trouvois

---

(1) Tome III. p. 119.

„ trouvois pitoyable, je ne manquois pas
„ de fournir des infortunes à ma pitié : je fai-
„ fois dire ce que je fentois moi-même ; &
„ comprendre tout en peu de mots, je me
„ representois fous le nom d'autrui. " Il conclut de-là qu'il ne faut pas blâmer quelques heros de nos tragedies de verfer des pleurs, qui devoient couler feulement en quelques endroits ; car ce ne font que les larmes des poëtes, qui trop fenfibles de leur naturel, ne peuvent refifter à la tendreffe qu'ils fe font formée. Il remarque enfuite qu'il faut également ménager l'affliction du heros, & la tendreffe des fpectateurs, & exprimer la paffion d'une maniere qui ne foit ni trop violente, ni trop ingénieufement recherchée. Il eft furpris que dans un tems, où l'on tourne toutes les pieces de théatre fur l'amour, on en ignore fi fort la nature & les mouvemens. Il explique fes trois principaux mouvemens ; *aimer* ; *brûler* ; *languir* ; & fait voir que nos meilleurs poëtes tragiques employent quelquefois une paffion pour une autre ; mettent de la douleur où il ne faut que de la tendreffe, & du defefpoir où il ne faut que de la douleur.

Un auteur lui ayant demandé fon fentiment fur une de fes tragedies, il lui répondit (1) qu'elle lui plairoit affez, s'il avoit mieux

(1) Tom. III. page 130.

mieux ménagé les larmes de son heroïne. Il fait voir ensuite comment il faut ménager les mouvemens de douleur & de desespoir, & finit en loüant M. Corneille d'avoir si bien entendu la nature, & de l'avoir si heureusement exprimée.

Le DISCOURS que M. de St. Evremond composa (1673.) sur les historiens François, ne sauroit être lû avec trop de soin par ceux qui s'attachent à écrire l'histoire. Il y remarque (1) que nos historiens ont un merite si médiocre, qu'il avoit crû d'abord qu'on devoit attribuer ce défaut à notre langue ; mais qu'il étoit revenu de cette pensée, en faisant réflexion sur les traductions excellentes qu'on nous a données, & s'étoit persuadé que cela venoit plûtôt de ce que la médiocrité de notre génie se trouve au dessous de la majesté de l'histoire. Il ajoute que quand même il se trouveroit parmi nous quelques génies assez élevés, il leur manqueroit encore d'autres choses, qui ne sont pas moins necessaires, & qui sont en trop grand nombre, pour pouvoir se rencontrer dans une même personne. Un stile pur & noble ne suffit pas; il faut encore qu'un historien ait une connoissance exacte de la Cour & des affaires; qu'il sache à fonds les loix, les coûtumes,

les

(1) *Tom. II. pag.* 157.

les differens interêts, l'état de la religion, & en particulier, tout ce qui regarde le métier de la guerre. Il prouve tout cela par un assez long détail, & il fait voir à l'égard de ce dernier article, que le célébre Grotius, après avoir si bien réussi dans tout le reste de son HISTOIRE DES PAYS-BAS, avoit malheureusement échoüé, dès qu'il lui avoit fallu ouvrir le champ de la guerre : parler du mouvement des armées : venir à la description des sieges, & au recit des combats. Il montre ensuite que les historiens latins ont sû mêler admirablement toutes les connoissances que doit avoir un historien ; & que cela vient de ce qu'au lieu que chaque profession fait aujourd'hui un attachement particulier, il n'y a eu guere de grands hommes à Rome, qui n'ayent passé successivement par les premieres dignités de la religion, du Sénat & des armées. Il fait voir après cela, combien il y a d'art & de finesse dans les caracteres & les éloges que nous donnent les auteurs latins ; combien on trouve d'agrémens dans leurs narrations s & de véhemence dans leurs harangues. Ils ne se contentent pas de peindre les vertus & les vices ; ils marquent encore de la difference entre chaque vertu & chaque vice. Si par exemple, ils font le portrait de quelque homme ambitieux, hardi, moderé, prudent, ils décrivent quelle étoit l'espece

d'ambition, de hardiesse, de modération, de prudence que cet homme a euë. Dans les RÉFLEXIONS SUR NOS TRADUCTEURS, (1) M. de St. Evremond loué d'abord les traductions de M. d'Ablancourt; mais non pas tant pour être exactes & fideles, qu'à cause de la force admirable & de la justesse de ses expressions. Il croit neanmoins qu'il a l'obligation de ces avantages au discours des anciens qu'il traduit; & il ne trouve pas la même beauté dans ses préfaces & dans ses lettres, où il suit son propre génie. Il fait ensuite quelques réflexions sur l'utilité des traductions, & ajoute que le simple talent de traducteur n'est pas fort estimable, s'il n'est soutenu par d'autres qualités, où il paroisse qu'on a assez de fonds & de capacité, pour travailler de son chef. Après cela, M. de St. Evremond examine en particulier la traduction que M. de Brebeuf a faite de la PHARSALE, & celle que M. de Segrais nous a donnée de l'ENEIDE. Il passe de là au caractere que Virgile donne à Enée, & montre qu'il n'en a fait rien moins qu'un heros. Il fait voir après cela combien il y a de grandeur, d'élevation, & de noblesse dans les caracteres d'Homere; & conclut, en remarquant qu'il faut que la poësie de Virgile soit bien admirable, puisque malgré la

vertu

(1) Tome III. page 159.

vertu des heros d'Homere, & le peu de mérite de ceux de Virgile, les meilleurs critiques ne trouvent pas que le poëte latin soit inferieur au poëte grec.

M. le Comte d'Olonne, M. de Vineuil, l'Abbé d'Effiat, & deux ou trois autres furent exilés de la Cour en 1674. pour avoir tenu quelques discours un peu libres contre le Roi. Dés que M. de St. Evremond sut la disgrace de son ancien ami M. d'Olonne, il lui témoigna combien il en étoit touché; & ayant appris ensuite qu'il avoit eu permission de quitter Orleans, où il avoit été d'abord relegué, & de se retirer dans sa terre de Montmirel, prés de Villers-Cotterets, il lui écrivit une seconde lettre, (1) où il lui conseille d'être soigneusement en garde contre le chagrin, & ses pernicieux effets, dans un tems où il n'étoit pas en son pouvoir de goûter la joye. Comme il connoissoit à fond l'humeur & le génie de M. d'Olonne, il s'y accommode dans les conseils qu'il lui donne, de rechercher la conversation des honnétes gens; & s'il n'y en a point dans son voisinage, de divertir ses ennuis par la bonne-chere, & la lecture de livres qui puissent détourner son esprit de toute pensée triste & serieuse, & ne lui donner que des sentimens de joye & de plaisir. Dans cette vûë, il croit que

Pétrone,

(1) Tome III. page 94.

Pétrone, Lucien, & Don Quichote, doivent être préferés à Sénéque, à Plutarque, & à Montagne même. Il prévient ensuite une objection que M. d'Olonne auroit pû lui faire. "Vous me direz peut-être, dit-il, que je n'ai pas été d'une humeur si enjoüée dans mes malheurs, que je le parois dans les vo- tres; & qu'il est malhonnête de donner tou- tes ses douleurs à ses maux, lorsqu'on garde son indifference, & sa gayeté même pour ceux de ses amis. J'en demeurerois d'ac- cord avec vous, si j'en usois de la sorte : mais je puis dire avec verité, que je ne suis guere moins sensible à votre exil que vous- même ; & la joye que je vous conseille, est à dessein de m'en attirer, quand je vous aurai vû capable d'en recevoir. Pour ce qui regarde mes malheurs, si je vous y ai paru plus triste que je ne vous parois aujourd'hui, ce n'est pas que je le fusse en effet. Je croyois que les disgraces exigeoient de nous la bienseance d'un air douloureux, & que cette mortification apparente étoit un respect dû à la volonté des superieurs, qui songent rarement à nous punir, sans dessein de nous affliger. Mais sachez que sous de tristes dehors, & une contenance mortifiée, je me suis donné toute la satis- faction que j'ai sû trouver en moi-même, & tout le plaisir que j'ai pû prendre dans le commerce de mes amis." Il lui donne aprés cela

cela des conseils sur la bonne-chere, & lui marque le choix qu'il doit faire des vins les plus exquis, & des viandes les plus saines, & les plus délicates.

Lorsque le Marquis de Croissi étoit Ambassadeur à la Cour d'Angleterre, M. de St. Evremond le pria d'écrire en sa faveur à M. Colbert son frere. Mais M. Colbert lui répondit, qu'ayant contribué à la disgrace de M. de St. Evremond, & s'étant toûjours opposé à son retour, il ne pouvoit pas en parler autrement au Roi : Que cependant il ne seroit pas fâché qu'il revînt, & qu'il ne s'opposeroit point aux Sollicitations que d'autres pourroient faire pour lui. Si M. le Tellier avoit eu les mêmes sentimens, M. de St. Evremond auroit bien-tôt vû finir sa disgrace : mais comme ce Ministre ne parut avoir aucune disposition favorable pour lui, il fut obligé de prendre patience.

La Duchesse de Mazarin arriva peu de tems après (1675.) en Angleterre. On a cru qu'il y avoit du mystere dans ce voyage, & que ce ne fut pas simplement pour être auprès de la Duchesse d'York sa parente, que Madame de Mazarin vint dans ce païs. Cette conjecture n'étoit pas sans raison, & pour la découvrir, il faut prendre les choses un peu plus haut. J'ai déja parlé ci-devant du crédit qu'avoit la Duchesse de Portsmouth à la Cour de Charles II. L'indolence

dolence naturelle de ce Prince, & le penchant qu'il avoit pour le sexe, le livroient entierement à ses maîtresses, & sur tout à Madame de Portsmouth, qui étoit la maîtresse favorite. Elle le dirigeoit dans les affaires d'Etat, aussi bien que dans le choix des ministres. Les premieres charges du Royaume étoient ôtées ou données selon ses insinuations ; & il n'y avoit que sa cabale qui regnât. Ceux qui n'en étoient pas, & qui souhaitoient de parvenir à des postes considerables, voyoient tout ce menage avec beaucoup de chagrin. Ils n'étoient pas moins outrés de voir que les ministres agissoient plûtôt selon les instructions qu'une Cour étrangere envoyoit à Madame de Portsmouth, que suivant les veritables interêts de leur patrie. Après avoir cherché plusieurs moyens de remedier à ce désordre, & les avoir employés inutilement, ils connurent enfin qu'il n'y avoit qu'un seul parti à prendre, qui étoit de faire disgracier Madame de Portsmouth, en lui opposant une rivale qui fût dans leurs interêts. La Duchesse de Mazarin leur parut très-propre pour ce dessein. Elle surpassoit Madame de Portsmouth en esprit & en beauté, & le Roi Charles l'avoit fait demander plus d'une fois en mariage, pendant qu'il étoit en France.

En effet, on sait que ce Prince étant allé à Fontarabie en 1659. lors qu'on y négotioit

tioit la paix entre la France & l'Espagne, il ne put engager le Cardinal Mazarin à lui accorder une entrevûë, & que tout ce qu'il put obtenir, fut que cette Eminence se rencontreroit un jour comme par hazard, avec le Marquis d'Ormond, & s'entretiendroit ensuite avec lui. (1) Ce Marquis lui fit plusieurs propositions, pour le porter à favoriser les interêts de Charles II. & entr'autres, il lui proposa le mariage de ce Prince avec Hortence Mancini, niéce du Cardinal, qui a été depuis Duchesse de Mazarin: mais ce ministre, qui ne voyoit aucun jour au rétablissement du Roi d'Angleterre, ne voulut point y entendre. Ce refus ne rebuta pas Charles II. Voyant que le Cardinal avoit conclu la paix avec tant de satisfaction, il crut qu'il deviendroit par-là plus traitable. La Cour s'en retournoit alors à Paris: mais il n'eut pas la patience d'attendre qu'elle y fût arrivée. Dés qu'elle fut à Toulouse, il envoya au Cardinal M. Berkeley, qui a été ensuite Comte de Falmouth, pour lui proposer de nouveau ce mariage. M. Berkeley s'adressa à M. de St. Evremond, qui l'introduisit auprés du Cardinal: mais ce Ministre

( ) Voyez l'HISTOIRE deux Couronnes, en l'an du Traité de paix conclu 1659. &c. p. 62. & suiv. sur la frontiere d'Espagne Edit. de Cologne 1665. & de France entre les

nistre étoit si persuadé que Charles II. ne seroit jamais rétabli dans ses Roïaumes, qu'il refusa encore toutes les propositions qu'on lui put faire. Cependant lorsqu'il le vit sur le Thrône de ses ancêtres, il se repentit d'avoir rejetté les propositions d'un mariage, si glorieux à sa famille, & si avantageux pour sa niéce ; & il tâcha d'en renoüer la négotiation. (1) Pour y mieux réussir, il engagea la Reine-mere d'Angleterre à passer la mer, sous

(1) Je rapporterai ce passage d'autant plus volontiers, qu'il servira à confirmer une partie de ce que je viens de dire. " La fortune, ,, dit Madame de Mazarin, ,, qui vouloit me rendre la ,, plus malheureuse personne ,, de mon sexe, commença, ,, en faisant semblant de me ,, vouloir faire Reine, & il ,, n'a pas tenu à elle, qu'elle ,, ne m'ait rendu odieux le ,, parti qu'elle me destinoit, ,, par la comparaison de ceux ,, dont elle me flata d'abord. ,, Cependant je puis me rendre ce témoignage, que ,, ces illustres partis ne m'é- ,, bloüirent pas, & M. Mazarin n'oseroit dire qu'il ait ,, jamais remarqué en moi de ,, vanité qui fut au dessus de ma condition. Tout le " monde sait les propo- " sitions qui furent fai- " tes à diverses reprises " de me marier avec le " Roi d'Angleterre ; & " pour le Duc de Sa- " voye, vous savez ce " qui s'en dit au voyage " de Lion, & que l'af- " faire ne rompit que " par le refus où M. le " Cardinal s'obstina " d'abandonner Géné- " ve en consideration " de ce mariage. " MÉMOIRES *de Madame la Duchesse de Mazarin, dans le Tome VI. des* OEUVRES MESLÉES *ou Mélange Curieux, &c.*

cxlviij LA VIE DE MONSIEUR

sous prétexte d'aller féliciter le Prince son fils, sur son heureux rétablissement ; mais en effet, pour lui témoigner que le Cardinal étoit entierement disposé à lui accorder tout ce qu'il pourroit souhaiter. Charles II. regarda ce changement comme un surcroit de bonheur que la fortune lui préparoit ; & il n'étoit pas moins flaté par le plaisir de recevoir une dot de plus de vingt millions, que par celui de posseder une des plus belles personnes de son siécle, lors qu'il vît tout d'un coup évanoüir ses esperances. On s'opposa ici fortement à ce mariage, comme au dessous d'un si grand Prince, & contraire à ses interêts. Enfin, pour m'exprimer comme M. de St. Evremond, (1) un Roi rétabli se souvint du peu de consideration qu'on avoit eu pour un Roi chassé, & on rejetta à Londres les propositions qui n'avoient pas été acceptées à St. Jean-de-Luz.

Cependant ce Prince avoit toûjours conservé de l'inclination pour cette Dame ; & on ne l'ignoroit pas. D'ailleurs Madame de Portsmouth ne joüissoit pas alors d'une parfaite santé, & le Roi sembloit n'avoir plus pour elle les mêmes empressemens. On profita de toutes ces circonstances, pour préparer Charles II. à bien recevoir Madame de

---

(1) Dans l'Oraison Fu-|zarin, Tome IV. page nebre de Madame de Ma-|229.

de Mazarin, que les mauvais traitemens du Duc son mari avoient obligée de sortir de France, & de se retirer enfin dans les Etats du Duc de Savoye. Elle choisit Chambery pour le lieu de sa demeure; & elle y vivoit depuis trois ans, dans une espece de retraite, lors qu'on lui proposa de venir en Angleterre. Elle eut d'autant moins de peine à se rendre à l'invitation qu'on lui faisoit, que M. le Duc de Savoye venoit de mourir dans ce tems-là. On nous apprend dans les MEMOIRES de Madame de Mazarin, que ce Prince avoit eu autrefois dessein de l'épouser; & il lui donna pendant son refuge tant de marques de sa faveur, que Madame la Ducesse de Savoye en conçût de la jalousie. Ce Prince, dit M. de St. Evremond, (1) " avoit eu pour elle un sentiment commun à " tous ceux qui la voyoient. Il l'avoit admi- " rée à Turin, & cette admiration avoit passé " dans l'esprit de Madame de Savoye pour un " veritable amour. Une impression jalouse & " chagrine produisoit un procedé peu obli- " geant pour celle qui l'avoit causée; & il " n'en fallut pas davantage pour obliger Ma- " dame Mazarin à sortir d'un païs, où la nou- " velle Regente étoit absoluë." Elle arriva e[n] Angleterre sur la fin de l'année 1675. & l[e] Ro-

(1) Dans la même Oraison funebre, Tome IV page 139.

LA VIE DE MONSIEUR
Roi ne l'eut pas plûtôt vûë, que la beauté de cette Duchesse le frappa tout de nouveau, & qu'il en fut charmé plus que jamais. Il lui donna d'abord une pension de quatre mille livres sterling, (1) & elle l'auroit bien-tôt emporté sur Madame de Portsmouth, & sur sa cabale, si, par une foiblesse assez ordinaire à son sexe, elle n'avoit pas été la dupe de son propre cœur.

M. le Prince de Monaco vint en Angleterre dans ce tems-là. (1676.) Il étoit jeune, galant, bien-fait, tout plein de ces petits soins, & de ces empressemens affectés, qui plaisent si fort aux Dames. Il devint l'admirateur passionné de Madame de Mazarin, & M. de St. Evremond s'apperçut bien-tôt qu'il ne lui étoit pas indifferent. Comme il savoit tout le secret du voyage de cette Duchesse, & qu'il y prenoit même quelque part, il n'oublia rien pour prévenir une liaison si fatale. Il representa vivement à Madame de Mazarin l'embarras où elle alloit se jetter. Mais comme ce qu'on lit, fait quelquefois plus d'impression qu'un entretien passager, il lui adressa un petit DISCOURS sur l'Amitié, (2) dans lequel il s'insinuë adroitement dans sa confiance, & tâche de lui faire con-

_____
(1) Cinquante-deux mille livres.
(2) Ce discours est dans le Tome III. page 308.

connoître la conduite qu'elle doit tenir. Il fait voir d'abord jusqu'où va la force de l'amitié, par l'exemple d'Agesilas, Roi des Lacedemoniens, qui recommandant l'affaire d'un de ses amis à un autre, souhaitoit qu'il le trouvât innocent à quelque prix que ce fût. Cette action lui paroît d'autant plus remarquable, qu'il croit que l'éloignement qu'il y a de l'empire à la sujettion, ne laisse pas former cette union des volontés, qui est necessaire pour bien aimer. Il explique ensuite ce que c'est que la liaison ordinaire qui se trouve entre les Rois & leurs courtisans. Il marque les raisons qui obligent les Princes à se faire cette espece d'amis & de confidens, qu'on appelle favoris; & il montre combien est délicate & dangereuse la situation d'un favori. Il passe de-là à des considerations plus particulieres sur l'amitié; & après avoir fait l'éloge de cette vertu, il montre combien il avoit sû gagner la confiance de ses amis. " Comme je n'ai, dit-il, " aucun merite éclatant à faire valoir, je pen- " se qu'il me sera permis d'en dire un, qui " ne fait pas la vanité ordinaire des hommes; " c'est de m'être attiré pleinement la confian- " ce de mes amis; & l'homme le plus secret " que j'aye connu en ma vie, (1) n'a été plus " caché

(1) Il y a lieu de croire que M. de St. Evremond parle de M. Fouquet, qui étoit prisonnier dans la

„ caché avec les autres, que pour s'ouvrir da-
„ vantage avec moi. Il ne m'a rien celé tant
„ que nous avons été ensemble; & peut-être
„ qu'il eût bien voulu me pouvoir dire toutes
„ choses, lorsque nous avons été séparés.
„ Le souvenir d'une confidence si chere
„ m'est bien doux, la pensée de l'état où il
„ se trouve m'est plus douloureuse. Je me
„ suis accoûtumé à mes malheurs, je ne m'ac-
„ coûtumerai jamais aux siens ; & puisque je
„ ne puis donner que de la douleur à son
„ infortune, je ne passerai aucun jour sans
„ m'en affliger, je n'en passerai aucun sans
„ me plaindre.

M. de St. Evremond fait voir ensuite que la veritable amitié doit être exempte de toute dissimulation, & qu'elle n'est pas moins incompatible avec une justice rigoureuse, qu'avec une sagesse trop circonspecte. Il ne trouve pas mauvais que les amis ayent des opinions differentes; mais il veut que la dispute soit une conference pour s'éclaircir, & non pas une contestation qui aille à l'aigreur. Il croit néanmoins qu'on ne doit pas avoir des sentimens trop opposés sur la religion, & que celui qui rapporte tout à la raison, & celui qui soumet tout à l'autorité s'accommoderont mal aisément ensemble. M. de St. Evremond ajoute que rien ne seroit comparable

Citadele de Pinerol, où il mourut en 1680.

rable à un commerce d'amitié avec une femme belle, spirituelle, & raisonnable, si on pouvoit s'assurer de la durée de ce commerce; & il croit qu'on n'a exclu les femmes du maniement des affaires, que parce qu'on a crû qu'elles avoient le cœur trop foible, trop incertain, & trop assujetti à la fragilité de leur nature. De quoi ne seroient pas, continuë-t-il, (1) venuës à bout Madame de Chevreuse, la Comtesse de Carlisle, la Princesse Palatine, si elles n'avoient pas gâté par leur cœur tout ce qu'elles auroient pû faire par leur esprit? Il fait voir que les erreurs du cœur sont bien plus dangereuses que les extravagances de l'imagination : il rapporte ce que lui disoit un jour Mademoiselle de l'Enclos, qu'elle rendoit graces à Dieu tous les soirs de son esprit, & le prioit tous les matins de la preserver des sottises de son cœur; & après avoir loüé Madame de Mazarin sur sa beauté, & sur l'élevation de son esprit, qui lui faisoit mépriser la fausse galanterie, & les discours fades & ennuyeux des autres femmes, "joignez, Madame, ajoute-t-il, joi- " gnez le merite du cœur à celui de l'ame & " de l'esprit : défendez ce cœur des rendeurs " de petits soins, (2) de ces gens empressés à "

fermer

---

(1) Dans le même discours sur l'amitié, *ubi supra*.

(2) Voyez la Carte de Tendre, dans le premier Tome de Clelie.

„ fermer une porte & une fenêtre, à rele-
„ ver un gand & un évantail. L'amour ne fait
„ pas de tort à la réputation des Dames; mais
„ le peu de mérite des amans les deshonore.
„ Vous m'offenceriez, Madame, continuë-
„ t-il, si vous pensiez que je fusse ennemi de
„ la tendresse : tout vieux que je suis, il me
„ fâcheroit d'en être exemt. On aime autant
„ de tems qu'on peut respirer. Ce que je veux
„ dans les amitiés, c'est que les lumieres
„ précédent les mouvemens, & qu'une estime
„ justement formée dans l'esprit, aille s'a-
„ nimer dans le cœur, & y prendre la cha-
„ leur necessaire pour les amitiés, comme
„ pour l'amour. Aimez donc, Madame, mais
„ n'aimez que des sujets dignes de vous. Si
„ mes souhaits avoient lieu, vous seriez am-
„ bitieuse, & gouverneriez ceux qui gou-
„ vernent les autres. Devenez maîtresse du
„ monde, ou demeurez maîtresse de vous,
„ non pas pour passer des jours ennuyeux
„ dans cette inutilité seiche & triste, dont
„ on a voulu faire de la vertu, mais pour dis-
„ poser de vos sens avec empire, & ordon-
„ ner vous même de vos plaisirs.

Mais toutes ces insinuations ne produisi-
rent aucun effet. Le Prince de Monaco fut
préféré; & Madame de Mazarin oubliant le
rang qu'elle devoit tenir à la Cour de la
Grande Bretagne, s'attacha si fortement à lui,
que le Roi en perdit patience, & poussa même

son ressentiment, jusqu'à lui ôter la pension qu'il lui avoit donnée. M. de St. Evremond l'a raillée finement sur la legereté & l'indiscretion de sa conduite, dans les vers suivans, que vous n'auriez pas pû entendre sans la clef que je viens de vous donner.

Il ne vous restoit plus qu'à régner sur les Mers,
Vôtre nouvel empire embrasse l'univers ;
  Et de vos Isles fortunées,
Vous pourriez des mortels régler les destinées.
Plus puissante aujourd'hui que n'étoient les Romains,
Vous feriez des sujets de tous les Souverains ;
Si vous n'apportiez pas plus de soin & d'étude
Pour vôtre liberté que pour leur servitude. (1)

Cependant les sollicitations de ses amis, jointes à l'affection que le Roi conservoit pour elle, lui firent rétablir sa pension, & elle parut à la Cour avec tout l'éclat & tout l'agrément qu'elle pouvoit souhaiter. Sa maison étoit le rendez-vous ordinaire de tout ce qu'il y avoit de personnes polies en Angleterre. Les grands Seigneurs, les Ministres étrangers, les Dames les plus qualifiées s'y rendoient assiduëment. Les honnêtes-gens s'en faisoient un amusement agréable, & les savans y apprenoient à devenir polis. Madame de Mazarin s'étoit beaucoup appliquée à la lecture, pendant son séjour à Chamberi

---

(1) Cette piece est dans le Tome IV. page 117. commence par ces mots ; | *Voires ondes du Stix*, &c.

clvj LA VIE DE MONSIEUR
beri, où elle avoit auprès d'elle l'Abbé de
St. Real, qui composa ses MEMOIRES, (1)
sur les particularitez qu'elle lui dit de sa vie.
On a crû que c'étoit elle-même qui les avoit
écrits; (2) mais elle n'en a fourni que la
matiere. Elle n'écrivoit pas assez bien pour
leur donner la forme, & s'ils sont mieux tour-
nez que les autres ouvrages de M. de St. Real;
cela vient de ce qu'il les a travaillez avec
beaucoup plus de soin & d'étude. L'Amour
rend tout aisé & facile.

Madame de Mazarin avoit l'ame grande &
généreuse, l'esprit juste, & les manieres extrêmement aisées. Elle répandoit tant d'a-
grément sur tout ce qu'elle disoit, que les
plus insensibles en étoient touchés. On s'entretenoit chez elle sur toute sorte de sujets :
on y disputoit sur la philosophie, l'histoire,
la religion, sur les ouvrages d'esprit, & de
galanterie, les piéces de théatre, les auteurs
anciens & modernes, l'usage de nôtre langue, &c. Ces conversations ont donné occasion à M. de St. Evremond de faire plusieurs
ouvrages ; comme la DEFFENSE de quelques piéces de théatre de M. Corneille, les
RE-

___

(1) Ces MEMOIRES composez par M. de St Real, sont dans le tome VI. des OEUVRES MESLE'ES ou Mélange Cu rieux, &c.

(2) Voyez les RE'PON-SES aux Questions d'un Provincial, Tom. I. p. 182.

Réflexions sur les tragedies & sur les comedies Françoises, Espagnoles, Italiennes, & Angloises, sur les Opera, la Comedie des Opera; la *Dissertation* sur le mot de l'*Asse*, & plusieurs autres piéces, dont je pourrai parler dans la suite.

Dans les Réflexions sur les Tragedies, (1) il fait d'abord l'éloge des tragedies de Corneille, & en préfére même quelques-unes à toutes celles de l'antiquité. Il ajoûte que les anciens poëtes tragiques ont beaucoup mieux réüssi à exprimer les qualités de leurs héros, qu'à peindre la magnificence des grands Rois; & à former des caracteres, qu'à découvrir les secrets mouvemens du cœur, & rechercher le principe des actions, comme a fait nôtre Corneille. Il ne prétend pas néanmoins que les piéces de cet excellent auteur soient les seules qui méritent de l'applaudissement sur nôtre théatre. Il avoüe qu'on a été touché de la MARIANE de Tristan, de la SOPHONISBE' de Mairet, de l'ALCYONÉE de du Ryer, du VENCESLAS de Rotrou, du STILICON de M. Corneille le jeune, de l'ANDROMAQUE & du BRITANNICUS, de M. Racine, & de plusieurs autres. Il dit après cela que les Tragedies des Italiens sont si médiocres, qu'elles ne valent pas la peine qu'on en parle; & il remarque

(1) Tome III. page 172.

clviij LA VIE DE MONSIEUR
marque qu'il y a de vieilles tragedies Anglofgloises, (comme par exemple, le CATILINA & le Sajan de Ben-Johnson,) où il ne faudroit que retrancher certaines choses, pour les rendre tout-à-fait belles. Il desapprouve la condescendance que les poëtes Anglois ont pour le peuple, lorsqu'ils font ensanglanter la scene; & il finit en observant, que si d'un côté les François reprochent assez justement aux Anglois de donner trop à leur sens sur le théatre, ils doivent aussi souffrir le reproche que leur font les Anglois, de passer dans l'autre extrêmité, quand ils admirent des tragedies par de petites douceurs, qui ne font pas une impression assez forte sur les esprits.

Dans les observations sur nos comedies, (1) M. de St. Evremond a soin d'avertir dès le titre, que sa critique ne regarde pas celles de Moliere, où l'on trouve, dit-il, le vrai esprit de la comedie. A l'égard des autres auteurs François, il remarque que quoique la Comédie doive être la representation de la vie humaine, ils n'ont pas laissé de la tourner tout-à-fait sur la galanterie, à l'exemple des Espagnols. Il compare ensuite la Comedie Françoise avec l'Espagnole, & montre que nos poëtes, en tirant des Espagnols la plûpart de leurs sujets, ont été obligés de se conformer

(1) Tome III, page 128.

mer du reste à l'humeur & aux manieres des François. Cela lui donne occasion de rapporter un bon mot qu'il avoit oüi dire à la Princesse d'Isenghein. Une femme de Qualité Espagnole, dit-il, lisoit il n'y a pas longtems, le roman de CLEOPATRE, & comme après un long récit d'avantures, elle eut tombé sur une conversation délicate d'un amant & d'une amante également passionnés: Que d'esprit mal employé, dit-elle, à quoi bon tous ces beaux discours, quand ils sont ensemble? „C'est, continuë M. de St. Evremond, la plus belle réflexion que j'aye oüi faire de ma vie; & Calprenede, quoique François, devoit se souvenir qu'à des amans nés sous un Soleil plus chaud que celui d'Espagne, les paroles étoient assez inutiles en ces occasions. Il assure après cela qu'il y a beaucoup plus de régularité & de vraisemblance dans la galanterie des Comedies Françoises, que dans celle des pieces Espagnoles; mais que cela est encore fondé sur les mœurs & sur les coûtumes differentes de ces deux nations. Enfin il remarque que comme la Comedie va purement à plaire, il ne faut pas toûjours s'y piquer d'une régularité trop exacte & trop rigoureuse.

M. de St. Evremond vient ensuite à la Comedie Italienne, (1) & après avoir averti qu'il

---

(1) Tome III page 184.

qu'il ne parle point de l'AMINTE, du PASTOR
FIDO, & des autres Comedies de cette nature-là, il ajoûte que ce qu'on voyoit en
France sur le théatre des Italiens, " n'étoit
„ pas proprement Comedie, puis qu'il n'y
„ avoit pas un véritable plan de l'ouvrage;
„ que le sujet n'avoit rien de bien lié, qu'on
„ n'y voyoit aucun caractere bien gardé, ni
„ de composition, où le beau génie fût con-
„ duit, au moins selon quelques régles de
„ l'art. Ce n'est ici, ajoûte-t-il, qu'une espece
„ de concert mal formé entre plusieurs ac-
„ teurs, dont chacun fournit de soi ce qu'il
„ juge à propos pour son personnage. C'est,
„ à le bien prendre, un ramas de Concerti im-
„ pertinens dans la bouche des amoureux, &
„ de froides bouffoneries dans celle des Zanis.
Il avouë que ces bouffons sont inimitables;
mais il trouve qu'à la fin ils ne lassent & n'ennuyent pas moins que tous les autres persona-
ges Italiens, qui sont toûjours outrez, à la réserve du pantalon. M. de St. Evremond fait
aprés cela en peu de mots l'histoire de la
Tragedie & de la Comedie des anciens Romains, il en marque l'origine, le progrés &
la décadence; & aprés avoir observé combien
le génie des Italiens est different de celui de
leurs ancêtres, il fait l'éloge des acteurs de
la troupe italienne; qui joüoient alors à
Paris.

 Aprés avoir parlé de la Comedie italienne, il passe à l'Angloise, (1) & remarque d'abord qu'il n'y en a point qui se conforme plus à celle des anciens, pour ce qui regarde les mœurs. ,, Ce n'est point, dit il, une pure « galanterie, pleine d'avantures & de discours « amoureux, comme en Espagne & en Fran-« ce; c'est la représentation de la vie ordi-« naire, selon la diversité des humeurs, & les « différens caracteres des hommes. ,, il dit ensuite, qu'au sentiment des François, ces caracteres se poussent trop loin, comme ceux qu'on voit sur nôtre théatre demeurent un peu languissans au goût des Anglois ; & il montre que cela vient de ce que ceux-ci creusent trop dans un sujet, au lieu que les François d'ordinaire ne l'approfondissent pas assez. ,, A la verité, ajoûte t-il, je n'ai point ,, vû de gens de meilleur entendement que ,, les François, qui considerent les choses ,, avec attention, & les Anglois, qui peu-,, vent se détacher de leurs trop grandes mé-,, ditations, pour revenir à la facilité du dis-,, cours, & à certaine liberté d'esprit qu'il ,, faut posseder toûjours, s'il est possible. ,, Les plus honnêtes gens du monde, ce sont ,, les François qui pensent, & les Anglois ,, qui parlent. Il fait aprés la difference qui se trouve entre les Comedies Angloi-

(1) Tome III. page 194.

ses & les Françoises; & il fait voir que celles-là n'en sont pas moins belles, ni moins agréables, pour n'être pas si régulieres, ni si exactes que celles-ci.

M. de St. Evremond fit dans ce tems-là une Idylle, (1) dont il composa lui-même la musique. Cette piece fut chantée chez madame Mazarin, où il se trouva plusieurs personnes de distinction. La conversation roula ensuite sur les Comedies en musique, & particulierement sur les Opera, qui faisoient alors tant de bruit en France: il ne parla pas fort avantageusement de ces sortes de compositions; mais n'ayant pas eu le tems de dire tout ce qu'il pensoit, il écrivit quelques jours après un discours sur ce sujet, qu'il adressa au Duc de Buckingham, (2) qui avoit été de cette conversation. Mais avant que de donner une idée de cet ouvrage, je vais faire ici en abregé l'Histoire de l'établissement de nos Opera.

Les *Opera*, c'est-à-dire, les pieces de théatre en musique, accompagnées de danses, de machines & de décorations, nous sont venuës d'Italie. Le Cardinal Mazarin avoit tenté de les introduire en France, & dés

---

(1) Elle est dans le Tome IV. page 1.
(2) Ce discours sur les Opera est dans le Tome III. page 197.

dés l'année 1647. il y fit venir des comédiens de delà les monts, qui représenterent une piéce en vers Italiens, intitulée *Orpheo è Euridice*. Le spectacle ne surprit pas moins par sa nouveauté, que par la beauté des voix; la varieté des concerts, le changement des décorations; le jeu surprenant des machines, & la magnificence des habits. Le succés qu'eut cette piece, donna lieu d'en représenter une semblable aux nôces du Roi, sous le titre, d'ERCOLE AMANTE, avec une traduction françoise à côté, en faveur de ceux qui n'entendoient pas l'Italien. Cela fit généralement souhaiter qu'on travaillât à des Opera François: mais on manquoit de bons musiciens, & de belles voix; & on étoit d'ailleurs dans le préjugé, que les paroles françoises n'étoient pas susceptibles des mêmes mouvemens & des mêmes ornemens que les Italiennes. Enfin l'Abbé Perrin, qui avoit été Introducteur des Ambassadeurs auprés de Gaston de France, Duc d'Orleans, entreprit de surmonter tous ces obstacles. Il composa une pastorale, qu'il fit mettre en musique par Cambert, Intendant de la musique de la Reine-Mere, & organiste de Saint Honoré. Cette piece fut chantée d'abord à Issy en 1659. mais sans machines & sans danses. Cependant elle fut si universellement applaudie, que le Cardinal Ma-

clxiv LA VIE DE MONSIEUR
Mazarin en fit donner à Vincennes plusieurs représentations devant le Roi. Ce fut, dit Monsieur de St. Evremond, (1) comme un essai d'Opera, qui eut l'agrément de la nouveauté ; mais ce qu'il y eut de meilleur encore, c'est qu'on y entendit des concerts de flûtes, ce que l'on n'avoit " pas entendu sur aucun théatre, depuis les " Grecs & les Romains.„ Cette piece fut bientôt suivie d'une autre, intitulée ARIADNE, dont les vers, qui étoient de l'Abbé Perrin, ne furent pas trouvés fort bons. On en fit plusieurs répétitions : mais la mort du Cardinal empêcha qu'elle ne fût jouée, & suspendit pour quelques années le progrés des Opera naissans. Cependant l'Abbé Perrin n'oublioit rien pour venir à bout d'une entreprise, dont les commencemens avoient eu trop de progrés. Il obtint en 1669. des Lettres Patentes, pour l'établissement d'une Academie des Opera en Langue Françoise : ne pouvant fournir seul aux soins, & à la dépense excessive que demandoit un tel établissement, ils associapour la musique avec Cambert; pour les machines, avec le marquis de Sourdeac, & pour fournir aux frais nécessaires, avec le nommé Champeron. Dés que cet accord fut
conclu,

(1) Dans la COMEDIE LES OPERA, Tome III. page 246.

conclu, ils firent venir de Languedoc les plus célébres Musiciens, qu'ils tirerent des Eglises Cathédrales, où il y a des musiques fondées. Cambert leur joignit les meilleurs voix qu'il pût trouver ailleurs; & l'on fit représenter à Paris sur le théatre de Guenegaud, l'Opera de Pomone, en l'année 1671. Les vers étoient de la façon de l'Abbé Perrin; mais ils ne furent pas trouvez meilleurs que ceux de l'ARIADNE. Cette piéce fut représentée huit mois entiers avec un applaudissement général : mais pendant ce tems-là, le Marquis de Sourdeac, sous prétexte des avances qu'il avoit faites, s'empara du Théatre; & pour se passer du sieur Perrin, il eut recours à Gilbert, qui composa la piéce intitulée LES PEINES ET LES PLAISIRS DE L'AMOUR, qui fut ensuite représentée sur le même théatre de Guenegaud. Cependant Jean-Baptiste Lulli, natif de Florence, Surintendant de la Musique du Roi, profitant de la division qui s'étoit mise entre les associés de l'Opera, obtint, par le crédit de la Marquise de Montespan, que l'Abbé Perrin, moyennant une somme d'argent, lui cederoit son privilege. Ce changement obligea Cambert de passer en Angleterre, où il mourut en 1677. Surintendant de la Musique de Charles II. Lully s'associa Vigarani, Machiniste du Roi, & plaça son théatre au Jeu de Paume de Bel-air, où il donna au public clxvj LA VIE DE MONSIEUR en 1672. LES FESTES DE L'AMOUR ET DE BACCHUS. C'étoit une pastorale, composée des fragmens de différens ballets, dont Lully avoit fait la musique pour le Roi, sur les paroles de M. Quinault. Cette piece fut suivie des Opera de CADMUS, d'ALCESTE, de THESÉE, d'ATYS, d'ISIS, & d'un très-grand nombre d'autres, qu'il n'est pas besoin de nommer ici.

M. de St. Evremond commence ses observations sur les Opera, (1) en disant que quoique les sens soient agréablement frappés par l'éclat & la magnificence de ces spectacles, cependant comme l'esprit n'y trouve rien qui le touche, ni qui l'attache, on tombe bien-tôt dans l'ennui, & dans une lassitude inévitable. Mais une des choses qui le choquent le plus, c'est de voir " chanter
„ toute la piéce, depuis le commencement
„ jusqu'à la fin, comme si les personnes qu'on
„ représente, s'étoient ridiculement ajustées,
„ pour traiter en musique, & les plus com-
„ munes, & les plus importantes affaires de
„ leur vie. Peut-on s'imaginer, ajoute-t-il,
„ qu'un maître appelle son valet, ou qu'il lui
„ donne une commission en chantant ; qu'un
„ ami fasse en chantant une confidence à son
„ ami ; qu'on délibere en chantant dans un
„ conseil ; qu'on exprime avec du chant les
ordres

(1) Tome III. page 197. & suivantes.

ordres qu'on donne, & que mélodieuse-"
ment on tuë les hommes à coups d'épée &"
de javelots dans un combat? Ce n'est pas qu'il
veüille donner l'exclusion à toute sorte de
chant sur le théatre. Il remarque que tout
ce qui regarde le service des Dieux s'est
toûjours chanté ; & que la passion d'un
amant ; l'irresolution d'une ame combattuë
par divers mouvemens ; & les autres sujets
de cette nature, sont assez propres pour le
chant : mais il croit que "tout ce qui est de
la conversation & de la conférence; tout ce "
qui regarde les intrigues, & les affaires ; ce "
qui appartient au conseil & à l'action, est "
propre aux comediens qui recitent, & ri-"
dicule dans la bouche des Musiciens qui le "
chantent. Les Grecs, ajoute-t-il, faisoient "
de belles tragedies, où ils chantoient quel-"
que chose; les Italiens & les François en "
font de méchantes, où ils chantent tout. "
Cela lui donne occasion de définir l'Opera
un travail bizarre de poësie & de musique, "
où le poëte & le musicien, également gê-"
nés l'un par l'autre, se donnent bien de "
la peine à faire un méchant ouvrage." Il montre ensuite comment on pourroit faire des
Comedies, où l'on introduiroit des danses
& de la musique, qui ne nuiroient en rien à
la représentation. De ces réflexions générales, il passe à des considerations sur le different genie de Lully & de Cambert. Il com-

pare les Opera des Italiens avec ceux des François; & il soutient que pour la maniere de chanter, qu'on appelle en France, Exécution, il n'y a aucune nation qui puisse le disputer à la notre. Il examine après cela la differente maniere de chanter des Italiens, des Espagnols, & des Anglois, & conclut qu'il n'y a que le François qui chante. Il appuye son sentiment de l'autorité du fameux Luigi, qui ne pouvoit souffrir que les Italiens chantassent ses airs, après les avoir oüi chanter aux meilleures voix de Paris; & qui disoit hautement en Italie, que pour rendre une musique agréable, il failloit des airs Italiens dans la bouche des François. M. de St. Evremond reconnoît en même-tems, qu'il n'y a guere de gens qui ayent la comprehension plus lente que les François, tant pour le sens des paroles, que pour entrer dans l'esprit du compositeur; & qu'il y en a peu qui entendent moins la quantité, & qui trouvent avec tant de peine la prononciation. Il vient ensuite aux machines des Opera, & il ne les épargne pas plus que les autres irrégularités qu'il a remarquées dans ces représentations en musique. Il conclut, en disant que "la constitution de nos Opera doit
,, paroître tout-à-fait extravagante à ceux
,, qui ont le bon goût du vraisemblable & du
,, merveilleux. Cependant on court hazard
,, de se décrier par ce bon-goût, si on ose

le

le faire paroître; & je conseille aux au-"
tres, quand on parle devant eux de l'Opera, "
de se faire à eux mêmes un secret de leurs "
lumieres. Pour moi qui ai passé l'âge & le "
tems de me signaler dans le monde par l'es- "
prit des modes, & par le mérite des fantai- "
sies, je me resous de prendre le parti du "
bon-sens, & de suivre la raison dans sa dis- "
grace, avec autant d'attachement que si elle "
avoit encore sa premiere considération. "

Il étoit si choqué de voir que tout, jus-qu'aux conversations les plus familieres, & aux affaires les plus communes, ne se chantoient dans les Opera, que pour en faire mieux sentir le ridicule, il se divertit à écrire une Comédie, intitulée, *Les Opera*, (1) où il introduit une jeune fille, qui à force de chanter des Opera, ne veut plus parler à personne qu'en vers, & qu'en chantant. Dans une des scenes de cette piéce, il fait entrer un court examen des Opera qui avoient déja paru, comme *la Pastorale d'Issis, Pomone; les Peines & les Plaisirs de l'Amour; Ariadne; Cadmus; Alceste; Thesée; & Athys.* Il fait en même-tems le caractere de Cambert, & n'oublie pas de donner à Quinault les loüanges qu'il a méritées.

J'ajouterai ici que d'habiles musiciens d'Italie étant venus en Angleterre quelques années

(1) Cette piéce est dans le Tome III. page 213.

nées après, des amis de M. de St. Evremond voulurent l'obliger à retracter ce qu'il avoit dit à l'avantage des François dans ses reflexions sur les Opera. Il fit là-dessus un petit écrit, sous le titre d'Eclaircissement, (1) mais le tour en est entierement ironique, & il y confirme ce qu'il avoit avancé.

Voici comment il se trouva engagé à écrire (1677.) sa Dissertation sur le mot de Vaste (2). Quelqu'un ayant dit, en loüant le Cardinal de Richelieu, qu'il avoit l'esprit vaste, sans y ajouter d'autre épithete, M. de St. Evremond soutint que cette expression n'étoit pas juste; qu'esprit vaste se prenoit en bonne, ou en mauvaise part, selon les choses qui s'y trouvoient jointes; qu'un esprit vaste, merveilleux, pénétrant, marquoit une capacité admirable; & qu'au contraire un esprit vaste, & demesuré, étoit un esprit qui se perdoit en des pensées vagues; en de belles, mais vaines idées; en des desseins trop grands, & peu proportionnés aux moyens qui nous peuvent faire réüssir. Madame de Mazarin prit parti contre M. de St. Evremond; & après avoir long-tems disputé, ils convinrent de s'en rapporter à messieurs de l'Academie. M. l'Abbé de
St.

(1) Cet Eclercissement est dans le Tome IV. page 315.

(2) Cette Dissertation est dans le Tome IV. page 14.

St. Réal, (qui après avoir accompagné Madame de Mazarin en Angleterre, & y avoir séjourné quelques mois, s'étoit retiré à Paris) fut chargé de les consulter; & ces Messieurs décidèrent en faveur de Madame de Mazarin. M. de St. Evremond s'étoit déja condamné lui-même, avant que cette décision arrivât: mais quand il l'eut vûë, il déclara que son desaveu n'étoit pas sincere; que c'étoit un pur effet de docilité, & un assujettissement volontaire de ses sentimens à ceux de Madame de Mazarin. Là-dessus, il reprit non-seulement l'opinion qu'il avoit d'abord défenduë; mais il fit une DISSERTATION, où il nia absolument que vaste pût jamais être une loüange, & que rien fût capable de rectifier cette qualité. Il soutint que le grand étoit une perfection dans les esprits: le vaste, toûjours un vice; que l'étenduë juste & reglée faisoit le grand, & que la grandeur démesurée faisoit le vaste. Il prouve tout cela par des exemples tirés des meilleurs auteurs anciens; après quoi, il examine le genie vaste qu'on attribuë à Homere & à Aristote, & l'esprit vaste qu'on donne à Pyrrhus, à Catilina, à Charles-Quint, & au Cardinal de Richelieu. Il fait voir par une discussion exacte, que les meilleurs ouvrages de ces fameux auteurs, & les plus belles actions de ces grands Capitaines, doivent s'attribuer aux autres qualités

de

de leur esprit; & que leurs erreurs & leurs desseins chimeriques, doivent être imputés à ce qu'ils ont eu de vaste. C'est ainsi que M. de St. Evremond trouva moyen de faire entrer le caractere de ces grands-hommes, dans un ouvrage où tout autre n'auroit mis que de simples discussions grammaticales.

Le Duc de Nevers envoyoit (1678.) souvent à Madame de Mazarin, sa sœur, des pieces de poësie de sa façon. Ce Seigneur avoit le génie tout-à-fait poëtique ; mais il s'abandonnoit trop à son enthousiasme, & ne châtioit pas assez ses productions. Cependant, comme il y avoit quelque chose d'original dans ses pensées, & dans le tour qu'il leur donnoit, ses ouvrages ne laissoient pas de plaire. Madame de Mazarin ayant envoyé à M de St. Evremond une epitre que M. de Nevers avoit écrite à M. l'Abbé Bourdelot, & l'ayant prié de lui en dire son sentiment, ,, il répondit qu'il y a (1) dans ce petit ou-
,, vrage des vers aussi elevés qu'il en eût vû
,, depuis long-tems dans nôtre langue. Ce
,, qui me les fait estimer davantage, ajoute-
,, t'il, c'est ce qu'il y a de la nouveauté &
,, du bon-sens : ajustement difficile à faire.
,, Car nos nouveautés ont souvent de l'ex-
,, travagance ; & le bon-sens qui se trouve
,, dans nos ecrits, est le bon-sens de l'antiquité

---

(1) Tome IV. page 98.

quité plus que le nôtre. Je veux que l'ef- "
prit des anciens nous en inspire ; mais je ne "
veux pas que nous prenions le leur même. "
Je veux qu'ils nous aprenent à bien "
penser ; mais je n'aime pas à me servir de "
leurs pensées. Ce que nous voyons d'eux, "
avoit la grace de la nouveauté, lors qu'ils "
le faisoient : ce que nous écrivons aujour- "
d'hui, a vieilli de siecle en siecle, & est "
tombé comme éteint dans l'entendement "
de nos auteurs. Qu'avons nous à faire d'un "
nouvel auteur, qui ne met au jour que "
de vieilles productions ; qui separe des "
imaginations des Grecs, & donne au "
monde leurs lumieres pour les siennes ? "
On nous apporte une infinité de regles, "
qui sont faites il y a trois mille ans, pour "
regler tout ce qui se fait aujourd'hui ; & "
on ne considere point que ce ne sont pas "
les mêmes sujets qu'il faut traiter, ni le "
même génie qu'il faut conduire. Si nous "
faisions l'amour comme Anacreon & Sa- "
pho, il n'y auroit rien de plus ridicule ; "
comme Terence, rien de plus bourgeois ; "
comme Lucien, rien de plus grossier. "
Tous les tems ont un caractere qui leur "
est propre : ils ont leur politique, leur in- "
terêt, leurs affaires : ils ont leur morale "
en quelque façon, ayant leurs défauts & "
leurs vertus. C'est toûjours l'homme ; mais "
la nature se varie dans l'homme, & l'art, "

qui

„ qui n'est autre chose qu'une imitation de
„ la nature, se doit varier comme elle. Nos
„ sottises ne sont point les sottises dont Ho-
„ race s'est mocqué; nos vices ne sont point
„ les vices que Juvenal a repris: nous de-
„ vons employer un autre ridicule, & nous
„ servir d'une autre censure.

Après la paix de Nimegue, (1679.) M. de St. Evremond écrivit au Roi une EPITRE (1) en vers, où il lui demande indirectement son retour: mais cela ne produisit encore rien. Le Comte d'Olonne ayant donné beaucoup de loüanges à cette piece? „ Je ne
„ sai pas lui repondit M. de St. Evremond (2),
„ pourquoi vous admirez mes vers, puisque
„ je ne les admire pas moi-même; car vous
„ devez savoir d'un grand maître en l'art
„ poëtique (3), que le Poëte est toûjours
„ le plus touché de son ouvrage. Pour moi,
„ je reconnois beaucoup de fautes dans le
„ mien, que je pourrois corriger, si l'exacti-
„ tude ne faisoit trop de peine à mon hu-
„ meur, & ne consumoit trop de tems à une
„ personne de mon âge. D'ailleurs, j'ai une
„ excuse, que vous recevrez, si je ne me
„ trompe: les coups-d'essai ne sont pas sou-
„ vent des chefs-d'œuvre; & les loüanges
que

(1) Cette EPITRE est dans le Tome IV. page 14.

(2) Tome IV. page 109.

(3) Aristote.

» que je donne au Roi, étant les premieres
» véritables & sinceres que j'ai données, il
» ne faut pas s'étonner que je n'y aye pas
» trop bien réussi. Les vôtres pour moi ont une
» ironie ingénieuse, dans laquelle je me suis
» vû si grand maître autrefois, que le Ma-
» réchal de Clerembaut ne trouvoit que moi
» capable de vous disputer le mérite de cet-
» te figure-là. Vous ne deviez pas vous en
» servir contre un homme qui en a perdu
» l'usage, & qui est autant vôtre serviteur
» que je le suis.

Il composa ensuite (1680.) un petit ouvrage sur l'amitié, que Madame de Mazarin fit imprimer à Londres, & qu'elle intitula malicieusement L'AMITIÉ SANS AMITIÉ, dédiée à Monsieur le Comte de Saint-Albans (1). M. de St. Evremond recherche d'abord la raison pourquoi les plus grands hommes de l'antiquité, comme Alcibiade, Agesilas, Alexandre, Scipion, Cesar, ont eu si peu d'attachement pour les femmes, pendant que Salomon, ce Roi si sage, & si éclairé, semble s'être fait un devoir particulier de les aimer toute sa vie. Il tâche ensuite de justifier la conduite de ce Prince, & il appuye ses raisons de l'exemple de Syphax, d'Auguste, de M. de Senecterre, &
du

---

(1) Ce petit Ouvrage est dans le Tome IV. page 215.

du Maréchal d'Estrées, qui, même sur leurs vieux jours, se sont abandonnés à l'amour des femmes. ,, Cependant, ajoute-t'il, mal
,, gré toutes ces autorités, j'estimerois beau-
,, coup une personne, qui auroit assez de
,, force d'esprit, pour conserver le goût de
,, la liberté jusqu'à la fin de ses jours. Ce
,, n'est pas, qu'une pleine indépendance soit
,, toûjours loüable : de ces gens si libres & si
,, détachés, se sont les indifferens & les in-
,, grats. Evitons l'assujettissement & la liber-
,, té entiere, pour nous contenter d'une
,, liaison douce & honnête, aussi agréable
,, à nos amis qu'à nous-mêmes. Si on me
,, demande plus que de la chaleur & des
,, soins, pour les interêts de ceux que j'ai-
,, me; plus que mes petits secours, tout
,, foibles qu'ils sont, dans les besoins; plus
,, que la discretion dans le commerce, &
,, le secret dans la confidence, qu'on aille
,, chercher ailleurs des amitiés : la mienne
,, ne sauroit fournir rien davantage.

Il fait voir après cela les desordres que produit quelquefois ce qu'on appelle, amitié ; & montre qu'il y a differentes especes d'amis, qui sont également dangereux & incommodes. Il donne le veritable caractere de l'amitié, & fait observer combien cette vertu a été recommandée par les philosophes & par les honnêtes-gens de tous les siecles & de tous les tems. Enfin, il marque les
incon-

inconveniens qui peuvent arriver d'un trop grand nombre d'amis, tant par raport à nous-mêmes, qu'à l'égard des personnes que nous aimons.

M. de St. Evremond alloit passer les Etés à Windsor avec la Cour, & il y voyoit souvent M. Vossius, qui étoit venu en Angleterre en 1670. où il avoit reçu le degré de Docteur aux loix, & que le Roi avoit fait Chanoine de Windsor en 1673. Madame de Mazarin se plaisoit aussi beaucoup à la conversation de ce savant homme. Il mangeoit souvent chez elle; & elle lui faisoit des questions sur toutes sortes de sujets. Voici à peu prés quel étoit le caractere d'Isaac Vossius, que vous m'avez demandé. Il entendoit presque toutes les langues de l'Europe, & n'en parloit bien aucune. Il avoit une litterature immense. Il connoissoit à fond le génie & les coûtumes des anciens peuples; mais il ignoroit entierement les manieres de son siecle. Son impolitesse se repandoit jusques sur ses expressions. Il s'exprimoit dans la conversation, comme il auroit fait dans un Commentaire sur Juvenal, ou sur Petrone. Dans le même tems qu'il faisoit des Livres, pour prouver que la Version des Septante étoit divinement inspirée, il témoignoit par ses entretiens particuliers qu'il ne croyoit point de révélation. La maniere peu édifiante dont il est mort clxxviij LA VIE DE MONSIEUR (1), ne nous permet pas de douter qu'il ne fût dans ce sentiment impie. Quelque soins, quelques précautions que l'on prît, on ne put jamais l'engager à reconnoître en général les vérités de la religion chrétienne. Il s'obstina à garder là-dessus un profond silence. Et cependant, (ce qui paroît difficile à comprendre), cet homme avoit une crédulité imbecile pour tout ce qui étoit extraordinaire, fabuleux, éloigné de toute créance. Ce sont les propres termes de M. de St. Evremond (2), qui avoit assez pratiqué Vossius, pour le bien connoître. Qu'on nous vienne dire après cela que les esprits-forts sont des génies épurés, des gens sans préjugés, qui n'admettent rien qui ne soit exactement vrai, & d'une évidence palpable!

M. Justel se retira en Angleterre avec sa famille sur la fin de l'année 1681. pour y joüir de la liberté de conscience, & il obtint quelque tems après la charge de bibliothequaire du Roi à Saint-James. Cependant il ne laissoit pas de regretter les douceurs qu'il avoit perduës, en quittant la France, & de s'en

---

(1) Isaac Vossius mourut à Londres le 20. de Février 1688. M. Vvood s'est trompé, lorsqu'il a dit dans son ATHENÆ Oxonienses qu'il étoit mort à Vvindsor.

(2) DISCOURS à M. le Maréchal de Crequi, qui lui avoit demandé en quelle situation étoit son esprit, Tom. III. page 56.

DE SAINT-EVREMOND. clxxix
s'en plaindre souvent. Cela donna occasion à M. de St. Evremond de lui écrire une assez longue lettre (1), où il défend la Religion Romaine en homme du monde, avec beaucoup d'esprit & de politesse, & sans entrer dans les subtilités litigieuses des Théologiens.

Peu de tems après, (1682.) Morin, homme d'une naissance basse, obscure, & qui n'avoit d'autre mérite que celui de grand joüeur, apporta la Bassette en Angleterre, & il tailloit ordinairement chez Madame de Mazarin, qui avoit beaucoup de passion pour ce jeu. M. de St. Evremond fit là dessus plusieurs ouvrages, où il se plaint que la Bassette faisoit quitter la lecture des bons livres, & ruïnoit les agrémens de la conversation. Voici quelques-uns de ses Vers (2), où vous trouverez le caractere des savans, qui grossissoient alors la Cour de cette Duchesse.

Qu'est devenu ce tems heureux,
Où la raison d'accord avec vos plus doux vœux,
Où les discours sensés de la Philosophie
Partageoient les plaisirs de vôtre belle vie !
. . . .
Vossius apportoit un traité de la Chine,
Où cette nation paroît plus que divine ;
Et vous auriez vû Rome en ces derniers ecrits

(1) Elle est dans le Tome IV. page 133.

( ) Tome IV. page 146.

Quarante

P 2

Quarante fois, au moins, plus grande que Paris (1).
Justel, plein des leçons de la rare Critique,
Qui du vieux Testament tout le fond nous explique,
Etoit venu chercher au bruit de vôtre nom,
  Comment sans crainte, & sans dommage,
On feroit imprimer quelque nouvel Ouvrage
   Du trop savant Pere Simon (2).
Leti (3) de Sixte-Quint vous préfentoit l'histoire,
Tout prêt à travailler pour vôtre propre gloire;
Et vous pouviez tirer de son talent si beau
   Un caractere tout nouveau.
Que sert à ces Messieurs leur illustre science?
A peine leur fait-on la simple révérence;
Et les pauvres savans interdits & confus,
Regardent Mazarin qui ne les connoît plus.
Tout se change ici bas, à la fin tout se passe;
Les ivres de Ballete ont des autres la place;
Plutarque est suspendu, Don Guichote interdit,
Montagne auprès de vous a perdu son crédit,
Racine vous déplait, Patru vous importune,
Et le bon la Fontaine à la même fortune.

Il

(1) M. Vossius étoit extrêmement prévenu en faveur de la Chine. Il prétendoit qu'en ce qui regarde l'esprit, les arts & les sciences, les Chinois l'emportoient sur tous les Européens. Son entêtement de la grandeur & du nombre des habitans de l'ancienne Rome, n'étoit pas moins extraordinaire.

(2) Le Pere Simon, ci-devant Prêtre de l'Oratoire, avoit composé l'HISTOIRE Critique du Vieux Testament, qui fut défenduë à Paris dans ce tems-là; & desespe- rant d'obtenir un Privilege pour sa CRITIQUE du Nouveau Testament, il avoit dessein de l'envoyer à son bon ami M. Justel, pour la faire

Il arriva en 1683. un accident, qui toucha beaucoup Madame de Mazarin. Le Baron de Banier, Gentilhomme Suédois, étoit éperduëment amoureux de cette Duchesse, & il n'en étoit pas maltraité. Le Prince Philippe de Savoye, Neveu de Madame de Mazarin, qui étoit alors à Londres, en conçut tant de jalousie, qu'il se battit en duel contre M. de Banier; & il le blessa si dangereusement, qu'il en mourut quelques jours après. Ses parens ne manquerent pas de poursuivre en justice le Prince Philippe, qui possedoit plusieurs gros Bénéfices en France. Tout cela jetta Madame de Mazarin dans une extréme desolation. Elle étoit inconsolable de la perte de son amant, & elle craignoit d'ailleurs que son Neveu ne fût condamné, & ne perdit par là les Benefices dont il joüissoit. Elle fit tendre son appartement de noir, & à peine y vouloit-elle recevoir ses meilleurs amis. Enfin elle parut si désolée, que M. de St. Evremond ne douta point qu'elle ne voulût quitter l'Angleterre, pour se retirer en Espagne, dans le Convent où étoit Madame la Connêtable sa Sœur. Et il avoit d'autant plus de raison de le

---

imprimer à Londres.

(3) Gregorio Leti, Auteur de la Vie de Sixte V. & d'une infinité d'autres ouvrages historiques & politiques, étoit à Londres dans ce tems-là.

le croire, que le Duc de Mazarin avoit envoyé en Angleterre Mademoiselle Du Ruz, qui avoit autrefois appartenu à Madame de Mazarin, & qui faisoit alors tout ce qu'elle pouvoit, pour entretenir sa douleur, & l'obliger à se retirer dans un Convent. M. de St. Evremond lui écrivit là-dessus trois ou quatre lettres, où il n'oublia rien pour la consoler, & la détourner d'un dessein si contraire à son bonheur & à sa tranquillité. Il lui fit une peinture vive de toutes les incommodités & de tous les désagrémens d'une telle solitude, & lui déclara même que dans les dispositions d'esprit où elle se trouvoit, il ne lui seroit pas possible de les supporter. „ Encore, lui dit-il dans une lettre (1) qu'il
„ lui adresse, si vous étiez touchée d'une
„ grace particuliere de Dieu, qui vous atta-
„ chât à son service, on excuseroit la dureté
„ de votre condition par l'ardeur de votre
„ zele, qui vous rendroit tout supportable :
„ mais vous n'êtes ni convaincuë, ni touchée;
„ & il vous faut apprendre à croire celui que
„ vous allez servir si durement. Vous trou-
„ verez toutes les peines des Religieuses,
„ & ne trouverez point cet Epoux qui les
„ console. Douter un jour de la félicité de
„ l'autre vie, est assez pour desesperer la
„ plus sainte fille d'un Convent; car la foi
seule

(1) Tome IV. page 172.

la fortifie, & la rend capable de supporter "
les mortifications qu'elle se donne. Qui sait, "
Madame, si vous croirez un quart-d'heure "
ce qu'il faut qu'elle croye toûjours, pour "
n'être pas malheureuse ? Qui sait si l'idée "
d'un bonheur promis aura jamais la force "
de vous soutenir contre le sentiment des "
maux présens ? C'est au milieu de l'Univers "
que la contemplation des merveilles de la "
nature vous fera connoître celui dont elle "
dépend. La vûë du Soleil vous fera com- "
prendre la grandeur & la magnificence de "
celui qui l'a formé: cet ordre si merveilleux "
& si juste ; cet ordre qui lie & entretient "
toutes choses, vous donnera la connoissan- "
ce de sa sagesse. Enfin, Madame, dans ce "
monde que vous quittez, Dieu est tout "
ouvert & tout expliqué à nos pensées. Il est "
si resserré dans les Monasteres, qu'il se ca- "
che au lieu de se découvrir, si déguisé par "
les basses & indignes figures qu'on lui don- "
ne, que les plus éclairés ont de la peine "
à le reconnoître. "

On ne doit pas être surpris du peu de religion que M. de St. Evremond attribuë à Madame de Mazarin, si on fait reflexion que dans ses MEMOIRES on nous assure que le Cardinal Mazarin s'étoit déja apperçu du penchant qu'elle avoit à l'irreligion. Une des choses, dit cette Duchesse (ou " plûtôt celui (1) qui a composé ses MEMOI-

RES

„ res.) sur lesquelles il étoit plus mécontent
„ de nous, (2) c'étoit la devotion. Vous ne
„ sauriez croire combien le peu que nous en
„ avions le touchoit. Il n'est point de raisons
„ qu'il n'employât pour nous en inspirer.
„ Une fois entr'autres se plaignant de ce
„ que nous n'entendions pas la Messe tous
„ les jours, il nous reprocha que nous n'a-
„ vions ni pieté, ni honneur. Au moins,
„ disoit-il, si vous ne l'entendez pas pour
„ Dieu, entendez-là pour le monde. (3)
Mais si c'étoit-là les sentimens de Madame
de Mazarin, lorsqu'elle n'étoit presque qu'un
enfant, il ne faut pas douter que son in-
devotion ne s'accrût par l'extrême bigote-
rie & la superstition burlesque du Duc son
époux, & qu'elle ne se fortifiât ensuite dans
ses voyages, par le commerce qu'elle avoit
avec des gens de beaucoup d'esprit & de
savoir, mais qui avoient sur la religion des
pensées assez libres. Ce n'étoit donc pas sans
raison que M. de St. Evremond lui représentoit qu'elle avoit besoin d'acquerir de
nouvelles lumieres, avant que de songer à
devenir

---

(1) M. l'Abbé de St. Real. Voyez le Tome VI. piece XI.

(2) C'est à-dire, de Madame de Mazarin elle-même, de sa sœur, qui épousa ensuite le Connétable Colonna, & de son fret, le Duc de Nevers.

(3) MEMOIRES de Madame la Duchesse de Mazarin.

devenir Religieuse. Elle se rendit aux conseils qu'on lui donnoit ; son neveu fut absous par les Juges ; & le tems ayant moderé sa douleur, elle ne pensa plus à quitter la Grande-Bretagne.

Cette Duchesse étant revenuë d'une grande maladie en 1684. elle dit un jour, en riant, qu'elle seroit bien aise de savoir ce qu'on diroit d'elle aprés sa mort. Il n'en fallut pas davantage à M. de St. Evremond, pour l'engager à faire son panégyrique, sous le titre d'ORAISON FUNEBRE (1) de Madame la Duchesse de Mazarin. Il y parle de sa naissance ; des personnes illustres qui l'avoient demandée en mariage ; des motifs qui porterent le Cardinal à la donner au Duc de la Meilleraye, & du jugement qu'on en fit à la Cour ; de la dévotion imbecille & ridicule de ce Duc ; des mauvais traitemens qu'il fit à Madame de Mazarin, & qui la forcerent enfin de le quitter, & de sacrifier toutes ses richesses à sa liberté & à sa raison ; des differens voyages qu'elle fut obligée de faire ; de son sejour à Chambery ; de son voyage en Angleterre ; des applaudissemens qu'elle y reçût, & de la maniere noble & agréable dont elle y vivoit. "Madame Mazarin, dit-il, n'est pas plûtôt arrivée en "
quel-

(1) Cette *Oraison Funebre* est dans le Tome IV. page 226.

„ quelque lieu, qu'elle y établit une maison,
„ qui fait abandonner toutes les autres. On y
„ trouve la plus grande liberté du monde : on
„ y vit avec une égale discretion : chacun y
„ est plus commodément que chez soi, &
„ plus respectueusement qu'à la Cour. Il est
„ vrai qu'on y dispute souvent ; mais c'est
„ avec plus de lumiere que de chaleur. C'est
„ moins pour contredire les personnes, que
„ pour éclaircir les matieres ; plus pour ani-
„ mer les conversations, que pour aigrir les
„ esprits. Le jeu qu'on y joüe, est peu con-
„ siderable, & le seul divertissement y fait
„ joüer. Vous n'y voyez sur les visages, ni
„ la crainte de perdre, ni la douleur d'avoir
„ perdu : le desinteressement va si loin en
„ quelques-unes, qu'on leur reproche de se
„ réjoüir de leur perte, & de s'affliger de leur
„ gain. Le jeu est suivi des meilleurs répas
„ qu'on puisse faire. On y voit tout ce qui
„ vient de France pour les délicats, tout ce
„ qui vient des Indes pour les curieux ; & les
„ mets communs deviennent rares, par le
„ goût exquis qu'on leur donne.

Il écrivit ensuite deux petits discours sur la religion. Il fait voir dans le premier, (1) le malheur de ceux qui vivent dans le doute, l'avantage des veritables devots, & les divers jugemens que l'on fait sur ceux qui quittent

―――――――
(1) Tome IV. page 170.

tent le monde, pour se mettre dans la retraite. Il montre dans l'autre ouvrage que la religion est le dernier de nos amours, (1) & qu'un pecheur converti mêle ordinairement l'idée de ses passions usées, aux plus tendres sentimens de sa devotion.

M. de St. Evremond fit dans ce tems là quelques *Observations* sur le goût & le discernement des François. (2) Il y remarque d'abord, que quoique le génie ordinaire des François paroisse assez médiocre, il est certain que ceux qui se distinguent parmi nous, sont capables de produire les plus belles choses : " mais ajoute-t-il, quand ils savent les faire, nous ne savons pas les estimer ; & si " nous avons rendu justice à quelque excel- " lent ouvrage, notre légéreté ne le laisse pas " joüir long-tems de la réputation que nous " lui avons donnée. Il est surpris que dans une Cour aussi polie que celle de France, le bon & le mauvais goût, le vrai & le faux esprit, y soient tour à tour à la mode, comme les habits. Il donne quelques exemples de ce changement bizarre, & ajoute que la multitude ignorante, ou préoccupée, étouffe ordinairement le petit nombre des veritables connoisseurs. " Il n'y a point, continuë t-il, des païs où la raison soit plus rare qu'elle est " en

(1) Tome IV. page 275. (2) Tome IV. page 200.

,, en France : quand elle s'y trouve, il n'y en
,, a pas de plus pure dans l'Univers. Il dit
après cela que le caprice des François a
quelque chose de si noble, que les étrangers
renoncent à leur bon-sens, pour s'y soumettre ; & il marque les avantages considerables
que la France tire de cette prévention.

M. de St. Evremond perdit beaucoup par
la mort de Charles II. [1685.] & comme
il n'étoit pas si sûr de l'affection du Roi Jacques, quoique ce Prince lui eût témoigné
beaucoup de bonté. Il pria ses amis de faire
de nouveaux efforts pour obtenir son retour.
M. le Maréchal de Crequi lui conseilla d'écrire au Roi, & promit de rendre sa lettre, &
de l'appuyer autant qu'il seroit possible: mais
elle n'eût pas plus d'effet que les précédentes.
Nous n'avons pas trouvé cette lettre écrite
au Roi dans les papiers de M. de St. Evremond : mais celle qu'il écrivit en même tems
au Maréchal de Créqui, est dans cette
édition de ses OEUVRES, Tome IV.
page 30. Il est inutile de la rapporter ici
tout au long.

M. de St. Evremond fit dans ce tems-là,
les Réflexions sur les Poëmes des Anciens,(1)
& sur le Merveilleux qu'on y trouve. Il
montre dans ce premier ouvrage, que quelques admirables que soient les Poëmes d'Homere,

___
(1) Tome IV. pages 289. & 300.

mere, on seroit néanmoins ridicule, si l'on s'avisoit d'en faire de semblables dans nôtre siecle, où tout est changé, la Religion, la politique, les mœurs, le goût, & les manieres. Dans l'autre ouvrage, il fait voir que le *Merveilleux* des Poëmes des Anciens, consideré purement en lui même, n'est guere moins étrange que celui de la Chevalerie, & que les Poëtes ont remis ce qu'il y a de plus infame au ministere de leurs déesses & de leurs dieux. Cela lui donne occasion d'examiner deux maximes, qui semblent se contredire ; l'une, que la *Poësie est le langage des dieux* ; & l'autre, *qu'il n'y a rien de plus fou que les Poëtes*.

M. Bernier vint en Angleterre dans ce tems-là, & il voyoit souvent M. de S. Evremond. L'estime qu'ils avoient l'un & l'autre pour Gassendi, le restaurateur de la Philosophie d'Epicure, faisoit tourner assez souvent la conversation sur les dogmes de cet ancien Philosophe. Cela donna occasion à M. de St. Evremond, de faire un petit écrit, (1) où après avoir avoüé, que de toutes les opinions des Philosophes, touchant le souverain-bien, il n'y en a point qui lui paroisse si raisonnable, que celle d'Epicure, il ajoûte, qu'il n'est pourtant pas facile de bien savoir ce qu'il entendoit par le mot de Volupté,
tant

(1) Cette piece est la premiere du Tome V.

tant les sentimens des Anciens sont differens sur les mœurs de ce Philosophe. Il rapporte ensuite le jugement qu'en ont fait ses ennemis & ses partisans; & sans les croire absolument les uns ni les autres, il examine lui-même ce qu'on en peut dire de plus raisonnable. Il ne croit pas qu'Epicure ait voulu introduire une volupté austére & insensible, qui consistât dans la mortification des sens. Une pareille volupté lui semble plus dure, que la vertu des Stoïques; & il ne comprend pas qu'un Philosophe, qui ne croyoit point l'immortalité de l'Ame, & ne connoissoit d'autres biens que ceux de ce monde, ait voulu mortifier ses sens, & se faire un ordinaire de pain & d'eau, pour arriver au souverain bonheur de la vie. Je m'étonne, ajoûte-t-il, qu'on n'établisse pas la volupté d'un tel Epicure, dans la mort; car, à considerer la misere de sa vie, son souverain bien devroit être à la finir. M. de St. Evremond pense qu'Epicure étoit un Philosophe fort sage, qui selon „ les tems, dit-il, & les occasions, aimoit „ la volupté en repos, ou la volupté en mou- „ vement, & que de cette difference de vo- „ lupté, est venuë celle de la réputation „ qu'il a euë. Il fait ensuite remarquer les grands changemens, que la réflexion & l'âge produisent dans nos opinions, aussi bien que dans nôtre humeur; & il ajoûte, „ qu'il ne „ faut pas s'étonner après cela, que dans une si grande diversité de vûës & de mouve- " mens, Epicure, qui a plus écrit qu'aucun " autre Philosophe, ait traité differemment " la même chose, selon qu'il peut l'avoir dif- " feremment pensée ou sentie. ,, Il croit " donc qu'il faut le regarder autrement dans la jeunesse & dans la santé, que dans la vieillesse & la maladie. Dans la vigueur de son âge, il joüit avec œconomie des plaisirs les plus vifs & les plus animés ; & lors qu'il devint infirme & languissant, il n'eut d'attachement que pour cette indolence & cette tranquillité d'esprit, qui fait le bonheur de la vieillesse. M. de S. Evremond, qui avoit composé cet ouvrage à l'occasion des conversations qu'il avoit eu avec M. Bernier, lui avoit d'abord adressé cette piece : mais Mademoiselle de l'Enclos lui ayant demandé quelque tems aprés, s'il étoit l'auteur de certaines *Réfléxions* sur la Doctrine d'Epicure, (1) qu'on avoit imprimées à Paris sous son nom, il lui envoya sa dissertation ; & comme M. Bernier venoit de mourir, il l'adressa à cette Dame, sous le nom de Moderne Leontium. Elle lui demanda aussi dans ce même tems en quelle situation étoit alors son esprit, & il lui envoya le Sonnet suivant :

passer

―――――――――――――
(1) Ces *Réfléxions* sur la Morale d'Epicure, sont dans le *Melange* des pieces attribuées à M. de St. Evremond, Tome VII. page 33.

Passer quelques heures à lire,
Est mon plus doux amusement ;
Je me fais un plaisir d'écrire,
Et non pas un attachement.

Je perds le goût de la satyre,
L'art de loüer malignement,
Cede au plaisir de pouvoir dire
Dés verités obligeamment.

Je vis éloigné de la France,
Sans besoin & sans abondance,
Content d'un vulgaire destin.

J'aime la vertu sans rudesse,
J'aime le plaisir sans molesse,
J'aime la vie & n'en crains point la fin. (1)

Les amis que M. de St. Evremond avoit en Angleterre, voulurent en 1686. lui faire donner un emploi à la Cour du Roi Jacques II. Le Comte de Sunderland, Secretaire d'Etat, & President du Conseil, proposa au Roi de le faire Secretaire du Cabinet, pour les affaires étrangeres. Cette charge devoit être créée en sa faveur, & elle consistoit à écrire les lettres particulieres du Roi aux autres Princes de l'Europe. Le Roi agréa la proposition de Mylord Sunderland, mais M. de S. Evremond ne crut pas qu'il lui convînt d'accepter cet emploi. Il ne laissa pas de témoigner à ce

premier

(1) Tome IV. page 317.

premier Ministre, combien il lui étoit obligé de ses soins, & il le pria de remercier Sa Majesté de l'honneur qu'elle vouloit lui faire : qu'il se seroit estimé très-heureux de pouvoir la servir, mais qu'à son âge, il ne devoit penser qu'à bien ménager le peu de tems qui lui restoit encore à vivre, & à le passer dans le repos & dans la tranquillité.

Le *Discours* qu'il composa alors sur la Retraite, (1) contient plusieurs réflexions, sur les défauts ordinaires aux vieilles gens, & sur les raisons qui les doivent porter à se retirer du monde. M. de S. Evremond y remarque, que de toutes les retraites, il n'y en auroit point de préférable à celle des Convens, si on y laissoit au corps les commodités nécessaires, & à l'esprit une raisonnable satisfaction. Il souhaite qu'il y eût des societez établies, où les honnêtes gens pussent se retirer, après avoir rendu au public tous les services qu'ils étoient capables de lui rendre, & où ils pussent goûter la joye d'une retraite pieuse, & le plaisir innocent d'une honnête & agréable conversation. Il rapporte ensuite ce que pensoit le Maréchal de Clerembault sur la retraite ; & il ajoute que pour lui, quoi qu'il soit "persuadé qu'il y a des tems, où " rien n'est si sage que de se retirer, cependant "
il

_____
(1) Ce discours est dans le Tome II. page 296.

"il se remet de sa retraite à la nature beau-
"coup plus qu'à la raison. C'est par ses mouvemens, continuë t-il, qu'au milieu du "
Monde, je me retire aujourd'hui du Monde"
même. J'en suis encore pour ce qui me plaît:"
j'en suis dehors pour ce qui m'incommode. "
Chaque jour, je me dérobe aux connoissan-"
ces qui me fatiguent, & aux conversations "
qui m'ennuyent. Chaque jour, je cherche "
un doux commerce avec mes amis, & fais "
mes délices les plus cheres de la délicatesse "
de leur entretien. De la façon que je vis, "
ce n'est ni une société pleine, ni une retrai-"
te entiere : c'est me réduire innocemment "
à ce qui m'accommode le plus. Dégouté du "
vice, comme trop grossier, & blessé de la "
pratique de la vertu, comme trop rude, je "
me fais d'innocentes douceurs, qui con-"
viennent au repos de la vieillesse, & qui "
sont justement sensibles à proportion de ce "
que je puis encore agréablement sentir.,, Il
dit à peu prés la même chose dans les *Stances*
(1) qu'il fit, sur les heureux commencemens
du régne de Jacques II.

Madame la Duchesse de Boüillon étant venuë en Angleterre en 1687. pour voir Madame de Mazarin sa sœur, M. de la Fontaine
[2] lui écrivit une lettre trés-galante & trés-
spiri-

(1) Tome IV. p 310. qui a fait des fables &
(2) Poëte moderne,, des contes en vers, qui

spirituelle. Madame de Boüillon pria M. de St. Evremond d'y répondre, & cela lui attira une lettre de remerciement de M. de la Fontaine, qui n'est pas moins belle que l'autre. [1] L'estime que cet auteur s'étoit acquise en ce pays, étoit si grande, que Madame Harvey, & quelques autres personnes d'un tres-grand merite, ayant sû quelques années aprés, qu'il ne vivoit pas fort commodément à Paris, résolurent de l'attirer auprés d'elles, où rien ne lui auroit manqué; & il y a apparence qu'il seroit venu, si les infirmitez de la vieillesse ne l'en avoient empêché. [2]

L'année suivante, [1688.] M. de S. Evremond écrivit à M. le Fevre, docteur en medecine à Londres, & son bon ami, ce qu'il pensoit sur les *Relations* de Siam du Chevalier de Chaumont, du Pere Tachard, & de l'abbé de Choisi. On voit dans cette piece [3] qu'il n'avoit pas une idée fort avantageuse de Confucius, ni de la Chine : mais il parle plus particulierement de ce pays là dans la lettre qu'il écrivit alors à M. Justel, [4] au sujet de la dispute de M. Limbroch avec le Juif Orobio.

Il

ont merité une approbation universelle.

(1) Cette lettre de M. de la Fontaine, & les réponses, sont dans le Tome V. page 25. & suivantes.

(2) Tome V. page 98.
( ) Tome V. page 57.
(4) Tome V. page 59.

cxcvj LA VIE DE MONSIEUR

Il parut en 1685. une *Vie* de M. le Vicomte de Turenne, sous le nom de M. du Buisson, premier Capitaine, & Major du Regiment de Verdelin. [1] Les amis de cet officier la firent desavoüer dans le Journal des savans, & la Maison de M. de Turenne en fut si mécontente, qu'on résolut de choisir quelque bonne plume, pour écrire la vie de ce grand Capitaine. (2) Le Cardinal de Bouillon, qui n'ignoroit pas la connoissance que M. de St. Evremond avoit du métier de la guerre, & qui ne doutoit point qu'il n'eût étudié le génie des plus grands Capitaines de son tems, le pria de lui envoyer le caractere de M. de Turenne, afin qu'on pût en faire usage dans cette vie. M. de St. Evremond écrivit là-dessus une petite piéce, (3) où il parle d'abord de la maniére dont M. de Turenne s'étoit élevé au commandement de l'armée. Il fait voir l'estime particuliere que le Prince de Condé avoit pour lui, & l'application avec laquelle il l'observoit, pour profiter non-seulement de ses actions & de ses exemples, mais aussi de ses réflé-

(1) Voyez la *Réponse aux Questions d'un Provincial*, Tome I. p. 224.

(2) On assure que M. l'Abbé Raguenet y travaille; & comme on lui fournira sans doute de bons memoires, cette Vie sera toute autre que celle qu'il nous a donnée de Cromwel, dans laquelle il n'y a guere moins de faussetés que de périodes.

(3) Tome V. page 72.

réflexions & de ses discours. " Il me souvient, dit-il, qu'il lui demandoit un jour, quelle conduite il voudroit tenir dans la guerre de Flandres. Faire peu de siéges, répondit M. de Turenne, & donner beaucoup de combats. Quand vous aurez rendu vôtre armée superieure à celle des ennemis, par le nombre & par la bonté des troupes; (ce que vous avez presque fait par la bataille de Rocroi,) quand vous serez bien maître de la campagne, les villages vous vaudront des places: mais on met son honneur à prendre une ville forte, bien plus qu'aux moyens de conquerir aisément une Province. Si le Roi d'Espagne avoit mis en troupes, ce qu'il lui a coûté d'hommes & d'argent à faire des siéges, & à fortifier des places, il seroit aujourd'hui le plus considérable de tous les Rois. ,, M. de St. Evremond marque ensuite quelques unes des grandes actions de M. de Turenne, & il montre les services importans qu'il avoit rendus à la Cour pendant les guerres civiles. Il fait après cela quelques réflexions sur son attachement au bien de l'Etat, & la gloire de sa patrie; sur la réforme qu'il fit dans la discipline militaire; sur la maniere dont il se conduisit à l'égard du Cardinal Mazarin; & enfin sur les marques d'estime & de reconnoissance dont le Roi l'honora, même après sa mort, ayant voulu qu'il fût enterré à S. Denis, dans

excviij La Vie de Monsieur
le tombeau des Rois. M. de St. Evremond dit dans cet ouvrage une particularité, que l'on croit devoir rapporter ici: c'est que M. de Turenne ne donnoit rien à la fortune dans les évenemens, & croyoit que la perte d'une bataille devoit toûjours être attribuée à la conduite irreguliere des Généraux. Quand un homme, disoit-il, se vante de n'avoir point fait de fautes à la guerre, il me persuade qu'il ne l'a pas fait long-tems. Il disoit aussi qu'il n'avoit perdu les combats de Mariendal & de Rhetel, que pour n'avoir pas suivi rigoureusement les maximes de la guerre. Un sentiment si noble & si élevé est un sujet d'admiration.

M. de St. Evremond retoucha alors le *Parallele* de M. le Prince & de M. de Turenne, qu'il avoit ébauché pendant son sejour en Hollande. On en avoit inseré un fragment dans les *memoires* pour servir à la vie du Prince de Condé, & ce morceau fut imprimé à Paris, dans un Recüeil d'ouvrages publiés sous le nom de M. de St. Evremond : mais vous trouverez cette piece toute entiere dans cette edition, Tome V. page 83.

Le Roi ayant dessein en 1689. de déclarer la guerre à l'Angleterre, il dit au Comte de Grammont que St. Evremond pouvoit revenir en France, & qu'il seroit bien reçu. Ceux qui s'étoient si fortement opposés à son retour, ne vivoient plus ; & le Roi se trou-

trouvant en liberté de suivre son penchant naturel, rendit enfin à M. de St. Evremond la justice qui lui étoit dûë. D'ailleurs le Roi craignoit qu'il n'y eût du danger pour lui à demeurer en Angleterre, & il ne voyoit point qu'il pût se retirer ailleurs qu'en France, tout le reste de l'Europe s'étant ligué contre Elle. Le Comte de Grammont lui écrivit cette bonne nouvelle: ses autres amis l'en feliciterent, & le presserent de passer en France: mais ils furent bien surpris, quand ils apprirent qu'il s'en excusoit. Il repondit au Comte de Grammont qu'il avoit une profonde reconnoissance pour la grace que Sa Majesté vouloit bien lui faire, & qu'il n'auroit pas balancé à partir, s'il eût été en état d'en profiter; mais que les incommodités ordinaires de la vieillesse ne lui permettoient pas d'entreprendre ce voyage, & de quitter un pays, où d'ailleurs il joüissoit de tant de douceurs, & de tant d'agrémens. En effet, le Roi Guillaume l'honora toûjours de sa protection & de sa bienveillance. Il le mettoit souvent de ses parties de plaisirs; & il lui donna plus d'une fois des marques solides de sa faveur. Ce Prince eut aussi beaucoup d'égards pour Madame de Mazarin, qui se trouvoit alors dans de trés-dures circonstances. Quelques membres du Parlement vouloient qu'on la fit sortir d'Angleterre; mais il la prit sous sa protection, étion, & lui donna deux mille livres Sterling de pension (1) Il est vrai que M. de Mazarin la sollicitoit fortement de retourner en France, & elle ne demandoit pas mieux: mais elle ne pouvoit pas sortir d'Angleterre, sans avoir acquitté les dettes qu'elle y avoit contractées, ou du moins sans donner caution. Cependant M. de Mazarin lui intenta un Procès; & supposant toûjours qu'elle étoit libre de quitter l'Angleterre, si elle vouloit, il la fit condamner par un Arrêt du Grand Conseil. Elle auroit peut-être bien pû se dérober secretement de ce pays; mais elle avoit l'esprit trop bien fait pour traiter ainsi ses créanciers. Le *Plaidoyé* que M. Erard, Avocat de M. de Mazarin, avoit prononcé contre elle (2), fut imprimé à Paris peu de tems aprés que la cause eut été plaidée; & il s'en fit ensuite trois ou quatre editions : mais il ne tomba entre les mains de Madame de Mazarin qu'en 1694. Elle fut si outrée de la maniere dont on l'exposoit dans cet ouvrage, qu'elle voulut absolument qu'on y répondît. M. de St. Evremond, à qui elle communiqua la reponse qu'on y avoit faite, trouva qu'elle étoit trop longue & trop passionnée,

(1) Valans vingt-six mille livres.

(2) Ce playdoyé est dans les OEUVRES MES-LE'ES, ou Mélange curieux, &c. Tome VI. piece XII.

passionnée, & se chargea de lui donner une nouvelle forme. Il avoit dessein de retrancher entierement ce qu'il y avoit de trop fort contre M. de Mazarin; mais Madame de Mazarin s'y opposa, disant "qu'elle savoit " fort bien qu'une femme ne devoit pas " quitter son mari; & qu'il n'y avoit qu'une " peinture vive de ses irrégularités, qui pût " la justifier devant le public. Elle ne voulut " pas même qu'on épargnât l'avocat de M. de Mazarin, qui avoit, ajoutoit-elle, également violé les loix de la verité, du bon sens, & de la bienséance, à son égard. Elle s'en plaignit à Madame de Bouillon, qui en fit faire des reproches à cet avocat par M. le Duc de Caderousse. M. Erard tâcha de se justifier dans une lettre qu'il écrivit à ce Duc (1), & qui fut envoyée à Madame de Mazarin. La *Reponse* de M. de St. Evremond au Plaidoyé de M. Erard, ne fut imprimée à Londres qu'en 1696. M. Dubourdieu (2) avoit fait une Préface, où il y avoit beaucoup de litterature polie & galante: mais comme elle étoit un peu longue, M. de St. Evremond trouva à propos de l'abreger, &

d'y

---

(1) Vous la trouverez dans les *Oeuvres Mélées ou Mélange curieux*, &c. Tome VI. Piece XIII.

(2) Si connu par la sa- | vante Dissertation qu'il nous a donnée sur le Martyre de la Legion Thébéenne.

d'y faire quelques petits changemens.

M. de St. Evremond fit dans ce tems-là des vers sur la guerre qui venoit de commencer. Après y avoir désigné les divers Souverains qui s'étoient ligués contre la France, & marqué les motifs differens qui les avoient tous réunis, il prévoit que quelques efforts que pût faire ce grand Royaume, il ne lui seroit pas possible de resister à des ennemis si puissans; & la raison qu'il en donne, est que la France n'avoit plus à leur opposer, comme autrefois, des Généraux consommés dans l'art de la guerre.

Dans cet affreux état où la France est réduite,
On lui trouve pourtant & vigueur, & conduite :
Elle arme, elle prévient, elle sait animer
Et ses forces de Terre, & ses forces de Mer;
Et n'étoit qu'elle a vû les tristes funerailles
De ceux qui lui faisoient gagner tant de batailles;
N'étoit que ces grands chef aujourd'hui ne sont
   plus,
Son char pourroit traîner encore des vaincus.
Pour son malheur Turenne a perdu la lumiere ;
Condé, nôtre heros, n'a plus de part au jour ;
Crequi vient d'achever son illustre carriere,
Si Schomberg vit encor, c'est pour une autre Cour.
   Par leur valeur, par leur prudence,
   L'Etat florissant de la France
   Ne craignoit point les changemens :
   Il ne craignoit disgrace aucune ;
   Mais par leur perte la fortune
Va rentrer dans ses droits sur les evenemens. (1)

(1) Tome V. page 104.

La prédiction de M. de St. Evremond ne s'accomplit pas. La France trouva moyen de se soutenir, malgré le nombre des puissances qui s'étoient liguées contre elle. La Paix concluë à Riswich donna le repos à l'Europe, qui auroit peut-être long-tems joüi de cet état heureux & tranquile, si la mort de Charles II. Roi d'Espagne, n'avoit causé une nouvelle rupture. Les prétentions de la France au sujet de cette succession, contraires à celles de la Maison d'Autriche, ont allumé de nouveau le flambeau de la discorde ; & c'est dans cette derniere guerre, que les Eugenes & les Malboroughs sont pour les alliés ce qu'étoient autrefois pour la France les Condés & les Turennes.

On parloit souvent en 1692. chez Madame de Mazarin de la dispute qui s'éleva en France touchant les anciens & les modernes ; & comme M. de St. Evremond faisoit ordinairement l'éloge de nos meilleurs auteurs, cela engagea Madame de Mazarin de lui demander son jugement sur le *Parallele* de M. Perrault, & sur Malherbe, Voiture, Sarrasin, Benserade, Corneille, Racine, Moliere, Despreaux, & la Fontaine. Il fit dans ce tems-là une petite piece en vers (r), où il soutint qu'en matiere de philosophie, d'esprit, & de galanterie, les modernes l'emportent

(.) Tome V. page 247.

portent sur les anciens. (1)

Madame de Mazarin tomba malade en 1693. M. de St. Evremond fit à ce sujet un *Dialogue* en vers (2), entre le vieillard, c'est-à-dire, lui-même, & la mort. C'est, comme l'ont remarqué de fort habiles gens (3), une imitation du prologue de *l'Alceste* d'Euripide, qui l'emporte sur son original, pour la délicatesse du tour, & la fine satyre dont la piece est pleine. Il s'agit de savoir si quelqu'un voudra mourir pour Madame de Mazarin. L'auteur passe en revûë tous les amis & toutes les amies de l'illustre malade ; c'est-à-dire, presque toute la Cour d'Angleterre. Leurs caracteres, ajoute-t'on, sont de main de maître.

M. de St. Evremond se trouvant compris dans la taxe que le Parlement avoit mise (1695.) sur les hommes qui n'étoient pas mariés, cela lui donna occasion de composer une petite piece en vers (4), qui est pleine de feu & d'enjouëment. Il n'y en a pas moins dans la réponse (5) qu'il fit alors à

(1) Tome V. page 249.
(2) Tome V. page 264.
(3) Voyez les memoires pour l'Histoire des sciences & des beaux arts, imprimez à Trevoux Voyez le mois de Janvier 1706. pages 30. & 31.
(4) Cette piece est dans le Tome V. page 318.
(5) L'Epitre de M. l'Abbé de Chaulieu est dans le Tome V. page 306. & la réponse de M. de St. Evremond est ensuite dans le même Tom. page 307.

à *l'Epitre* que M. l'abbé de Chaulieu avoit adreſſée à Madame de Mazarin, & qui n'étoit preſque qu'un eloge de M. de St. Evremond. Cet ingenieux abbé l'avoit comparé à Ovide, & voici ce qu'il lui répondit. " Il n'y a
» point de comparaiſon qui ne vous deſobli-
» ge ; il n'y en a point d'avantageuſe que je
» puiſſe raiſonnablement prétendre. Celle
» d'Ovide ne me convient point. Ovide étoit
» le plus ſpirituel homme de ſon tems, & le
» plus malheureux : je ne lui reſſemble ni
» par mon eſprit, ni par mon malheur. Il fut
» relegué chez des barbares, où il faiſoit de
» beaux vers ; mais ſi triſtes & ſi douloureux,
» qu'ils ne donnent pas moins de mépris
» pour ſa foibleſſe, que de compaſſion pour
» ſon infortune. Dans le pays où je ſuis, je
» vois Madame de Mazarin tous les jours ;
» je vis parmi des gens ſociables, qui ont
» beaucoup de mérite & beaucoup d'eſprit ;
» je fais d'aſſez méchans vers, mais ſi en-
» joüés, qu'ils font envier mon humeur,
» quand ils font mépriſer ma poëſie : j'ai peu
» d'argent ; mais j'aime à vivre dans un pays
» où il y en a : d'ailleurs, il manque avec la
» vie, & la conſidération d'un plus grand
» mal eſt une eſpéce de remede contre un
» moindre. Voila bien des avantages que j'ai
» ſur Ovide. Il eſt vrai qu'il fut plus heu-
» reux à Rome avec *Julie* que je ne l'ai été
» à Londres avec *Hortence* ; mais les faveurs
de

„ de *Julie* furent cause de sa misere, & les
„ rigueurs *d'Hortence* n'incommodent pas un
„ homme aussi âgé que je le suis.

M. le Comte de Grammont tomba dangereusement malade en 1696. le Roi l'ayant appris; & sachant d'ailleurs que ce Comte n'avoit jamais passé pour fort religieux, eut la bonté de lui envoyer M. le Marquis Dangeau, pour le voir de sa part, & pour lui dire qu'il falloit songer à Dieu. M. de Grammont, qui étoit presque agonisant, se tourna alors du côté de Madame la Comtesse sa femme, qui avoit toûjours été fort dévote, & lui dit : Comtesse, si vous n'y prenez garde, Dangeau vous escamotera ma conversion (1). Mademoiselle de l'Enclos ayant écrit à M. de St. Evremond que M. le Comte de Grammont étoit gueri, & qu'il sembloit même être devenu dévot :
„ J'ai appris avec beaucoup de plaisir, lui
„ répondit-il (2), que M. le Comte de
„ Grammont a recouvré sa premiere santé,
„ & acquis une nouvelle dévotion. Jusqu'ici
„ je me suis contenté grossierement d'être
„ homme de bien; il faut faire quelque cho-
„ se de plus, & je n'attens que vôtre
„ exemple pour être dévot. Vous vivez dans
un

(1) Voyez le Fragment d'une Lettre à M le Comte de Grammont, Tom. V. p. 346.
(2) Tome V. p. 344.

un païs où l'on a de merveilleux avanta- " ges pour se sauver. Le vice n'y est gueres " moins opposé à la mode qu'à la vertu : " pecher, c'est ne savoir pas vivre, & cho- " quer la bienséance autant que la Religion. " Il ne falloit autrefois qu'être méchant ; " il faut être de plus mal-honnête homme, " pour se damner en France presentement. " Ceux qui n'ont pas assez de consideration " pour l'autre vie, sont conduits au salut " par les égards & les devoirs de celle-ci. "

M. de St. Evremond témoigna bien-tôt à son ami la joye qu'il avoit eu d'apprendre sa guerison ; & pour le divertir, il lui envoya son *Epitaphe*, à la fin de laquelle il y avoit fait entrer son propre *Portrait* (1).

Aprés avoir lû, dit-il, " l'*Epitaphe* du Comte de Grammont, si tu as la curiosité " de connoître celui qui l'a faite, je t'en " donnerai le caractere. C'est un philosophe " également éloigné du superstitieux & de " l'impie : un voluptueux, qui n'a pas moins " d'aversion pour la débauche, que d'incli- " nation pour les plaisirs ; un homme, qui " n'a jamais senti la necessité, qui n'a jamais " connu l'abondance, &c. "

Il félicita aussi le Comte de Grammont du bon mot qu'il avoit dit à Madame la Comtesse.

(1) Cette piece est dans le Tome V. de cette édition, page 341.

teſſe. "Juſqu'ici, lui dit-il, vous avez été
„ mon *Heros*, & moi vôtre *Philoſophe* : nous
„ partagions l'un & l'autre ces rares quali-
„ tés ; préſentement tout eſt pour vous ; vous
„ m'avez enlevé ma Philoſophie. Je vou-
„ drois être mort, & avoir dit en mourant
„ ce que vous avez dit dans l'agonie : *Com-*
„ *teſſe, ſi vous n'y prenez garde, Dangeau vous*
„ *eſcamotera ma converſion*. Il fait auſſi allu-
ſion à cela dans les *Stances* qu'il fit alors ſur
l'amour de la vie. (1)

Sans beſoin du ſecours de la philoſophie,
Dont on fait trop d'honneur au vieux Saint-Evre-
    mond,
Il ſeroit fort content, s'il achevoit ſa Vie
Comme a penſé mourir le Comte de Grammont.

1697. Le *Dictionnaire Hiſtorique & Criti-*
que parut en Angleterre au commencement
de l'année ſuivante. Madame de Mazarin
étoit charmée de cet ouvrage, & tout ce
qu'il y avoit de gens d'eſprit & de bon goût
à Londres, en faiſoient un cas tout particulier. M. de St Evremond le lut avec tant de
plaiſir, que le *Jugement* de M. l'abbé Renau-
dot lui étant tombé entre les mains, il voulut y faire une réponſe (2). Mais comme
l'ecrit de cet abbé n'étoit qu'une pure dé-
clamation, il crut qu'il ſuffiſoit, pour le
                                            refuſer,

(1) Tome V. page 347. (2) Tome V. page 407.

refuter, d'employer une ironie délicate. On verra plus particulierement dans une lettre que M. de St. Evremond me fit l'honneur de m'écrire, en me renvoyant la seconde edition du *Dictionnaire Critique*, combien il étoit touché des Beautés de cet ouvrage, & l'estime qu'il avoit pour son auteur (1).

J'ai déja dit, qu'en 1668. on avoit imprimé à Paris quelques ouvrages de M. de St. Evremond; mais si pleins de fautes, qu'à peine s'y pouvoit il reconnoître. J'ajouterai présentement que ces ouvrages furent néanmoins si bien reçus du public, que le libraire rechercha tous les moyens possibles d'en recouvrer d'autres; & pour grossir les volumes, il y ajouta plusieurs pieces, où M. de St. Evremond n'avoit aucune part. Il se plaignit de cette supercherie; mais moins en auteur, qu'en homme du monde. "J'ai un " grand desavantage, dit-il à Mademoiselle " de l'Enclos (2), qui lui demanda, comme je " l'ai remarqué, s'il étoit l'auteur des *Reflexions* sur la doctrine d'Epicure, qu'on lui " avoit attribuées; j'ai un grand desavantage " en ces petits traités qu'on imprime sous mon " nom. Il y en a de bien faits, que je n'avoüe " point, parce qu'ils ne m'appartiennent " pas; & parmi les choses que j'ai faites, on " a mêlé beaucoup de sottises, que je ne "

prends

(1) Tome V. page 505.   (2) Tome V. page 1

„ prends pas la peine de desavouër. A l'âge
„ où je suis, une heure de vie bien ména-
„ gée, m'est plus considérable que l'intérêt
„ d'une médiocre réputation. Qu'on se dé-
„ fait de l'amour-propre difficilement ! Je
„ le quitte comme auteur ; je le reprens com-
„ me Philosophe, sentant une volupté se-
„ crete à negliger ce qui fait le soin de tous
„ les autres.

On voit par-là, que le merite d'auteur ne touchoit pas beaucoup M. de St. Evremond, & qu'il regardoit les applaudissemens du public avec assez d'indifference. Quelque défigurés que fussent les ouvrages qu'on imprimoit de lui, il ne s'est jamais donné la peine de les desavoüer publiquement. Il se contentoit de dire à ses amis dans la conversation, " qu'il auroit fort souhaité qu'on „ n'eût jamais rien publié de sa façon. On n'y verroit pas, ajoutoit-t-il, des fautes que je reconnois bien, & que j'eusse pû éviter : mais n'ayant écrit que pour moi, ou pour satisfaire mes amis, je n'y ai pas regardé de si prés. Du moins, on devoit imprimer ces petites pieces telles que je les avois faites, & n'y laisser d'autres fautes que les miennes: mais on les a tellement changées, que je ne m'y reconnois plus. Ces fautes sont en si grand nombre, & si considérables, qu'on auroit de la peine à le croire, si je n'en donnois pas un exemple. Dans la Piece intitulée,

l'Amitié

l'Amitié sans Amitié (1), M. de St. Evremond avoit écrit les paroles suivantes : Voila « où aboutissent les amours & les amitiés, « fondées sur le cœur. Pour ces liaisons ju- « stes & raisonnables, dont l'esprit a sçû pren- « dre la direction, il n'y a point de rupture à « apprehender ; car ou elles durent toute la « vie ; ou elles se dégagent insensiblement, « avec discrétion & bienséance. Il est certain « que la nature a mis en nos cœurs quelque « chose d'aimant, (si on le peut dire;) quel- « que principe secret d'affection, quelque « fond caché de tendresse, qui s'explique, « & se rend communiquable avec le tems : « mais, &c. Cependant voici ce qu'on lui « faisoit dire, même dans les editions de « Paris. (2) «

Voila où aboutissent les amours & les amitiez.

Sur le cœur, par raisons justes & raisonnables, dont l'esprit a sçû prendre la division, il n'y a point du rupture à apprehender; car ou elle dure toute la vie, ou elle se dégage insensiblement avec discrétion & diligence. Il est certain que la nature a mis dans nos cœurs quelque chose de riant, si on le peut dire, quelque principe secret d'affection, qui fait cacher la tendresse, qui s'explique, & se rend communiquable avec les amis.

(1). Tome IV. p. 115. de l'édition de Paris in
(2) Tome I. page 413. quarto de 1690.

Y eut-il jamais de galimatias plus effroyable ? Certainement lorsque l'on fait reflexion sur la quantité prodigieuse de fautes qu'il y avoit dans ces ouvrages de M. de St. Evremond, on ne pût s'empêcher d'admirer comment on a pû leur donner tant d'eloges. Il falloit qu'il y restât encore de grandes beautés ! Cependant, comme on ne pouvoit pas ignorer qu'il n'avoit eu aucune part à leur impression, & que les libraires y avoient mêlé plusieurs pieces supposées, on ne devoit pas le rendre responsable des fautes qui n'étoient point de lui. C'est pourtant ce que l'on fit en 1698. dans le Livre intitulé, *Dissertation sur les Oeuvres meslées de M. de Saint Evremond, avec l'examen du Factum qu'il a fait pour Madame la Duchesse de Mazarin, contre M. le Duc de Mazarin son Mari* (1). L'Auteur se masqua sous le nom de Dumont : mais l'on sait, qu'il s'appelloit Cotolendi ; & que c'est le même qui a publié un volume de fades plaisanteries, sous le titre d'*Arlequiniana* (2). On croit que M. Erard,

(1) Cet ouvrage parut (à Paris) au mois de Janvier de l'année 1698. Le public a rendu justice à son auteur, qui a un stile froid & sans suite. Le livre n'a presque point eu de cours, & est connu de très-peu de personnes. Il ne valoit pas la peine qu'on y répondît.

(2) Voyez l'avertissement qui est à la tête du *Chevar. Italien de Gerardi*.

Erard, piqué des railleries que M. de St. Evremond avoit faites contre lui dans la réponse à son plaidoyé, engagea Cotolendi à travailler à cette critique, & qu'il y eut lui-même beaucoup de part.

Ce seroit perdre le tems à faire voir le peu de solidité qu'il y a dans cette critique. Je remarquerai seulement qu'on y attribuë à M. de St. Evremond des pieces qui ne sont point de lui, & qu'on y suppose que celles qui en sont, ont été imprimées telles qu'il les avoit écrites. Au reste, il n'est pas étrange que dans les pieces qui lui appartiennent veritablement, l'auteur de cette dissertation trouve de l'obscurité & de l'embarras; M. de Saint-Evremond ne s'est pas toûjours assujetti aux regles scrupuleuses des Grammairiens. " L'élevation de l'Esprit, dit M. de St. Evremond lui-même (1), laisse de " petites choses en prise à l'exactitude de la " critique; & c'est une consolation que les " grands genies ne doivent pas envier aux " mediocres. "

M. de Bauval (2), à qui l'on avoit envoyé cette piece, écrivit à M. Silvestre, pour le prier de dire à M. de St. Evremond qu'il avoit reçu de Paris une critique de ses ouvrages; mais qu'il n'avoit pas crû devoir en parler

---

(1) Tome IV. p. 202. | Auteur du Livre intitulé,
(2) Banage de Bauval, | Ouvrages des Sçavans.

parler dans son Journal, sans l'avoir auparavant consulté. Il lui apprit aussi que quelqu'un faisoit à Paris une reponse à cette critique. M. de St. Evremond pria M. Silvestre de témoigner à M. de Bauval combien il étoit sensible à son honnêteté. " Je n'ai point
„ lû encore, ajoute-t'il (1), la critique de
„ ce qu'on appelle *mes Ouvrages*. Il y a beau-
„ coup de ces petits écrits qui sont de moi,
„ beaucoup plus qui n'en sont pas ; & dans
„ ceux qui en sont veritablement, on ne
„ sauroit croire combien il y a de choses
„ ajoutées, ou retranchées. Je n'apprehende
„ point la critique : où elle est juste, je me
„ corrigerai : où elle ne l'est pas, je me con-
„ tenterai que le censeur n'ait pas raison. Ce
„ que je crains, c'est l'*Apologie* dont vous
„ me parlez. Comme M. de Bauval a des
„ amis & des intelligences par tout, & que
„ son mérite lui a donné un grand crédit
„ chez tous les gens de lettres, il m'obli-
„ geroit infiniment d'empêcher l'impression de
„ cette apologie zelée.

Peu de tems aprés, M. Silvestre envoya cette prétenduë critique à M. de St. Evremond ; & voici le Jugement qu'il en fit. " Je
„ vous renvoye, lui dit-il (2), la *Critique* de
„ mes ouvrages : je l'ai lûë avec attention ;
&

---

(1) Tome V. p. 410. & suivantes. | (2) Tome V. page 42.

« & aprés l'avoir lûë, je ne sai si je me dois
« plaindre, ou me loüer de son auteur. Vou-
« loir détromper les hommes abusés, dit-il,
« cinquante ans durant de mes ecrits, c'est
« avoir un zele pour le public, qui n'est pas
« fort obligeant pour moi : mais c'est me
« faire une espece d'enchanteur; & peut-
« être qu'il y a plus de merite à savoir trom-
« per le monde tant d'années, qu'à le dé-
« tromper: Le fort de la critique consiste
« principalement à remarquer mes expres-
« sions embarrassées : je pourrois prendre la
« censure pour un bon conseil; car j'ai in-
« terêt qu'on entende mes pensées. Je lui
« dois conseil pour conseil: qu'il mette
« moins de netteté dans les siennes; on a
« trop de facilité à les connoître. Les choses
« communes font regretter le tems qu'on
« met à les lire : celles qui sont finement
« pensées, donnent à un lecteur délicat, le
« plaisir de son intelligence & de son gout. »

« J'avouë que je me contredis quelque-
« fois. Je louë la constance à une Demoi-
« selle dont je crois être aimé : je conseille
« l'infidélité à celle qui aime un autre amant :
« je ne suis pas de même humeur, de même
« sentiment à trente ans, qu'à soixante,
« à soixante qu'à quatre-vingt, autre con-
« tradiction. »

« Aprés tout, je trouve beaucoup de cho-
« ses dans cette critique fort bien censurées,

„ beaucoup de diversions à propos de ce
„ qu'il dit, sur ce qu'il fait dire à Monsieur
„ de Meaux, à Monsieur de Nîmes, à M.
„ Despreaux, au Pere Bouhours, à d'au-
„ tres Modernes. Je ne puis nier qu'il n'écri-
„ ve bien : mais son zele pour la religion, &
„ pour les bonnes mœurs, passe tout : je
„ gagnerois moins à changer mon stile con-
„ tre le sien, que ma conscience contre la
„ sienne.

„ J'estime fort son exactitude dans la cri-
„ tique. Il s'attache à censurer des traités mê-
„ mes, qui ne sont pas de moi ; des fautes
„ dans ceux qui en sont, que je n'ai pas fai-
„ tes. Il est vrai qu'il me donne trop de
„ loüanges quelquefois. Tout bien compen-
„ sé, la faveur passe la sévérité du jugement ;
„ & je puis dire avec sincérité que j'ai plus
„ de reconnoissance de la grace, que de
„ ressentiment de la rigueur. Il peut avoir
„ déja la satisfaction de voir le profit que je
„ tire de ses leçons sur le Christianisme. Les
„ auteurs ne pardonnent rien ; pas les Philo-
„ sophes, pas les Saints : tout ignorant, tout
„ profane que je suis, je ne pardonne pas
„ seulement à M. Dumont ; je lui sai bon
„ gré de sa critique. Je ne me tiendrois pas
„ si obligé à celui qui feroit mon *Apologie* :
„ je haïs l'indiscrétion du zele, plus prêt à
„ desavoüer le bien, que le mal qu'on diroit
„ de moi.

Cette

Cette Apologie fut publiée à Paris peu de tems après, sous ce Titre : *Apologie des Oeuvres de M. de St. Evremond*; avec son éloge & son portrait, & un discours sur les critiques, &c. M. Boyer, Avocat, en est l'auteur. Voici le jugement que M. de St. Evremond en fit, après l'avoir parcourruë. " J'ai trouvé, dit-il, le *Discours sur les Critiques* " fort bon. L'auteur écrit bien : mais je ne " me reconnois pas dans le portrait qu'il fait " de moi. A m'honorer moins, il m'auroit " moins défiguré : je ne laisse pas de lui être " fort obligé de son zele, & de ses soins. Je " pourrois m'exemter de la reconnoissance, " en disant qu'il a écrit pour une autre personne que pour moi. "

Cotolendi ne répondit rien à cette *Apologie* : mais pour se vanger en quelque maniere (1) du jugement que M. de St. Evremond avoit fait de sa critique, il publia un assez méchant Livre en 1701. sous le Titre de *Saint-Evremoniana*, & prétendit que c'étoit un recueil de plusieurs choses que quelques personnes se souvenoient d'avoir oüi

---

(1) Pour m'eux dire, ce fut pour avoir de l'argent de quelque Libraire, que Cotolendi composa le *Saint-Evremoniana* ; car il n'étoit pas fort accommodé des biens de fortune, & travailloit plus volontiers pour de l'argent, & pour tacher de subsister, que pour la gloire.

ccxviij LA VIE DE MONSIEUR
oüi dire autrefois à M. de St. Evremond. c'est de même que l'Abbé Cotin, qui, pour se vanger de M. Despreaux, qui l'avoit maltraité dans ses Satires, composa, à ce qu'on dit, une très mauvaise Satire, & la fit ensuite courir sous le Nom de M. Despreaux. Au reste, voici les noms des auteurs de quelques autres ouvrages qu'on a publiés sous le Nom de M. de St. Evremond, suivant ce qu'on m'en a écrit de Paris. Les *Memoires de la Vie du Comte de ***, publiés en 1696. sont de M. l'Abbé de Villers (1), si connu par son *Art de prêcher*, & par plusieurs autres ouvrages qu'il a donnés au public. Le volume imprimé chez la Veuve Barbin en 1700. sous le Titre des nouvelles Oeuvres meslées de M. de St. Evremond (2), a été mis au jour par M. l'Abbé Raguenet, qui nous a donné une vie de Cromwel, & un autre livre, intitulé, *les monumens de Rome*, &c. M. l'Abbé Pic est auteur (3) du livre intitulé, Recueïl d'ouvrages de M. de St. Evremond, qui n'ont point encore

(1) Voyez le Recueil de pieces fugitives d'histoire & de Litterature &c. imprimé à Paris en 1704. I. Partie, page 111.

(.) Il y a dans ce petit volume plusieurs pieces qui sont de M. de St. Evremond. On les a mises dans cette édition.

( ) Voyez les *Pieces fugitives*, &c. *ubi supra* II. Partie, page 314. & suiv.

core été publiés. Ce Recüeil est imprimé chez Anisson en 1701.

M. de St. Evremond perdit beaucoup (1699) par la mort de Madame de Mazarin. (1) Le commerce de cette Duchesse avoit toûjours eu des charmes pour lui, quoi qu'il fût souvent obligé d'essuyer sa mauvaise humeur. Les dures extrêmités où elle s'étoit trouvée, lui avoient aigri l'esprit. D'ailleurs, elle étoit née inconstante & capricieuse : mais elle avoit tant de belles qualités, qu'à peine s'appercevoit on de ces défauts. Je ne ferai pas ici son portrait, ni son eloge : M. de St. Evremond a fait l'un & l'autre dans une infinité d'endroits de ses ouvrages (2). Elle étoit assurément digne d'un meilleur sort. Elle se conduisit les quatre premieres années de son mariage, avec tant de régularité & de sagesse, qu'on la proposoit pour un exemple : & il y a lieu de croire que sa conduite auroit toûjours été la même, si celle de M. de Mazarin ne l'avoit pas forcée à le quitter, & à s'éloigner de lui. Pour ce qui est de la situation de son esprit,

---

(1) Elle mourut le 2. de Juillet 1699. agé d'environ cinquante-trois ans.

(2) Voyez aussi la Lettre, qui est à la fin des Mémoires de Madame la Duchesse de Mazarin, dans le VI Tome, ou Mélange curieux des pieces attribuées, &c. Piece XII.

esprit, par rapport à la Religion quand elle mourut, il est facheux de dire qu'elle a conservé jusqu'à la fin, les mêmes sentimens que M. de St. Evremond lui attribuë dans une de ses lettres (1). Il fut si touché de sa mort, que pendant assez long-tems, il ne pouvoit parler d'elle, sans donner des marques de sa douleur.

Les amis qu'il avoit en France, firent alors une nouvelle tentative, pour l'engager auprès d'eux. Ils crurent qu'ayant perdu une des plus fortes liaisons qui l'attachoient à l'Angleterre, il ne seroit plus si difficile sur son retour. Mais il les pria de considerer, qu'à son âge, on ne pouvoit guere changer de climat, sans alterer sa santé; qu'ainsi il ne croyoit pas devoir quitter un pays, où il se portoit assez bien, & où il lui restoit encore beaucoup d'amis, pour penser à le transplanter dans une espece de nouveau monde, & qu'après tout, ses affaires se trouvoient dans une situation, qui ne lui permettoit pas de quitter l'Angleterre. " Vous ne pouviez pas, dit-il à Monsieur le Marquis " de Canaples, presentement Duc de Lesdiguieres, qui lui avoit écrit pour le consoler de la mort de Madame de Mazarin, & pour le ,, solliciter de passer en France; (2) vous ne ,, pouviez pas me donner de meilleures marques

(1) Tome IV. p. 171. (2) Tome V. p. 474.

ques de vôtre amitié, qu'en une occasion, « où j'ai besoin de la tendresse de mes amis « & de la force de mon esprit pour me conso- « ler. Quand je n'aurois que trente ans, il « me seroit difficile de pouvoir rétablir l'a- « grément d'un pareil commerce : à l'âge où « je suis, il m'est impossible de le remplacer. « Le vôtre, Monsieur, & celui de quelques « personnes, qui prennent part encore à mes « intérêts, me seroient d'un grand secours à « Paris : je ne balancerois pas à l'aller chercher « si les incommoditez de la derniere vieillesse « n'y aportoient un grand obstacle. Dailleurs, « que ferois-je à Paris ? &c. „

Je vins en Angleterre dans ce tems-là, & j'avoir l'honneur de voir assez souvent M. de St. Evremond. Je le sollicitai plusieurs fois de donner une édition correcte de ses ouvrages : mais il s'en défendoit toûjours, & j'apris ensuite que ses meilleurs amis n'avoient jamais pû l'y engager. Il me dit lui-même que M. le Marquis de Saissac lui avoir offert trois cens Guinées, (1) s'il vouloit revoir ses écrits, & les lui donner avec un mot de Préface, où il les reconnût pour siens. M. de Barillon lui voulut donner cent livres Sterling, (2) pour sa seule *Comedie des Opera*. Il avoit dessein de la faire mettre au Théatre à Paris, pourvû

( ) Environ quatre mil le francs. | (2) Treize cens livres.

pourvû qu'il y fît quelques petits changemens. Barbin, Libraire de Paris, le pria de lui envoyer son portrait, & ses ouvrages, ou de lui marquer du moins les pieces qui n'étoient pas de lui, dans les volumes qu'il avoit imprimés sous son nom : mais il se contenta de lui nommer quelques-unes de ces pieces supposées, & s'excusa sur tout le reste. Enfin, on le tenta par d'autres endroits, mais toûjours inutilement.

Cependant, quelque difficile que fût M. de St. Evremond, sur la publication de ses ouvrages, lorsque ses amis le prioient de marquer dans les livres qu'on lui avoit attribués, les piéces qui n'étoient pas de lui, il ne leur refusoit guere cette faveur. Il faisoit même quelquefois de legeres corrections dans celles qui lui appartenoient : & c'est sur un exemplaire ainsi corrigé, qu'on publia en 1700. la traduction Angloise, de ce qui avoit passé sous son nom. Je le priai de faire la même chose dans mon exemplaire ; & il eut la bonté de marquer les piéces[1] qui n'étoient pas de lui, & de faire des corrections très-considérables dans les autres. Il me donna aussi l'explication de plusieurs endroits, qui se rapportoient à des faits qui ne m'étoient pas connus.

L'An-

[1] Voyez le billet de m'écrire sur ce sujet, qu'il m'a fait l'honneur, Tome V. page 493.

DE SAINT-EVREMOND. ccxxij e

L'Année d'après, [1702.] M. de la Mott m'écrivit d'Amsterdam, qu'un Libraire de cette Ville, (1) qui avoit déja imprimé ce qu'on appelloit *les Oeuvres de M. de St. Evremond*, se disposoit à en faire une nouvelle édition, sur un exemplaire où M. de St. Evremond avoit marqué les pieces qu'il desavoüoit. Je répondis à M. de la Motte, que je croyois pouvoir fournir une copie beaucoup plus exacte, que ce qu'on faisoit esperer à ce Libraire. Celui-ci me pria de la lui communiquer, & je la lui envoyai peu de tems aprés. (1702.) J'avois mis ensemble, & dans une espece d'ordre, toutes les pieces qu'on avoit publiées sous le nom de M. de St. Evremond, & qui étoient effectivement de lui. Je les avois corrigées sur mon exemplaire, & j'avois ajoûté quelques pieces qui n'avoient pas encore vû le jour. Enfin, j'avois éclairci par des notes, les endroits qui en avoient besoin.

Voilà ce que c'étoit que cet exemplaire, que j'avois envoyé en Hollande. J'ajouterai que j'avois deux vûës, en envoyant cette copie : l'une, de faire connoître au public quels étoient les véritables ouvrages de M. de St. Evremond, & combien on les avoit défigurés; & l'autre, d'engager par là M. de St. Evremond, d'en donner une édition complette sur

ses

(1) Mortier, Libraire à Amsterdam.

ses manuscrits. En effet, je lui dis peu de tems aprés, ce que j'avois pris la liberté de faire à son insçû; & comme on n'avoit pas encore commencé d'imprimer la copie que j'avois envoyée en Hollande, je lui représentai qu'il vaudroit bien mieux publier tout d'un coup ses ouvrages, tels qu'ils étoient dans ses manuscrits, & aussi corrects qu'il étoit possible, que de le faire à diverses reprises, & seulement par morceaux. Il parut d'abord (1703.) assez éloigné de ce dessein: mais quelque tems aprés, il changea de sentiment, & voulut bien me choisir, pour revoir avec lui ses manuscrits, & les mettre en ordre. Il me dit aussi, qu'il me marqueroit ce qui devoit être imprimé, & ce qui ne devoit pas l'être; car il ne croyoit pas qu'on dût également publier tout ce qu'il avoit fait. J'écrivis alors au Libraire d'Amsterdam, de ne pas imprimer la copie que je lui avois envoyée, parce qu'elle n'avoit pas la perfection des originaux que l'on vouloit donner bien-tôt au Public, quoi qu'elle fût infiniment meilleure, que ce qu'on avoit vû jusqu'à lors. Ce Libraire ne se rendit pas tout-à-fait à ces raisons. Il imprima un assez grand nombre des pieces que je lui avois envoyées: le reste de ce détail se trouve dans un de nos Journaux. (1) Dés

(1) Nouvelles de la Republique des Lettres, Août 1704. page 163.

Dès que M. de St. Evremond eut bien voulu s'expliquer de la maniere que je viens de dire, je commençai à transcrire ses manuscrits, & à lui communiquer les copies que j'en faisois. Je le priai aussi de mettre la derniere main, aux corrections des pieces qu'on avoit imprimées, & dont il avoit perdu les originaux. Lorsque nous les lisions ensemble, j'avois soin de faire rétablir les noms propres, que l'on avoit supprimés, ou désignés par une seule lettre. Je m'instruisois aussi du tems où chaque piece avoit été faite; de ce qui lui avoit donné occasion de l'écrire; des allusions qu'il pouvoit y avoir à des faits peu connus, & à des circonstances particulieres, &c. Son grand âge & ses infirmitez me donnant lieu de craindre qu'il ne vécût pas long-tems, je faisois toute la diligence possible, & il ne nous restoit plus à revoir que quelques petites pieces, lorsque je fus obligé d'aller passer deux ou trois mois à la campagne.

Cependant M. de St. Evremond, qui avoit depuis quelque tems une strangurie, se trouva tout d'un coup fort affoibli, par les fréquentes insomnies que ce mal lui causoit, & ce qu'il y eut de plus fâcheux, l'appetit qu'il avoit toûjours eu assez bon, commença de lui manquer. Alors il témoigna plusieurs fois le desir qu'il avoit de me voir. Il pria même Monsieur le Fèvre de m'écrire de venir au plûtôt

plûtôt : mais sa lettre ayant demeuré long-tems en chemin, j'en reçus bien-tôt une seconde, qui m'apprit que M. de St. Evremond étoit mort le 20. de Septembre 1703. après avoir fait un Testament, où il avoit disposé de son bien en faveur de ses domestiques, des pauvres, (1) & de quelques uns de ses amis, parmi lesquels il m'avoit fait l'honneur de me mettre. Quelque tems auparavant il avoit donné à Mylord Godolphin, Grand Trésorier d'Angleterre, comme une marque de son estime & de sa reconnoissance, un volume manuscrit de ses ouvrages, contenant un grand nombre de pieces, qui n'avoient encore été vuës que de ses plus intimes amis. Il avoit aussi donné à M. Silvestre un autre manuscrit, où il y avoit plusieurs ouvrages de sa façon. Il ne parla point de ses livres, ni de ses autres manuscrits dans son Testament : mais après sa mort, ils furent mis entre les mains de M. Silvestre, par ordre de Mylord Comte de Gallovvay, qu'il avoit choisi pour son Executeur Testamentaire. M. de St. Evremond

(1) Il donna vingt Livres Sterling, ou deux cens soixante Livres Tournois aux Pauvres François refugiés, & une pareille somme aux Pauvres Catholiques, ou d'autre Religion, telle qu'elle fût. Ce sont les termes dont il s'est servi dans son Testament.

mond les lui avoit fait souvent esperer, & quelques heures avant sa mort, il fit connoître qu'il souhaitoit qu'on les lui remit. Il mourut âgé de quatre-vingt-dix ans, cinq mois, & vingt jours. Il avoit souhaité qu'on l'enterrât sans pompe, & on satisfit à ce desir. Mais on choisit pour le lieu de sa sepulture, l'Abbaye, ou Eglise Collegiale de Westminster, célèbre par les Tombeaux des Rois d'Angleterre, & par ceux d'un très-grand nombre de personnes, qui se sont distinguées par leur savoir & par leur esprit. Il est enterré dans la Nef, proche du Cloître, auprés de Casaubon, Cambden, Barrow, Chaucer, Spencer, Cowley, &c. On a mis son buste au-dessus de son Epitaphe, (1) gravée sur un marbre blanc, attaché à la muraille, vis-à-vis du lieu où il est enterré, comme sont la plupart des autres Epitaphes de cette Eglise. Quelques grandes que fussent les douleurs qu'il souffroit dans sa maladie, il les supporta avec une tranquillité d'ame, & une fermeté qui doit être enviée des Philosophes du premier rang. Il conserva jusqu'à la fin une imagination vive, un jugement solide, & une memoire heureuse.

On a déja vu le portrait que M. de S. Evremond fit de lui-même quelques années avant

(1) Cette Epitaphe est aprés cette Vie de M. de St. Evremond.

ccxxviij LA VIE DE MONSIEUR
sa mort. Je ne le repeterai pas ici, je me contenterai d'y ajouter quelques traits, qui acheveront de former son caractere.

Monsieur de Saint-Evremont avoit les yeux bleus, vifs, & pleins de feu, le Front large, les Sourcils épais, la Bouche bien faite, & le souris malin, la physionomie agréable & spirituelle, la taille avantageuse & bien prise, la démarche noble & assurée. (1) Vingt ans avant sa mort, il lui vint une loupe entre les deux sourcils, qui grossit ensuite beaucoup. Il avoit eu dessein de la faire couper: mais comme elle ne l'incommodoit point, & que cette espece de difformité ne lui faisoit aucune peine, M. le Fêvre lui conseilla de la laisser, de peur que cette operation n'eut de fâcheuses suites dans une personne de son âge. Il se railloit souvent lui-même sur sa loupe, aussi bien que sur sa grande calotte, & sur ses cheveux blancs, qu'il avoit mieux aimé garder, que de prendre la Perruque.

Ses manieres étoient polies & honnêtes, sa conversation vive & animée, ses reparties promptes & heureuses. Jamais homme ne lut mieux que lui, & ne fit plus agréablement un conte. Il railloit avec toute la finesse possible,
&

(1) C'est ainsi que m'a été dépeint M. de St. Evremond par tous ceux qui l'ont connu dans la fleur de son âge.

& poussoit l'ironie d'une maniere si ingénieuse, que le Maréchal de Clerembaut ne trouvoit que le seul Comte d'Olonne, qui fut capable de lui disputer le mérite de cette figure. (1)

Il avoit naturellement beaucoup de penchant à la satyre, mais il étoit devenu plus réservé sur la fin de sa vie, préférant, comme il le dit lui-même, le secret de dire des vérités obligeantes, à l'art de donner des loüanges malignes. On se tromperoit beaucoup, si on prenoit serieusement & à la lettre, les loüanges qu'il a données à Madame de Mazarin : elles sont ordinairement mêlées d'une raillerie fine, ou accompagnées de quelque trait de satire vif & piquant. Cette Duchesse étoit si persuadée que c'étoit-là le caractere de M. de St. Evremond, qu'elle l'appelloit en plaisantant, le vieux Satyre.

Il a toûjours parlé de sa disgrace avec cette fermeté & cette assurance, si convenables à un honnête-homme ; & quelque passion qu'il eut de revoir sa patrie, il n'a jamais demandé son retour d'une maniere basse & rampante.

Il a toujours fait paroître une humeur gaye, & un enjoüement, qui, au lieu de diminuer sur la fin de sa vie, sembloit reprendre de nouvelles forces. Vous en verrez des marques dans

(1) Tome IV. page 104.

dans les ouvrages qu'il a écrit dans ce temps-là. Il aimoit beaucoup la compagnie des jeunes gens : il se plaisoit au récit de leurs avantures, & l'idée des divertissemens qu'il n'étoit plus en état de goûter, occupoit agréablement son esprit.

Quoi qu'il ne se piquât point d'une morale trop rigide, il ne laissoit pas d'avoir toutes les qualitez d'un homme d'honneur. Il étoit généreux, reconnoissant, & personne ne compatissoit plus que lui à l'affliction des miserables. Il avoit un grand fond d'humanité, de douceur & de tendresse, ces caracteres paroissent même dans ses ouvrages. Il ne s'attachoit à personne legerement : mais quand une fois le commerce de quelq'un lui avoit plû, il lioit avec lui la plus forte & la plus sincere amitié qu'on pût désirer.

A l'égard de la question sur sa Religion, il a toûjours fait profession de la Religion Romaine, où il étoit né. Si on l'a représenté comme un esprit fort, & qu'on se fondoit principalement, sur ce que dans sa derniere maladie, il avoit constamment refusé de voir des Prêtres. Je ne puis rien dire sur un sujet de cette consequence, que je ne sache par moi même, j'étois alors à la campagne. Pour ce qui regarde ses conversations ordinaires, je puis dire certainement, & comme l'ayant vû souvent, qu'il ne lui échappoit jamais rien de libre, ni d'indécent contre la Religion, & qu'il avoit même de la peine à souffrir qu'on en fît un sujet de plaisanterie. Il étoit si éloigné de ce mauvais tour d'esprit, qu'il auroit souhaité que le magistrat eût infligé des peines sévéres, à tous ceux qui se mêlent de dogmatiser contre la Religion, & tâchent de la tourner en ridicule. Il disoit, que la bienséance seule, & le respect que l'on doit à ses Superieurs & à ses concitoyens, éloigneroient toûjours un esprit bien fait, d'une conduite si folle & si insensée. Ce sentiment est tres-loüable, & il faut convenir qu'il en résulte un préjugé fort avantageux à la mémoire de M. de St. Evremond.

Ce que j'ai dit au commencement de ces mémoires, fait voir qu'il avoit beaucoup de savoir & d'érudition ; mais que c'étoit une érudition polie, & un savoir convenable à un homme de sa profession & de sa qualité.

Il ne lisoit pas indifféremment tout ce que nous avons des anciens, & ne se chargeoit pas la mémoire de leurs mots & de leurs phrases, mais il s'attachoit aux auteurs les plus sensés & les plus délicats. Il étudioit leur génie, & tâchoit de bien sentir les beautez de leurs ouvrages. Il aimoit aussi à s'entretenir sur nos meilleurs auteurs modernes, & à s'instruire des particularitez de leur vie. Cette espece de litterature faisoit quelquefois le sujet de ses conversations. Un jour

jour que nous parlions chez lui du *Roman de la Rose*, quelqu'un soûtint qu'Abellard en étoit l'auteur : je lui dis qu'on l'avoit toûjours donné à Guillaume de Lorris, & à Jean Clopinel, surnommé le meun, & qu'il n'y avoit rien de si aisé que de le prouver. Quelques jours après M. de St. Evremond me demanda les particularitez que je pouvois savoir là-dessus, & je lui envoyai, en forme de lettre, le témoignage de nos meilleurs Ecrivains. J'ai pris la liberté de faire imprimer cette lettre parmi ses ouvrages, (1) pour détromper ceux qui attribuënt ce roman à Abellard, mais j'avouë que j'ai eu particulierement en vuë l'Abbé de Belmont.(2)

Jamais homme ne fut moins entêté de ses productions, que M. de St. Evremond. Il étoit infiniment éloigné de l'humeur de ces auteurs présomptueux, qui ne pouvant se persuader qu'il y ait des défauts dans leurs ouvrages, ne consultent personne, ou ne souffrent qu'impatiemment la critique de leurs amis, lorsque par bienséance, ils sont obligés de les consulter. Il écoutoit avec plaisir les difficultés qu'on lui faisoit sur ses ouvrages ; il souhaitoit qu'on lui fournît quelque

(1) Dans le Tome V | litterature du mois de
page 108. | May 1703 p. 301. édit.
(2) Voyez les *Essais de* | de Holl.

que chose de meilleur que ce que l'on reprenoit ; & il ne manquoit pas de se corriger, lorsqu'il croyoit qu'on avoit mieux rencontré que lui.

Il aimoit passionnément la musique, & n'ignoroit pas la composition. Il a noté les *Idylles*, *Prologues*, & autres pieces, dont il avoit fait les paroles, & que l'on chantoit chez Madame de Mazarin. Il est vrai que pour la symphonie, il la donnoit à faire à Paisible, ou à quelque autre habile musicien.

Mais en voilà assez, sur la personne de M. de St. Evremond ; il est tems de parler de ses ouvrages. Ce n'est pas que je veüille en faire ici la critique : l'entreprise seroit peut-être un peu téméraire, & vous n'avez rien exigé de moi sur ce sujet. Je ne parlerai pas non plus de son stile, dont on a fait des jugemens assez differens. Il est certain qu'on a toujours regardé M. de St. Evremond comme un de nos plus polis & de nos plus judicieux écrivains ; & cette justice que lui rend le public, le met sans doute à couvert de la censure de quelques particuliers. Ce ne lui est pas non plus un mediocre sujet de gloire, que l'Angleterre, l'ait mis au rang de Montagne, de la Bruyere, de Fontenelle, de Despreaux, & de quelques autres Auteurs François, qu'elle ne croit pas inferieurs aux meilleurs genies qu'elle a produits.

Les connoisseurs jugent que la versification ne répond pas à la beauté de sa prose. Ils ne trouvent pas que ses vers ayent assez de tour & d'harmonie : mais ils avoüent en même tems que les pensées en sont si délicates, qu'on ne laisse pas de les lire avec beaucoup de plaisir. M. de St. Evremond n'étoit pas fort prévenu en faveur de ses poësies, comme vous l'avez pu voir (1). Il avoüoit sans peine qu'il y en avoit de meilleures que les siennes ; mais il ne croyoit pourtant point que cela dût l'empêcher de rimer quelquefois ses pensées. D'ailleurs, il prétendoit qu'on avoit poussé trop loin la sévérité des regles de nôtre versification, & que l'on avoit énervé la poësie, à force de la vouloir polir. Il ne pouvoit souffrir qu'on sacrifiât la pensée à la rime, & la force de l'expression à la cadence des mots. Enfin, il se croyoit d'autant moins obligé de se soumettre aux loix rigoureuses de nôtre poësie, qu'il n'écrivoit que pour s'amuser lui-même, ou pour divertir quelques amis. "J'avoüe, dit un savant Critique, qu'il y a dans les vers de M. de St. Evremond des expressions qui ressentent la prose : mais je ne vois pas pourquoi il ne nous seroit pas permis de nous en servir en François, dans cette espece de vers ir- régu-

_____
(1) Tome IV. page 108.

réguliers, puis qu'il l'a bien été à Horace, « en Latin, dans ses satires, qu'il a intitulées « *Sermones*, ou Conversations, pour mar- « quer qu'il vouloit se servir du stile de la « conversation; & même dans ses *Epitres*. Il « nia que les pensées fades, ou mauvaises, ou « le stile froid, à quoi il ne faut point faire « de grace (1). On trouvera dans les vers « de M. de St. Evremond la même finesse dans les pensées, & la même force dans les expressions, que l'on trouve dans sa prose. Si on ne goûte pas également toutes ses poësies, cela vient sans doute de ce que la plûpart se rapportent à certaines circonstances, dont peu de lecteurs sont instruits. Ceux, par exemple, qui n'ont pas connu l'humeur & le génie de Morin, ce fameux joüeur, & qui ne l'ont pas vu tailler chez Madame de Mazarin, ne sauroient être touchés de ce que M. de St. Evremond en a dit. Ce qu'il y a de plus fin & de plus délicat, leur échappe, ou leur paroît grossier & insipide. Mais ceux qui l'ont connu, sont charmés de la vive peinture qu'il en a fait, & de la maniere ingenieuse dont il le tourne en ridicule. C'est, comme je l'ai déja dit plus d'une fois, le sort de toutes les pieces, qui n'ont été faites que pour un petit nombre d'amis.

Je

(1) *Bibliotheque Choisie*, Tom. IX. pag. 332. 333.

Je ne m'arrêterai pas davantage sur une chose si connuë, & je passerai tout d'un coup à l'edition des ouvrages de M. de St. Evremond.

Ses manuscrits ayant été remis à M. Silvestre, il crut que cela l'engageoit à les publier, & à donner en même tems une edition correcte de tous ses ouvrages : mais comme Mylord Galloway savoit que j'avois déja travaillé dans cette vûë avec M. de St. Evremond, & que la plus grande partie des materiaux étoit toute prête, ce Mylord me proposa de continuer ce travail conjointement avec M. Silvestre, & de donner de concert cette edition au public.

M. de St. Evremond, avoit perdu plusieurs de ses ouvrages. Il m'a dit qu'avant que de sortir de France, il avoit laissé à M. de Turenne deux assez gros volumes de pieces manuscrites de sa façon ; mais qu'il n'avoit jamais pû les r'avoir. Lors qu'il quitta l'Angleterre pour passer en Hollande, il donna ses papiers en garde à son bon ami M. Waller : mais à son retour ; il trouva que la pluspart s'étoient perdus durant la grande peste de Londres, & entr'autres, plus de sept chapitres de Reflexions sur les differens génies du Peuple Romain. On n'a jamais pû les recouvrer, & M. de St. Evremond n'a pas voulu se donner la peine de les refaire

(1). Il croyoit aussi avoir perdu plusieurs pieces, qui se sont trouvées depuis sa mort, entre les mains de quelques autres de ses amis.

Nous les avons ramassées avec beaucoup de soin. Le Duc de St. Alban nous a communiqué deux volumes manuscrits qu'il avoit eu de Madame de Mazarin : Mylord Godolphin nous a prêté son manuscrit : M. le Fêvre nous a donné plusieurs ouvrages, qui s'étoient trouvés parmi les papiers de cette Duchesse ; & nous avons acheté trois volumes manuscrits de la Veuve du copiste de M. de St. Evremond. Ainsi nous avons eu plusieurs ouvrages, qu'il n'avoit pas lui-même ; & nous nous sommes quelquefois trouvé entre les mains jusqu'à quatre copies de la même piece. Nous les avons exactement comparées ensemble ; & lors qu'il y a eu quelque différence entre-elles, nous avons toujours préféré celles qu'il avoit revûës aux autres, & ses dernieres corrections

---

(1) Peu de tems après la premiere impression des *Oeuvres* de M. de St. Evremond à Londres, je fis prier le fils de M. Vvaller, de voir si parmi ses papiers, il n'y auroit point d'ouvrage de M de St. Evremond. Il trouva quelques pieces, qui avoient déja été imprimées, & un cahier des *Réflexions* sur les divers génies du Peuple romain, contenant tout le chapitre, qui précéde immédiatement ceux qui se sont perdus. Ce cahier est écrit de la propre main de M. de St. Evremond.

aux premieres. Cependant nous n'avons pas jugé à propos de publier généralement tous les ouvrages que nous avions de lui. Quelques-uns se rapportoient à des faits si particuliers, qu'il auroit fallu de longs commentaires pour les faire entendre; & encore ne sait-on si, avec tout cela, on eut pû en sentir toutes les beautés. Nous avons, autant qu'on l'a pu, arrangé chaque piece selon l'ordre du tems où elle a été écrite. Cette methode a tant d'avantages, qu'il est surprenant que tous les editeurs ne l'ayent pas suivie. En effet, les ouvrages qui ont été faits dans le même tems, se trouvant ainsi près les uns des autres, & se rapportant aux mêmes circonstances, ils servent mutuellement à s'éclaircir. D'ailleurs, comme il peut y avoir des pieces, qui ont rapport à certaines choses qui ne subsistent plus, les lecteurs se trouveroient embarrassés, s'ils ne savoient pas précisément le tems où elles ont été écrites. Enfin cet ordre chronologique des ouvrages d'un auteur, nous donne une espece d'histoire de sa vie, de son humeur, de ses sentimens, & de sa maniere d'écrire. Il est vrai que cet arrangement est assez difficile à faire, lorsque les pieces n'ont point de datte. Alors il est très-difficile de ne pas s'y tromper quelquefois; & je me suis apperçu, en écrivant ces memoires, d'un assez grand nom-

nombres de ces sortes de fautes : ce qui m'a obligé de donner dans cette *Vie* à plusieurs pieces un ordre different de celui où elles ont été d'abord publiées.

On a expliqué par des notes une infinité d'endroits, qu'on n'auroit pas bien entendus sans cela. La necessité qu'il y a de commenter ainsi nos auteurs, & particulierement ceux qui ont fait des ouvrages d'esprit, se fait bien sentir. Ils écrivent mille choses, qui ont rapport à certains faits ou à certaines circonstances, connuës de très peu de personnes. Ceux pour qui ces pieces sont écrites, entendent parfaitement bien ces sortes d'allusions ; mais ce sont de pures enigmes pour les autres.

Il peut même arriver de là qu'on attribuë à un auteur des pensées qu'il n'a jamais euës, & qui cependant peuvent lui être desavantageuses. En voici un exemple. M. de St. Evremond commence une de ses lettres " Mademoiselle de l'Enclos de cette maniere " Vôtre vie, ma très-chere, a été trop illustre, pour n'être pas continuée de la même " maniere jusqu'à la fin. Que l'Enfer de M. " de la Rochefoucault ne vous épouvante " pas : c'étoit un Enfer medité, dont il vouloit faire une maxime. Prononcez donc le mot d'amour hardiment, & que celui de vieille ne sorte jamais de vôtre bouche : Il n'est pas aisé de comprendre d'abord ce

qu'il faut entendre par cet Enfer de M. de la Rochefoucault, & cela m'obligea d'en demander l'explication à M. de St. Evremond lui-même, qui m'apprit que le Duc de la Rochefoucault s'entretenant un jour avec Mademoiselle de l'Enclos, lui dit en riant, que l'Enfer des Femmes, c'étoit la vieillesse. Cet éclaircissement ne laisse plus aucune difficulté dans le passage que je viens de rapporter. Voici cependant le tour qu'on lui a donné, dans un livre, imprimé à Paris il y a deux ans. L'auteur, après avoir parlé de la mort de M. de St. Evremond, & fait „l'éloge de ses ouvrages, parle de sa religion.
„ Les reproches, dit-il, qu'on lui a fait du
„ côté de ses sentimens sur la religion, ne
„ paroissent pas tout-à-fait sans fondement.
„ Si l'on tombe malheureusement sur quel-
„ ques endroits de ses ouvrages, ou sur quel-
„ qu'une de ses lettres, on trouvera que sa
„ foi sur les points fondamentaux, varie
„ quelquefois: mais enfin ce sont des lettres
„ d'enjoüement. Ce qu'on a imprimé de lui,
„ où il paroît opposé à l'immortalité de
„ l'ame, lui avoit échappé dans le cours des
„ passions, & dans l'usage des plaisirs. Alors
„ on parle des choses comme l'on voudroit
„ qu'elles fussent en effet. C'est dans cet es-
„ prit qu'il faut expliquer la lettre qu'il
„ écrivoit à Mademoiselle de l'Enclos, &
„ qui commençoit par ces paroles, qui ont

tant

tant fait parler le monde : Que l'Enfer de « M. de la Rochefoucault ne vous fasse pas « peur, Mademoiselle ; c'étoit un Enfer « médité. Dans le tems qu'il écrivoit cette « lettre, il étoit encore dans un âge, & dans « une certaine route des plaisirs, où ce lan- « gage devoit être expliqué, comme une « vivacité & un enjoüement d'un homme « un peu trop attaché au monde, plûtôt que « comme le sentiment d'un cœur corrom- « pu. Ce qu'il y a de sûr, c'est que s'il y a « un endroit dans ses ouvrages, qui fasse « douter de la pureté de ses sentimens, on « en trouve mille autres, qui nous convain- « quent que son cœur étoit très-sain & très- « soumis aux maximes du Christianisme (1). «

On voit par là, les consequences odieuses qu'on tiroit de ce passage mal entendu. A l'égard des autres endroits dont cet auteur parle, qui semblent combattre l'immortalité de l'ame, ils ne peuvent regarder que les impressions qu'on avoit faites ci-devant des ouvrages de M. de St. Evremond, & qui étoient, si pleines de fautes, & si chargées d'additions étrangeres, qu'on faisoit très-souvent dire à ce bel-esprit des choses auxquelles

---

(1) *Pieces* fugitives d'histoire & de litterature anciennes & modernes, &c. 1. partie, p. 115. 116. On m'a assuré que cet ouvrage avoit été suprimé à Paris presque aussi-tôt qu'il avoit paru.

quelles il n'avoit jamais pensé. Mais je ne crois pas qu'il se trouve rien de semblable dans l'edition que nous avons publiée : & sans doute que s'il y avoit quelque chose contre les plus importantes verités de la Religion, cela n'auroit pas échappé à la censure de l'habile Théologien, qui a fait des reflexions très sensées sur les ouvrages de M. de St. Evremond (1).

On trouve plusieurs autres endroits dans ses ouvrages, qui paroîtroient obscurs à la plufpart des lecteurs, sans les eclaircissemens qu'on y a mis. Je prenois beaucoup de soin, de me les faire donner ; & j'en aurois eu un plus grand nombre, si nous avions pu achever ensemble nôtre révision. M. le Fêvre, qui pendant quarante ans, avoit connu M. de St. Evremond, a fourni l'explication de beaucoup d'endroits, qu'on n'auroit pas entendus, & M. Silveftre en a éclairci plusieurs autres. Je n'entrerai pas ici dans la discussion particuliere des notes que j'ai mises dans cette édition : je me contenterai de remarquer en général qu'il y en a de plusieurs sortes. Quelques-unes ont un rapport immediat aux ouvrages de M. de St. Evremond, & ne servent purement qu'à les faire entendre. D'autres sont plus générales,

(1) Voyez la *Bibliotheque* Choisie, Tome IX. page 322. & suiv.

les, & contiennent des particularités, qu'on pourroit appeller Anecdotes, puis qu'elles n'ont jamais été publiées, que je sache. Il y en a qui regardent des faits assez connus, mais qui ne sont pas également presens à tout le monde. Celles-ci sont ordinairement très-courtes. on en trouvera qui donnent un précis de la vie de quelques personnes illustres, qui n'étoit pas fort connuës, ou dont nos auteurs n'avoient pas fait un recit exact. Afin d'éviter les répétitions, & pour une plus ample instruction des lecteurs, j'ai souvent renvoyé au *Dictionnaire Critique*, & à d'autres ouvrages, que tous les curieux doivent avoir. J'ai été fort exact à marquer les dattes (1), tant pour redresser quelques-uns de nos auteurs, que je n'ai pas voulu nommer, que parce que ces dattes m'ayant servi à arranger les pieces selon l'ordre de la chronologie, j'ai crû que les lecteurs seroient bien-aises de connoître par-là le tems où elles ont été écrites. En faisant ces notes je me suis toujours souvenu de la critique judicieuse de Cervantes (2); & il seroit à sou-

(1) Le tems de la mort de quelque personne illustre, l'époque de quelque évenement, &c. Notez qu'il y a plusieurs de ces dattes qu'on ne trouvera pas ailleurs.

(2) Voyez le Prologue qu'il a mis au devant de *Don Quichotte*. On l'a

souhaiter que tous ceux qui font des Commentaires, la lûssent avec attention.

Voila ce que nous avons fait de plus considerable dans l'Edition des *Oeuvres* de M. de St. Evremond. Il ne me reste plus qu'à répondre en deux mots à ceux qui pourroient être surpris d'y trouver un assez grand nombre de pieces, dont le sujet n'a rien qui les touche, parce qu'il roule sur des faits peu considerables. Pourquoi, dira-t-on, imprimer ces sortes de pieces, qui n'interessent point le public, & qui ne sauroient faire beaucoup d'honneur à M. de St. Evremond? Falloit il en grossir cette édition; & ne valoit-il pas mieux faire un choix de tout ce qu'il a écrit de meilleur, & de plus digne de l'immortalité?

J'avouë que si nous en avions fait un choix rigoureux, nous aurions supprimé un assez grand nombre de pieces, que nous avons publiées, & particulierement de ses poësies. Cependant je ne crois pas que nous ayons fait imprimer aucune piece, qui puisse nuire à la réputation de l'auteur. S'il s'en trouve parmi ses ouvrages, qui ne soient pas entenduës de tout le monde, il ne s'ensuit pas qu'elles ne soient bonnes en elles-mêmes,

M.

retranché mal-à-propos dans la nouvelle Traduction Françoise.

M. de St. Evremond ne les avoit pas écrites pour ces personnes-là; & ce n'est pas non plus pour elles que nous les avons publiées. Je pourrois ajoûter que cette difficulté ne regarde pas plus les *Oeuvres* de M. de St. Evremond, que celles de presque tous les autres auteurs, où l'on trouve un assez grand nombre de pieces, qui n'interessent guere le public : que cette faute, si ç'en est une, est encore bien plus inexcusable dans les auteurs qui ont publié eux-mêmes leurs ouvrages, que dans les simples éditeurs : qu'enfin ces pieces mêmes, qui ne parlent que de bassette, de coëffures, &c. sont propres à enrichir nos *Dictionnaires*, & à expliquer certaines manieres de nôtre tems, qu'on n'entendra plus dans quelques siecles. Je pourrois, dis-je, faire valoir ces raisons, & les appuyer de quelques autres : mais je me contenterai d'en marquer une, qui suffira, si je ne me trompe, pour nous disculper auprès du public. Les *Oeuvres* de M. de St. Evremond ayant été imprimées ici par souscription, plusieurs personnes de qualité & de mérite, ont souhaité que l'on y mît ses petites pieces, qui regardent Madame de Mazarin, & les autres personnes de leur connoissance : & nous n'avons pas crû devoir leur refuser cette satisfaction. Il y a même eu des gens, qui ont trouvé

ccxlvj LA VIE DE MONSIEUR
mauvais que nous ayons supprimé quelques-unes de ces pieces (1), tant il est difficile de contenter tout le monde.

J'aurai lieu de me feliciter, Monsieur, si la revision que j'ai faite de ces memoires, a de quoi vous satisfaire. Je vous prie de la regarder comme une marque de ma déference, & de l'attachement avec lequel je serai toute ma vie, Monsieur, vôtre, &c.

( ) On a mis une bonne partie de ces Pieces dans cette édition, à la fin du Tome septiéme.

EPITAPHE

DE MONSIEUR

DE SAINT-EVREMOND. (1)

Carolus de Saint Denis, Dominus de St. Evremond,
Nobili genere in Normannia ortus,
A prima Juventute
Militiæ nomen dedit,
Et per varia Munera
Ad Castrorum Marescalli gradum evectus,
Condæo, Turennio,
Aliisque Claris Belli Ducibus,
Fidem suam & Fortitudinem
Non semel probavit.
Relicta Patria, Hollandiam,
Deinde à Carolo II. accitus, Angliam
Venit.
Philosophiam & humaniores Litteras
Feliciter excoluit.
Gallicam Linguam

Cum

( ) Cette Epitaphe est gravée sur un Marbre blanc dans l'Abbaye de Vvestminster, au dessous du Buste de M. de St. Evremond. Ses amis lui ont fait élever ce monument dans le lieu de sa sépulture.

Cum soluta tum numeris astricta Oratione
Expolivit, Adornavit, Locupletavit.
Apud potentiss. Angliæ Reges Benevolentiam & Favorem,
Apud Regni Proceres Gratiam & Familiaritatem,
Apud omnes Laudem & Applausum
meruit.
Nonaginta Annis Major obiit
Die ix. Septembris M. DCCIII.

Viro Clarissimo
Inter Præstantiores
Aevi sui Scriptores
Semper Memorando
Amici Mœrentes.
P. P.

ELOGE FUNEBRE (1)

De Messire

CHARLES DE St. DENIS,

Chevalier, Seigneur de

SAINT-EVREMOND.

CY gît Saint-Evremond, cet illustre genie,
  Qui fut injustement par la brigue proscrit,
Pour avoir fait briller dans un solide Ecrit
La gloire de son Roi, celle de sa Patrie.
Sa disgrace n'étant qu'un effet de l'envie,
Tout Paris regreta ce celebre Ecrivain,
Plus que Rome ne fit le Chevalier Romain,
Qui près du Pont-Euxin finit sa triste vie.

En Angleterre il fut bien reçû des Sçavans,
     Consideré, cheri des Grands;
Et dans ce beau pays, où regne l'abondance,
L'honnête liberté, le bon goût, la science,
Ce rare & bel esprit termina ses beaux jours,
Y fit de sa raison un merveilleux usage,
Aussi-bien que des jeux, des plaisirs, des amours.

C'étoit

---

(1) Cet *Eloge Funébre* n'a pas été mis dans les éditions in quarto de Londres. Il n'a pas même eu l'approbation de M. Silvestre & de M. Des-Mazeaux. Néanmoins, comme il a été dans l'édition d'Hollande, on a jugé à propos de le mettre dans celle-ci, afin qu'il ne manquât rien à la curiosité du lecteur.

C'étoit un courtisan éclairé, poli, sage,
   Homme d'épée, & de courage,
  Fort détrompé des vulgaires erreurs,
Charmant dans ses discours, tranquille en ses mal-
     heurs.

Quiconque lira bien ses maximes aimables,
   Tous ses volumes admirables,
  En peu de tems deviendra vertueux,
   Poli, sçavant, habile, heureux.
Où pourroit-on trouver plus de délicatesse,
  Plus de bon sens, plus de candeur,
  Plus de force, plus de noblesse.
  Plus de beautés, plus de justesse,
  Qu'aux ouvrages de cet Auteur ?

  Eloignés-vous d'ici, mortels pleins d'ignorance,
Hypocrites, bigots, avec telle autre engeance,
Ne venez point ici gloser sur son tombeau,
Un genie aussi grand, un genie aussi beau,
   Demande ailleurs votre presence.
C'est aux gens éclairez à connoître son prix.
Tandis qu'il git ici dans une paix profonde,
   Ses lumineux & ravissans Ecrits,
    Si fort estimés dans le monde,
Le seront à jamais des plus rares esprits.

TABLE

TABLE
DES PIÈCES

Contenuës dans ce premier Tome.

I. LES *Academiciens*, Comedie. page. 3
II. *Retraite de Mr. le Duc de Longueville en son Gouvernement de Normandie.* 41
III. *Lettre à Madame***.* Je me souviens qu'allant à l'Armée, &c. 55
IV. *Lettre à la même.* Je pensois que vous m'aviez oublié, &c. 57
V. *Lettre à Madame ***.* Vous êtes sur le point, &c. 59
VI. *Madrigal.* Qu'avez-vous fait de mon Amour, &c. 61
VII. *A Mad. ***. Elegie.* Aimable Iris, si vous voulez apprendre, &c. la-même.
VIII. *A la même. Elegie.* Iris, si vous savez les peines que j'endure, &c. 64.
IX. *A la même. Stances.* Iris, je vous aime toûjours, &c. 65
X. *A la même. Stances.* Puisqu'il vous faut quitter

TABLE.

quitter en ces funestes lieux, &c. 67

XI. *A la même. Stances.* Je n'entens plus parler de vous, &c. 68

XII. *A la même. Stances.* Si vous savez que je vous aime, &c. 69

XIII. *A la même. Stances.* Mes yeux, mes inutiles yeux, &c. 70

XIV. *A la même Chanson.* Vous avez trompé mes desirs, &c. 71

XV. *Caractere de Madame la Comtesse d'Olonne.* 72

XVI. *Lettre à Madame la Comtesse d'Olonne, en lui envoyant son Caractere.* 78

XVII. *A Madame ***. Sonnet.* Que vous faites languir un pauvre Malheureux, &c. 80

XVIII. *Dixain.* Vous faites la Spirituelle, &c. 81

XIX. *A Mad. ***. Stances.* Laissez-là nos jeunes Desirs, &c. *là-même.*

XX. *A Madame ***. Stances.* Bienheureux qui vit sans chimere, &c. 83

XXI. *A la même. Stances.* Je ne viens point devant vos Charmes, &c. 85

XXII. *Epigramme.* Etre sans Vertu Précieuse, &c. 86

XXIII. *Epigramme.* Très-difficile, & fort peu délicat, &c. *là-même.*

XXIV.

DES PIECES.

XXIV. *Stances.* Philis en tournant ses beaux yeux, &c.   87

XXV. *Lettre à Madame* ***. Quelque violente que soit mon Amitié.   90

XXVI. *A Mr. le Marquis de* ***. *Stances.* Marquis, on dit par tout que vous êtes aimable, &c.   92

XXVII. *A Mad.* ***. *Sonnet.* Vous m'ordonnez de vous voir rarement, &c.   95

XXVIII. *A Madame* ***. *Stances.* Ménagez mieux le repos de ma vie, &c.   96

XXIX. *Lettre à Madame* ***. Il n'y a rien de si honnête, &c.   97

XXX. *Observations sur la Maxime, qu'il faut mépriser la Fortune, & ne se point soucier de la Cour.*   98

XXXI. *Lettre à Mr. le Comte d'Olonne.* Vous me laissates hier dans, &c.   104

XXXII. *Le Cercle. A Monsieur* ***. On parle depuis peu de certaine Ruelle, &c.   109

XXXIII. *A Mademoiselle de l'Enclos. Elegie.* Chere Philis, qu'êtes-vous devenuë, &c.   113

XXXIV. *L'Homme qui veut connoître toutes choses, ne se connoît pas lui-même.*

TABLE

même. 118
XXXV. Lettre à Monsieur *** Vous m'écrivez, &c. 123
XXXVI. Sur les Plaisirs A Mr. le Comte d'Olonne. 126
XXXVII. Sonnet. Nature, enseigne-moi par quel bizarre effort, &c. 134
XXXVIII. A Mr. le Comte d'Olonne. Stances. Tircis, que l'avenir, &c. 135
XXXIX. Epitaphe. A broüiller les Humains, Boudet fut sans seconde, &c. 136
XL. Dixain. Qu'une Passion délicate, &c. 137
XLI. Chanson. Il faut pour vôtre honneur, Silvie, &c. là-même.
XLII. Lettre à Madame ***. A ce que j'apprens, &c. 138
XLIII. Elegie sur la Mort du Duc de Candale. 143
XLIV. A Mr. le Chevalier de Grammont. Il n'est qu'un Chevalier au monde, &c. 145
XLV. Jugement sur les Sciences où peut s'appliquer un Honnête-Homme. 147
XLVI. Jugement sur César & sur Alexandre. 154
XLVII. Reflexions sur les divers Genies du Peuple

DES PIECES.

Peuple Romain dans les divers tems de la Republique. 170

CHAP. I. De l'origine fabuleuse des Romains, & de leur Genie sous les premiers Rois. là-même

CHAP. II. Du Genie des premiers Romains dans les Commencemens de la Republique. 177

CHAP. III. Des premieres Guerres des Romains. 180

CHAP. IV. Contre l'Opinion de Tite-Live sur la Guerre imaginaire qu'il fait faire à Alexandre contre les Romains. 183

CHAP. V. Le Genie des Romains dans le tems que Pyrrhus leur fit la Guerre. 190

CHAP. VI. De la premiere Guerre de Carthage. 198

CHAP. VII. De la seconde Guerre Punique. 204

CHAP. VIII. Du Genie des Romains vers la fin de la seconde Guerre de Carthage. 225

CHAP. IX. X. XI. XII. 239

CHAP. XIII. XIV. XV. 240

CHAP. XVI. D'Auguste, de son Gouvernement, & de son Genie. 241

CHAP. XVII. De Tibere & de son Genie. 257

XLIX.

TABLE DES PIECES.

XLIX. *Sonnet.* Qu'avez vous plus, destins, à me faire endurer, &c. 277

L. *A Madame ***. Stances.* Il me souvient de mes plaisirs, &c. 278

LI. *Sur la Complaisance que les Femmes ont en leur Beauté.* 280

LES
ACADEMICIENS,
COMEDIE.

Tom. 1.

ACTEURS.

MONSIEUR LE CHANCELIER (1), *Protecteur de* l'ACADEMIE FRANÇOISE.
SERISAY, *Directeur de* l'ACADEMIE.
DES MARETS, *Chancelier de* l'ACADEMIE.
GODEAU, *Evêque de* Grasse, & de Vence.
GOMBAULD.
HABERT.
FARET.
BOIS-ROBERT.
SILHON.
COLLETET.
GOMBERVILLE.
SAINT-AMANT.
COLOMBY.
BAUDOIN.
L'ESTOILE.
PORCHERES-d'ARBAUD.
Mademoiselle de GOURNAI.

La SCENE *est à Paris dans la Maison où s'assembloit* l'ACADEMIE.

(1) SEGUIER.

LES ACADEMICIENS,

COMEDIE. (1)

ACTE I.

SCENE I.
SAINT-AMANT, FARET.

SAINT-AMANT.

FAret, qui ne riroit de nôtre ACADEMIE ?
A-t-on vu de nos jours une telle infamie ?

Paf-

---

(1) Cette Piece avoit d'abord pour titre, LA COMEDIE DES ACADEMISTES, POUR LA REFORMATION DE LA LANGUE FRANÇOISE. Elle fut faite au commencement de l'année 1643. c'est-à-dire, environ huit ans après l'Etablissement de l'ACADEMIE. Voyez la vie de M. de S. Evre-

Passer huit ou dix ans à reformer six Mots !
Par-Dieu, mon cher *Faret*, nous sommes de grands
     Sots.

FARET.

Tant sots qu'il vous plaira : mais les Premiers de
     France,
Sont les Admirateurs de nôtre Suffisance.
Quoi ! trouvez-vous mauvais que de pauvres Au-
     teurs
Devant les Ignorans s'érigent en Docteurs ?
S'ils peuvent se donner du credit, de l'estime ;
Desabusés l'erreur n'est pas pour eux un crime.
Après tout, où trouver de ces rares Savans,
Dont le Nom immortel percera tous les Ans ?
Si pour l'ACADEMIE il faut tant de Science,
Vous, & moi, pourrions bien ailleurs prendre Séance.

SAINT-AMANT.

Oui : mais je n'aime pas que Monsieur de *Godeau*,
Excepté ce qu'il fait, ne trouve rien de beau :
Qu'un fat de *Chapelain* aille en chaque Ruelle,
D'un ridicule ton reciter sa PUCELLE (1) ;
Ou que dur & contraint en ses Vers amoureux,
Il fasse un sot Portrait de l'Objet de ses Vœux :
Que son Esprit sterile, & sa Veine forcée,
Produisent de grands Mots, qui n'ont sens, ni pensée.
Je voudrois que *Gombault*, *l'Estoile* & *Colletet*,
En Prose comme en Vers eussent un peu mieux fait ;
                                                    Que

---

mond sur l'année 1643. On a cru devoir marquer exactement le tems, où cette Comédie a été re-touchée, parce que, sans cela, on y trouveroit quelques Anachronismes.

(1) Chapelain *a fait un Poëme intitulé,* LA PU-CELLE. *Il en recitoit alors des Lambeaux dans les Compagnies où il se trou-vait.*

DE SAINT-EVREMOND.

Que des AMIS RIVAUX (1) *Boisrobert* ayant honte,
Revint à son Talent de faire bien un Conte.
Enfin......

FARET.

Vous avez tort de mépriser *Godeau* :
Il a l'Esprit fertile, & le tour assez beau.
Tout le défaut qu'il a, soit en Vers, soit en Prose,
C'est qu'en trop de façons il dit la même chose.
L'Estoile fait des Vers avec le *Cardinal* (2) :
Colletet est bon-homme, & n'écrit pas trop mal :
Boisrobert est plaisant autant qu'on sauroit l'être :
Il s'est assez bien mis dans l'Esprit de son Maître (3) :
A tous ses Madrigaux il donne un joli tour,

Et

---

(1) *Comédie de* Boisrobert.

(2) L'Estoile, Colletet, *&* Boisrobert *étoient du nombre des cinq Auteurs qui travailloient à des Pieces de Théatre par ordre du* Cardinal de Richelieu ; *& souvent même avec lui. Voyez l'*HISTOIRE DE L'ACADEMIE FRANÇOISE *par Mr.* Pellisson *p.* 113. *& suivantes de l'édition de Paris* 1672. *qui a été retouchée par l'Auteur.*

(3) Boisrobert *étoit alors en la plus haute faveur auprès du Cardinal de Richelieu, & son plus grand soin étoit de délasser l'Esprit de son Maître* après le bruit & l'embarras des Affaires, tantôt par ces agréables Contes, qu'il faisoit mieux que personne du monde, tantôt en lui rapportant toutes les petites Nouvelles de la Cour & de la Ville ; & ce Divertissement étoit si utile au *Cardinal*, que son premier Medecin Mr. Citois avoit accoûtumé de lui dire : *Monseigneur, nous ferons tout ce que nous pourrons pour vôtre santé; mais toutes nos Drogues sont inutiles, si vous n'y mêlez une drachme de* Boisrobert. Peliss. HIST. DE L'ACAD. FRANÇ. *pag.* 9. 10.

Et feroit des leçons aux Grecs de leur Amour (1).
Baudoin fait des Vers au deſſous des Images.
Mais *Davila* traduit eſt un de ſes Ouvrages (2).
Combault pour un Châtié ne manque pas de Feu....
  J'entens quelqu'un qui monte ; arrêtons-nous un peu :
Je commence à le voir, c'eſt l'Evêque de *Graſſe*.

SAINT-AMANT.

Il faut ſe retirer, & lui quitter la place ;
Nous reviendrons tantôt : allons, mon cher *Faret*,
Trouver proche d'ici quelque bon Cabaret.

---

(1) On accuſoit fort Boiſrobert *du vice de* Non-conformité; *témoin ces deux Vers de Ménage, dans ſa* REQUETE DES DICTIONAIRES ?

  Cet admirable Patelin
  Aimant le genre Maſ-
    culin.

(2) Davila *a écrit en Italien l'*HISTOIRE DES GUERRES CIVILES DE FRANCE, *depuis la mort de Henri II. juſqu'à la Paix de* Vervins: Baudoin *l'a traduite en François, & c'eſt le plus ſupportable de ſes Ouvrages.*

SCENE II.

GODEAU, COLLETET.

GODEAU.

EH quoi ! chers Nourriſſons des Filles de Mé-
    moire,
Qui ſur les Tems futurs obtiendrez la Victoire :
Beaux Mignons de *Pallas*, vrais Favoris des Dieux ;
Vous n'êtes pas encore arrivés en ces lieux !
Seriez-vous bien ſi tard aſſis encore à Table ?
Non ; les plus grans Feſtins n'ont pour vous rien
    d'aimable.....

                            Mais

DE SAINT-EVREMOND.

Mais voici *Colletet*, qui hâte un peu le pas :
Je l'ai toûjours connu sobre dans ses Repas (1).
Bon-jour, cher *Colletet*.

COLLETET *se jette à genoux.*

Grand Evêque de *Grasse*.
Dites-moi, s'il vous plaît, comme il faut que je fasse :
Ne dois-je pas baiser votre sacré Talon ?

GODEAU.

Nous sommes tous égaux, étant Fils d'*Apollon*.
Levez-vous, *Colletet*.

COLLETET.

Vôtre Magnificence.
Ne permet, Monseigneur, une telle Licence.

GODEAU.

Rien ne sauroîs changer le Commerce entre nous :
Je suis Evêque ailleurs, ici *Godeau* pour vous.

COLLETET.

Très-révérend Seigneur, je vais donc vous complaire.

GODEAU.

Attendant nos Messieurs que nous faudra-t-il faire ?

COLLETET.

Je suis prêt d'obéir à votre volonté.

GODEAU.

Parlons comme autrefois avecque liberté :
Vous savez, *Colletet*, à quel point je vous aime.

COLLETET.

Seigneur, votre Amitié m'est un honneur extrême.

GO-

(1) Guillaume Col- | étoit assez mediocre.
letet, *dont la fortune* |

OEUVRES DE Mr. GODEAU.

Oh bien! seul avec vous, ainsi que je me voi,
Je vais prendre le tems de vous parler de moi.
Avez-vous vu mes Vers?

COLLETET.

Vos Vers! je les adore.
Je les ai lus cent fois, & je les lis encore.
Tout en est excellent, tout est beau, tout est net,
Exact & regulier, châtié tout à fait.

GODEAU.

Manquai-je en quelque endroit à garder la Censure?
Y peut-on remarquer une seule *Hiature*?
Suis-je pas scrupuleux à bien choisir les Mots?
Ne fais-je pas parler chacun fort à propos?
Le *Decorum* Latin, en François *Bienséance*,
N'est si bien observé nulle part que je pense.
Colletet, je me loüe; il le faut avoüer:
Mais c'est fort justement que je me puis loüer.

COLLETET.

Vous êtes de ceux-là qui peuvent dans la Vie
Méprifer tous les traits de la plus noire Envie.
Vous n'aviez pas besoin de vôtre Dignité,
Pour vous mettre à couvert de la Malignité.

GODEAU.

On se flate souvent: mais si je ne m'abuse,
S'attaquer à *Godeau*, c'est se prendre à la *Muse*:
Et le plus envieux se verroit transporté,
S'il lisoit une fois mon BENEDICITE' (1).
O l'Ouvrage excellent!

COL-

---

(1) Godeau *a paraphrasé en Vers le* Cantique des trois Enfans, BENE- DICITE, omnia opera Domini, &c. C'est une de ses meilleures Pieces.

DE SAINT-EVREMOND.
COLLETET.
O la Piece admirable !
GODEAU.
Chef-d'Oeuvre précieux !
COLLETET.
Merveille incomparable !
GODEAU.
Que peut-on defirer après un tel Effort ?
COLLETET.
Qui n'en fera content, aura, ma foi, grand tort.
Mais fans parler de moi trop à mon avantage,
Suis-je pas, Monfeigneur, affez grand perfonnage ?
GODEAU.
Colletet, mon ami, vous ne faites pas mal.
COLLETET.
Moi ! je prétens traiter tout le monde d'égal,
En matiere d'Ecrits : le Bien eft autre chofe :
De richeffe & de rang la Fortune difpofe.
Que pourriez-vous encor reprendre dans mes Vers ?
GODEAU.
Colletet, vos Difcours font obfcurs & couverts.
COLLETET.
Il eft certain que j'ai le Stile magnifique.
GODEAU.
Colletet parle mieux qu'un homme de Boutique.
COLLETET.
Ah ! le refpect m'échape : & mieux que vous auffi.
GODEAU.
Parlez bas, Colletet, quand vous parlez ainfi.

COL-

OEUVRES DE Mr. COLLETET.

C'est vous, Monsieur *Godeau*, qui me faites outrage.

GODEAU.

Voulez-vous me contraindre à loüer votre Ouvrage ?

COLLETET.

J'ai tant loüé le vôtre !

GODEAU.

Il le meritoit bien.

COLLETET.

Je le trouve fort plat, pour ne vous celer rien.

GODEAU.

Si vous en parlez mal, vous êtes en colere.

COLLETET.

Si j'en ai dit du bien, c'étoit pour vous complaire.

GODEAU.

Colletet, je vous trouve un gentil Violon.

COLLETET.

Nous sommes tous égaux, *étant Fils d'Apollon*.

GODEAU.

Vous, *Enfant d'Apollon* ! vous n'êtes qu'une Bête.

COLLETET.

Et vous, Monsieur *Godeau*, vous me rompez la tête.

SCE-

DE SAINT-EVREMOND.

SCENE III.
SERISAY, GODEAU, COLLETET.

SERISAY à *Godeau*.

Qu'avez-vous, Monseigneur ? je vous vois tout
    ému ?

GODEAU.

Colletet m'insulter ? qui l'auroit jamais cru ?

COLLETET.

Traiter un vieil Auteur avec cette infamie !
C'est affronter en moi toute l'ACADEMIE.

SERISAY.

Mais quelle est cette injure, & d'où vient tant de
    mal ?

COLLETET.

Colletet mon ami, vous ne faites pas mal :
Vous parlez un peu mieux qu'un homme de Boutique.
Et mieux que vous, *Godeau !* Car, enfin, je m'ex-
    plique ;
Et notre DIRECTEUR le saura comme vous.

SERISAY.

Moderez, *Colletet*, moderez ce courroux.
Offenser un Prelat à qui l'on doit hommage,
C'est d'un homme insensé faire le personnage.

COLLETET.

Je sai bien respecter *Godeau* comme *Prelat* ;
Mais *Godeau* comme *Auteur*, je le trouve fort plat.

GODEAU.

Ma Colere se passe, & je veux sans murmure,
En Prelat patient, endurer cette injure.

                                        COL-

COLLETET.

Moi, je veux recevoir la satisfaction
Du tort qu'a pu souffrir ma Reputation.
O, d'un humble Prelat patience parfaite !
Il parle d'endurer l'injure qu'il a faite.
Pardonner à des Gens que l'on a maltraités,
Ce sont du bon *Godeau* les Générosités.

GODEAU.

Eh bien, cher *Colletet*, je ferai davantage ;
Vous serez reconnu pour un grand Personnage.
Soyons, je vous conjure, ami de bonne foi ;
Et vous saurez écrire & parler mieux que moi.

COLLETET.

Ordonnez, Monseigneur, ce qu'il faut que je fasse :
J'ai plus failli que vous, & je demande grace.
Que par tout on exalte, & par tout soit chanté,
De ce Divin Prelat le BENEDICITE,
O l'Ouvrage excellent ! O la Piece admirable !
Chef-d'Oeuvre précieux ! Merveille incomparable !
Que par tout on exalte, & par tout soit chanté
De ce Divin Prelat le BENEDICITE.

GODEAU.

Qu'en tous lieux on exalte, & qu'en tous lieux on
  chante
De nôtre *Colletet* la CANE BARBOTANTE (1) ;
Ces beaux Vers, que le tems ne sauroit effacer,
Et qu'un grand *Cardinal* voulut recompenser.
C'est là que Colletet si vivement explique
Du *Canard* amoureux la *Venus* aquatique,
Qu'au sens de *Richelieu*, le Roi ne pourroit pas
De tout l'Or du Royaume en payer les appas.

SERI-

(1) *Colletet* ayant porté au *Cardinal* le MONO-LOGUE DES TUILERIES, ce Prelat s'arrêta particulierement sur deux Vers de la Description

DE SAINT-EVREMOND.

SERISAY.

Nous sommes tous contens : la Discorde est finie.
Au reste, l'heure approche, où se doit terminer
La Reforme des mots que nous allons donner ;
Et par qui nous aurons la Gloire sans seconde,
D'établir le François en tous les lieux du Monde.

COLLETET.

Monsieur le CHANCELIER ne doit venir que tard.

SERISAY.

Donc pour un peu de tems, allons quelque autre parti.

SCE-

du Quarré d'Eau en cet endroit.

La Cane s'humecter de la Bourbe de l'Eau,
D'une Voix enroüée &
d'un Batement d'Aîle,
Animer le Canard qui languit auprès d'elle :

» Et après avoir écouté tout le reste, il lui donna de sa propre main cinquante Pistoles avec ces paroles obligeantes, que c'étoit seulement pour ces deux derniers Vers, qu'il avoit trouvés si beaux, & que le Roi n'étoit pas assez riche pour payer tout le reste. Au lieu

de la Cane s'HUMECTER *de la Bourbe de l'Eau, le Cardinal voulut lui persuader de mettre* BARBOTTER *dans la bourbe de l'Eau, &c. Pelisson Histoire de l'Academie Françoise p. 115. 116. Pour donner plus de ridicule à Colletet Mr. de St. Evremond, employe ici le terme de Cane barbotante. Le Monologue, qui est une assez mauvaise Piece, est imprimé devant la Comédie des* TUILERIES ; *c'est une Description du Palais & du Jardin des Tuileries, tels qu'ils étoient dans ce tems-là.*

SCENE IV.
PORCHERES-D'ARBAUD, COLOMBY.

PORCHERES.

Illustre *Colomby* (1), vrai cousin de *Malherbe*,
De ton merite seul glorieux & superbe ;
Parmi tous les Auteurs en voit-on aujourd'hui,
Qui puissent approcher ou de vous, ou de lui ?

COLOMBY.

Malherbe ne vit plus ; *Bertaut* n'est plus au monde :
D'Ignorance & d'Erreur toute la Terre abonde. (2)

PORCHERES.

Desportes a subi nôtre commun destin ;
Passerat a vécu ; j'ai vu mourir *Rapin* :
Et c'étoient les Auteurs dont l'illustre Genie
Auroit pu faire honneur à nôtre Compagnie.

COLOMBY.

Vous savez que j'avois auprès du Potentat

Le

---

(1) François de Chauvigni Sieur de *Colomby* étoit de *Caen* en *Normandie*, & Parent de *Malherbe*, dont il fut Disciple & Sectateur...... Il avoit une Charge à la Cour, qui n'avoit point été avant lui, & n'a point été depuis ; car il se qualifioit, *Orateur du Roi pour les Affaires d'Etat*, & c'étoit en cette qualité qu'il recevoit douze cent Ecus tous les ans. PELISSON, HIST. DE L'ACADEMIE, pag. 308. 309.

(2) *Vers de* Bertaut *Evêque de Séez, qui se fit estimer en son tems par ses Poësies. Il mourut en* 1611.

DE SAINT-EVREMOND.

La Charge d'Orateur des Affaires d'Etat.

PORCHERES.

Et vous n'ignorez pas que j'eus dans la Regence,
Des *Nocturnes Plaisirs* la suprême *Intendance*. (1).

COLOMBY.

Or n'étant point payé de mes Appointemens :

PORCHERES.

Détrompé que je suis de tous Amusemens ;

COLOMBY.

Je vais faire leçon aux Gens de nos Provinces
Du peu de gain qu'on fait au service des Princes.

PORCHERES.

J'abandonne la Cour (2), & vais dans chaque lieu
Loüer la Reine-mere, & blâmer *Richelieu*.

COLOMBY.

Aux Auteurs assemblés prenez le soin de dire,
Que las de mes Emplois, enfin je me retire. (3)

POR-

---

(1) François de Porcheres-d'Arbaud avoit été Intendant des Plaisirs Nocturnes; Charge, dont il ne restoit plus qu'un nom ridicule.

(2) Porcheres se retira en Bourgogne où il s'étoit marié. HISTOIRE DE L'Academie Françoise. pag. 265.

(3) Sauroit-on mêler, dit Balzac écrivant à Chapelain, *la raillerie*, & *le tout de bon* avec plus d'adresse sur le sujet de l'Adieu de Monsieur de Colomby à l'Académie, de la malediction qu'il a donnée à son siecle, & du peu d'intelligence qu'il étoit entre lui & Tarite au tems même de leur plus grande familiarité. LETTRES de Mr de Balzac à Mr. Chapelain Livre V. Lettre XXI. du 1. Août 1640. p. m. 243. 244.

OEUVRES DE Mr. PORCHERES.

C'est la forme ordinaire : & quiconque a quitté,
Leur a fait en quittant cette Civilité.

COLOMBY.

Vous direz de ma part, sans aucune autre forme,
Qu'au lieu de reformer les Mots, je me reforme.

PORCHERES.

Je traiterai la chose un peu moins durement,
Et leur ferai pour moi le même Compliment.

Pour entendre ces dernieres pensées de Balzac, il faut se souvenir que Colomby a traduit une partie du premier Livre de Tacite en François avec des observations qu'il fit imprimer en l'an 1613. HISTOIRE de l'Académie Françoise, p. 310.

Fin du premier Acte.

ACTE

DE SAINT-EVREMOND.

ACTE II.

SCENE I.

CHAPELAIN *seul, faisant des Vers avec un soin ridicule, & peu de Génie.*

TAndis que je suis seul, il faut que je compose
Quelque Ouvrage excellent, soit en Vers, soit
en Prose.
La Prose est trop facile ; & son bas naturel
N'a rien qui puisse rendre un Auteur immortel :
Mais d'un sens figuré la noble Allégorie,
Des sublimes Esprits sera toujours cherie.
Par son divin pouvoir, nos Ecrits triomphans
Passent de siécle en siécle, & bravent tous les Ans.
Je quitte donc la Prose & la simple Nature,
Pour composer des Vers, où regne la figure.

Qui vit jamais rien de si beau,

(Il me faudra choisir pour la Rime, *Flambeau*.)

Que les beaux Yeux de la Comtesse, (1)

Je

---

(1) *Il est assez ordinaire aux Poëtes de choisir une Dame distinguée par sa Beauté, ou par son merite, pour l'aimer en idée, & en faire l'objet de leurs amours Poëtiques.* Cha- pelain *avoit choisi la* Comtesse *de* Verneil. *Touchant cette coutume des Poëtes, voyez le* DICTIONAIRE *de Mr.* Bayle, *à l'Article* MAL-HERBE.

(Je voudrois bien aussi mettre en Rime, *Déesse* :)

Qui vit jamais rien de si beau,
Que les beaux Yeux de la Comtesse ?
Je ne croi point qu'une Déesse
Nous éclaira d'un tel Flambeau.

Aussi peut-on trouver une âme
Qui ne sente la vive Fláme
Qu'allume cet Oeuil radieux !

Radieux me plaît fort : un Oeuil plein de lumiere,
Et qui fait sur nos Cœurs l'impression premiere,
D'où se forment enfin les tendresses d'Amour.
Radieux ! j'en veux faire un terme de la Cour.

Sa clarté qu'on voit sans seconde,
Eclairant peu à peu le Monde,
Luira même un jour pour les Dieux.

Je ne suis pas assez maître de mon Genie ;
J'ai fait, sans y penser, une Cacophonie :
Qui me soupçonneroit d'avoir mis *peu à peu* ?
Ce desordre me vient pour avoir trop de Feu.

Qui vit jamais rien de si beau,
Que les beaux Yeux de la Comtesse ?
Je ne croi point qu'une Déesse
Nous éclairât d'un tel Flambeau.

Aussi peut-on trouver une âme,
Qui ne sente la vive Fláme
Qu'allume cet Oeuil radieux !
Sa Clarté qu'on voit sans seconde,
S'épand déja sur tout le monde,
Et luira bien tôt pour les Dieux.

Voilà ce qui s'appelle écrire avec Justesse !

DE SAINT-EVREMOND.

Et ce qui m'en plaît plus, tout est fait sans Rudesse:
Car tout Ouvrage fort a de la dureté,
Si par un Art soigneux il n'est pas ajusté.

  Chacun admire en ce Visage,
  La lumiere de deux Soleils :
  Si la Nature eût été sage,
  Le Ciel en auroit deux pareils.

Que voilà de beaux Vers ! l'auguste Poësie !
,, *Phebus*, éclaire encore un peu ma fantaisie :
,, Divin Pere du Jour, qui maintiens l'Univers,
,, Donne moi cette Ardeur, qui fait faire des Vers.
,, Ranime mes esprits, & dans mon sang rappelle
,, La féconde Chaleur, qui forma la PUCELLE.
,, Par l'Epithete alors je me rendis fameux :
,, Alors *le Mont Olympe à son pied sablonneux* ;
,, Alors, *hideux, terrible, affreux, épouvantable,*
,, Firent dans mes Ecrits un effet admirable.
,, Divin Pere du Jour, qui maintiens l'Univers,
,, Redonne-moi l'Ardeur, qui fit faire ces Vers.

  Le Teint qui paroît sur sa Face,
  Est plus uni que n'est la Glace,
  Plus clair que le Ciel cristalin :
  Où trouver un Pinceau, qui touche
  Les charmes de sa belle Bouche,
  Et l'honneur du Nez aquilin ?

Cette Comparaison me semble assez bien prise :
Il n'est rien plus uni qu'un *Cristal de Venise* ;
Et les *Cieux*, qui ne sont formés d'aucun Metal,
Pourroient, à mon avis, être faits de Cristal.
Aquilin, ne vient pas fort souvent en usage ;
Mais il convient au Nez du plus parfait Visage :
Tous les Peintres fameux veulent qu'un Nez soit tel.
Oublier *Aquilin*, est un Péché mortel.

(Je voudrois bien aussi mettre en Rime, *Déesse*:)

Qui vit jamais rien de si beau,
Que les beaux Yeux de la Comtesse ?
Je ne croi point qu'une Déesse
Nous éclaira d'un tel Flambeau.

Aussi peut-on trouver une âme
Qui ne sente la vive Flâme
Qu'allume cet Oeuil radieux ?

Radieux me plaît fort : un Oeuil plein de lumiere,
Et qui fait sur nos Coeurs l'impression premiere,
D'où se forment enfin les tendresses d'Amour.
Radieux ! j'en veux faire un terme de la Cour.

Sa clarté qu'on voit sans seconde,
Eclairant peu à peu le Monde,
Luira même un jour pour les Dieux.

Je ne suis pas assez maître de mon Genie ;
J'ai fait, sans y penser, une Cacophonie :
Qui me soupçonneroit d'avoir mis *peu à peu* ?
Ce desordre me vient pour avoir trop de Feu.

Qui vit jamais rien de si beau,
Que les beaux Yeux de la Comtesse ?
Je ne croi point qu'une Déesse
Nous éclairât d'un tel Flambeau.

Aussi peut-on trouver une âme,
Qui ne sente la vive Flâme
Qu'allume cet Oeuil radieux ?
Sa Clarté qu'on voit sans seconde,
S'épand déja sur tout le monde,
Et luira bien tôt pour les Dieux.

Voilà ce qui s'appelle écrire avec Justesse !

DE SAINT-EVREMOND.

Et ce qui m'en plait plus, tout est fait sans Rudesse;
Car tout Ouvrage fort a de la dureté,
Si par un Art soigneux il n'est pas ajusté.

    Chacun admire en ce visage,
    La lumiere de deux Soleils:
    Si la Nature eût été sage,
    Le Ciel en auroit deux pareils.

Que voilà de beaux Vers! l'auguste Poësie!
,, *Phœbus*, éclaire encore un peu ma fantaisie:
,, Divin Pere du Jour, qui maintiens l'Univers,
,, Donne moi cette Ardeur, qui fait faire des Vers;
,, Ranime mes esprits, & dans mon sang rappelle
,, La féconde Chaleur, qui forma la Pucelle.
,, Par l'Epithete alors je me rendis fameux:
,, Alors *le Mont Olympe à son pied sablonneux*:
,, Alors, *hideux, terrible, affreux, épouvantable,*
,, Firent dans mes Ecrits un effet admirable.
,, Divin Pere du Jour, qui maintiens l'Univers,
,, Redonne-moi l'Ardeur, qui fit faire ces Vers.

    Le Teint qui paroit sur sa Face,
    Est plus uni que n'est la Glace,
    Plus clair que le Ciel cristalin:
    Où trouver un Pinceau, qui touche
    Les charmes de sa belle Bouche,
    Et l'honneur du Nez aquilin?

Cette Comparaison me semble assez bien prise:
Il n'est rien plus uni qu'un *Cristal de Venise*;
Et les *Cieux*, qui ne sont formés d'aucun Metal,
Pourroient, à mon avis, être faits de Cristal.
Aquilin, ne vient pas fort souvent en usage;
Mais il convient au Nez du plus parfait Visage:
Tous les Peintres fameux veulent qu'un Nez soit tel.
Oublier *Aquilin*, est un Péché mortel.

Chacun admire en ce Visage,
La lumiere de deux Soleils :
Si la Nature eût été sage,
Le Ciel en auroit deux pareils.

Le Teint qui paroit sur sa Face,
Est plus uni que n'est la Glace,
Plus clair que le Ciel cristalin :
Où trouver un Pinceau, qui touche
Les charmes de sa belle Bouche,
Et l'honneur du Nez aquilin ?

Ainsi peignoient les *Grecs* des Beautés achevées,
De l'injure des Ans par leurs Ecrits sauvées.
  Je n'ai fait que vint Vers, mais tous Vers raisonnés,
Magnifiques, pompeux, justes, & bien tournés.
Par un secret de l'Art, d'une grande *Déesse*
J'oppose les Appas à ceux de ma COMTESSE ;
Et des Charmes divins dans l'opposition,
  Je fais voir la confusion.
  Quant à l'autre Couplet, j'y reprend la *Nature*,
Qui des Corps azurés a formé la structure,
De n'avoir sû placer à ce haut Firmament
  Qu'un *Soleil* seulement.
La COMTESSE en a deux : C'est au *Ciel* une honte,
Qu'un *Visage* ici bas en *Soleils* le surmonte.
  J'acheve heureusement : il me falloit finir ;
Aussi bien nos Auteurs commencent à venir.

SCENE II.

SERISAY, CHAPELAIN, SILHON, BOIS-ROBERT.

SERISAY à *Chapelain*.

Vous attendiez ici cette heure fortunée,
Où la Reforme enfin doit être terminée.

CHAPELAIN.

Depuis plus de huit ans nous attendons ce jour,
Où doit être reglé tout Langage de Cour.
Mais que les Ignorans vont nous dire d'injures !

SERISAY.

Nous saurons méprifer de fots & vains murmures.

BOIS-ROBERT.

Nous allons bien-tôt voir un de nos Mécontens,
Resolu de se plaindre & de nous, & du Tems.

CHAPELAIN.

C'est *Silhon* irrité contre l'ACADEMIE,
Et prêt à la traiter de mortelle ennemie.

SERISAY.

Et de sa haine encor quel est le fondement ?

CHAPELAIN.

Nous reformons un mot propre au Raisonnement.
Il laissera sans OR, tous Discours politiques,
Et n'écrira jamais des Affaires publiques.
Silhon est violent : s'il parle contre nous....

SERISAY.

Monsieur le CHANCELIER calmera son couroux.

BOIS.

BOIS-ROBERT.

Faut-il un CHANCELIER pour calmer sa Colere ?
Godeau m'a répondu d'entreprendre l'affaire :
Il doit attaquer OR, que *Silhon* aime tant,
Aussi bien que PARFOIS, POURCE-QUE, & D'AU-
    TANT.

SILHON entre.

A dire vrai, Messieurs, c'est une chose étrange :
On a beau meriter honneur, gloire, loüange ;
Affermir tant qu'on peut l'autorité des Loix ;
Faire service a Dieu, travailler pour les Rois ;
Prescrire le devoir & du Peuple, & des Princes ;
Instruire un Potentat à regler ses Provinces : (1)
Il faut avoir l'affront de voir des Esprits doux
Gagner chez nos Auteurs plus de crédit que nous.

SERISAY.

Ce n'est pas d'aujourd'hui qu'on voit cette injustice.

BOIS-ROBERT.

Ce n'est pas d'aujourd'hui qu'on a vu du Caprice.

SILHON.

Les Siécles, *Bois-Robert*, sont assez differens :
On blâmoit autrefois les hommes ignorans :
La science aujourd'hui donne fort peu d'estime.
En savoir plus que vous, n'est pas un petit crime.

BOIS-ROBERT.

J'aime les Ignorans d'avoir tant de bonheur.

SILHON.

Vous n'avez pas manqué d'acquerir cet honneur,
                                             SE-

---

(1) Silhon *a fait un* TRAITÉ DE L'IMMORTALITÉ DE L'AME, *un* Livre de Politique intitulé LE MINISTRE D'ETAT ; *& quelques autres Ouvrages.*

SERISAY.

Eh ! pour l'amour de moi, finissez la querelle :
Soyons, soyons unis d'une Amitié fidelle.
Encor, Monsieur *Silhon*, dequoi vous plaignez-vous ?

BOIS-ROBERT.

Un Mot qu'on veut changer, lui donne ce couroux.

SILHON.

C'est un Mot, il est vrai ; mais de grande importance.

BOIS-ROBERT.

On pourroit s'en passer bien mieux que de Finance.

SILHON.

Il est pourtant utile, & le sera toûjours.
Or, trouve bien sa place en de graves Discours.
En Affaire, au Barreau, dans la Théologie,
Or, est fort positif, & de grande énergie.

SERISAY.

Je voi venir à nous la Sibylle *Gournai*.
Quel supplice, bon Dieu ! m'avez-vous ordonné !

SILHON.

Elle merite bien que vous fassiez cas d'elle.

BOISROBERT.

A soixante-&-dix ans elle est encor Pucelle.

SCENE III.

MADEMOISELLE DE GOURNAI, SERISAY, BOIS-ROBERT, SILHON.

MADEMOISELLE DE GOURNAI.

JE vous ai bien cherché, Monsieur le Président.

SERISAY.

Baissez-vous, *Bois-Robert*, & ramassez sa Dent;

BOIS-ROBERT.

C'est une grosse Dent, qui vous étoit tombée,
Et qu'un autre que moi vous auroit dérobée.

SILHON.

Montagne en perdit une âgé de soixante ans.

MADEMOISELLE DE GOURNAI.

J'aime à lui ressembler, même à perdre les Dents. (1)
Mais apprenez de lui que par toute la *Grece*,
C'étoit comme un devoir d'honorer la Vieillesse ;
Et le *vieil* âge en vous sera peu respecté,
Si vous en usez mal dans la *Virilité*.
Montagne s'employoit à corriger le vice,
Et bien connoître l'Homme étoit son *Exercice*.

Il

---

(1) *Mademoiselle de Gournai se disoit Fille d'Alliance de Montagne, dont elle a publié en 1635. les* ESSAIS *corrigez & augmentés. Dans une Préface curieuse, qu'elle mit à la tête de cette Edition, & dans quelques autres Ouvrages, elle se déclara hautement pour les vieux Mots, & les Phrases surannées. Voyez le* DICTIONAIRE *de Mr. Bayle, Article* GOURNAI, *Rem.* (H)

DE SAINT-EVREMOND.

Il n'auroit pas *cuidé* pouvoir tirer grand *los*
Du sterile *labeur* de réformer des mots.

BOIS-ROBERT.

Vous fûtes ennemie en tout tems du Langage.

MADEMOISELLE DE GOURNAI.

Le *Sens*, à mon avis, vous eût rendu plus sage.
Avec tous mes vieux Mots, encore ma Raison
Parmi les gens sensés se trouve de saison.

BOIS-ROBERT.

Je l'avoüe aisément ; & vôtre experience,
Nymphe des premiers ans, vaut mieux que la Science.

MADEMOISELLE DE GOURNAI.

On méprisoit un Fourbe au tems que je vous dis,
Bois-Robert le plaisant eût été gueux *jadis* :
Et *Montagne* & *Charron*, avoient l'âme trop forte,
Pour demeurer toûjours au *recoin* d'une porte,
Occuper jour & nuit leurs plus grands Ennemis,
Et des Grands de la Cour être *Valets soûmis*.

BOIS-ROBERT.

Ce sont là des raisons, que le Demon vous dicte.
Comment, vieille *Gournai*, vous aimez la *Vindicte* !
Qui vous fait *détracter* ? qui vous met en *courroux* ?

MADEMOISELLE DE GOURNAI.

Montagne haïssoit les Menteurs & les Fous.
Poursuivez, *Savantaux*, à réformer la Langue.

SERISAY.

Allez-vous en ailleurs faire vôtre Harangue.

MADEMOISELLE DE GOURNAI.

Otez MOULT & JAÇOIT, bien que mal à propos !
Mais laissez pour le moins, BLANDICE, ANGOISSE,
& LOS.

SERISAY.

Tout ainsi que l'Esprit est vague & *contournable*,
De même le Discours doit être variable :
Les Termes ont le sort qu'on voit au Genre humain,
Un mot vit aujourd'hui, qui perira demain.
L'Usage parmi nous est fort *ambulatoire*.

MADEMOISELLE DE GOURNAI.

Vous raillez sottement la Verité *notoire*.
Il montra, TOUT AINSI, que je voi méprisé :
Mais devant lui mourront les Vers de *Serisay*.

Fin du II. Acte.

ACTE III.

SCENE I.

MONSIEUR LE CHANCELIER, GODEAU, CHAPELAIN, BOIS-ROBERT, SERISAY, PORCHE-RES, &c.

Mr. LE CHANCELIER.

C'Est aujourd'hui, Messieurs, qu'on révéle à la France,
Les mysteres secrets de la vraye Eloquence :
Les *Muses*, qui du Ciel ont descendu chez nous,
Vous rendent par ma bouche un Oracle si doux :
C'est à tort, grands Auteurs, que la *Grece* se vante ;
La *Rome* des *Latins* n'est plus la triomphante :
L'*Italie* aujourd'hui tombe dans le mépris,
Et les *Muses* n'ont plus de Séjour qu'à *Paris*.

GODEAU.

Qui croiroit, Monseigneur, que ces Enchanteresses,
Que les neuf belles Sœurs, nos divines Maitresses,
Vinssent ici flater nos Esprits & nos Sens,
Si vous n'aviez aimé leurs charmes innocens ?

CHAPELAIN.

Vous voyez les choses futures,
Malgré les nuits les plus obscures,
Qui couvrent le Bien de l'Etat :
Vous voyez tout ce qu'il faut faire,

Au rebours du sens populaire,
Pour maintenir le Potentat.

BOIS-ROBERT.

Superbes Filles de memoire,
Venez accroître mon ardeur;
Je vais travailler à la gloire
D'une incomparable Grandeur......

Que le Stile élevé me paroît incommode!
Je n'ai pas le talent qu'il faut pour faire une *Ode*.

Mr. LE CHANCELIER.

Que chacun se reduise au merite d'Auteur:
J'estime le Savant & je hai le Flateur.
Mes Loüanges, Messieurs, ne sont pas necessaires,
Et vous avez ici de plus grandes Affaires.

SERISAY.

Porcheres semble avoir dessein de nous parler.

PORCHERES.

Quatre mots seulement, Messieurs; puis m'en aller.
Monsieur de *Colomby* m'a chargé de vous dire,
Que las de ses Emplois, enfin il se retire:
Et vous saurez aussi, qu'ennuyé de la Cour,
Je vais chercher ailleurs un tranquille séjour.

SERISAY.

Vous nous voyez pensifs, mornes, & taciturnes,
De perdre l'*Intendant* de nos *Plaisirs Nocturnes*:
Et vous ferez savoir au muet *Orateur*
Des *Affaires d'Etat*, le fonds de nôtre Cœur.
Nous regretons beaucoup un si grand Personnage,
Et ne suivrons pas moins nôtre important Ouvrage.

DES MARETS.

Je ne voi point ici *Saint-Amant*, ni *Faret*;
Que sont-ils devenus?

GODEAU.

Ils sont au Cabaret.

DES MARETS.

Ils sont au Cabaret ! Messieurs, quelle impudence !
Vous voyez parmi nous un CHANCELIER de *France*,
Qui vient de son Logis en ce méchant Quartier, (1)
Sachant bien le respect que l'on doit au métier ;
Et ces vieux Débauchés, au mépris de la Gloire,
Lors que nous travaillons, font leur plaisir de boire.

GODEAU.

Je vois entrer *Faret* suivi de *Saint-Amant*.

CHAPELAIN.

Et si je ne me trompe, ils ont bu largement.

---

(1) L'ACADEMIE n'avoit point au commencement de lieu fixe, pour tenir ses *Assemblées*. On les tenoit tantôt chez un des *Academiciens*, & tantôt chez un autre ; mais enfin en l'année 1643. le 16. Février, après la mort du Cardinal de Richelieu, *Mr.* le Chancelier *fit dire à la Compagnie, qu'il désiroit qu'à l'avenir elle s'assemblât chez lui. Voy.* l'HISTOIRE de l'Academie Françoise, p. 92. 93. Peliss. HIST. DE L'ACADEMIE.

SCENE II.

SAINT-AMANT, FARET, CHAPE-
LAIN, GOMBAULD, SERISAY,
MONSIEUR LE CHANCE-
LIER, &c.

SAINT-AMANT.

POur tout Emploi chez vous, Seigneurs Académiques,
Nous serons vos Buveurs & Poëtes Bachiques

FARET.

Nous perdons le respect ; mais, ô Grand CHANCELIER,
Vous aurez la bonté de vouloir l'oublier.

CHAPELAIN.

Il ne vous reste plus qu'à parler de la Guerre,
Qui dans le Cabaret se fait à coup de verre.

GOMBAULD.

Qu'à dire des Chansons, qui vantent la liqueur,
Dont le Pere *Bacchus* réjouït vôtre cœur.

SAINT-AMANT.

Prenez soin de nôtre Langage,
Auteurs polis & curieux ;
Et nous laissez le doux usage
D'un vin frais & délicieux.

Que d'*Apollon* la docte Troupe,
Vieillisse à réformer les Mots ;
Celle de *Bacchus*, dans la Coupe
Ira chercher sa Joie, & trouver son Repos.

DE SAINT-EVREMOND.

FARET.

Si l'Esprit & la Suffisance,
Si l'avantage de Raison,
Ne paroissent point dans l'enfance,
Et demeurent comme en prison,
C'est qu'on succe le lait d'une pauvre Nourrice :
Et Dieu qui conduit tout sagement à sa fin,
De nos divins Talens réserve l'exercice
Pour le tems précieux que nous buvons du vin.

SERISAY.

Nous sommes satisfaits de vos Stances Bachiques ;
Et vous étes reçus Buveurs Académiques.
Mais de peur de vieillir à réformer les Mots,
Nous allons travailler ; laissez-nous en repos :
La chose qui se traitte est assez d'importance.

FARET.

Nous nous tairons.

Mr. LE CHANCELIER.

Sortez ; c'est le mieux que je pense.

FARET.

Si nous vous offensons, Monsieur le CHANCELIER ;
Vous aurez la bonté de vouloir l'oublier.

SCENE III.

MONSIEUR LE CHANCELIER, SERISAY, GODEAU, DES MARETS, SILHON, CHAPELAIN, GOMBAULD, BOIS-ROBERT, L'ESTOILE, GOMBERVILLE, BAUDOIN, &c.

SERISAY.

Enfin, ils sont sortis. Sans tarder davantage,
Réformons les défauts que l'on trouve au Langage,
Et d'un Stile trop vieux faisons-en un nouveau.
Vous, parlez le premier, docte & sage *Godeau*.

GODEAU.

C'est m'obliger beaucoup : & cette déférence
Seroit dûe à quelqu'autre avec plus d'apparence.

SERISAY.

Vous êtes trop modeste ; & vôtre Dignité.....

GODEAU.

Je reçois cet honneur sans l'avoir merité :
Je le dois purement à vôtre courtoisie.

SERISAY.

On n'en sauroit avoir aucune jalousie.

GODEAU.

Je dirai donc, Messieurs, qu'il est très-important
D'ôter de nôtre Langue, OR, POURCE-QUE,
D'AUTANT.

C'est là mon sentiment : vous me voyez attendre
Que quelqu'émulateur s'apprête à les défendre.
DES MARETS.
Silhon s'oppose enfin.
SERISAY.
Parlez distinctement,
Vous, Monsieur de *Godeau*.
GODEAU.
Je dis premierement,
Que ces Mots sont usés, qu'ils tombent de vieillesse ;
Et d'ailleurs il s'y trouve une grande rudesse.
SILHON.
Inepte sentiment ! absurde vision !
Ces Mots ménent enfin à la Conclusion :
L'un sert à resumer, comme à la conséquence ;
Les autres, à prouver les choses d'importance.
GODEAU.
Le premier sent l'Ecole, & tient trop du Pédant,
Et tous ont trop vécu.
LA TROUPE.
Nous en disons autant
SILHON.
Qu'ils soient bannis des Vers, & conservés en Prose.
DES MARETS.
Aujourd'hui Prose & Vers, sont une même chose.
CHAPELAIN.
Il est bien échauffé : qu'on lui tâte le pous.
SERISAY.
C'est assez disputé, Messieurs ; asseyez-vous :
Que quelque autre succede à l'Evêque de *Grasse*.
Parlez, vous, *Chapelain*, sans user de Préface.

CHA-

CHAPELAIN.

Il conste, il nous appert, sont termes de Barreau,
Que leur antiquité doit porter au tombeau.

SILHON.

J'estime en *Chapelain* la bonté de Nature,
Qui veut donner aux Mots même la Sépulture.

CHAPELAIN.

Horace les fait naître, & puis les fait mourir (1)
Sans quelque Métaphore on ne peut discourir.

SILHON.

Les Mots peuvent mourir ; mais jamais Métaphore
N'avoit dressé *Tombeau* pour de tels Morts encore.

LA TROUPE.

Il conste, il nous appert, doivent être abolis,
Mais on ne les voit pas encore ensevelis.

GOMBAULD.

Je dis que la Coutume assez souvent trop forte,
Fait dire improprement que l'on ferme la porte.
L'Usage tous les jours autorise des Mots,
Dont on se sert pourtant assez mal à propos.
Pour avoir moins de froid à la fin de Decembre,
On va pousser sa porte, & l'on ferme sa chambre.

SERISAY.

En matiere d'Etat, vous savez que les Rois

Nô-

---

(1) *Ut silva foliis pronos mutantur in annos,*
Prima cadunt : ita verborum vetus interit ætas,
Et Juvenum ritu florent modo nata, vigentque.

Horat. de Arte Poët. ℣. 60.

N'ôtent pas tout d'un coup les anciennes Loix:
De même dans les Mots, ce n'est pas être sage,
Que d'ôter pleinement ce qu'approuve l'Usage.

LA TROUPE.

Digne Raisonnement! Noble Comparaison!
Gombauld n'a pas de tort, & vous avez raison.

BOIS-ROBERT.

Messieurs, je veux ôter un terme de Coquette;
C'est le mot d'A RAVIR.

L'ESTOILE.

Il est bon en Fleurette.
Cent & cent faux Galans en leur fade entretien,
De ce mot d'A RAVIR se servent assez bien:
Et principalement dans les Amours de Ville,
A RAVIR se rendra chaque jour plus utile.

LA TROUPE.

Nous n'avons parmi nous que des Auteurs de Cour,
Et partant ennemis de ce dernier Amour.
Les Dames de Quartier auront leur COTTERIE,
A qui nous laisserons le droit de Bourgeoisie.

GOMBERVILLE.

Que ferons-nous, Messieurs, de CAR (1), & de POURQUOI?

---

(1) „ Monsieur de Gom-
„ berville, dit Mr. Pe-
„ lisson, n'aimoit pas à
„ se servir du mot, CAR
„ qui, à la verité est en-
„ nuyeux s'il est souvent
„ repeté, & qui est bien
„ plus necessaire dans les
„ discours de raisonne-
„ ment que dans les Ro-
„ mans & dans les Poë-
„ sies. Il se vanta un jour
„ de n'avoir jamais em-
„ ployé ce mot dans les
„ cinq Volumes de POLE-
„ XANDRE, où l'on m'a
„ dit neantmoins qu'il se
„ trouve trois fois : on
„ conclud aussi-tôt de son
„ discours que l'Academie

OEUVRES DE Mr. DES MARETS.

Que deviendroit sans CAR, l'Autorité du Roi ?

GOMBERVILLE.

Le Roi sera toûjours ce que le Roi doit être,
Et ce n'est pas un Mot qui le rend nôtre Maître.

GOMBAULD.

Beau Titre que le CAR, au suprême Pouvoir,
Pour prescrire aux Sujets la regle & le devoir !

DES MARETS.

Je vous connois, *Gombauld* : vous êtes Hérétique(1),
Et partisan secret de toute République.

GOMBAULD.

Je suis fort bon Sujet, & le serai toûjours ;
Prêt de mourir pour CAR, après un tel discours.

DES MARETS.

Du CAR viennent les Loix : sans CAR, point d'Ordonnance ;
Et ce ne seroit plus que désordre & licence.

GOMBAULD.

Je demande pardon, si trop mal à propos,
J'ai parlé contre un Mot qui maintient le Repos.

GOMBERVILLE *à des Marets*.

L'effort de vôtre Esprit en chose imaginaire,

Vous

„ vouloit banir le CAR ;
„ & bien qu'elle n'en ait
„ jamais eu la moindre
„ pensée, on en fit mille
„ railleries ; & ce fut le
„ sujet de cette agréable
„ lettre de Voiture qui
„ commence, Mademoiselle, CAR, étant d'une si grande Consideration en nôtre Langue, &c. HISTOIRE de l'*Academie Françoise*, p. 74. 75.

(1) Gombauld étoit Protestant.

DE SAINT-EVREMOND.

Vous rendra, Des Marets, un grand Visionnaire.
Le Poëte, le Vaillant, le Riche, l'Amou-
   reux,
Feront de leur Auteur un aussi grand Fou qu'eux (1).

DES MARETS.

Un faiseur de Romans, Pere de Polexandre,
A corriger les Foux n'a pas droit de prétendre.

Mr. LE CHANCELIER.

Ni vous autres, Messieurs, droit de vous quereller,
Laissez le car en paix : il n'en faut plus parler.

GOMBERVILLE.

Et le Pourquoi, Messieurs ?

LA TROUPE.

         Sans cesse il questionne :
Qu'il soit moins importun, ou bien on l'abandonne.

L'ESTOILE.

Je ne saurois souffrir le vieux auparavant,
Qui se trouve cent fois à la place d'avant.

BAUDOIN.

Pour mes Traductions c'est un Mot necessaire ;
Et si l'on s'en sert mal, je n'y saurois que faire.

L'ESTOILE.

Peut-être voudrez-vous garder encore Jadis ?

BAU-

---

(1) Des Marets a fait une Comédie, intitulée les Visionnaires, qui est son chef-d'Oeuvre ; & dont les quatre principaux Personnages sont un Capitan, un Poëte extravagant, un Amoureux en idée, & un Riche imaginaire. Sur la fin de sa vie, il donna dans le Fanatisme, & se remplit la tête de Visions Prophétiques. Voyez le Dictionaire de Mr. Bayle, Article Marets (Jean des)

BAUDOIN.

Sans lui comment rimer si bien à *Paradis*.

L'ESTOILE.

Paradis, est un Mot ignoré du *Parnasse*,
Et les *Cieux* dans nos Vers auront meilleure grace.

SERISAY.

Que dira *Colletet* ?

COLLETET.

    Le plus grand de mes soins,
Est d'ôter NONOBSTANT, & casser NE'ANMOINS.

HABERT.

Condamner NE'ANMOINS ! d'où vient cette pensée ?
Colletet, avez-vous la Cervelle blessée ?
NE'ANMOINS ! qui remplit & coule doucement ;
Qui met dans le Discours un certain Ornement....
 Pour casser NONOBSTANT, c'est un méchant Office,
Que nous nous rendrions dans les Cours de Justice.

DES MARETS.

Puisque CAR est sauvé, laissons le reste en paix,
Et faisons une Loi, qui demeure à jamais.
,, Les Auteurs assemblés pour régler le Langage,
,, Ont enfin décidé dans leur *Aréopage* :
,, Voici les Mots soufferts, voici les Mots cassés......
Monsieur de *Serisay*, c'est à vous : Prononcez.

SERISAY.

Grace à Dieu, Compagnons, la Divine Assemblée
A si bien travaillé, que la Langue est réglée.
Nous avons retranché ces durs & rudes Mots,
Qui sembloient introduits par les barbares *Gots*.
Et s'il en reste aucun en faveur de l'Usage,
Il sera desormais un méchant personnage,

OR,

DE SAINT-EVREMOND.

Or, qui fit l'important, déchu de tous Honneurs,
Ne pourra plus servir qu'à de vieux Raisonneurs.
Combien-que, pource-que, font un son in-
 commode,
Et d'autant & parfois, ne sont plus à la
 mode.
Il conste, il nous appert, sont termes de
 Barreaux;
Mais le Plaideur François aime un air plus nouveau,
Il appert étoit bon pour Cujas & Barthole. (1)
Il conste ira trouver le Parlement de Dôle,
Où malgré sa vieillesse, il se rendra commun,
Par les graves Discours de l'Orateur le Brun. (2)
Du pieux Chapelain la Bonté paternelle,
Peut garder son Tombeau pour sa propre Pucelle.
Aux stériles Esprits dans leur fade Entretien,
On permet a ravir, lequel n'exprime rien.
Jadis, est conservé par respect pour Malherbe.
Dans l'Ode il a marché, Jadis, grave & superbe;
Et de là s'abaissant en faveur de Scarron,
Il a pris l'Air burlesque & le comique Ton;
Mais il demeure exclus du Discours ordinaire:
Vieux Jadis, c'est pour vous tout ce que l'on peut faire,
Il faudra moderer cet indiscret Pourquoi,
Et révérer le Car pour l'interêt du Roi.
En toutes Nations la Coutume est bien forte;
On dira cependant que l'on pousse la porte.
Nous souffrons ne'anmoins, & craignant le Palais,
Nous laissons nonobstant en repos pour jamais.
Qu'au milieu des Cités la vaine Cotterie,
Au prodigue Cadeau soit toûjours assortie:

Et

(1) Deux célèbres Ju-
risconsultes.
 (2) Mr. le Brun, Pro-
cureur Général au Parle-
ment de Dôle, s'en ser-
voit toûjours. Touchant
Mr. le Brun, voyez le
Dictionaire de Mr.
Bayle, Article Brun
(Antoine le)

Et que dans le Repas, ainsi que dans l'Amour,
Ils demeurent Bourgeois, éloignés de la Cour.

Auteurs, mes Compagnons, qui réglez le Langage,
Avons-nous assez fait ; en faut-il davantage ?

LA TROUPE.

Voila ce qu'à peu près nous pensions réformer.
Anathême sur ceux qui voudront le blâmer ;
Et soit traité chez nous plus mal qu'un Hérétique.
Qui ne reconnoîtra la Troupe Académique.

DES MARETS.

A ce divin Arrêt, des Arrêts le plus beau,
Je m'en vais tout à l'heure apposer le grand Sceau.

Fin du troisième & dernier Acte.

RETRAITE
DE
MONSIEUR LE DUC
DE LONGUEVILLE,

II.

En son gouvernement de Normandie. (1)

MONSIEUR de *Longueville* entrant dans le Vieux-Palais, rencontra d'abord Mr. de *Saint-Luc*, (2) qu'on avoit envoyé de *Saint-Germain* au Marquis d'*Hectot*, (3) pour tâcher de le remettre dans les interêts de la Cour. Il lui dit avec un visage plein de joie : *Saint-Luc, il n'y a pas long-tems que je vous haïssois bien. Et*
moi,

---

(1) *Mr. de Saint-Evremond écrivit cette ingenieuse Satire, pour tourner en ridicule la plûpart des Gentilshommes de Normandie, qui s'étoient déclarez contre la Cour en 1649. Voyez la Vie de* Mr. de St. Evremond *sur l'année 1649.*

(2) *Lieutenant Général de Roi en Guienne, sous le Duc d'Epernon.*

(3) *Fils du Marquis de Beuvron.*

Tom. I. D

moi, Monsieur, repartit Saint-Luc, je ne vous hai pas moins préfentement, que vous me haïssiez en ce téms-là. Si l'on ne m'avoit trompé, vous ne feriez pas ici ; & fi l'on ne vous eût trompé le premier, on ne m'y eût pas souffert.

Ce petit Difcours fini, Monfieurs de Longueville voulut aller au Parlement, qui s'affembloit pour délibérer fi on le devoit recevoir. Quelques-uns de fes amis s'y oppoférent, alléguant qu'en fe commettant, il alloit commettre toute la fortune du Parti. On fit monter des gens fur une Tour fort élevée, pour obferver la contenance du Peuple ; & comme on lui eut raporté qu'on entendoit de toutes parts des cris de joie, il fortit auffi-tôt, accompagné de ceux qui l'avoient fuivi, & fe rendit au Palais, après avoir reçu par tout mille acclamations.

Il furprit Meffieurs du Parlement, qui n'attendoient pas une avanture fi inopinée ; & après avoir pris fa place, il parla de cette forte : *Vous ayant toûjours beaucoup honorés & chéris, je fuis venu avec tout le péril, où un homme de ma qualité fe peut expofer, vous offrir mon bien & ma vie pour vôtre confervation. Je fai que la plûpart des Gouverneurs n'en ufent pas ainfi ; & que tirant de vous tout le fervice qu'ils en peuvent tirer dans un tems paifible, ils vous abandonnent auffi-tôt qu'ils vous voyent dans le danger. Pour moi, qui vous ai mille obligations, je prétens ici les reconnoître ; & en qualité de Gouverneur, & comme une Perfonne fenfiblement obligée, je viens vous*

vous rendre tout le service que je pourrai dans une conjoncture si périlleuse.

Le Premier Président (1) ne répondant rien à cette Harangue, & témoignant assez par le chagrin de son visage, combien la présence du Duc l'affligeoit ; tous les Messieurs lui donnérent des témoignages de joie, qui furent animés par la bouche d'un Conseiller de la Grand' Chambre, appellé du *Mesnil-côté*, qui lui fit ce beau Discours : *La même différence, qui se rencontre entre le Loup & le Berger, Prince débonnaire, la même se trouve entre le Comte d'Harcourt & vôtre Altesse en cette occasion. Le Comte d'Harcourt est venu soit comme Loup, soit comme Lion ; mais toûjours en bête ravissante, pour nous dévorer : nous n'avons pas voulu lui ouvrir nos Portes, de peur de recevoir l'Ennemi dans nos entrailles ; pour toute grace, nous lui avons laissé faire le tour de nos Murs ; ce qu'il a fait, en jettant sur nous des yeux tout étincelans de colère,* tanquam Leo rugiens. *Pour vous, Grand Prince, vous êtes venu en véritable Berger, pour mettre à couvert toute vôtre Bergerie,* bonus Pastor ponit animam pro Ovibus suis. *Il est trop vrai que vous en userez de même :* atque ideò, *Monseigneur, nous vous commettons la garde de cette Ville, & le salut de toute la Province : c'est à vous à veiller à nôtre conservation, & à nous d'aider vos soins de toutes les assistances qui sont en nôtre pouvoir.*

(1) M. Faucon de Ris, | de Famille Italienne.

La Harangue finie, Monsieur de *Longueville* se leva ; & après avoir salué chaque Particulier avec son affabilité ordinaire, il sortit du Palais, accompagné de ses amis, & suivi du Peuple, qui le conduisoit avec de nouvelles acclamations.

Messieurs du Parlement faisant réflexion sur la joie qu'avoient eu les Bourgeois de recevoir leur Gouverneur, commencèrent de craindre une servitude entiére ; & pour empêcher ce malheur-là, ils firent desseins d'assurer leurs conditions avec lui. Mais soit que Monsieur de *Longueville* eût pénétré leur intention ; soit pour établir une entiére confiance, il les voulut prévenir, & les assurer qu'ils auroient toûjours la disposition de toutes choses. Il leur dit que les Affaires dont il s'agissoit, étoient proprement celles des Parlements, & non pas les siennes ; qu'il ne vouloit ni ne devoit avoir autre Emploi que celui de conduire une Armée, pour le bien de l'Etat, & pour leur service particulier ; que toutes les Levées se feroient par leurs ordres ; qu'ils établiroient eux-mêmes des Commissaires de leur Compagnie pour la recette & pour la distribution des deniers : & enfin, que comme ils avoient le pricipal interêt au succès des Affaires, il étoit raisonnable qu'il eussent une entiére participation de tous les Conseils.

Ces Messieurs lui rendirent graces de l'honneur qu'il leur faisoit ; l'assurérent qu'ils donneneroient autant d'Arrêts qu'il voudroit, sans rien examiner : qu'étant Tuteurs des Rois, ils disposeroient à son gré du bien du Pupille : qu'ils hazarderoient toutes choses pour son service, à condition qu'il feroit supprimer le Semestre, & remettroit la Compagnie dans son ancien état. Le Premier Président & l'Avocat Général se croyant inutiles au service du Roi, allèrent à *Saint-Germain* rendre compte de leur impuissance.

Cependant Monsieur de *Longueville*, qui se voyoit assuré du Peuple & du Parlement, ne songea plus qu'à faire des Troupes. Mais comme il n'avoit pas encore de fonds, il voulut toûjours distribuer les Charges, pour entretenir tout le monde ; & on commença à travailler à l'état d'une Armée, qui n'étoit alors qu'en imagination. Les plus considérables étant assemblés, » il leur rendit grace de la » chaleur qu'ils témoignoient à son service : » que pour lui, il reconnoîtroit toute sa vie » l'affection de ceux qui s'attachoient à sa Fortune ; & qu'en attendant qu'il les pût obli- » ger par des graces essentielles, il étoit prêt » de leur commettre les plus importans Em- » plois.

A ces douces paroles, tant d'illustres Personnes firent de profondes révérences. Un moment après, ce ne furent que complimens, qui allèrent insensiblement aux assurances de fidelité, & aux protestations de répandre jusqu'à

qu'à la derniere goute de leur sang. Il se fit ensuite plusieurs beaux Discours sur l'état présent des Affaires ; & quelques-uns, possedés du zele qu'ils avoient pour le Parti, ouvrirent un Avis considérable. *Pourquoi*, dirent-ils, *ne pas battre le fer tandis qu'il est chaud ? Vous avez, Monseigneur, quantité de Noblesse auprès de vous, & quantité de jeunes gens dans la Ville ; vous pouvez faire un gros de Gentilshommes, un gros de leurs Valets de chambre, auxquels vous joindrez la Cinquantaine, (1) & les Archers, deux gros Bataillons des meilleurs Bourgeois ; & avec ces Troupes, aller surprendre le Roi dans* Saint-Germain. *Oui*, répondit Monsieur de Longueville, *il sera bon ; mais comme c'est nôtre principale entreprise, il faut penser à la bien conduire : nous en parlerons au premier Conseil. Cependant, pour éviter la confusion, qui ruine d'ordinaire tous les Partis, il faut distribuer les Charges, afin que chacun soit assuré de son Emploi.*

Varicarville, si consideré des Esprits-Forts, ne voulut prendre aucun Emploi, ayant appris de son Rabbi, que pour bien entendre le Vieux Testament, il y faut avoir une aplication

---

(1) *La Cinquantaine est une espece de Compagnie d'Archers, qui conduit le Prisonnier qu'on relâche tous les Ans le* | *jour de l'Ascension, lorsqu'il a levé la Fierte, c'est à dire, la Chasse de* St. Romain, *où l'on porte la Gargouille.*

tion entiere, & même se réduire à ne manger que des Herbes (1), pour se dégager de toute vapeur grossiere. Néanmoins l'aversion qu'il avoit pour les Favoris, ne lui permettant pas d'être inutile dans ces occasions, il voulut prendre soin de la Police, & régler toutes choses selon les Mémoires du Prince d'*Orange*: mais comme il arrive toûjours cent malheurs, il avoit oublié à *Paris* un Manuscrit du Comte *Maurice*, dont il eût tiré de grandes lumieres pour l'Artillerie & pour les Vivres ; ce qui fut cause vrai-semblablement qu'il n'y eut ni munitions ni pain dans cette Armée-là.

Saint-Ibal demandoit l'honneur de faire entrer les Ennemis en *France* ; & on lui répondit que Messieurs les Généraux de *Paris* se le réservoient. Il demanda un plein pouvoir de traiter avec les *Polonois*, les *Tartares*, les *Moscovites*, & l'entiere disposition des Affaires chimeriques ; ce qui lui fut accordé. Le Comte de *Fiesque*, fertile en visions militaires, outre la Charge de Lieutenant Général, qu'il avoit eüe dès *Paris*, obtint une Commission particuliere pour les Enlevemens de Quartier, & autres Exploits brusques & soudains, dont la résolution se peut prendre, en chantant un Air de *la Barre* (2), & dansant un pas de Balet:

Le

---

(1) Vaticarville avoit auprès de lui un Rabbin, qui ne lui laissoit manger que des Herbes.

(2) Fameux Musicien de ce tems-là.

Le Marquis de *Beuvron* fut fait Lieutenant Général, à condition qu'il demeureroit au Vieux-Palais, la Place & le Gouvernement étant tous deux de si grande importance, qu'on ne pouvoit les conserver avec trop de soin. Le Marquis de *Matignon*, toûjours illustre par sa suffisance, & présentement fameux par le mémorable Siége de *Vallogne*, commendoit les Troupes du *Cotantin*, disant qu'il vouloit avoir sa petite Armée, & être aussi indépendant de Monsieur de *Longueville*, que le *Vvalstein* l'étoit de l'Empereur. Le Marquis d'*Hectot* demanda le Commandement de la Cavalerie ; ce qui lui fut accordé, parce qu'il étoit mieux monté que les autres ; qu'il étoit environ de l'âge de Monsieur de *Nemours*, lors qu'il la commandoit en *Flandre*, & qu'il avoit une casaque en broderie toute pareille à la sienne.

On choisit *Ausonville* pour Gouverneur de *Roüen*, comme un homme entendant civilement bien la guerre, & aussi propre à haranguer militairement les Peuples, que le *Plessis-Besançon*. Le Gouverneur fut fait Maréchal de Camp, pour ne pas obéïr aux autres, & le Maréchal de Camp Gouverneur, pour ne pas quitter la Ville : car c'étoit une de ses Maximes, *Qu'il ne devoit sortir pour quoi que ce fût* ; & il alléguoit plusieurs Villes considérables, qui s'étoient perduës par l'absence des Gouverneurs.

Hanerie & *Caumenil* demanderent qu'on les fît Maréchaux de Camp : *Hanerie*, fondé sur ce qu'il avoit pensé être Enseigne des Gendarmes du Roi : *Caumenil*, sur ce qu'il s'en étoit peu falu qu'il n'eût été Mestre de Camp du Régiment de Monsieur. *Boucaule* ne pouvoit pas dire qu'il eût jamais vu d'Armée ; mais il alléguoit qu'il avoit été Chasseur toute sa vie, & que *la chasse étant une image de la guerre*, selon *Machiavel*, (1) quarante ans de chasse valoient bien pour le moins vingt campagnes. Il voulut être Maréchal de Camp, & le fut. *Flavacourt* disoit que pour être bon Capitaine, il faloit avoir vu des déroutes, aussi bien qu'avoir gagné des Combats, suivant ce que *Barriere* (2) avoit lu dans le Livre de Monsieur de *Rohan* (3) : cela étant, il prétendoit que personne ne lui pouvoit disputer l'avantage de sa propre expérience, tout le monde se souvenant assez du désordre où il se trouva, quand d'*Estanges* fut prisonnier (4).

On voulut donner le Commandement de l'Artillerie à *Saint-Evremond* ; & à dire vrai, dans l'inclination qu'il avoit pour *Saint Germain*,

---

(1) *Voyez ses* Discours *sur la premiere Decade de Tite-Live, Liv. III. Chap.* 39.
(2) *Son Beau frere.*
(3) Le Parfait Capitaine, *ou l'Abregé des Guerres des Commentaires de César, &c.*
(4) *A la Guerre de Paris.*

main, il eût bien souhaité de servir la Cour, en prenant une Charge considérable, où il n'entendoit rien. Mais comme il avoit promis au Comte d'*Harcourt* de ne point prendre d'Emploi, il tint sa promesse, tant par honneur, que pour ne ressembler pas aux *Normans*, qui avoient presque tous manqué de parole. Ces considérations lui firent généreusement refuser l'argent qu'on lui offroit, & qu'on ne lui eût pas donné.

Campion ne s'attacha pas aux grans Emplois : il demanda seulement d'être Meréchal de Bataille, pour apprendre le métier, avoüant ingénument qu'il ne le savoit pas ; mais se faisant fort de savoir le Païs, jusqu'aux petits Ruisseaux, & aux moindres passages ; laquelle science il avoit apprise à la chasse avec Monsieur de *Vendôme*. *Sevigny* se contenta du même Emploi ; mais il fut la dupe de sa modération, quand il vit que pour être Maréchal de Camp, il ne faloit pas être habile homme : il s'érigea de plus en Goguenard, & eut l'honneur de faire rire son Altesse.

Rucqueville, cet ancien Serviteur, ne voulut rien faire ; & sa longue expérience à la guerre demeura inutile, sous prétexte de ses vapeurs. Monsieur de *Longueville*, pour adoucir le chagrin qu'il avoit de n'être pas Gouverneur de *Caen*, augmenta ses Pensions : mais ce fut en vain, *Rucqueville* disant hautement qu'il prendroit assez l'argent de son Maître ;

mais

mais que pour s'empêcher d'en dire du mal, il ne le feroit jamais.

Franquetot-Barberousse, demeura longtems sans prendre parti, *Boncœur* (1) entretenant son incertitude par l'amitié du Maréchal de *Gramont*. Durant ses longues délibérations, il ne laissoit pas de s'ériger insensiblement en rendeur de bons offices, se flatant avec joie de la vanité d'un faux crédit. Depuis, étant informé par les Lettres de ses amis, qu'on travailloit sérieusement à la Paix, il fit dessein de quiter le personnage neutre : il lut les *Mémoires de César*, pour fortifier son esprit, qui n'étoit pas encore bien résolu. Quant il vint au passage du *Rubicon*, il s'arrêta tout court, comme avoit fait ce grand Capitaine ; & après avoir un peu rêvé, il s'écria comme lui : *Le Rubicon est passé ; à tout perdre, il n'y a qu'un coup périlleux.* Il sort là-dessus avec une émotion extrême, sans regarder *Boncœur*, sans regarder *le petit Henri* (2), sachant bien que la vûë des femmes & des enfans peut amolir les plus fiers courages : sans rien dire à pas un de ses amis, il va trouver le Duc de *Longueville*, & lui tenir ce discours : *J'ai toûjours été vôtre Serviteur, mais non pas avec un attachement si particulier, que cela m'obligeât de vous servir en cette rencontre ; aujourd'hui je veux entrer dans*

---

(1) On nommoit ainsi sa Femme.
(2) Fils de Franquetot.

dans vos interêts, & viens assurer Vôtre Altesse que je me donne entierement à Elle.

La joïe de ce Duc fut grande, & de celles, qui ne pouvant être renfermées dans le cœur, font d'ordinaire quelque impression sur le visage ; mais elle fut modérée, lors que *Barberousse* se fut expliqué de cette sorte : *La déclaration que je fais, n'est pas si générale, que je n'y mette encore une condition : je prétens demeurer ici, quand vous irez à la guerre ; ce qu'on ne doit point attribuer à faute de courage, mais à une malheureuse rétention d'urine, qui m'empêche de monter à cheval. Ce n'est pas que je veuille être inutile dans le Parti : je négocierai avec Madame de* Matignon, *pour laquelle j'ai toûjours conservé quelque espece de galanterie ; & de plus, comme vous n'avez ici personne qui sache faire de Relations, je prendrai le soin de publier vos Exploits.* Ces dernieres paroles remirent entièrement l'esprit du Prince ; car, à dire vrai, la nécessité du *Gazetier* étoit grande, & il fut bien aise d'en trouver un si entendu dans la Narration.

Fontrailles arriva tout à propos pour voir la grande Occasion de la *Bouille* (1). Durant son sé-

---

(1) La Bouille *est un Bourg à trois lieues de Roüen.* Mr. *de St. Evremond donne ici plaisamment le nom d'occasion* à la retraite précipitée du Duc de Longueville, dont j'ai parlé dans la Vie de *Mr. de St. Evremond sur l'année* 1649.

séjour en *Normandie*, le Duc de *Longueville* lui communiqua toutes choses, aussi-bien qu'à *Varicarville*, & au Comte de *Fiesque*: mais *Fontrailles* ne pouvoit goûter cette Confiance, ayant peur de s'engager trop avant dans les intérêts du Prince, & de devenir le Confident d'une seconde entreprise sur *Pontoise*. Une si juste appréhension l'obligea de quitter, & d'emmener avec lui le Comte de *Fiesque*, auquel il représenta, qu'au point qu'ils gouvernoient leur Général, on leur imputeroit tous les Desordres qui arriveroient, s'ils portoient les choses à l'extrémité.

Le Duc de *Retz*, dont on avoit attendu de si grands secours, vint accompagné seulement du Page, qui portoit ses Armes, & de ses deux fideles Ecuyers (1). Quelques-uns trouvérent à dire de le voir arriver sans Troupes ; mais ils furent bien-tôt satisfaits, quand il leur montra une longue liste des Barons qui demandoient de l'Emploi. Il ne tint qu'à deux cens mille écus qu'il ne mît les *Bretons* en Campagne ; & manque de ce peu d'Argent, le crédit d'un si grand Seigneur ne servit de rien. Il est vrai qu'il promit de payer de sa personne, & de servir de Duc & Pair dans l'Armée de *Roüen*, avec la même assiduité qu'il avoit fait dans celle de *Flandre*. Il assura de plus que

Mont-

---

(1) En Flandres, il avoit toujours deux Ecuyers à ses côtés, & un Page qui portoit six armes.

Montplaisir viendroit bien-tôt, & donna même quelque esperance du *Tapinois* (1). Au reste *Belle-Isle* étoit en fort bon état ; il y avoit garnison dans *Machecoul*, & l'on faisoit bonne garde à *Montmirel*. Sa façon de vivre avec les Officiers fut tout à fait obligeante ; & quiconque étoit assez heureux pour avoir un Buffle, ou une Hongreline de velours noir, pouvoit s'assurer de son amitié.

Vous voyez les différens Emplois des plus considérables personnes du parti. Si quelqu'un s'étonne que je dise rien de leurs Actions, c'est que je suis exactement véritable ; & comme je n'ai vu autre chose, je n'ai rien dit davantage. Cependant, je me tiens heureux d'avoir aquis la haine de ces mouvemens-là, plus par observation, que par ma propre expérience. C'est un métier pour les sots & pour les malheureux, dont les honnêtes gens, & ceux qui se trouvent bien, ne se doivent point mêler.

Les dupes viennent-là tous les jours en foule : les proscrits, les miserables s'y rendent des deux bouts du Monde : jamais tant d'entretiens de générosité sans honneur : jamais tant

---

(1) Aubeterre *étant à l'Armée, se déroboit quelquefois de table, ou d'ailleurs, pour aller essuyer quelques coups de Mousquet à la Tranchée ; & ses Amis, qui s'attendoient à toute autre chose, étoient surpris de le voir revenir blessé. Cela lui fit donner le nom de* Tapinois.

tant de beaux discours, & si peu de bon-sens: Jamais tant de desseins sans actions; tant d'entreprises sans effets; toutes imaginations, toutes chimères; rien de véritable; rien d'essentiel, que la nécessité & la misére. De là vient que les particuliers se plaignent des Grands, qui les trompent, & les Grands des particuliers, qui les abandonnent. Les sots se desabusent par l'experience, & se retirent: les malheureux, qui ne voyent aucun changement dans leur condition, vont chercher ailleurs quelque autre méchante affaire; aussi mécontens du Chef de parti, que des favoris.

L'APOLOGIE pour Mr. le Duc de Beaufort, qu'on attribuë dans les MEMOIRES du Duc de la Rochefoucault à Mr. de St. Evremond, n'est pas de lui. Il est vrai qu'il y eut quelque part; mais le véritable Auteur de cette Piece est Girard, qui a écrit la VIE du Duc d'Epernon. Voyez la page 1. du Tome VI. qui contient les OEUVRES MELE'ES, ou le MELANGE CURIEUX des Pieces, attribuées à Mr. de St. Evremond, &c. où cela est particularisé d'une maniere plus exacte.

LETTRE III.

A MADAME***.

JE me souviens qu'allant à l'Armée, je vous priai d'aimer le Chevalier de Grammont, si j'étois assez malheureux pour y mourir; en quoi je suis si bien obéï, que vous ne le haïssez pas durant ma vie, pour apprendre à le bien aimer après ma mort. Vous êtes ponctuelle à garder mes ordres; & si je continuë à vous donner la même commission, il y a de l'apparence que vous l'exécuterez avec un grand soin.

Vous croyez que je veux cacher sous un faux ridicule une véritable douleur; & dans la connoissance que vous avez de ma passion, vous aurez de la peine à vous persuader que je souffre un Rival sans jalousie. Mais peut-être ne savez-vous pas, que si je n'ose me plaindre de vous, pour vous aimer trop, je n'oserois me plaindre de lui, pour ne l'aimer gueres moins: & s'il faut de nécessité me mettre en colère, apprenez-moi contre qui je me dois fâcher davantage; ou contre lui, qui m'enleve une maîtresse; ou contre vous, qui me volez un ami.

Quoi qu'il en soit, ne vous mettez pas en peine de m'appaiser. J'ai trop de passion, pour donner rien au ressentiment; ma tendresse l'emportera toûjours sur vos outrages. J'aime la Perfide, j'aime l'Infidéle; & crains seulement qu'un ami sincere ne soit mal avec tous les deux. Adieu. Faisons, je vous prie, une manière de liaison inconnuë; & par un mystere assez nouveau, que son amitié, la vôtre, & la mienne ne soient plus qu'une même chose.

A LA MEME. IV.

JE pensois que vous m'aviez oublié ; mais par une conduite plus fine, & plus ingénieuse, vous me traitez comme si vous commenciez à me connoître.

A vous dire le vrai, je n'ai jamais vu Lettre si civile, qui oblige si peu que la vôtre : Vous avez trouvé une indifference si délicate, que je ne puis me plaindre de vous sans chagrin, ni m'en loüer sans sottise. *Générosité, gratitude, obligation*, sont les moindres mots de vôtre Lettre. Vous avez appris pour moi tous les termes qui entrent dans les complimens, & oublié tous ceux qui expriment quelque sentiment d'Amour.

Il faut avoüer que vous imitez parfaitement le stile de Madame vôtre mere. Je pensois d'abord recevoir une marque de son souvenir. Outre cela, Madame, ce jargon pitoyable de *l'accablement de vos malheurs* ne vous convient point ; il sent tout-à-fait le genie d'une personne mystérieusement désolée.

Pour vous, qui n'avez jamais fait la Comédienne d'affliction, d'où vient que vous me choisissez, pour me donner les apparences d'une si belle misére ? Ne suis-je plus au monde, que pour être le Confident de vos cha-

grins,

grins concertés, & de vos douleurs étudiées ?

Comme vous ne me serez jamais indifferente, j'ai demandé de vos nouvelles à M***. qui m'a dit que vous dansiez depuis le matin jusqu'au soir, & qu'on ne pouvoit pas se divertir plus agréablement que vous faisiez.

Adieu, *miserable* personne ; *accablée* d'une longue suite de *malheurs* ; pleine de *gratitude* pour ceux qui *prennent quelque part* à vos *miseres*. Adieu, plus tendrement mille fois que vous ne m'écrivez civilement. Je vous prie de croire que vous n'avez pas assez de civilité pour me rebuter ; & que je serai plûtôt toute ma vie le Confident de vos malheurs, que de ne vous être rien du tout.

LETTRE V.

A MADAME***.

Vous êtes sur le point de faire un méchant galant d'un fort bon ami ; & je m'apperçois que ce que je nommois satisfaction avec vous, devient insensiblement quelque charme. Je ne parle plus de *tourner en ridicule* ; & la même personne, qui faisoit tant de cas de vos imaginations malicieuses, trouve en vous des qualités plus touchantes, qui la dégoûtent de ces premiers agrémens.

Vous m'aviez toûjours paru fort aimable ; mais je commence de sentir avec émotion ce que je voyois avec plaisir. Pour vous parler nettement, j'ai bien peur que je ne vous aime, si vous souffrez que j'aye de l'amour : car je suis encore en état de n'en point avoir, si vous le trouvez mauvais.

N'attendez de moi ni les beaux sentimens, ni les belles passions. J'en suis tout-à-fait incapable, & les laisse volontiers aux amoureux de Mademoiselle C***. Que les ruelles en fassent leur profit. Permettez à Madame de *** de définir l'*Amour* à sa fantaisie, & n'enviez point les imaginations à ces misérables, qui dans les ruines de leur beauté, font va-

loir

loir l'esprit qui leur reste, aux dépens du visage qu'elles n'ont plus.

Peut-être croyez-vous, me voyant si brutal à mépriser les beaux sentimens, que pour les exercices du corps, je suis un des plus déterminés Hommes du monde ; écoutez ce qui en est : je suis médiocre en toutes choses, & la nature ni la fortune n'ont rien fait pour moi que de fort commun.

Comme je ne puis voir sans envie les gens somptueux & magnifiques dans leurs dépenses, je ne puis souffrir qu'avec chagrin ceux qui sont trop adonnés à leurs plaisirs ; & si j'ose le dire, je hai en quelque sorte les *Vivonnes* & les *Saucours*, pour ne leur pouvoir ressembler.

Mes Affaires vont toûjours un même train. Jamais le Déréglement ne m'est permis, & il me faut un peu d'économie pour arriver au bout de l'Année, & passer une nuit d'Hiver. Ce n'est pas que je sois réduit à la nécessité, ou à la foiblesse ; mais si je veux dire les choses nettement, ma dépense est petite, & mes efforts médiocres.

Dites-moi si avec ces qualitez-là je puis devenir vôtre amant, ou si je dois demeurer vôtre ami. Pour moi, je suis resolu de prendre le parti qu'il vous plaira. Et si je passe de l'amitié à l'amour sans emportement, je puis revenir de l'amour à l'amitié avec aussi peu de violence.

M A.

MADRIGAL. VI.

Qu'avez-vous fait de mon amour,
Bonheur fatal, funeste jouissance?
Etoit-ce pour le perdre, ô trop malheureux jour!
Que je vous attendois avec impatience?
Rendez, trompeur, rendez-moi mes desirs,
Et je vous rendrai vos plaisirs.

A MAD***. VII.

ELEGIE.

Aimable, si *Iris* vous voulez apprendre
Les maux secrets, dont ne se peut défendre
Le plus fidéle & le plus triste Amant,
Lisez ces Vers, pour savoir mon tourment;
Et s'il restoit encore dans vôtre âme
Un sentiment favorable à ma flâme;
S'il vous restoit encor quelque amitié,
Ne voyez pas ma douleur sans pitié.
Depuis le jour que mon malheur extrême
Me contraignit de me laisser moi-même,
Quand la rigueur d'un injuste courroux
Me contraignit de m'éloigner de vous:
Depuis le jour que j'ai quitté vos charmes,
J'ai tout quitté, sinon mes tristes larmes:
J'ai tout quitté; mon repos; mes plaisirs;
Quitté l'Espoir, & gardé les Desirs.
Soit dans la foule, ou dans la solitude,
Je m'entretiens en mon inquiétude:
Le souvenir de vos beaux yeux absens
Fait mon dégoût pour les objets présens.

Je croirois être infidéle à ma flâme,
Si je voyois sans horreur quelque Femme :
Je trahirois mon innocent amour,
Si je passois sans ennui quelque jour.
Les grands-repas, & toutes leurs délices
Sont devenus comme autant de supplices,
Et la douceur de cette volupté
Cede au chagrin dont je suis tourmenté.
Triste, rêveur, sans goût, & sans parole,
J'y représente un mort, ou quelque idole :
Mes yeux ouverts sans aucun mouvement,
Ma bouche ouverte aux soûpirs seulement,
Le pâle teint d'un languissant visage,
Sont de ma mort un assuré présage ;
Et si mon cœur montre par un soûpir
Qu'il vit encore, il est prêt de mourir.
Dans les plaisirs que donne l'harmonie,
Je m'abandonne à mon triste genie,
Et la douceur des plus tendres accens,
Si délicate autrefois à mes sens,
Ne fait plus rien qu'exciter ma foiblesse,
Au souvenir de l'objet qui me blesse :
Ne fait plus rien qu'exciter dans mon cœur
Les mouvemens secrets de ma langueur.
Ces chers amis, dont l'esprit agréable,
Dont l'entretien me fut toûjours aimable,
Ne sauroient voir le chagrin où je suis,
Sans demander ce qui fait mes ennuis :
Ce qui me donne une mélancholie,
Où mon humeur est comme ensevelie :
Ce que j'ai fait de cette liberté,
Dont si long-tems on me vit enchanté.
,, Mes chers amis, n'en soyez plus en peine ;
,, Depuis qu'*Iris* me retient dans sa chaîne,
,, Depuis qu'*Iris* a voulu me charmer,
,, Pour mon malheur je ne sai plus qu'aimer :
,, Mon pauvre cœur dans sa douce molesse,
,, N'est rien qu'amour, que langueur, que tristesse ;
,, Et

DE SAINT-EVREMOND.

„ Et quand il a de plus vifs sentimens,
„ C'est lors qu'*Iris* excite ses tourmens;
„ Que sa rigueur, ou son ingratitude
„ Lui vient donner une peine plus rude.
Triste sujet de mon ressouvenir,
Dernier malheur, qui viens m'entretenir,
Ordre fâcheux de quitter tant de charmes,
Combien de fois, m'â-tu couté des larmes !
Combien de fois aux lieux les plus secrets
En ai-je fait ma plainte & mes regrets !
O ! vous que j'aime ! ô vous pour qui j'endure !
Vous qui causez ma funeste avanture,
Au lieu de prendre un si cruel dessein,
Vous deviez mettre un poignard dans mon sein,
Et par la mort que vous m'eussiez donnée,
Mettre en repos mon ame infortunée.
Mais c'en est fait, je cede au desespoir :
De tant de biens que j'eus en mon pouvoir,
Je n'ai plus rien pour flater mon envie,
Que le dessein de terminer ma vie.
Tous mes regrets ont été superflus.
J'obéïrai, je ne vous verrai plus.
Ma perte, *Iris*, est une perte entière;
En vous perdant, je perdrai la lumiére,
Et j'aime mieux avancer mon trépas,
Que d'être en vie, & de ne vous voir pas.

VIII. A LA MEME.

ELEGIE.

IRIS, si vous savez les peines que j'endure
Depuis le jour fatal de ma triste avanture;
Si vous avez appris tous les maux que je sens
Depuis que j'ai perdu vos charmes innocens;
Apprenez aujourd'ui qu'en cet état funeste,
M'entretenir de vous est tout ce qui me reste,
Et qu'un cher souvenir de mon bonheur passé,
Fait l'unique plaisir que vous m'avez laissé.
En ce tems bienheureux, où sans peine & sans crainte,
Je vous parlois du mal dont mon ame est atteinte;
En ce tems bienheureux, j'aimois; j'étois aimé:
Je flattois vôtre esprit, le mien étoit charmé.
Touchés également, nous sentions en nos ames,
Comme un secret rapport de nos communes flâmes:
Un soûpir vous disoit l'excès de mon tourment,
Vous m'en disiez autant d'un regard seulement;
Et nos yeux concertés dans un si doux silence,
Exprimoient de nos feux l'aimable violence.
Mais si je suis encor en l'état où j'étois,
Si je soûpire encor soumis aux mêmes loix,
Vous forcez aujourd'hui vôtre amoureux genie,
Et travaillez vous-même à vôtre tyrannie:
Vous prenez malgré vous l'infidéle dessein
D'étouffer l'amitié qui reste en vôtre sein;
Et vôtre Esprit confus s'entendant mal soi-même,
Recherche les moyens d'oublier ce qu'il aime.
Pour moi, de qui l'amour ne doit jamais finir,
Je veux jusqu'à la mort aimer un souvenir:
Je veux jusqu'à la mort conserver une Idée,
Que mon ame a si chérement gardée:

Mon

DE SAINT-EVREMOND.

Mon cœur entretiendra d'inutiles desirs,
Touché du sentiment de quelques vieux plaisirs ;
Et jamais sa langueur, & jamais son envie
Ne trouveront de fin qu'en celle de ma vie.
Qu'on ne me parle point de vôtre cruauté,
J'aimerois vos rigueurs, aimant vôtre beauté ;
Et vous n'aurez jamais assez d'ingratitude,
Pour pouvoir dégager ma longue servitude.
Endurer vôtre orgueil, souffrir vôtre courroux,
C'est par quelque moyen tenir encore à vous ;
Et j'aime mieux, *Iris*, ressentir vôtre haine,
Que d'être sans amour, & de vivre sans peine.

A LA MEME. IX.

STANCES.

Iris, je vous aime toûjours :
Soyez ou trompeuse ou fidelle,
Rien ne peut finir mes amours,
Si vous ne cessez d'être belle.

Ce n'est pas vôtre fermeté,
Qui fera ma perseverance ;
Ayez toûjours de la beauté,
J'aurai toûjours de la constance.

Et quand vous n'auriez plus la foi,
Que vous m'avez cent fois promise,
Ce Charme, qui peut tout sur moi,
Ne consent pas à ma franchise.

Les avis me sont odieux :
Qui me conseille d'être sage,

Devroit, ou m'arracher les yeux,
Ou gâter vôtre beau visage.

Encore, *Iris*, ne sai-je pas
Quand vos beautés seroient passées,
Si je ne verrois point d'appas
Parmi leurs traces effacées.

Peut-être ces mêmes desirs,
De qui j'ai l'ame possedée,
S'amuseroient aux faux plaisirs,
Que leur offriroit une idée.

Je pourrois m'en entretenir,
Et trouverois mille artifices,
Pour tirer de mon souvenir
Le sujet de quelques délices.

Mon esprit toûjours enchanté
Auroit chez lui sa complaisance ;
Et j'aimerois vôtre beauté,
Comme on vous aime en vôtre absence.

Mais je suis trop ingenieux
A me faire une amour nouvelle :
Je n'ai besoin que de mes yeux,
Iris, vous serez toûjours belle.

A LA MÊME   X.
STANCES.

PUis qu'il vous faut quitter en ces funestes lieux,
Afin que mon départ ait moins de violence,
J'emporte avecque moi les traits de vos beaux yeux,
Et vous laisse mon cœur dans cette longue absence.

Vôtre image sera mon plaisir le plus doux ;
A toute heure, en tous lieux, j'aurai sa compagnie,
Et mon fidele Esprit, qui demeure avec vous,
Entretiendra souvent vôtre aimable genie.

Foibles amusemens d'un esprit amoureux !
Je trompe ainsi les maux dont mon Ame est blessée :
Mais ah ! qu'on est à plaindre, & qu'on est malheu-
    reux,
Quand on se fait des biens par la seule pensée.

Adieu, charme secret, dont vous touchez les cœurs ;
Adieu, chers entretiens, adorable visage ;
Adieu ; je laisse tout, excepté mes langueurs,
Qui me suivront toûjours en ce fâcheux voyage.

Helas ! je vais quitter l'objet de mon amour ;
Je me quitte moi-même, & si ma triste envie
Ne se flattoit encor de l'espoir du Retour,
En vous laissant, *Iris*, je laisserois la vie.

XI. A LA MÊME

STANCES.

Je n'entens plus parler de vous ;
Vous cachés à mes yeux vôtre aimable visage ;
  Vôtre esprit même est en courroux,
Que le mien garde encor les traits de vôtre image :
Vous haïssez en moi jusqu'à mon souvenir,
De qui jamais vos beautés ne seront effacées ;
  Pour achever de me punir,
Il ne vous reste plus qu'à m'ôter les pensées.

  Mais donnons à nos sentimens
L'agréable douceur qu'apporte la vengeance ;
  Persons à tous momens
A l'ingrate beauté qui m'en fait la défence :
Tirons d'*Iris* un Bien qu'elle ne sache pas :
N'appellons point ses yeux à faire nos délices,
  Et jouïssons de ses appas,
Bien loin des cruautez qui causent nos supplices.

  Ah ! que d'inutiles désirs,
Que de vains mouvemens excitent ma colere !
  N'ai-je pas perdu mes plaisirs,
Depuis que ma langueur commence à lui déplaire ?
Iris, contentez-vous aux dépens de mon sort,
Je veux vous satisfaire une fois en ma vie ;
  Je vous garde encore ma mort,
C'est là le dernier charme à toucher vôtre envie.

A LA MEME

STANCES.

SI vous savez que je vous aime,
Sachez aussi le mal extrême
Que je sens loin de vos appas,
Iris, la douleur de l'abscence
Est un mal qu'on ne connoît pas,
Si l'on n'en fait l'expérience.

Mon tourment ne se peut dépeindre ;
J'ai beau soûpirer & me plaindre ;
Beau pousser de triste accens,
Helas ! j'ai des langueurs secretes,
Qui ne s'expliquent pas aux sens
Par de si foibles interpretes.

Il faut souffrir ce que j'endure,
Pour savoir la peine si dure,
Dont je suis sans cesse agité :
Une ame contente & paisible
Ne conçoit pas la vérité
Des maux où je me voi sensible.

Je n'ai pas l'humeur assez vaine,
Pour croire qu'une même peine
Soit commune à nos sentimens ;
J'en souffre seul la violence,
Et connois bien que mes tourmens
Troublent peu vôtre indifference.

Tandis que la mélancolie,
Où mon ame est ensevelie,

M'ôte

OEUVRES DE Mr.

M'ôte l'usage des plaisirs :
Tandis que parmi les délices,
Pour qui j'avois tant de desirs,
J'entretiens mes secrets supplices :

Vous n'avez rien qui vous tourmente ;
Toûjours tranquile, indifferente,
Vous possedez le bien présent,
Et ces délicates tristesses,
Que l'on conçoit pour un absent,
Vous semblent de sottes tendresses.

XIII.

A LA MEME
STANCES.

MEs yeux, mes inutiles yeux !
Vous savez bien que dans ces lieux
Iris fait toûjours sa demeure ;
Et si proche de ses appas,
Ingrats ! vous souffrez que je meure
Du chagrin de ne la voir pas.

Vous avez donc mis en mon cœur
La triste & secrete langueur,
Qui consume aujourd'hui ma vie,
Pour servir si mal mes desirs,
Et refuser à mon envie
Vôtre secours, & mes plaisirs.

Mes yeux, Cause de mes ennuis,
Puis que dans ces lieux où je suis,
Pour vous seuls *Iris* est absente,
Mon esprit plus ingenieux,

Qui toûjours me la repréfente,
Fera vôtre office, mes yeux.

A LA MEME
CHANSON.

VOus avez trompé mes defirs
Par des efperances bien vaines,
Et fans goûter de vos plaifirs,
J'ai reffenti toutes vos peines :
Amour, c'eft trop long-tems fouffrir,
Je veux me plaindre, & puis mourir.

Ecoutez mes derniers accens,
Soyez un moment favorable,
bis. laiffez toucher vos fens
A la douleur d'un miferable.
Un mot, une larme, un foûpir,
Et je fuis tout prêt de mourir.

XV. CARACTERE

DE MADAME

LA COMTESSE D'OLONNE (1).

JE ne pense pas être plus heureux à vôtre caractere, que nos Peintres à vôtre portrait, où je puis dire que les meilleurs ont perdu leur réputation. Jusqu'ici nous n'avons point vu de beautés si achevées, qui ne soient allées chez eux, pour y chercher de certaines graces, ou pour s'y défaire de quelques défauts. Vous seule, Madame, êtes au dessus des Arts qui savent flatter & embellir. Ils n'ont jamais travaillé pour vous que malheureusement ; jamais, sans vous avoir beaucoup interessée, & fait perdre autant d'avantages à une personne accomplie, qu'ils ont accoutumé d'en donner à celle qui ne le sont pas.

Si vous n'êtes guere obligée à la peinture, vous l'êtes encore moins à la curiosité des ajustemens. Vous ne devez rien ni à la science

d'au-

_____

(1) Catherine Henriette d'Angennes, Comtesse d'Olonne, Fille de Charles d'Angennes, Seigneur de la Loupe, Baron d'Amberville, & de Marie du Raynier.

d'autrui, ni à vôtre propre industrie, & pouvez en repos vous remettre à la nature des soins qu'elle prend pour vous. Comme il y a peu de negligence heureuses, je ne conseillerois pas aux autres de s'y fier.

En effet, la plûpart des femmes ne sont agréables que par les agrémens qu'elles se font. Tout ce qu'elles mettent pour se parer, cache des défauts. Tout ce que l'on vous ôte de vôtre parure, vous rend quelque grace; & vous avez autant d'intetêt à revenir purement au naturel, qu'il leur est avantageux de s'en éloigner.

Je ne m'amuserai point à des loüanges génerales, aussi vieilles que les siécles. Le *Soleil* ne me fournira point de comparaison pour vos yeux, ni les *fleurs* pour vôtre teint. Je pourrois parler de la régularité du visage, de la délicatesse des traits, des agrémens de la bouche, de ce cou si poli & si bien tourné, de cette gorge si bien formée, mais au delà des plus curieuses observations, il y a mille choses en vous à penser, qu'on ne peut bien dire, & mille choses, qu'on sent mieux qu'on ne les pense.

Croyez-moi, Madame, ne confiez le soin de vôtre gloire à personne; car assurément vous n'êtes jamais si bien qu'en vous-même. Paroissez au milieu des portraits & des caractéres, & vous déferez toutes les images qu'on sauroit donner de vous.

Après vous avoir bien admirée, ce que je trouve de plus extraordinaire, c'est que vous ayïez comme ramassé en vous les charmes divers des differentes beautés ; ce qui surprend, ce qui plaît, ce qui flatte, ce qui touche.

Vôtre caractére proprement n'est point un caractére particulier ; c'est celui de toutes les belles personnes. Tel a résisté à des beautés fiéres, qui s'est laissé gagner à des beautés délicates. La délicatesse a donné du dégoût à un autre, qui a bien voulu se soûmettre à la fierté.

Vous seule êtes le foible de tout le monde. Les emportés y trouvent le sujet de leurs transports : les ames passionnées reprennent leur tendresse & leur langueur : esprits differens, diverses humeurs, tempéramens contraires ; tout est sujet à vôtre empire.

Ceux qui n'étoient ni pour donner, ni pour recevoir de l'amour, conservent la premiere de ces qualités, & perdent malheureusement l'autre. De-là vient qu'il y a quelque ressemblance entre la chaleur de vos amis, & la passion de vos amans ; qu'on ne sauroit vous admirer sans interêt ; que le jugement des simples spectateurs n'est pas libre. De là vient enfin que tout aime où vous êtes, excepté vous, qui demeurez seule insensible.

Jusqu'ici j'ai rendu une partie de ce que je devois à vôtre beauté, & ce n'est pas une de vos moindres loüanges, que j'aye pû vous
loüer

loüer si longtems. Présentement il est juste que je me donne quelque chose, & qu'en parlant de vôtre esprit & de vôtre humeur, je me laisse aller à la mienne.

Je ne dirai que des veritez ; & de peur que vous ne croyiez qu'elles vous soient toutes désavantageuses, je commencerai par les charmes de vôtre conversation, qui ne cedent en rien à ceux de vôtre visage.

Oui, Madame, on n'est pas moins touché de vous entendre, que de vous voir. Vous pourriez donner de l'amour toute voilée, & faire voir en France, comme on a vu en Espagne, quelque avanture de la belle invinsible.

On n'a jamais remarqué tant de politesse qu'en vos discours : ce qui est surprenant ; rien de si vif & de si juste ; des choses si heureuses & si bien pensées.

Mais finissons des loüanges, dont la longueur est toûjours ennuyeuse, quelques veritables qu'elles soient, & préparez-vous à souffrir patiemment ce que j'ai trouvé à redire en vous. Si vous avez de la peine à l'entendre, je n'en ai pas moins eu à le découvrir. Il m'a fallu faire des recherches profondes ; & après une étude fort difficile, voici les défauts que j'ai remarqués.

Je vous ai vu souvent estimer trop des gens médiocres, & dans certaines docilités, soûmettre vôtre jugement à celui de beaucoup de personnes qui n'en avoient point.

Il me semble aussi que vous vous laissez trop aller à l'habitude. Ce que d'abord vous avez jugé grossier fort sainement, vous paroît à la fin délicat sans raison ; & quand vous venez à guérir de ces erreurs, c'est plûtôt par un retour de vôtre humeur, que par les reflexions de vôtre esprit.

Quelquefois, Madame, par un mouvement contraire, pour penser trop, vous passez la verité du sujet, & les opinions que vous formez, sont des choses plus fortement imaginées, que solidement conniies.

Pour vos actions, elles sont également innocentes & agréables. Mais comme vous pouvez négliger de petites formalités, qui sont de véritables gênes dans la vie, vous avez à craindre l'opinion des sots, & le chagrin de ceux que vôtre mérite fait vos ennemis.

Les femmes, vos ennemies déclarées, sont contraintes de nous avoüer mille avantages que vous avez reçûs de la nature. Il y a des occasions, où nous sommes obligés de leur confesser qu'on pourroit les ménager mieux, & que vous n'en faites pas toûjours ce que d'autres en sauroient faire.

Je finirai par vos inégalités, dont vous faites vous même une agréable peinture. Elles sont fâcheuses à ceux qui les souffrent. Pour moi, j'y trouve quelque chose de piquant ; & je voi, quand on se plaint le plus de l'humeur,

que

que c'est alors qu'on s'interesse le plus pour la personne.

Quoiqu'il en soit, tant s'en faut qu'on puisse prendre avantage sur vous, qu'on n'y sauroit prendre de mesure. On vous désoblige aisément, sans y penser; & même le dessein de vous plaire a produit plus d'une fois le malheur de vous avoir déplu. Croyez-moi, Madame, il faudroit être bien heureux pour trouver de bons momens avec vous, & bien juste pour les prendre. Ce qu'on peut dire après vous avoir examinée, c'est qu'il n'y a rien de si malheureux, que de vous aimer; mais rien de si difficile, que de ne vous aimer pas.

Voilà, Madame, les observations d'un spectateur, qui pour juger de vous plus sainement, a pris soin de demeurer libre. Le moyen qu'il a tenu pour se garantir, a été de vous éviter autant qu'il a pu: encore n'est-ce pas assez de ne vous voir point, quand on vous a vûë; & ce remede ailleurs infaillible, n'apporte pas une sureté entière sur vôtre sujet.

Peut-être, me direz-vous, qu'un homme qui a des sentimens un peu tendres, n'a pas d'ordinaire un jugement si rigoureux. Mais quand vous prendrez la peine de me dire ce qui vous déplaît, je n'en aurai point à me démentir. Un discernement, qui ne vous semble pas être avantageux, ne sauroit subsister qu'en vôtre absence: car, pour repéter ce que j'ai déja dit, *paroissez, Madame, au milieu des portraits & des caractéres, & vous déferez toutes les images qu'on sauroit donner de vous.*

XVI. LETTRE

A MADAME

LA COMTESSE D'OLONNE,
en luy envoyant son Caractére.

JE vous envoye vôtre Caractére, qui vous explique le sentiment général, & vous apprend qu'il n'y a rien en France de beau que vous. Ne soyez pas assez rigoureuse à vous-même, pour vous dénier une justice que tout le monde vous rend. La plûpart des Dames se laissent persuader aisément, & reçoivent avec plaisir de douces erreurs. Il seroit bien étrange que vous ne voulussiez pas croire une verité agréable.

Outre l'opinion publique, le jugement de Madame de Longueville est pour vous. Rendez-vous y sans scrupule, & vous croyez hardiment, puisqu'elle le croit, la plus belle chose qu'on ait vûë.

De vôtre beauté, Madame, je passe aux maux qu'elle cause ; je passe aux malades, aux mourans, qu'on voit pour vous. Je n'ay pas à deſſein de vous rendre pitoyable: au contraire, ſi vous ſuivez mon conſeil, il en coûteroit la vie à quelque malheureux. Il y a trop long-tems que les poëtes, & les faiſeurs de romans nous entretiennent de fauſſes morts. Je vous en demande une veritable; & ce vous ſera un fort beau titre qu'un trépas dont on ne puiſſe douter. De cinq ou ſix malades que je connois, choiſiſſez celui que vous voudrez honorer de vos dernieres rigueurs; vous n'aurez pas beaucoup à faire, pour le conduire de la maladie à la mort. Faites-le mourir promtement pour vôtre ſatisfaction, & celle de

Vôtre, &c.

XVII.

A MADAME***.
SONNET.

QUE vous faites languir un pauvre malheureux !
Je ne trouve avec vous ni douceur, ni colére,
Et vôtre esprit adroit ménage un amoureux,
Evitant de fâcher, aussi-bien que de plaire.

Si vous voulez m'aimer, je serai trop heureux ;
Et si vous voulez prendre un sentiment contraire,
Quand il faudra souffrir un mal si rigoureux,
Les reproches au moins pourront me satisfaire.

J'ai beau par ma tendresse exciter vos soûpirs ;
Beau tenter vos chagrins par de fâcheux desirs,
Vous ne répondez rien à ce pressant langage.

Puisqu'il ne vous plaît pas que mon sort soit plus
    doux,
Eh ! de grace, *Philis*, faites-moi quelque outrage,
Pour avoir le plaisir de me plaindre de vous.

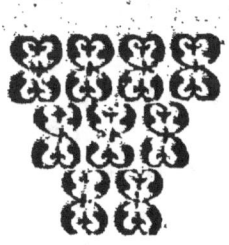

DIXAIN. XVIII.

Vous faites la spirituelle,
Nous laissant tout à deviner,
Ainsi que vous faites la belle
Avec vôtre air de façonner.
Il ne sort rien de vôtre bouche,
Vieille Caliste, qui nous touche ;
Tout vôtre esprit dépend de nous :
Et quiconque auroit la malice
De penser aussi peu que vous,
Vous rendroit un méchant office.

A Mad***. XIX.
STANCES.

Laissez-là nos jeunes desirs,
Où vôtre vertu s'interesse ;
Cette rigueur pour les plaisirs
Sent le chagrin de la vieillesse.

Autrefois vous avez été
De ces belles que l'on renomme,
Et jamais vôtre cruauté
N'a fait mourir un honnête homme.

Vous fûtes jeune comme nous :
Pour consoler vôtre tristesse,
Nous aurons enfin comme vous
Tous les dégouts de la vieillesse.

Helas ! nous y viendrons un jour :
Nous verrons ce triste passage,
Et laisserons là nôtre amour,
Comme vous vôtre beau visage.

Nos traits devenus odieux,
Nos beautés toutes effacées,
Seront la honte de nos yeux,
Et la douleur de nos pensées.

Mais aujourd'hui que nos appas
Respirent l'amour & la joye,
Pourquoi ne joüirons-nous pas
Des biens que le Ciel nous envoye ?

Lorsque vos esprits languissans
Perdent des douceurs légitimes,
Des moindres plaisirs de nos sens
Vôtre chagrin se fait des crimes.

Toûjours vôtre séverité
S'oppose à nôtre jeune envie,
Et d'une sotte antiquité
Tire une régle à nôtre vie.

Ou laissez-nous vivre en ces lieux
Comme il plaît à nos destinées ;
Ou veuille la bonté des Cieux
Borner le cours de vos années.

A Madame***.

STANCES.

Bien-heureux qui vit sans chimére,
Qui pour un bien imaginaire
N'a point d'inutiles desirs :
Heureux dont l'esprit se contente
De vrais & solides plaisirs,
Sans languir d'une vaine attente.

Oh ! qu'une femme est aveuglée,
Quand sa passion déreglée
Trouble le repos de ses jours ;
Qui se met un heros en tête,
Et fait l'objet de ses amours
De quelque faiseur de conquête.

Philis, en vain une maîtresse
Par quelque obligeante caresse
Flate leurs inclinations ;
La violence du génie,
Qui fait le joug des nations,
Fait aussi vôtre tyrannie.

Jamais nos soûpirs & nos larmes,
Ces tendres effets de vos charmes,
Qui font nos plaisirs les plus doux ;
Jamais l'aimable violence
De nos douleurs & de vos coups,
N'ont troublé leur indifférence.

Un orgueil chagrin & sévére
Aux soins de servir & de plaire

Ne peut soûmettre leurs desirs ;
Et ces fiers tyrans de la vie
Vous regardent dans leurs plaisirs
Comme esclave de leur envie.

Je perds d'inutiles paroles ;
Mes raisons sont raisons frivoles,
Pour guerir un esprit gâté :
Philis, la grandeur & la pompe
Ont surpris vôtre vanité
Par un faux éclat qui vous trompe.

Si les Dieux venoient sur la terre
Avec leur foudre, leur tonnere,
Et tout l'équipage des Cieux,
Vos heros quitteroient la place,
Et d'un esprit si glorieux
N'obtiendroient pas la moindre grace.

Après une telle avanture,
Je pense qu'une créature
N'oseroit pas vous approcher ;
Et les amours de race humaine
Pourroient bien alors se cacher
Auprès d'une femme si vaine.

Philis, je serois téméraire,
Si j'esperois de pouvoir plaire
A vos desirs ambitieux :
Un pauvre mortel se retire ;
Parmi les heros ou les Dieux
Chercher un amant qui soûpire.

A LA MEME
STANCES.

XXI.

JE ne viens point devant vos charmes
  Avec des soûpirs & des larmes,
Pour adoucir vôtre fierté ;
Je viens irriter vôtre haine,
Et chercher dans sa cruauté
Vôtre dernier outrage, & ma derniere peine.

  Soyez, soyez impitoyable,
  Le desespoir d'un miserable
N'a besoin que de vos rigueurs :
La plus aimable complaisance
Flateroit en vain mes langueurs ;
Aujourd'hui le trépas fait ma seule esperance.

  O Dieux, vous écoutez ma plainte,
  Et déja je ressens l'atteinte
Qui va finir mon triste sort.
Adieu, trop ingrate maîtresse :
Adieu ; le soûpir de la mort
Et l'unique soûpir qu'un malheureux vous laisse.

XXII. EPIGRAMME.

Etre sans vertu précieuse,
Faire la belle sans beauté,
Par une adresse ingenieuse,
Qui soûtient vôtre vanité;
Ne rien devoir à la nature,
Mais par une heureuse imposture,
Abuser l'esprit & les yeux,
Mettre la laideur en usage;
N'est-ce pas vous vanger des Dieux,
Qui formerent vôtre visage,
Pour être un objet odieux?

XXIII. EPIGRAMME.

Très-difficile, & fort peu délicat,
Le Président (1) condamne chaque plat,
Quand à dîner un ami le convie :
Les mets d'un autre il blâme sans raison,
Et sans raison, il passeroit sa vie
A loüer tout en sa propre maison.

STAN-

(1) *Le Président* Tambonneau. C'étoit un homme sans goût, qui vouloit faire le difficile sur la bonne chere. Mr. de St. Evremond se trouvant avec lui à un grand repas, que donnoit le commandeur de Souvré, fit cette Epigramme.

STANCES.   XXIV.

PHILIS en tournant ses beaux yeux,
   Semble n'en vouloir rien qu'aux Dieux,
Et n'en veut qu'à la créature :
Je voi dans sa triste langueur,
Que le Ciel moins que la nature,
Fait le mouvement de son cœur.

Les plus dévots, les plus grands Saints,
Tiennent pour miracles certains,
Des langueurs toutes naturelles ;
Et l'excès de sa passion
Fait ces extases infidèles,
Qu'on donne à sa dévotion.

Mais, grands Dieux ! y pensez-vous bien ?
Un cœur brûlant comme le sien,
Vit-il d'encens & de fumée ?
Et croyez-vous avec raison
Contenter une ame enflammée
Par le jeûne & par l'oraison ?

Dussai-je vous mettre en courroux,
Je connois Philis mieux que vous,
Je connois ce qui la contente ;
Philis cherche dans les saints lieux
Une amour bien plus succulente
Que celle de vous autres Dieux.

Philis sait se mettre à genoux,
Philis levant les yeux vers vous,
Vous fait sa petite requête ;
Et l'on peut dire sans mentir,

Que parfois il entre en sa téte
Quelque sorte de repentir.

Si Philis perdoit un amant,
Je croi qu'au fort de son tourment,
Elle auroit recours à vous autres ;
Mais au premier objet d'amour,
Ma foi, bons Dieux, elle est des nôtres,
Et vous fait une fausse cour.

Sensible à de nouveaux desseins,
Dans les entretiens les plus saints
Vous croyez Philis occupée,
Et la grimace de ses vœux,
Dont vôtre sagesse est dupée,
Cache ses veritables feux.

Pour conserver nôtre repos,
Il seroit assez à propos
Que nous fissions quelque partage :
Prenez ses craintes & ses pleurs,
Et n'esperez rien davantage,
Que de joüir de ses douleurs.

Par tout, où la rage du sort,
De l'effroi que donne la mort,
Trouble les plaisirs de la terre ;
Et par tout où vôtre courroux
S'arme d'êclairs & de tonnerre,
Que Philis se mettre à genoux :

Que dans la tristesse & le deuil,
Qu'apporte l'horreur du cercueil,
Philis se couvre de tenebres ;
Et que ses esprits languissans
Se flatent dans vos chants funébres
De leurs pitoyables accens.

Mais

DE SAINT-EVREMOND.

Mais aussi pour l'amour de vous,
Que son cœur ne soit pas moins doux,
Quand nous la tiendrons en ruelle ;
Et que d'un langage odieux
Faisant sottement la pucelle,
Philis n'allegue pas les Cieux.

Partout où l'on se divertit,
Par tout où l'on chante, où l'on rit,
Vous n'entrerez point avec elle ;
Et son ame avec le suivant
Entretien a sa demoiselle
Derriere quelque paravant.

Nous retenons tous ses desirs,
Nous retenons ses vrais soûpirs,
Témoins du pouvoir de nos charmes ;
Et nôtre empire le plus doux
Est de voir répandre des larmes,
Qu'amour fait couler devant nous.

Philis dans nôtre éloignement
Cache son amoureux tourment
Sous une feinte pénitence ;
Et les pauvres Dieux sont touchés
De la douleur de nôtre absence,
Et du désir de ses péchés.

Ce n'est pas qu'en des voluptés,
Où les sens sont plus emportés,
Elle ne soit inquietée :
Parmi des mouvemens divers,
Les retours d'une ame agitée
M'ont été souvent découverts.

O vous ! qui regnez dans les Cieux,
Goûtez en repos de ces lieux
Les felicités éternelles,

Laissant à nos yeux, à nos mains,
Chercher ces douceurs naturelles,
Qui se trouvent chez les humains.

Vous avez chez vous vos attraits;
Et comme vous êtes parfaits,
Tout vôtre bien est en vous-mêmes.
Helas! nous n'avons rien de nous!
T'aimer, Philis, que tu nous aimes,
C'est nôtre Plaisir le plus doux.

Joüissons de nôtre printems;
Il faut au plus beau de nos ans
Cueillir les fleurs de la jeunesse:
C'est le partage des mortels;
Et ce qu'un autre âge nous laisse,
Doit suffire pour les Autels.

XXV. LETTRE

A Madame***.

QUELQUE violente que soit mon amitié, elle me laisse assez d'esprit pour vous écrire avec moins d'emportement que de coûtume. Et à vous dire vrai, j'ai quasi honte de vous envoyer des soûpirs de campagne, qui n'ont ni la douceur, ni la délicatesse de ceux que vous entendez. Mais tels qu'ils sont, il faut de nécessité que je les hazarde, & que je vous fasse souvenir de moi dans un tems, où tout le monde travaille à me faire oublier.

Je ne doute point que l'entrevûë de vôtre sainte mere, & de toute vôtre pieuse famille n'ait été accompagnée de beaucoup de pleurs. Vous aurez donné aux larmes de cette mere des larmes civiles & respectueuses, comme une fille bien née : Mais vous savez trop le monde, pour donner de veritables tendresses aux chagrins des prudes, dont la vertu n'est qu'un artifice pour vous priver des plaisirs qu'elles regrettent.

C'est assez d'avoir obei une fois, & sacrifié vôtre repos à une complaisance, que peut-être vous ne lui deviez pas. Elle est injuste après avoir exigé de vous une si dure obéissance, de vouloir régler vos inclinations, & de contraindre la seule chose qu'elle vous a laissée.

On aime ce qui plaît, & non point ce qui est permis : & si pour aimer il faut demander congé à vos parens, de l'humeur que je les connois, vos amours seront rares dans vôtre vie.

Mais peut-être que je vous fais un discours fort inutile, & qu'en l'état où vous êtes, je dois plus craindre ceux qui vous conseillent d'aimer, que ceux qui vous le défendent. Peut-être que vous suivez les avis que je vous donne, en vous moquant des réprimandes d'une mere. Mais que sai-je si la pauvre mere, à qui je veux tant de mal, n'est pas dans mes interêts ; & si pour empêcher une amitié naissante, elle ne vous laisse pas

la

la liberté d'aimer une personne éloignée ?

J'ai sujet de me loüer de vôtre fermeté jusqu'ici : je doute néanmoins qu'une idée le puisse disputer long-tems contre un visage, & un souvenir contre des conversations. J'ai trop d'inquiétude, pour laisser plus long-tems l'avantage de la présence à ceux qui vous voyent. Il n'y a point d'affaires qui m'empêchent de me rendre bientôt auprés de vous. En attendant que je vous entretienne de ma passion, souvenez-vous des sermens que vous m'avez faits, de m'aimer toute vôtre vie.

XXVI.   A Mr. LE MARQUIS DE***

STANCES.

Marquis, on dit par tout que vous êtes aimable ;
Mais vôtre serviteur ne vous déguise rien ;
Vôtre entretien galant, vôtre esprit agréable,
Ne sauroit contenter que des femmes de bien.

Vous êtes en horreur à nos voluptueuses ;
Et celles qui n'ont pas un chaste sentiment,
Laissent très-volontiers joüir les vertueuses
Des steriles discours d'un inutile amant.

Vous demandez toûjours lorsque l'on vous refuse ;
Mais si le prude objet long-tems sollicité,
Ne vous oppose plus qu'une legere excuse,
Vous quittez le logis en homme rebuté.

Celle

Celle qui vainement le plaisir se propose,
Qui pour vous contenter, n'ose rien à demi,
En vous accordant tout, que fait-elle autre chose,
Que chasser un galant, & faire un cocu ?

Tant que vous gouvernez les belles créatures,
Vous ne souhaitez rien que d'innocens plaisirs,
Et jamais entre vous on ne voit de rupture,
Si ces belles n'ont eu quelques vilains desirs.

Vous pouvez rétablir la vertu d'une Dame :
Je connus autrefois un soupçonneux mari,
Qui se tint assuré de l'honneur de sa femme,
Dès lors que l'on vous crut être son favori.

Si vous aviez aimé cette humeur libertine,
Sur qui toute la France a fait tant de chansons,
Nous n'aurions eu jamais la moindre Feuillantine (1)
A réjouïr le peuple & les jeunes garçons.

Jaloux, il ne faudroit ni de murs, ni de grilles,
Si vous n'aviez à craindre autre amour que le sien :
Vous auriez de l'honneur, Cocus, dans vos familles,
Si vous aviez à faire à d'aussi gens de bien.

Bons Dieux ! que de bonheur en des maisons hon-
                nêtes,
De trouver un amant & si sage & si doux !
Un amant, qui ne sert qu'à troubler les conquêtes
De quelqu'autre galant moins retenu que vous !

Si l'on faisoit raison à vôtre continence,

(1) *Il couroit dans ce tems-là des Vaudevilles sur l'avanture d'une Dame, que son mari avoit fait mettre au convent des Feuillantines ; Ce qui fit qu'on appella Feuillantines les chansons galantes, qui furent faites sur le même air.*

Vous seriez le sujet de mille beaux discours,
Et Monsieur du Bellay, feroit voir à la France
Quelque pieux roman de vos chastes amours (1).

Quand le Pere *Caussin* nous donna la COUR
    SAINTE (2),
Vous pouviez y prétendre une assez bonne part,
Et vous avez de lui juste sujet de plainte
D'y voir plûtôt que vous le chevalier Bayart (3).

Je sai bien que d'ailleurs vous avez quelque vice,
Que vous avez encor de mauvais sentimens ;
Et s'il est vrai qu'un jour le grand Dieu nous punisse,
Vous devez redouter ses justes châtimens.

Vous vous laissez souvent emporter au blasphême :
Vous ne sauriez souffrir l'affront d'un démenti ;
Vous ne faites jamais Vendredi, ni Carême,
Mais vous baisez bien moins que Monsieur de
    Renti (4).

A

(1) Jean Pierre Camus, *Evêque du Bellay, a composé quelques Romans pleins d'Onction & de Pieté.*

(2) *Le Pere* Caussin *Jesuite, a fait un Livre de dévotion, intitulé :* LA COUR SAINTE. *Voyez le* DICTIONAIRE *de Mr.* Bayle, Article, CAUSSIN (*Nicolas*)

(3) *C'étoit un si brave, & si galant homme, qu'il merita d'être appellé le* Chevalier sans reproche. *On trouvera une liste des Auteurs qui ont écrit la vie du Chevalier Bayard dans la* BIBLIOTHEQUE *historique de France du Pere le Long, numero* 13763.* & suiv.

(4) *Le Marquis de* Renti *mourut à l'âge de 37 ans, pour avoir gardé une chasteté trop rigide. Le Pere St Jure Jesuite, a écrit sa* VIE.

A Mad***.

SONNET.

Vous m'ordonnez de vous voir rarement,
Et pour souffrir l'extrême violence,
Que peut donner un amoureux tourment,
Vous m'ordonnez de garder le silence.

Parler à vous le plus innocemment,
Seroit aller contre vôtre défense ;
Vous vous fâchez d'un regard seulement,
Et les soûpirs sont la derniere offense.

Arrêtez là vos injustes rigueurs,
N'ordonnez rien à mes tristes langueurs,
N'ordonnez rien à ma secrete flâme :

Vous pouvez tout sur ma bouche & mes yeux ;
Mais je serai le maître de mon ame,
Et j'aimerai, malgré vous & les Dieux.

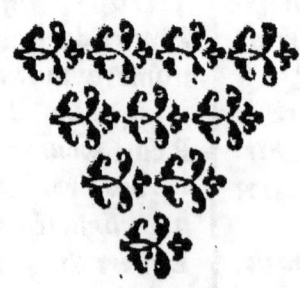

XXVIII.

A MADAME***
STANCES
IRREGULIERES.

MEnagez mieux le repas de ma vie :
Auprès de vous je n'ai pas une envie,
 Que je ne craigne une faveur.
 Lorsque je vous trouvai si belle,
 Je m'attendois que vous seriez cruelle ;
Vous n'avez cependant ni fierté ni rigueur.

Soyez à mon tourment un peu moins pitoyable,
Votre bonté fera sans doute un miserable,
 Et sans la grace des refus,
 Beaux yeux, je ne vous verrai plus.

 Si le noble orgueil de vos charmes
 Se payoit de mes humbles larmes,
Je pourrois contenter vos glorieux desirs :
 Tant que vous serez inhumaine,
 Je ne refuse aucune peine ;
Mais je meurs de frayeur au danger des plaisirs.

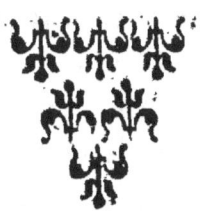

LETTRE XXIX.

A MADAME ***.

IL n'y a rien de si honnête qu'une ancienne amitié, & rien de si honteux qu'une vieille passion. Détrompez-vous du faux mérite d'être fidéle, & croyez que la constance est la chose du monde qui fait le plus de tort à la réputation d'une beauté. Qui sait si vous n'avez voulu aimer qu'une seule personne, ou si vous n'avez pu avoir qu'un seul amant ? Vous pensez pratiquer une vertu, & vous nous faites soupçonner plusieurs défauts.

Mais que d'ennuis accompagnent toûjours cette miserable vertu ! Quelle difference des dégoûts de vôtre attachement à la délicatesse d'une passion naissante ! Dans une passion nouvelle, vous trouverez toutes les heures délicieuses : les jours se passent à sentir de moment en moment qu'on aime mieux. Dans une vieille habitude, le tems se consume ennuieusement à aimer moins. On peut vivre avec des indifferens, ou par bienséance, ou par la necessité du commerce ; mais comment passer sa vie avec ceux qu'on a aimés, & qu'on n'aime plus ?

Il ne me reste que quatre mots à vous dire ;

& je vous prie d'y faire réflexion. Si vous trouvez agréable ce qui doit déplaire, c'est méchant goût : si vous n'avez pas la résolution de quitter ce qui vous déplaît, c'est foiblesse. Mais faites ce qu'il vous plaira, vous serez aisément justifiée auprès de moi : Il n'y a point de foible que je ne vous pardonne, sans me croire fort indulgent.

Quand le sexe fragile a commis une offence,
 Il n'a pas besoin de clémence,
 Toute sorte d'impunité
N'est que justice dûë à son infirmité.

XXX. **OBSERVATIONS**

Sur la MAXIME

Qu'il faut mépriser la Fortune, & ne se point soucier de la Cour.

IL est plus difficile de persuader cette maxime-ci, que les autres. Ceux qui reçoivent des graces ; ceux même qui n'ont que de simples prétentions, se moquent d'un sentiment si contraire au leur.

J'avoüe qu'il y a de la peine à se persuader que des gens raisonnables ayent voulu rendre cette opinion-là universelle. Je pense qu'ils n'ont eu d'autre dessein que de parler aux malheureux, pour guérir des esprits malades d'une inquiétude qui ne sert de rien. En ce cas-là, je ne saurois les condamner. S'il est permis d'appeller une maîtresse ingrate & cruelle, quand on l'a servie sans aucun fruit; à plus forte raison, ceux qui croyent avoir reçû des outrages de la fortune, ont droit de la quitter, & de chercher loin d'elle un repos qui leur tienne lieu des biens qu'elle leur refuse. Quel tort lui fait-on de lui rendre mépris pour mépris ? Je ne trouve donc pas étrange qu'un honnête-homme méprise la Cour; mais je trouve ridicule qu'il veuille se faire honneur de la mépriser.

Il y en a d'autres qui ne me déplaisent pas moins : des gens qui ne peuvent quitter la Cour, & se chagrinent de tout ce qui s'y passe ; qui s'interessent dans la disgrace des personnes les plus indifferentes, & qui trouvent à redire à l'élevation de leurs propres amis. Ils regardent comme une injustice tout le bien & le mal qu'on fait aux autres : la grace la mieux méritée, la punition la plus juste, les irritent également. Cependant si vous les écoutez, ils ne vous parleront que de *constance*, que de *générosité*, que d'*honneur*: dans tout ce qu'ils vous diront, il y aura toûjours un air lugubre, qui vous attriste, au lieu de vous consoler. Ils rencontrent une certaine volupté dans les plaintes, qui fait qu'on ne leur est jamais obligé d'en être plaint.

En quelque lieu qu'on aille, on trouve le monde composé de deux sortes de gens : les uns pensent à leurs affaires ; les autres songent à leurs plaisirs.

Les premiers, fuyent l'abord des misérables, craignant de devenir malheureux par contagion. Pour entrer dans leur commerce, il faut cacher son malheur, & tâcher de leur être bon à quelque chose.

Les autres, pour se donner tout entiers à leur divertissement, ont je ne sai quoi de plus humain ; ils sont accessibles par plus d'endroits. Leurs maîtresses, leurs confidens profitent des folies qui les occupent. Leur ame est plus ouverte ; mais leur conduite est plus incertaine. La passion l'emporte toûjours sur l'amitié : ils regardent les devoirs de la vie comme des gênes. Ainsi pour vivre avec eux, il faut suivre le cours de leurs plaisirs, leur confier peu de chose, & en tirer ce qu'on peut.

La grande habileté consiste à bien connoître ces deux sortes de gens. Tant qu'on est engagé dans le monde, il faut s'assujettir à ses maximes ; parce qu'il n'y a rien de plus inutile que la sagesse de ces gens, qui s'érigent d'eux-mêmes en *réformateurs*. C'est un personnage qu'on ne peut soûtenir long-tems, sans offenser ses amis, & se rendre ridicule.

Cependant la plûpart de ces *réformateurs* ont leurs vûës, leurs interêts, leurs cabales.

On

On a beau les décrier; tout ce qu'on en dit à la Cour & sur le théatre, ne les rebute point. Ecoutez leurs remontrances, vous les aurez bien-tôt pour maîtres; ne les écoutez pas, vous les aurez pour ennemis. Tant que la fortune leur a été favorable, ils ont joüi de ses faveurs: sont-ils tombés dans quelque disgrace, ils cherchent à s'en relever, & à se faire valoir par une réputation d'integrité. A quoi bon haïr en autrui la fortune, qu'ils ne négligent pas pour eux-mêmes? Leur aversion s'attache à ceux qui prétendent des graces; leur envie à ceux qui les obtiennent; leur animosité aux personnes qui les distribuent. Pour avoir leur estime ou leur amitié, il faut être mort, ou pour le moins misérable.

Je sai qu'un honnête-homme est à plaindre dans le malheur, & qu'un fat est à mépriser, quelque fortune qu'il ait: mais haïr les favoris par la seule haine de la faveur, & aimer les malheureux par la seule consideration de la disgrace, c'est une conduite, à mon avis, fort bizarre, incommode à soi-même, & insupportable à ses amis. Néanmoins la diversité des esprits fait voir tous ces differens effets dans la vie des courtisans.

Nous avons dit qu'il se trouve assez de gens à la Cour, qui rompent avec leurs amis, du moment qu'il leur arrive quelque désordre; qui n'ont ni amitié, ni aversion, qui ne soit mesuré par l'interêt. Quiconque leur est inutile,

tile, ne manque jamais de défauts ; & qui est en état de les servir, a toutes les perfections. Il s'en trouve d'autres, qui ne se contentent pas d'abandonner les malheureux ; ils les insultent même dans le malheur. Plus ils témoignent de bassesse à flater les favoris, plus ils montrent de chaleur à outrager ceux qui sont tombés dans l'infortune.

A dire vrai, si le chagrin de ceux qui pestent toûjours contre la Cour, est extravagant, la prostitution de ceux qui lui sacrifient jusqu'à leurs amis, est infame. Il y a une juste situation entre la bassesse & la fausse générosité : il y a un véritable honneur, qui régle la conduite des personnes raisonnables. Il n'est pas défendu à un honnête-homme d'avoir son ambition & son interêt ; mais il ne lui est permis de les suivre que par des voies légitimes. Il peut avoir de l'habileté, sans finesse ; de la dextérité, sans fourberie ; & de la complaisance sans flatterie.

Quand il se trouve ami des favoris, il entre agréablement dans leurs secrets : s'ils viennent à tomber, il prend part à leur malheur, selon qu'il en a pris à leur fortune. Le même esprit qui savoit leur plaire, sait les consoler : il rend leurs maux moins fâcheux, comme il rendoit leurs plaisirs plus agréables : il ménage ses offices avec adresse, sans blesser sa fidelité, ni nuire à sa fortune : il sert plus commodément pour lui, & plus utilement pour ses amis. Bien

sou-

souvent il se rebute moins que ceux qui cherchent leur propre gloire en secourant les autres, qui ne songent qu'à se rendre recommandables par des marques de fermeté, & qui préférent l'éclat d'une belle action au bien de ceux qu'ils veulent obliger.

De ces deux sortes de gens, les uns font semblant de s'éloigner des malheureux, afin de les mieux servir : les autres courent après pour les gouverner. Tandis que ceux-là se cachent, & ne pensent qu'à soulager les affligés, ceux-ci n'aiment rien tant qu'à exercer une générosité farouche & impérieuse ; qu'à gourmander les misérables, qui ont besoin de leur crédit.

C'est trop pousser ce discours ; je vais le finir par le sentiment qu'on doit avoir pour les favoris.

Il me semble que leur grandeur ne doit jamais éblouïr ; qu'en son ame on peut juger d'eux comme du reste des hommes ; les estimer ou les mépriser selon leur mérite ou leurs défauts ; les aimer ou les haïr selon le bien ou le mal qu'ils nous font ; ne manquer en aucun tems à la reconnoissance qu'on leur doit ; cacher soigneusement les déplaisirs qu'ils nous donnent ; & quand l'honneur ou l'intérêt nous veulent porter à la vengeance, respecter l'inclination du maître dans la personne de l'ennemi ; ne confondre pas la bien public avec le nôtre ; & ne faire jamais une guerre civile d'une querelle particuliere.

Qu'on les méprise ; qu'on les haïsse ; ce sont des mouvemens libres, tant qu'ils sont secrets : mais du moment qu'ils nous portent à des choses où l'Etat se trouve interessé, nous lui devons compte de nos actions, & sa justice a ses droits sur des entreprises si criminelles.

XXXI.

LETTRE

A MONSIEUR

LE COMTE D'OLONNE (1).

Vous me laissâtes hier dans une conversation, qui devint insensiblement une furieuse dispute. On y dit tout ce que l'on peut dire à la honte & à l'avantage des lettres. Vous devinez les acteurs, & savez qu'ils étoient tous deux fort interessez à maintenir leur parti : Bautru (2) ayant peu d'obligation à la nature, de son génie ; & le Comman

---

(1) Le Comte d'Olonne étoit de la maison de la Tremoille.

(2) Guillaume Bautru, Comte de Serrant. Voyez le DICTIONAIRE de Mr Bayle, article BAUTRU (Guillaume)

mandeur (1) pouvant dire sans être ingrat, qu'il ne doit son talent ni aux arts ni aux sciences.

La dispute vint sur le sujet de la Reine de Suede (2), qu'on loüoit de la connoissance qu'elle a de tant de choses. Tout d'un coup le commandeur se leva ; & ôtant son chapeau d'un air tout particulier : *Messieurs*, dit-il, *si la Reine de Suede n'avoit sû que les coûtumes de son païs, elle y seroit encore : pour avoir appris nôtre langue & nos manieres ; pour s'être mise en état de réussir huit jours en France, elle a perdu son Royaume. Voilà ce qu'ont produit sa science, & ses belles lumieres, que vous nous vantez.*

Bautru voyant choquer la Reine de Suede, qu'il estime tant, & les bonnes-lettres, qui lui sont si cheres, perdit toute consideration ; & commençant par un serment : » Il faut être
» bien injuste, *reprit-il*, d'imputer à la Reine
» de Suede comme un crime, la plus belle
» action de sa vie. Pour vôtre aversion aux
» sciences, je ne m'en étonne point : ce n'est
» pas d'aujourd'hui que vous les avez méprisées. Si vous aviez lu les histoires les plus
» communes, vous sauriez que sa conduite
n'est

---

(1) *Le commandeur de Jars, de la maison de Rochechoüart.*

(2) *La Reine Christine étoit alors* (1656.) *en France.*

» n'est pas sans exemple. Charles-Quint n'a
» pas été moins admirable par la renonciation
» de ses états, que par ses conquêtes. Diocle-
» tien n'a-t-il pas quitté l'empire, & Sylla le
» pouvoir souverain ? Mais toutes ces choses
» vous sont inconnuës, & c'est folie de dispu-
» ter avec un ignorant. Au reste, où me trou-
» verez-vous un homme extraordinaire, qui
» n'ait eu des lumieres, & des connoissances
» aquises ?

À commencer par Monsieur le Prince, il alla jusqu'à César ; de César, au Grand Alexandre : & l'affaire eût été plus loin, si le commandeur ne l'eût interrompu avec tant d'impetuosité, qu'il fut contraint de se taire. *Vous nous en contez bien*, dit-il, *avec vôtre César & vôtre Alexandre. Je ne sai s'ils étoient savans ou ignorans : il ne m'importe gueres : mais je sai que de mon tems on ne faisoit étudier les gentilshommes, que pour être d'Eglise ; encore se contentoient-ils le plus souvent du latin de leur Bréviaire. Ceux qu'on destinoit à la Cour ou à l'armée, alloient honnêtement à l'Académie. Ils apprenoient à monter à cheval, à danser, à faire des armes, à joüer du luth, à voltiger, un peu de mathématique ; & c'étoit tout. Vous aviez en France mille beaux gens-d'armes, galans hommes. C'est ainsi que se formoient les thermes* (1) *&*

---

(1) *Paul de la Barthe,* | *Maréchal de Thermes.*

les Bellegardes (1). Du latin! de mon tems, du latin! un gentilhomme en eût été deshonnoré. Je connois les grandes qualités de Monsieur le Prince, & suis son serviteur: mais je vous dirai que le dernier connétable de Montmorency a su maintenir son crédit dans les Provinces, & sa consideration à la Cour, sans savoir lire. Peu de latin, vous dis-je, & de bon françois.

Il fut avantageux au commandeur que le bon-homme eût la goute ; autrement il eût vangé le latin par quelque chose de plus pressant que la colere & les injures. La contestation s'échauffa tout de nouveau : celui-ci resolu, comme Sidias (2), de mourir sur son opinion ; celui-là soutenant le parti de l'ignorance avec beaucoup d'honneur & de fermeté.

Tel étoit l'état de la dispute, quand un Prélat charitable (3) voulut accommoder le different ; ravi de trouver une si belle occasion de faire paroître son savoir & son esprit. Il toussa trois fois avec méthode, se tournant vers le docteur ; trois fois il soûrit en homme du monde à nôtre agréable ignorant : & lorsqu'il

---

(1) Le Duc de Bellegarde, grand Ecuyer. Voyez les MEMOIRES des hommes illustres, de Brantome, Tom III.

(2) Le heros d'un petit ouvrage de Theophile, où un pedant est fort bien ca-ractérisé. Cet écrit de Theophile est à la tête de la seconde partie de ses œuvres de l'édition de Lion en 1677.

(3) Mr. de Lavardin, Evêque du Mans.

qu'il crut avoir assez bien composé sa contenance, *digitis gubernantibus vocem*, il parla de cette sorte :

» Je vous dirai, Messieurs, je vous dirai, que la science fortifie la beauté du naturel ; & que l'agrément & la facilité de l'esprit, donnent des graces à l'érudition. Le génie seul, sans régle & sans art, est comme un torrent, qui se précipite avec impetuosité. La science sans naturel, ressemble à ses campagnes seches & arides, qui sont désagréables à la vûë. Or, Messieurs, il est question de concilier ce que vous avez divisé mal-à-propos ; de rétablir l'union où vous avez jetté le divorce. La science n'est autre chose qu'une parfaite connoissance : l'art n'est rien qu'une regle qui conduit le naturel. Est-ce, Monsieur, (*s'adressant au commandeur*) que vous voulez ignorer les choses dont vous parlez, & faire vanité d'un naturel qui se dérégle, qui s'éloigne de la perfection ? Et vous, Monsieur de Bautru, renoncez-vous à la beauté naturelle de l'esprit, pour vous rendre esclave de préceptes importuns, & de connoissances empruntées ?

Il faut finir la conversation, reprit brusquement le commandeur : *j'aime encore mieux sa science & son latin, que le grand discours que vous nous faites.*

Le bon-homme, qui n'étoit pas irréconci-
. liable,

liable, s'adoucit aussi-tôt : & pour rendre la pareille au commandeur, il préfera son ignorance agréable aux paroles magnifiques du Prélat. Pour le Prélat, il se retira avec un grand mépris de tous les deux, & une grande satisfaction de lui-même.

LE CERCLE XXXII.

A Monsieur***.

ON parle depuis peu de certaine ruelle,
Où la laide se rend, aussi-bien que la belle ;
Où tout âge, tout sexe ; où la ville & la Cour,
Viennent prendre séance en l'école d'amour.
A la prude, soûmise au devoir légitime,
On inspire l'amour sous le beau nom d'estime ;
Et son esprit sévére enseigne la vertu,
Quand son cœur tout facile au charme qu'elle a vu,
Reçoit un feu secret, qui n'oseroit paroître,
Et qu'elle aime à sentir sans le vouloir connoître.
L'autre toute occupée à discourir des Cieux,
Sur un simple mortel daigne abaisser les yeux ;
Et trouve le moyen de partager son ame
Entre des feux humains, & la divine flâme.
Celles que la nature abandonne à leur art,
Y viennent apporter l'étude d'un regard,
Et chercher vainement leur premier avantage
Dans les traits composés de leur nouveau visage.
Telle qui fut jadis le plaisir de nos yeux,
Et qui n'est aujourd'hui qu'un objet odieux,
S'expose comme elle est, pour flatter sa mémoire
D'un mot qu'on lui dira de cette vieille gloire :

Tou

Ton visage, Cloris, du monde respecté,
Laisse au bruit de ton nom l'effet de la beauté ;
Il change, il déperit, & longtems le plus sage,
Séduit par ce grand nom, révére ce visage.
Son éclat tout terni, ses traits tous languissans,
Trouvent chez nous encore le respect de nos sens,
Et l'œuil assujetti n'oseroit reconnoître
Le tems où la beauté commence à disparoître.
L'orgueilleuse Caliste, où se portent ses pas,
Triomphe également des cœurs, & des appas ;
Elle confond son sexe, où le nôtre soûpire,
Et dispense à son gré la honte, & le martyre.
Une jeune coquette avec peu d'interêt,
Va chercher à qui plaire, & non pas qui lui plaît ;
Elle a mille galans, sans être bien aimée,
Contente de l'éclat que fait la renommée.
La solide, opposée à tous ces vains dehors,
Se veut instruire à fonds des interêts du corps.
L'intrigueuse vient là par un esprit d'affaire ;
Ecoute avec dessein, propose avec mystére,
Et tandis qu'on s'amuse à discourir d'amour,
Ramasse quelque chose à porter à la cour.
Dans un lieu plus secret, on tient la précieuse,
Occupée aux leçons de morale amoureuse.
Là, se sond distinguer les fiertés des rigueurs ;
Les dédains des mépris, les tourmens des langueurs :
On y sait démêler la crainte, & les allarmes ;
Discerner les attraits, les appas, & les charmes :
On y parle du tems qu'on forme le desir ;
(Mouvement incertain de peine, ou de plaisir :)
Des premiers maux d'amour on connoît la naissance,
On a de leur progrès une entiere science,
Et toûjours on ajuste à l'ordre des douleurs,
Et le tems de la plainte, & la saison des pleurs.
Par un arrêt du ciel toute chose a son terme,
Et c'est ici le tems où l'école se ferme
Mais avant que sortir, on déclare le jour,
Où l'on viendra traiter un autre point d'amour.

Là, Philis affectée en graves bienséances,
Dédaigneuse & civile y fait ses révérences,
Composant un maintien de douce autorité,
Qui serve à la grandeur, sans nuire à la beauté.
On voit à l'autre bout une dame engageante
Employer tout son art à paroître obligeante.
Caresses, complimens, civilités, honneurs,
Sont les moyens adroits, qui lui gagnent les cœurs,
Loin de ces vanités, ainsi parle une chere (1) :
Pourquoi finir si-tôt ? mon Dieu ! quelle misere !
J'avois à proposer un nouveau sentiment
Du mérite parfait que se donne un amant.
Mais, dit l'autre, ma sœur, n'êtes-vous point troublée
Du tumulte confus d'une grande assemblée ?
Sauroit-on rien sentir de tendre, délicat,
En des lieux où se fait tant de bruit & d'éclat ?
Cherchons, cherchons, ma sœur, de tranquiles retraites,
Propres aux mouvemens des passions secretes.
Le monde sait bien peu ce que c'est que d'aimer,
Et l'on voit peu de gens qu'il nous faille estimer.

Aprè la lecture de mes Vers, vous me demanderez avec raison ce que c'est qu'une précieuse, & je vais tâcher autant qu'il m'est possible, de vous l'expliquer. On dit (2) un jour à la Reine de Suede que les précieuses étoient les jansenistes de l'amour ; & la définition ne lui déplut pas. L'amour est encore un dieu pour les précieuses. Il n'excite pas de passion en leurs ames ; il y forme une espece de religion.

---

(1) *Une chere, c'est une précieuse.*

(2) *Mademoiselle de l'Enclos.*

gion. Mais à parler moins mysterieusement, le corps des précieuses n'est autre chose que l'union d'un petit nombre de personnes, où quelques-unes véritablement délicates ont jetté les autres dans une affectation de délicatesse ridicule.

Ces fausses délicates ont ôté à l'amour ce qu'il a de plus naturel, pensant lui donner quelque chose de plus précieux. Elles ont tiré une passion toute sensible du cœur à l'esprit, & converti des mouvemens en idées. Cet épurement si grand a eu son principe d'un dégoût honnête de la sensualité ; mais elles ne se sont pas moins éloignées de la véritable nature de l'amour, que les plus voluptueuses; car l'amour est aussi peu de la spéculation de l'entendement, que de la brutalité de l'apetit. Si vous voulez savoir en quoi les précieuses font consister leur plus grand mérite, je vous dirai que c'est à aimer tendrement leurs amans sans jouïssance, & à jouïr solidement de leurs maris avec aversion.

A MADEMOISELLE DE L'ENCLOS
ELEGIE.

CHERE Philis, qu'êtes-vous devenuë ?
Cet enchanteur qui vous a retenuë
Depuis trois ans par un charme nouveau,
Vous retient-il en quelque vieux château (1) ?
S'il est ainsi, je cherche une avanture,
En chevalier de la triste figure ;
Et dû Roland ici ressusciter,
Contre Roland j'oserai tout tenter.
Mais non, Philis, délivrez-vous vous-même,
Vous en avez souvent usé de même.
Ces enchanteurs cent fois plus renommés,
Malgré leur art, se trouverent charmés ;
Et vôtre esprit dégagé de leurs charmes,
Ne leur laissa que la plainte & les larmes.
  Pour relever un courage abaissé,
Songez, Philis, songez au tems passé.
Ce beau garçon, dont vous fûtes éprise (2)
Mit en vos mains son aimable franchise.
Il étoit jeune, il n'avoit point senti
Ce que ressent un cœur assujetti :
Et jeune encore, vous ignoriez l'usage
Des mouvemens qu'excite un beau visage ;
Vous ignoriez la peine & le plaisir,
Qu'ont sû donner l'amour & le désir.
Dans les transports d'une premiere flâme,
Vous vous nommiez & mon cœur & mon ame ;

Noms

---

(1) *Le Marquis de Villarceaux l'avoit menée dans une de ses maisons de campagne.*

(2) *Le Duc de Chatillon.*

Noms vains & chers, que les jeunes amans
Savent mêler dans leurs contentemens !
Jamais les nœuds d'une chaîne si sainte
N'eurent pour vous ni force ni contrainte ;
Une si douce & si tendre amitié
Ne vit jamais un tourment sans pitié.
Les seuls soûpirs que l'amour nous envoye,
Furent mêlés à l'excès de la joye ;
Et des plaisirs sans cesse renaissans,
Remplirent l'ame, & comblerent les sens :
Doux fruits d'amour, cueillis en abondance.
Ah ! qu'aujourd'hui l'on fait bien pénitence !
Loin des appas de toute volupté,
Philis languit dans l'inutilité ;
Et pour flater sa languissante vie,
Philis n'a pas le plaisir d'une envie.
Philis à peine oseroit desirer,
Que sa raison lui défend d'esperer.
Vous, qui trouviez autrefois favorable
Ce même Dieu qui vous rend miserable,
Pour relever un courage abaissé,
Songez, helas ! songez au temps passé.
 Un Maréchal, l'ornement de la France (1),
Rare en esprit, magnifique en dépence,
Devint sensible à tous vos agrémens,
Et fit son bien d'être de vos amans.
 Ce jeune Duc, qui gagnoit des batailles (2),
Qui sut couvrir de tant de funerailles
Les champs fameux de Norlingue & Rocroi ;
Qui sut remplir nos ennemis d'effroi,
Las de fournir les sujets de l'histoire,
Voulant joüir quelquefois de sa gloire,
De fier & grand, rendu civil & doux,
Ce même Duc alloit souper chez vous.

Comme

---

(1) *Le Maréchal d'Albret.*
(2) *Le Duc d'Enguien.*

DE SAINT-EVREMOND.

Comme un heros jamais ne se repose,
Après souper il faisoit autre chose;
Et sans savoir s'il poussoit des soupirs,
Je sais au moins qu'il aimoit ses plaisirs.
   L'air délicat d'une exquise peinture,
Cette fraîcheur qu'inspire la nature,
Ce teint uni qui paroît sur les fleurs,
Le vif éclat des plus riches couleurs,
N'ont rien d'égal à ces belles jeunesses,
Qui vous donnoient leurs plus molles caresses,
N'ont rien d'égal à de tendre beautés,
Charmans sujets de mille voluptés,
Que leur amour, aux dépens de leurs larmes,
Assujettit autrefois à vos charmes;
Que leur amour, par des désirs pressans,
Assujettit au pouvoir de vos sens.
Dis-je bien vrai, n'est-ce point un mensonge?
Las! il fut vrai: mais ce n'est plus qu'un songe.
Quand un plaisir une fois est goûté,
Ce n'est plus rien que songe & vanité.
   Des vieux amans si la gloire passée
Vient quelquefois s'offrir à la pensée,
Le souvenir de leurs traits les plus beaux
Donne un désir pour des objets nouveaux,
Et rapellant cette premiere image,
Touche le cœur pour un autre visage.
Les bien-aimés, les heureux successeurs
Doivent jouïr & perdre leurs douceurs:
Une paisible & longue jouïssance
Fait les dégoûts & détruit la constance:
Car s'attacher toûjours au même bien,
C'est posseder, & ne sentir plus rien.
Ainsi, Philis, il faut être inconstante.
Vous passerez pour une vieille Amante,
En prévenant cette triste saison,
Où la constance est jointe à la raison.
Moins de chagrin en de si longs ménages,
A fait souvent rompre des mariages;

Et vôtre esprit mille fois dégoûté,
Se pique encore de sa fidélité ?
Avoir toûjours son ame accoûtumée
Aux vieux plaisirs dont elle fut charmée ;
Avoir toûjours les mêmes sentimens,
Toûjours sentir les mêmes mouvemens ;
Vivre toûjours sans dessein, sans envie,
C'est être morte au milieu de la vie.
Laissez toucher vôtre inclination,
Cherchez ailleurs quelqu'autre passion.
Quoi ! vous parlez, en Corisque (1) savante,
Et vous aimez en bergere innocente !
Si vous aimiés comme une Amarillis,
D'un jeune amant les roses & les lys,
J'aprouverois que vôtre ame blessée
Gardât toûjours cette chere pensée ;
Mais vous n'aimez que certaine langueur,
Qui ne vient pas des mouvemens du cœur.
Corisque, helas ! agréable infidéle,
Vous, que j'ai vûë & perfide, & si belle,
Laisserez-vous périr vôtre beauté,
Pour démentir vôtre légereté ?
Dans vos plaisirs l'une & l'autre enchaînées,
Ont toûjours eu les mêmes destinées ;
Et la rigueur d'un semblable destin
Leur va donner une pareille fin.
Vos yeux mourans reprochent à vôtre ame
Qu'ils vont s'éteindre en cette vieille flâme ;
Et que l'amour de quelque objet nouveau
Rendroit leur feu plus brillant & plus beau.
Tous vos attraits s'adressent à la bouche,
Pour vous parler de l'ennui qui les touche :
Mais elle-même aujourd'hui sans couleur,
N'ose parler de sa propre douleur.
Ses doux appas exposés au pillage,
Endurent seuls une impuissante rage.

(1) *Voyez le Pastor Fi- | do, de Guarini.*

Tant de beautés qui regnoient autrefois,
Pour leur salut ont recours à ma voix.
Leur mal est grand, sensible à qui vous aime :
En les plaignant, c'est vous plaindre vous-même ;
Et si je cherche un remede à ce mal,
Au vôtre, au leur, le remede est égal.
Ecoutez donc un avis salutaire ;
Sachez de moi ce que vous devez faire :
Un Dieu chagrin s'irrite contre vous ;
Tâchez, Philis, d'appaiser son courroux.
Vous reprendrez vôtre premier visage,
En reprenant vôtre premier usage,
Et le retour de vos légeretés
Nous fera voir celui de vos beautés.
Il faut brûler d'une flâme légere,
Vive, brillante, & toûjours passagere,
Etre inconstante aussi longtems qu'on peut ;
Car un tems vient que ne l'est pas qui veut.

XXXIV. *L'homme qui veut connoître toutes choses, ne se connoît pas lui-même.*

A MONSIEUR***.

VOus n'êtes plus si sociable que vous l'étiez. L'étude a je ne sai quoi de sombre, qui gâte vos agrémens naturels ; qui vous ôte la facilité du génie, la liberté d'esprit que demande la conversation des honnêtes-gens. La méditation produit encore de plus méchans effets pour le commerce ; & il est à craindre que vous ne perdiez avec vos amis, en méditant, ce que vous pensez gagner avec vous même.

Je sai que vôtre occupation est importante & sérieuse. Vous voulez savoir ce que vous êtes, & ce que vous serez un jour, quand vous cesserez d'être ici. Mais dites-moi, je vous prie, vous peut-il tomber dans l'esprit que ces philosophes, dont vous lisez les écrits avec tant de soin, ayent trouvé ce que vous cherchez ? Ils l'ont cherché comme vous, Monsieur, & ils l'ont cherché vainement. Vôtre curiosité a été de tous les siécles, aussi-bien que vos réflexions, & l'incertitude de vos connoissances. Le plus dévot ne peut venir à bout de croire toûjours, ni le plus impie de ne

croire

croire jamais ; & c'est un des malheurs de nôtre vie, de ne pouvoir naturellement nous assurer, s'il y en a une autre, ou s'il n'y en a point.

L'auteur de la nature n'a pas voulu que nous puissions bien connoître ce que nous sommes ; & parmi des désirs trop curieux de savoir tout, il nous a réduits à la necessité de nous ignorer nous-mêmes. Il anime les ressorts de nôtre ame ; mais il nous cache le secret admirable qui les fait mouvoir, & ce savant ouvrier se réserve à lui seul l'intelligence de son ouvrage. Il nous a mis au milieu d'une infinité d'objets avec des sens capables d'en être touchés : il nous a donné un esprit qui fait des efforts continuels pour les connoître. Les cieux, le soleil, les astres, les élemens, toute la nature, celui même dont elle dépend ; tout est assujetti à sa spéculation, s'il ne l'est pas à sa connoissance. Mais avons-nous les moindres douleurs ? nos belles spéculations s'évanouissent. Sommes-nous en danger de mourir ? il y a peu de gens qui ne donnassent les avantages & les prétentions de l'esprit, pour conserver cette partie basse & grossiere, ce corps terrestre, dont les spéculatifs font si peu de cas.

Je reviens à l'opinion que vous n'approuverez point, & que je croi pourtant assez véritable : c'est que jamais homme n'a été bien persuadé par sa raison, ou que l'ame fût certainement immortelle, ou qu'elle s'anéantit effectivement avec le corps.

On ne doute point que Socrate n'ait cru l'immortalité de l'ame : son histoire le dit, & les sentimens que Platon lui attribuë, semblent nous en assurer. Mais Socrate ne nous en assure pas lui-même ; car quand il est devant ses Juges, il en parle comme un homme qui la souhaite, & traite l'anéantissement comme un philosophe qui ne le craint point.

Voilà, Monsieur, la belle assurance que nous donne Socrate de l'éternité de nos esprits ; voyons quelle certitude nous donnera Epicure de leur anéantissement.

Tout est corps pour Epicure, ame, esprit, intelligence ; tout est matiere, tout se corrompt, tout finit. Mais ne dément-il pas à sa mort les maximes qu'il a enseignées durant sa vie ? La postérité le touche ; sa mémoire lui devient chere ; il se flate de la réputation de ses écrits, qu'il recommande à son disciple Hermachus : son esprit qui s'étoit si fort engagé dans l'opinion de l'anéantissement, est touché de quelque tendresse pour lui-même, se réservant des honneurs & des plaisirs pour un autre état que pour celui qu'il va quitter.

D'où pensez-vous que viennent les contradictions d'Aristote & de Seneque sur ce sujet, que de l'incertitude d'une opinion qu'ils ne pouvoient fixer dans la matiere la plus importante pour l'intérêt, & la plus obscure pour la
con-

connoissance ? D'où vient cette variation ordinaire ? C'est qu'ils sont troublés par les différentes idées de la mort présente, & de la vie future. Leur ame incertaine d'elle-même, établit ou renverse ses opinions, à mesure qu'elle est séduite par les diverses apparences de la vérité.

Salomon, qui fut le plus grand des rois, & le plus sage des hommes, fournit aux impies de quoi soutenir leurs erreurs, & instruit les gens-de-bien à demeurer fermes dans l'amour de la vérité. Si quelqu'un a dû être exemt d'erreur, de doute, de changement, ç'a été Salomon : cependant nous voyons dans l'inégalité de sa conduite, qu'il s'est lassé de sa sagesse ; qu'il s'est lassé de sa folie ; que ses vertus & ses vices lui ont donné tour à tour de nouveaux dégouts ; qu'il a pensé quelquefois que toutes choses alloient à l'avanture ; qu'il a tout rapporté quelquefois à la providence.

Que les philosophes, que les savans s'étudient, ils trouveront non seulement de l'altération, mais de la contrariété même dans leurs sentimens. A moins que la foi n'assujetisse nôtre raison, nous passons la vie à croire & à ne croire point, à nous vouloir persuader, & à ne pouvoir nous convaincre.

Je sai bien qu'on peut apporter des exemples, qui paroissent contraires à ce que je dis. Un discours de l'immortalité de l'ame a poussé des hommes à chercher la mort, pour jouïr plutôt des félicités dont on leur parloit. Mais quand on en vient à ces termes, ce n'est plus la raison qui nous conduit, c'est la passion qui nous entraîne ; ce n'est plus le discours qui agit en nous, c'est la vanité d'une belle mort, qu'on aime sottement plus que la vie ; c'est la lassitude des maux présens ; c'est l'esperance des biens futurs ; c'est une amour aveuglé de la gloire ; une maladie : enfin, une fureur qui violente l'instinct naturel, & qui nous transporte hors de nous-mêmes.

Croyez-moi, Monsieur, une ame qui est bien tranquillement dans son assiette, n'en sort guere par la lecture de Platon. Il n'appartient qu'à Dieu de faire des martyrs, & de nous obliger sur sa parole à quitter la vie dont nous jouïssons, pour en trouver une que nous ne connoissons point. Vouloir se persuader l'immortalité de l'ame par la raison, c'est entrer en défiance de la parole que Dieu nous en a donnée, & renoncer en quelque façon à la seule chose, par qui nous pouvons en être assurés.

Qu'a fait Descartes par sa démonstration prétenduë d'une substance purement spirituelle ; d'une substance qui doit penser éternellement ? Qu'a-t-il fait par des spéculations si épurées ? Il a fait croire que la religion ne le persuadoit pas, sans pouvoir persuader ni lui, ni les autres par ses raisons.

Lisez,

Lisez, Monsieur, pensez, méditez ; vous trouverez au bout de vôtre lecture, de vos pensées, de vos méditations, que c'est à la religion d'en décider, & à la raison de se soumettre.

LETTRE XXXV.

A Monsieur***.

VOus m'écrivez que vous êtes amoureux d'une Demoiselle protestante, & que sans la difference de religion, vous pourriez vous résoudre à l'épouser. Si vous êtes d'humeur à ne pouvoir souffrir l'imagination d'être séparés en l'autre monde vôtre femme & vous, je vous conseille d'épouser une catholique : mais si j'avois à me marier, j'épouserois volontiers une personne d'une autre religion que la mienne. Je craindrois qu'une catholique se croyant sure de posseder son mari en l'autre vie, ne s'avisât de vouloir jouir d'un galant en celle-ci.

D'ailleurs, j'ai une opinion, qui n'est pas commune, & que je crois pourtant véritable ; c'est que la religion réformée est aussi avantageuse aux maris, que la catholique est favorable aux amans.

Cette liberté chrétienne, dont on voit la

protestante se vanter, forme un certain esprit de résistance, qui défend mieux les femmes des insinuations de ceux qui les aiment. La soumission qu'exige la catholicité, les dispose en quelque façon à se laisser vaincre ; & en effet une ame, qui peut se soumettre à ce qu'on lui ordonne de fâcheux, ne doit pas être fort difficile à se laisser persuader ce qui lui plaît.

La religion réformée ne cherche qu'à établir de la régularité dans la vie ; & de la régularité, il se fait sans peine de la vertu. La catholique rend les femmes beaucoup plus dévotes, & la dévotion se convertit facilement en amour.

L'une va seulement à s'abstenir de ce qui est défendu : l'autre, qui admet le mérite des bonnes œuvres, se permet de faire un peu de mal qu'on lui défend, sur ce qu'elle fait beaucoup de bien qu'on ne lui commande pas.

Dans celle-là, les Temples sont la sureté des maris : dans celle-ci, leur plus grand danger est aux Eglises. En effet, les objets de mortification en nos Eglises, inspirent assez souvent de l'amour. Dans un tableau de la Madelaine, l'expression de sa pénitence sera pour les vieilles une image de l'austerité de sa vie : les jeunes la prendront pour une langueur de passion ; & tandis qu'une bonne mere veut imiter la Sainte dans ses souffrances, la douce

fille

fille songe à la pécheresse, & médite amoureusement sur le sujet de son repentir.

Ces pénitentes, qui pleurent dans le convent les péchés qu'elles ont fait dans le monde, servent d'exemple pour la joye, aussi-bien que pour les larmes : peut-être même qu'elles donnent la confiance de pécher, pour laisser en vûë la ressource de la pénitence. Une femme ne regarde point séparément quelque partie de leurs jours ; elle s'attache à l'imitation de la vie entiere, & se donnant à l'amour quand elle est jeune, elle se réserve à pleurer pour la consolation de sa vieillesse. Dans cet âge triste, & si sujet aux douleurs, c'est un plaisir de pleurer ses péchés ; ou pour le moins une diversion des larmes, que l'on donneroit à ses maux.

Je suis donc à couvert de tout, me direz-vous, avec une Protestante. Je vous répondrai ce que dit le bon Pere Hippotadée à Panurge (1) : Oui, si Dieu plaît. Le plus sage s'en remet à la providence : il attend d'elle sa sureté, & de lui-même le repos de son esprit.

SUR

---

(1) *Voyez Rabelais, li-* | *vre III. chap. 30.*

SUR LES PLAISIRS,

A MONSIEUR

LE COMTE D'OLONNE.

Vous me demandez ce que je fais à la campagne ? je parle à toutes sortes de gens, je pense sur toutes sortes de sujets, je ne médite sur aucun. Les vérités que je cherche n'ont pas besoin d'être approfondies ; d'ailleurs je ne veux avoir sur rien un commerce trop long & trop sérieux avec moi-même. La solitude nous imprime je ne sai quoi de funeste, par la pensée ordinaire de nôtre condition, où elle nous fait tomber.

Pour vivre heureux, il faut faire peu de réflexions sur la vie, mais sortir souvent comme hors de soi, & parmi les plaisirs que fournissent les choses étrangeres, se dérober la connoissance de ses propres maux. Les divertissement ont tiré leur nom de la diversion qu'ils font faire des objets fâcheux & tristes, sur les choses plaisantes & agréables : ce qui montre assez, qu'il est difficile de venir à bout de la dureté de nôtre condition par aucune force d'esprit ; mais que par adresse on peut ingénieusement s'en détourner.

Il n'appartient qu'à Dieu de se considérer, & de trouver en lui-même sa félicité & son repos. A peine saurions-nous jetter les yeux sur nous, sans rencontrer mille défauts, qui nous obligent à chercher ailleurs ce qui nous manque.

La gloire, les fortunes, les amours, les voluptés bien entenduës & bien ménagées, sont de grands secours contre les rigueurs de la nature, contre les miseres attachées à nôtre vie. Aussi la sagesse nous a été donnée principalement pour ménager nos plaisirs. Toute considérable qu'est la sagesse, on la trouve d'un foible usage parmi les douleurs, & dans les approches de la mort.

La philosophie de Possidonius lui fit dire au fort de sa goutte, que la goutte n'étoit pas un mal; mais il n'en souffroit pas moins. La sagesse de Socrate le fit raisonner beaucoup à sa mort; mais ses raisonnemens incertains ne persuaderent ni ses amis, ni lui-même de ce qu'il disoit.

Je connois des gens, qui troublent la joye de leurs plus beaux jours par la méditation d'une mort concertée, & comme s'ils n'étoient pas nés pour vivre au monde, ils ne songent qu'à la maniere d'en sortir. Cependant il arrive que la douleur renverse leurs belles résolutions au besoin; qu'une fièvre les jette dans l'extravagance; ou que faisant toutes choses hors de saison, ils ont des tendresses pour la lumiére, quand il faut se résoudre à la quitter.

> *Oculisque errantibus alto*
> *Quæsivit Cælo lucem, ingemuitque repertá* (1).

Pour moi, qui ait toûjours vêcu à l'avanture, il me suffira de mourir de même. Puisque la prudence a eu si peu de part aux actions de ma vie, il me fâcheroit qu'elle se mêlat d'en regler la fin.

A parler de bon sens, toutes les circonstances de la mort ne regardent que ceux qui restent. La foiblesse ; la résolution ; tout est égal au dernier moment, & il est ridicule de penser que cela doive être quelque chose à des gens qui vont n'être plus. Il n'y a rien qui puisse effacer l'horreur du passage, que la persuasion d'une autre vie attenduë avec confiance, dans une assiette à tout esperer & à ne rien craindre. Du reste, il faut aller insensiblement où tant d'honnêtes-gens sont allés devant nous, & où nous serons suivis de tant d'autres.

Si je fais un long discours sur la mort, après avoir dit que la méditation en étoit fâcheuse, c'est qu'il est comme impossible de ne faire pas quelque reflexion sur une chose si naturelle :
il

---

(1) *Virg. Æneid. Lib. IV.*

il y auroit même de la mollesse à n'oser jamais y penser. Mais quoi qu'on dise, je ne puis en approuver l'étude particuliere; c'est une occupation trop contraire à l'usage de la vie. Il en est ainsi de la tristesse, & de toutes sortes de chagrins; on ne sauroit s'en défaire absolument: d'ailleurs ils sont quelquefois légitimes. Je trouve raisonnable qu'on s'y laisse aller en certaines occasions: l'indifference est honteuse en quelques disgraces: la douleur sied bien dans les malheurs de nos vrais amis, mais l'affliction doit être rare, & bien-tôt finie, la joye fréquente, & curieusement entretenuë.

On ne sauroit donc avoir trop d'adresse à ménager ses plaisirs : encore les plus entendus ont ils de la peine à les bien goûter. La longue préparation, en nous ôtant la surprise, nous ôte ce qu'ils ont de plus vif. Si nous n'en avons aucun soin, nous les prendrons mal-à-propos, dans un désordre ennemi de la politesse, ennemi des goûts véritablement délicats.

Une jouïssance imparfaite laisse du regret : quand elle est trop poussée, elle apporte le dégoût. Il y a un certain tems à prendre, une justesse à garder, qui n'est pas connuë de tout le monde. Il faut jouïr des plaisirs présens, sans interesser les voluptés à venir.

Il ne faut pas aussi que l'imagination des biens souhaités fasse tort à l'usage de ceux qu'on possède. C'est ce qui obligeoit les plus honnêtes-gens de l'antiquité à faire tant de cas d'une modération, qu'on pouvoit nommer œconomie dans les choses désirées ou obtenuës.

Comme vous n'exigez pas de vos amis une régularité qui les contraigne, je vous dis les réflexions que j'ai faites sans aucun ordre, selon qu'elles viennent dans mon esprit.

La nature porte tous les hommes à rechercher leurs plaisirs ; mais ils les recherchent differemment selon la difference des humeurs & des génies. Les sensuels s'abandonnent grossiérement à leurs appetits, ne le refusant rien de ce que les animaux demandent à la nature.

Les voluptueux reçoivent une impression sur les sens, qui va jusqu'à l'ame. Je ne parle pas de cette ame purement intelligente, d'où viennent les lumieres les plus exquises de la raison ; je parle d'une ame plus mêlée avec le corps, qui entre dans toutes les choses sensibles ; qui connoît & goûte les voluptés.

L'esprit a plus de part au goût des délicats qu'à celui des autres : sans les délicats, la galanterie seroit inconnuë, la musique rude, les repas mal-propres & grossiers. C'est à eux qu'on doit l'*Erudito luxu* de Petrone, & tout ce que le rafinement de nôtre siécle a trouvé de plus poli, & de plus curieux dans les plaisirs.

J'ai fait d'autres observations sur les objets qui nous plaisent, & il me semble avoir remarqué des différences assez particuliéres dans les impressions qu'ils font sur nous.

Il y a des impressions légeres, qui ne font qu'effleurer l'ame, pour le dire ainsi, éveiller son sentiment, la tenir présente aux objets agréables, où elle s'arrête avec complaisance, sans soin, sans beaucoup d'attention.

Il y en a de molles & voluptueuses, qui viennent comme à se fondre, & à se répandre délicieusement sur l'ame; d'où naît cette douce & dangereuse nonchalance, qui fait perdre à l'esprit sa vivacité & sa vigueur.

Il y a des objets touchans, qui font leur impression sur le cœur, & y remuënt ce qu'il a de sensible. Il y en a qui par un charme secret, difficile à exprimer, tiennent l'ame dans une espece d'enchantement. Il y en a de piquants, dont elle reçoit une atteinte qui lui plaît, une blessure qui lui est chere. Au delà, ce sont les transports & les défaillances, qui arrivent manque de proportion entre le sentiment de l'ame, & l'impression de l'objet. Aux premiers, l'ame est enlevée par une espece de ravissement: Aux autres, elle succombe sous le poids de son plaisir, si on peut parler de la sorte.

Voilà ce que j'avois à vous dire sur les plaisirs; il me reste à toucher quelque chose de l'esprit revenu chez soi, & remis, comme on dit, dans son assiette.

Comme il n'y a que les personnes légeres & dissipées, qui ne se possédent jamais, il n'y a que les rêveurs, les esprits sombres, qui demeurent toûjours avec eux-mêmes ; & il est à craindre qu'au lieu de goûter la douceur d'un véritable repos, l'inutilité de ce grand attachement ne les jette dans l'ennui. Cependant, le tems qu'on se rend ennuyeux par son chagrin, ne se compte pas moins que le plus doux de la vie. Ces heures tristes, que nous voudrions passer avec précipitation, contribuënt autant à remplir le nombre de nos jours, que celles qui nous échapent à regret. Je ne suis point de ceux qui s'amusent à se plaindre de leur condition, au lieu de songer à l'adoucir.

Fâcheux entendement, tu nous fais toûjours craindre,
Malheureux sentiment, tu nous fais toûjours plaindre ;
Funeste souvenir, dont je me sens blessé,
Pourquoi rappelles-tu le mal déja passé ?
Faut-il rendre aux malheurs ce pitoyable hommage,
De sentir leur atteinte, ou garder leur image,
De nourrir ses douleurs, & toûjours se punir
D'une peine passée, ou d'un mal à venir ?

Je laisse volontiers ces Messieurs dans leurs murmures, & tâche à tirer quelque douceur des mêmes choses dont ils se plaignent. Je cherche dans le passé des souvenirs agréables, & des idées plaisantes dans l'avenir.

Si

Si je suis obligé de regretter quelque chose, mes regrets sont plûtôt des sentimens de tendresse, que de douleur. Si pour éviter le mal, il faut le prévoir, ma prévoyance ne va point jusqu'à la crainte. Je veux que la connoissance de ne rien sentir qui m'importune ; que la réflexion de me voir libre & maître de moi, me donne la volupté spirituelle du bon Epicure : j'entens cette agréable indolence, qui n'est pas un état sans douleur & sans plaisir ; c'est le sentiment délicat d'une joye pure, qui vient du repos de la conscience, & de la tranquillité de l'esprit.

Après tout, quelque douceur que nous trouvions chez nous-mêmes, prenons garde d'y demeurer trop longtems. Nous passons aisément de ces joyes secretes à des chagrins intérieurs ; ce qui fait que nous avons besoin d'œconomie dans la jouïssance de nos propres biens, comme dans l'usage des étrangers.

Qui ne sait que l'ame s'ennuye d'être toûjours dans la même assiette, & qu'elle perdroit à la fin toute sa force, si elle n'étoit réveillée par les passions ?

Pour vivre heureux, il faut faire peu de réflexions sur la vie, mais sortir souvent comme hors de soi ; & parmi les plaisirs que fournissent les choses étrangéres, se dérober la connoissance de ses propres maux.

Voilà ce que la philosophie d'Epicure, & celle

celle d'Aristippe peuvent donner à leurs sectateurs : Mais

> Les vrais chrétiens, plus heureux mille fois,
>   Dans la pureté de leurs loix :
> Goûteront les douceurs d'une innocente vie,
> Qui d'une plus heureuse encor sera suivie.

XXXVII

SONNET.

Nature, enseigne-moi par quel bizarre effort
Nôtre ame hors de nous est quelquefois ravie ?
Di-nous comme à nos corps elle-même asservie,
S'agite, s'assoupit, se réveille, s'endort.

Les moindres animaux, plus heureux dans leur sort,
Vivent innocemment sans crainte & sans envie ;
Exemts de mille soins qui traversent la vie,
Et de nulle frayeurs que nous donne la mort.

Un mélange incertain d'esprit & de matière,
Nous fait vivre avec trop, ou trop peu de lumiére,
Pour savoir justement & nos biens & nos maux.

Change l'état douteux dans lequel tu nous ranges,
Nature, éleve-nous à la clarté des Anges,
Ou nous abbaisse au sens des simples animaux.

A MONSIEUR
LE COMTE D'OLONNE,
STANCES.

XXXVIII.

Tircis, que l'avenir trouble moins tes beaux
  jours :
Qui sait vivre ici bas, qui suit ses destinées,
Se laisse aller au tems insensible en son cours,
Et compte ses plaisirs, plûtôt que ses années.

Il goûte en liberté tous les biens qu'il ressent :
Un malheur éloigné fait rarement ses craintes ;
Et son esprit charmé d'un repos innocent,
Connoît peu de douleurs qui méritent ses plaintes.

Le passé n'a pour lui qu'un tendre souvenir :
Il se fait du présent un agréable usage,
Se dérobe aux chagrins que donne l'avenir,
Et n'en reçoit jamais qu'une plaisante image.

Il sait quand il lui plaît moderer ses désirs,
Tenir ses passions sous la loi la plus dure ;
Et tantôt la raison facile à ses plaisirs,
Seconde le penchant qu'inspire la nature.

La faveur est un bien qui lui semble assez doux :
La gloire a des appas, qui touchent son envie :
Cependant il les voit sans en être jaloux,
Et les assujettit au repos de sa vie.

Il vit loin du scrupule & de l'impieté,

Sans craindre ou mériter les éclats du tonnerre :
Il mêle l'innocence avec la volupté,
Et regarde les cieux sans dédaigner la Terre.

Quand il faut obéir à la rigueur du sort,
Il ne murmure point contre une loi si rude ;
Mais de ces vains discours qui combattent la mort,
Il ne s'est jamais fait une fâcheuse étude.

XXXIX. *EPITAPHE.*

A Brouiller les humains Boudet fut sans seconde;
A les vouloir servir rien ne lui fut égal :
Elle auroit fait du bien, Boudet, à tout le monde,
Pourvu qu'on lui permît d'en dire un peu de mal.

Je crains, pauvre Boudet, je crains de vous déplaire,
Vous souhaitant au Ciel une éternelle paix :
Disputer contre nous seroit mieux vôtre affaire,
Que jouïr de la gloire, & ne parler jamais.

N'est-ce pas là, Boudet, un étrange martyre
De trouver malgré vous tout parfait dans les Cieux ?
Helas ! quelle pitié de n'avoir rien à dire
Sur aucun des objets que l'on voit en ces lieux.

 Etre toûjours en muettes loüanges,
  Admirer éternellement ;
 C'est acheter le commerce des Anges
  A la Boudet bien cherement.

DIXAIN. XL.

Qu'une passion délicate,
Pleine d'amour & de langueur,
Dans la mollesse qui nous flatte,
Consume doucement un cœur!
Mais lors qu'une si chere flâme,
A passé le tems des soupirs,
A! que le corps d'une belle ame,
Instruit seulement aux désirs,
Dégoûte bien la bonne dame,
Qui s'étoit attenduë aux solides plaisirs.

CHANSON. XLI.

Il faut pour vôtre honneur, Silvie,
Mettre fin à tant de langueurs :
Défendre si longtems ma vie,
Est une honte à vos rigueurs.
Je vais mourir, & dans le mal extrême
Où je ne veux, & ne puis résister,
J'ai moins de peine à me quitter,
Qu'à quitter l'ingrate que j'aime.

XLII. LETTRE

A MADAME***.

A Ce que j'aprens, Madame, vous voulez devenir dévote, & j'en rends graces à Dieu de tout mon cœur, ayant plus besoin dans nos entretiens de la pureté des sentimens que vous allez avoir, que de ceux qui pourroient vous être inspirés dans le commerce des hommes. Je vous conjure donc, comme interessé avec le Ciel, de prendre une dévotion véritable : & pour rendre vôtre conversion telle que je la veux, il sera bon de vous dépeindre celle de nos Dames telle qu'elle est, afin que vous puissiez éviter les défauts qui l'accompagnent.

Leur pénitence ordinaire, à ce que j'ai pû observer, est moins un repentir de leurs péchés, qu'un regret de leurs plaisirs : en quoi elles sont trompées elles-mêmes, pleurant amoureusement ce qu'elles n'ont plus, quand elles croyent pleurer saintement ce qu'elles ont fait.

Ces beautés usées qui se donnent à Dieu, pensent avoir éteint de vieilles ardeurs, qui cherchent secretement à se rallumer ; & leur amour n'ayant fait que changer d'objet, elles
gar-

gardent pour leurs dernières souffrances, les mêmes soupirs & les mêmes larmes, qui ont exprimé leurs vieux tourmens. Elles n'ont rien perdu des prémiers troubles du cœur amoureux, des craintes, des saisissemens, des transports: elles n'ont rien perdu de ses plus chers mouvemens, des tendres désirs, des tristesses délicates, & des langueurs précieuses. Quand elles étoient jeunes, elles sacrifioient des amans: n'en ayant plus à sacrifier, elles se sacrifient elles-mêmes: la nouvelle convertie fait un sacrifice à Dieu de l'ancienne voluptueuse.

J'en ai connu qui faisoient entrer dans leur conversion le plaisir du changement: j'en ai connu qui se dévouant à Dieu, goûtoient une joye malicieuse de l'infidelité qu'elles pensoient faire aux hommes.

Il y en a qui renoncent au monde, par un esprit de vengeance contre le monde, qui les a quittées: il y en a qui mêlent à ce détachement leur vanité naturelle; & la même gloire qui leur a fait quitter des courtisans pour le Prince, les flate secretement de savoir mépriser le Prince pour Dieu.

Pour quelques-unes, Dieu est un nouvel amant, qui les console de celui qu'elles ont perdu: en quelques autres, la dévotion est un dessein d'intérêt, & le mystére d'une nouvelle conduite.

Vous en verrez de sombres & de retirées,

qui préferent les tartufes aux galans bienfaits, quelquefois par le goût d'une volupté obscure. Quelquefois elles veulent s'élever au Ciel de bonne foi, & leur foiblesse les fait reposer en chemin avec les directeurs qui les conduisent. La dévotion a quelque chose de tendre pour Dieu, qui peut retourner aisément à quelque chose d'amoureux pour les hommes.

J'oubliois à vous parler de certaines femmes retirées, qui se donnent à Dieu en apparence, pour être moins à une mere, ou à un mari. Il y en a de cent façons differentes, & fort peu où ne paroisse le caractére de la femme, soit dans leur humeur, soit dans leur amour.

Pour bien juger du mérite des dévotes, il ne faut pas tant considérer ce qu'elles veulent faire pour Dieu, que ce que Dieu veut qu'elles fassent. Car dans la vérité, toutes les mortifications qu'elles se donnent de leur propre mouvement, sont autant d'effets agréables de leur fantaisie; & une femme est assez bien payée en ce monde, à qui on permet de faire ce qui lui plaît. Il faut voir comment elles se comportent dans les choses que Dieu exige de leur soumission : & quand elles auront de la régle dans les mœurs, de la modestie dans le commerce, de la patience dans les injures, alors je serai satisfait de leur dévotion par leur conduite.

Il est assez de dévotes passionnées, qui
pen-

pensent avoir l'ardeur d'un beau zéle ; il en est peu qui se possédent sagement dans une bonne & solide pieté. Il en est assez qui sauroient mourir pour Dieu, par les sentimens de l'amour ; il y en a peu qui veuillent vivre selon ses loix, avec de l'ordre & de la raison. Attendez tout de leur ferveur, où il se mêle du déréglement : n'esperez presque rien d'une dévotion, où elles ont besoin d'égalité, de sagesse & de retenuë.

Profitez, Madame, de l'erreur des autres ; & voulant aujourd'hui vous donner à Dieu, faites moins entrer dans vôtre dévotion ce que vous aimez, que ce qui lui plaît. Si vous n'y prenez garde, vôtre cœur lui portera ses mouvemens, au lieu de recevoir ses impressions, & vous serez toute à vous, quand vous penserez être toute à lui.

Ce n'est pas qu'il ne puisse y avoir un saint & heureux ajustement entre ses volontés & les vôtres. Vous pouvez aimer ce qu'il aime ; vous pouvez désirer ce qu'il désire : mais nous faisons ordinairement par une douce & secrete impulsion, ce que nous désirons de nous-mêmes ; & c'est ce qui doit nous rendre plus attentifs, & plus appliqués à toûjours agir par la considération de ce qu'il veut.

Mais pour cela, Madame, ne vous assujettissez pas à la conduite de ces directeurs qui vous font entrer en certaines délicatesses de spiritualité, que vous n'entendez point, &

qu'ils

qu'ils n'entendent pas le plus souvent. Les volontez de Dieu ne sont pas si cachées, qu'elles ne se découvrent à ceux qui les veulent suivre. Presque en toutes, vous aurez moins besoin de lumière que de soumission. Celles qui ont du rapport avec nos désirs, sont nettement entenduës, & agréablement suivies. Celles qui choquent nos inclinations, s'expliquent assez ; mais la nature y répugne, & l'ame indocile se défend de leur impression.

Je traite avec vous plus sérieusement que je n'avois pensé ; & pour finir plus salutairement encore, je désirerois deux choses de vous, dans la dévotion nouvelle où vous vous engagez présentement. La première est, que vous preniez garde de ne porter pas à Dieu vôtre amour, comme une passion inutile, à qui vous voulez donner de l'occupation. La seconde, que vous ne déguisiez jamais vos animosités, sous une apparence de zéle, & ne persécutiez pas ceux à qui vous voulez du mal, sous un faux prétexte de pieté.

ÉLÉGIE

SUR LA MORT

DU DUC DE CANDALE (1).

On fait parler la Comtesse D'OLONNE.

Silence, cher Damon, laisse une misérable
En l'état où l'a mise un sort si déplorable.
Eh ! quel plaisir prens-tu, cruel, à me troubler,
En me parlant d'un mal que tu fais redoubler ?
Cherche pour me combattre encore d'autres armes ;
Je ferai disputer mes soupirs & mes larmes :
Je veux, mon cher Damon, confondre tes discours
Par les secretes pleurs que je répans toûjours.
Que s'il faut malgré moi pousser quelque parole,
Et répondre à celui dont le soin me console,
Pour te faire sentir combien tu me fais tort,
Je dirai seulement : Damon, Lisis est mort.
Lisis ne fera plus les douceurs de ma vie :
Lisis est dans le Ciel, & toute son envie,
Au milieu des plaisirs qui regnent en ces lieux,
N'est que de me revoir, à la honte des dieux.

Là

---

(1) Mr. le Duc de Candale mourut à Lion en 1658. âgé de 27 ans. | Voyez la vie de Mr. de St. Evremond sur l'année 1658.

Là, toutes leurs grandeurs ; là toutes leurs délices
Ne lui sont loin de moi qu'horreur, gênes, supplices.
Astres toûjours brillans, éternelle clarté,
Séjour plein de repos & de félicité,
Helas ! n'est-il pas vrai que Lisis à toute heure
Vous déteste, ou se plaint qu'après lui je demeure ?
Oui, Lisis ne voit rien des merveilles des Cieux,
En ne me voyant pas, qu'il ne trouve odieux.
Cher esprit, cher Lisis, qu'en vain ici j'appelle,
Tu connois bien aussi que je te suis fidéle :
Tu connois mes ennuis : tu connois la pitié
Que me fournit sans cesse une triste amitié.
La voix ne me sert plus qu'à former une plainte,
Dont les cœurs les plus durs pourroient sentir l'at-
  teinte ;
Et cessant de parler, je remets à mes pleurs,
Le soin de faire voir l'excès de mes douleurs.
Dans un lieu fréquenté, dans un lieu solitaire,
Le plus aimable objet ne fait que me déplaire,
Insensible toûjours aux clartés du Soleil,
Plus insensible encore aux douceurs du sommeil.
Destins, dont la rigueur m'est toûjours si fatale,
Rompez-vous pour moi seule une loi générale ?
Cruels, permettez-vous qu'à la faveur des nuits,
Toute chose s'endorme, excepté mes ennuis ?
C'est alors que je sens de plus vives allarmes :
Mes yeux y sont ouverts pour répandre des larmes :
Ma bouche, qui s'entend avec mes déplaisirs,
Laisse toûjours passage à de tristes soupirs :
Mon esprit embrouillé se forme à son dommage
De confuses vapeurs une effroyable image,
Qui troublant mon repos avec beaucoup d'effort,
M'éveille, & me fait dire : Helas ! Lisis est mort.
O vous, qui m'affligez, triste & fidéle idée,
Vous serez dans mon cœur bien chérement gardée :
Venez avec les traits d'un si parfait amant :
Venez avec l'horreur du pâle monument :
Venez à moi funeste, ou venez agréable,

Re-

Representant Lisis, vous me serez aimable;
Et puisqu'il ne vit plus qu'en mes seules douleurs:
J'aurai, pour lui des soupirs & des pleurs
Mon cœur qui fut toûjours si sensible à ses charmes,
Gardera pour jamais le sujet de mes larmes.

A Mr. le Chevalier
DE GRAMMONT.

Il n'est qu'un chevalier au monde:
Et que ceux de la table ronde,
Que les plus fameux aux tournois,
Aux avantures, aux exploits,
Me pardonnent, si je les quitte
Pour chanter un nouveau merite.
 C'est celui qu'on vit à la cour,
Jadis si galant sans amour;
Le même qui sût à Bruxelles,
Comme ici, plaire aux demoiselles.
Gagner tout l'argent des matis
Et puis revenir à Paris,
Ayant couru toute la terre,
Dans le feu, l'amour, & la guerre.
Insolent en prosperité,
Fort courtois en necessité;
L'ame en fortune liberale,
Aux créanciers pas trop loyale;
Qui n'a changé, ni changera,
Et seul au monde qu'on verra
Soutenir la blanche vieillesse,
Comme il a passé la jeunesse.
 Rare merveille de nos jours,

N'étoient vos trop longues amours,
N'étoit la sincere tendresse,
Dont vous aimez vôtre Princesse; (1)
N'étoit qu'ici les beaux désirs
Vous font pousser de vrais soupirs ;
Et qu'enfin vous quittez pour elle
Vôtre mérite d'infidelle ;
Cher & parfait original,
Vous n'auriez jamais eu d'égal.

Il est des heros pour la guerre,
Mille grands hommes sur la terre ;
Mais au sens de Saint-Evremond,
Bien qu'un chevalier de Grammont :
Et jamais ne sera de vie
Plus admirée & moins suivie.

(1) *Madame de Grammont de la maison d'Hamilton en Ecosse, qui se dit de la famille Royale.*

JUGEMENT
SUR LES
SCIENCES,
Où peut s'appliquer un honnête-homme.

VOus me demandez mon opinion sur les sciences où peut s'appliquer un honnête-homme ; je vous le dirai de bonne foi, sans que personne y doive assujettir son jugement. Je n'ai jamais eu de grands attachemens à la lecture. Si j'y employe quelques heures, ce sont les plus inutiles ; sans dessein, sans ordre, quand je ne puis avoir la conversation des honnêtes-gens, & que je me trouve éloigné du commerce des plaisirs. Ne vous imaginez donc pas que je vous parle profondément des choses que je n'ai étudiées qu'en passant, & sur lesquelles j'ai fait seulement de legeres reflexions.

La théologie me semble fort considérable, comme une science qui regarde le salut : mais à mon avis, elle devient trop commune ; & il est ridicule que les femmes mêmes osent agiter des questions, qu'on devoit traiter avec beaucoup de mistére & de secret. Ce seroit assez pour nous d'avoir de la docilité & de la soumission. Laissons cette doctrine toute entiere à nos superieurs, & suivons avec respect ceux qui ont le soin de nous conduire. Ce n'est pas que nos Docteurs ne soient les premiers à ruiner cette déference, & qu'ils ne contribuent à donner des curiosités, qui menent insensiblement à l'erreur. Il n'y a rien de si bien établi chez les nations, qu'ils ne soumettent à l'extravagance du raisonnement. On brûle un homme assez malheureux pour ne croire pas un Dieu, & cependant on demande publiquement dans les écoles, s'il y en a un. Par-là vous ébranlez les esprits foibles ; vous jettez le soupçon dans les défians : par-là vous armez les furieux, & leur permettez de chercher des raisons pernicieuses, dont ils combattent leurs propres sentimens, & les veritables impressions de la nature.

Hobbes, le plus grand génie d'Angleterre (1) depuis Bacon, ne sauroit souffrir qu'Aristote ait tant de crédit dans la théologie : il se prend aux subtilités de la division de l'Eglise.

C'est peut-être par ces sortes de raisonnemens, que les Théologiens ne sont pas quelquefois les plus dociles ; d'où est venu le proverbe,

---

(1) *Voyez le Dictionnaire de Mr. Bayle, art.* HOBBES (*Thomas.*)

verbe, que le Medecin & le Théologal croyent rarement aux remedes & à la Religion. Je n'en dirai pas davantage. Je souhaiterois seulement que nos Docteurs traitassent les matieres de Religion avec plus de retenuë, & que ceux qui doivent y être assujettis, eussent moins de curiosité.

Comme la philosophie laisse plus de liberté à l'esprit, je l'ai cultivée un peu plus. Dans ce tems, où l'entendement s'ouvre aux connoissances, j'eus un desir curieux de comprendre la nature des choses ; & la présomption me persuada bien-tôt que je l'avois conuë : la moindre preuve me sembloit une certitude, une vraisemblance m'étoit une verité ; & je ne vous saurois dire avec quel mépris je regardois ceux que je croyois ignorer ce que je pensois bien savoir. A la fin, quand l'âge & l'experience, qui malheureusement ne vient qu'avec lui, m'eurent fait faire de serieuses reflexions, je commençai à me défaire d'une science toûjours contestée, & sur laquelle les plus grands hommes avoient eu de differens sentimens. Je savois par le consentement universel des nations, que Platon, Aristote, Zenon, Epicure, avoient été les lumieres de leurs siecles ; cependant on ne voyoit rien de si contraire que leurs opinions. Trois mille ans après, je les trouvois également disputées : des partisans de tous les côtés ; de certitude & de sureté nulle part. Au milieu de ces meditations, qui me désabusoient insensiblement, j'eus la curiosité de voir Gassendi, le plus éclairé des Philosophes, & le moins présomptueux. Après de long entretiens, où il me fit voir tout ce que peut inspirer la raison, il se plaignit » que la » nature eut donné tant d'étenduë à la curio- » sité, & des bornes si étroites à la connoissan- » ce : qu'il ne le disoit point pour mortifier la » présomption des autres, ou par une fausse » humilité de soi-même, qui sent tout-à-fait » l'hypocrisie : que peut-être il n'ignoroit pas » ce que l'on pouvoit penser sur beaucoup de » choses ; mais de bien connoître les moindres, » qu'il n'osoit s'en assurer. Alors une science, qui m'étoit déja suspecte, me parut trop vaine, pour m'y assujettir plus longtems : je rompis tout commerce avec elle, & commençai d'admirer comme il étoit possible à un homme sage de passer sa vie à des recherches inutiles.

Les Mathématiques, à la verité, ont beaucoup plus de certitude : mais quand je songe aux profondes méditations qu'elles exigent, comme elles vous tirent de l'action & des plaisirs, pour vous occuper tout entier, ses démonstrations me semblent bien cheres ; & il faut être fort amoureux d'une verité, pour la chercher à ce prix-là. Vous me direz que nous avons peu de commodités dans la vie; peu d'embellissemens, dont nous ne leur soyions obligés. Je vous l'avoüerai ingenüement: il n'y a point de loüanges que je ne donne aux grands

Ma-

Mathématiciens, pourvu que je ne le sois pas. J'admire leurs inventions, & les ouvrages qu'ils produisent ; mais je pense que c'est assez aux personnes de bon-sens de les savoir bien employer ; car à parler sagement, nous avons plus d'interêt à joüir du monde, qu'à le connoître.

Je ne trouve point de sciences qui touchent particulierement les honnêtes-gens, que la Morale, la Politique, & la connoissance des Belles-lettres.

La premiere regarde la raison. La seconde la societé. La troisiéme la conversation. L'une vous apprend à gouverner vos passions. Par l'autre, vous vous instruisez des affaires de l'Etat, & reglez vôtre conduite dans la fortune. La derniére polit l'esprit ; inspire la délicatesse & l'agrément.

Les gens de qualité chez les anciens, avoient un soin particulier de s'instruire de toutes ces choses. Chacun sait que la Grece a donné au monde les plus grands Philosophes & plus grands legislateurs ; & on ne sauroit nier que les autres nations n'ayent tiré d'elle toute la politesse qu'elles ont euë.

Rome a eu des commencemens rudes & sauvages ; & cette vertu farouche, qui ne pardonnoit pas à ses enfans, fut avantageuse à la République, pour se former. Comme les esprits se rendirent plus raisonnables, ils trouverent moyen d'accommoder les mouvemens de la nature, avec l'amour de la patrie. A la fin, ils joignirent les graces & l'ornement à la justice & à la raison. On a donc vu dans les derniers tems, qu'il n'y avoit personne de considération, qui ne fût attaché à quelque secte de Philosophie; non pas à dessein de comprendre les principes & la nature des choses, mais pour se fortifier l'esprit par l'étude de la sagesse.

Touchant la politique, il n'est pas croyable combien les Romains s'instruisoient de bonne heure de tous les interêts de l'Etat, comme ils s'appliquoient à la connoissance de la police & des loix, jusqu'à se rendre capables des affaires de la paix & de la guerre, sans experience.

Les moins curieux savent de quelle sorte ils étoient touchés des Belles-lettres. Il est certain qu'on voyoit peu de grands à Rome, qui n'eussent chez eux quelques Grecs spirituels, pour s'entretenir des choses qui regardent l'agrément. Parmi cent exemples que je pourrois apporter, je me contenterai de celui de César; & ce sera assez faire pour mon opinion, que de l'appuyer de son autorité.

De toutes les sectes qui étoient alors en réputation, il choisit celle d'Epicure, comme la plus douce, & la plus conforme à son naturel & à ses plaisirs. Car il y avoit de deux sortes d'Epicuriens: les uns, philosophans à l'ombre, & cachans leur vie selon le précepte: les autres, qui ne pouvant approuver l'austérité des Philosophes, se laissoient aller à des opinions plus naturelles. De ces derniers ont été la plûpart des honnêtes-gens de ce tems-là, qui savoient séparer la personne du Magistrat, & donner leurs soins à la République en telle sorte, qu'il leur en restoit & pour leurs amis, & pour eux-mêmes. Il seroit inutile de vous expliquer la connoissance qu'avoit César des affaires de l'Etat, non plus que la politesse & la netteté de son esprit: je vous dirai seulement qu'il pouvoit disputer de l'éloquence avec Ciceron; & s'il n'en affecta pas la réputation, personne ne sauroit nier qu'il n'écrivît & ne parlât beaucoup plus en homme de qualité que cet orateur.

XLVI.

JUGEMENT
SUR CESAR,
ET
SUR ALEXANDRE.

C'Est un consentement presque universel, qu'Alexandre & César ont été les plus grands-hommes du monde ; & tous ceux qui se sont mêlés d'en juger, ont cru faire assez pour les conquerans qui sont venus après eux, de trouver quelque rapport entre leur réputation & leur gloire. Plutarque, après avoir examiné leur naturel, leurs actions, leur fortune, nous laisse la liberté de décider, qu'il n'a osé prendre. Montagne plus hardi, se déclare pour le premier ; & depuis que les versions de Vaugelas & d'Ablancourt ont fait de ces heros les sujets de toutes nos conversations (1), chacun s'est rendu partisans de l'un ou de l'autre, selon son inclination ou sa fantaisie. Pour moi, qui ai peut-être examiné leur vie avec autant de curiosité que personne, je ne

---

(1) Vaugelas a traduit la vie d'Alexandre, écrite par Quinte-Curse ; & Ablancourt les commentaires de César.

ne me donnerai pourtant pas l'autorité d'en juger absolument. Mais puisque vous ne voulez pas me dispenser de vous dire ce que j'en pense, vous aurez quelques observations que j'ai faites sur le rapport & la différence que j'y trouve.

Tous deux ont eu l'avantage des grandes naissances. Alexandre, fils d'un Roi considerable ; César, d'une des premiéres maisons de cette République, dont les citoyens s'estimoient plus que les Rois. Il semble que les Dieux ayent voulu donner à connoître la grandeur future d'Alexandre, par le songe d'Olympias, & par quelques autres présages. Ses inclinations relevées dès son enfance, ses larmes jalouses de la gloire de son pere, le jugement de Philippe, qui le croyoit digne d'un plus grand Royaume que le sien, appuyerent l'avertissement des Dieux. Plusieurs choses de cette nature n'ont pas été moins remarquables en César. Sylla trouvoit en lui, tout jeune qu'il étoit, plusieurs Marius. César songea qu'il avoit couché avec sa mere ; & les Devins expliquerent que la terre, mere commune des hommes, se verroit soumise à sa puissance. On le vit pleurer, en regardant la statuë d'Alexandre, de n'avoir encore rien fait à un âge, où ce conquerant s'étoit rendu maître de l'Univers.

L'amour des lettres leur fut une passion commune : mais Alexandre, ambitieux par tout, étoit piqué d'une jalousie de superiorité en ses études, & avoit pour but principal dans les sciences, d'être plus savant que les autres. Aussi voit-on qu'il se plaignit d'Aristote, d'avoir publié des connoissances secrettes, qui ne devoient être que pour lui seulement; & il avouë qu'il n'aspire pas moins à s'élever au dessus des hommes par les lettres, que par les armes. Comme il avoit l'esprit curieux & passionné, il se plut à la découverte des choses cachées, & fut touché particulierement de la poësie. Il n'y a personne à qui la passion qu'il avoit pour Homere ne soit connuë, & qui ne sache qu'en faveur de Pindare, les maisons de ses descendans furent conservées dans la ruine de Thebes, & la désolation generale de ses citoyens.

L'esprit de César, un peu moins vaste, ramena les sciences à son usage; & il semble n'avoir aimé les Lettres que pour son utilité. Dans la philosophie d'Epicure, qu'il préfera à toutes les autres, il s'attacha principalement à ce qui regarde l'homme. Mais il paroît que l'éloquence eut ses premiers soins, sachant qu'elle étoit necessaire dans la République, pour arriver aux plus grandes choses. Il harangua aux Rostres (1), à la mort de sa tante Julia, avec beaucoup d'applaudissement. Il accusa

Do-

---

(1) *La tribune aux harangues.*

Dolabella, & fit ensuite cette oraison si adroite & si délicate, pour sauver la vie aux prisonniers de la conjuration de Catilina.

Il ne nous reste rien qu'on puisse dire surement être d'Alexandre, que certains dits spirituels d'un tour admirable, qui nous laissent une impression égale de la grandeur de son ame, & de la vivacité de son esprit.

Mais la plus grande différence que je trouve dans leurs sentimens, est sur le sujet de la religion. Alexandre fut dévot jusqu'à la superstition, se laissant posseder par les Devins & par les Oracles : ce qu'on peut attribuer, outre son naturel, à la lecture ordinaire des Poëtes, qui donnoient aux hommes la crainte des Dieux, & composoient toute la théologie de ces tems-là. Quant à César, soit par son tempéramment, soit pour avoir suivi les opinions d'Epicure, il est certain qu'il passa dans l'autre extrémité, n'attendit rien des Dieux en cette vie, & se mit peu en peine de ce qui devoit arriver en l'autre. Lucain le represente au siege de Marseille, la hache à la main, dans un bois sacré, où donnant les premiers coups, il incitoit les soldats, saisis d'une secrette horreur de religion, par des paroles assez impies (1).

Sa-

___

(1) Jam ne quis vestrûm dubitet subvertere silvam,
Credite me fecisse nefas:

tunc paruit omnis
Imperiis non sublato secura pavore
Turba, sed expensâ su-

Saluste lui fait dire que la mort est la fin de tous les maux ; qu'au delà il ne reste ni souci, ni sentiment pour la joye (1).

Mais comme les hommes, quelques grands qu'ils soient, comparés les uns aux autres, sont toûjours foibles, défectueux, contraires à eux-mêmes, sujets à l'erreur ou à l'ignorance, César fut troublé d'un songe, qui lui prédisoit l'empire, & se moqua de celui de sa femme, qui l'avertissoit de sa mort. Sa vie répondit assez à sa créance. Véritablement il fut moderé en des plaisirs indifferens ; mais il ne se dénia rien des voluptés qui le touchoient. C'est ce qui fit faire à Catulle tant d'Epigrammes contre lui, & d'où vint à la fin ce bon mot, que *César* étoit *la femme de tous les maris, & le mari de toutes les femmes.*

Alexandre eut en cela beaucoup de modé-ration ;

...perorum, & Cæsaris irâ.

LUCAN. *Belli Civilis* Lib. III.

Quitez, quitez, dit-il, l'effroi qui vous maîtrise :
Si ces bois sont sacrés, c'est moi qui les méprise :
Seul, j'offense aujourd'hui le respect de ces lieux,
Et seul, je prens sur moi

tout le courroux des Dieux.
BREBEUF.

(1) In luctu atque miseriis mortem ærumnarum requiem, non cruciatum esse ; eam cuncta mortalium mala dissolvere ; ultra neque curæ neque gaudio locum esse. *Salust. de* conjuratione Catilinæ.

ration : il ne fut pourtant pas insensible. Barzine, & Roxane lui donnerent de l'amour ; & il n'eut pas tant de continence, qu'il ne s'accoutumât enfin à Bagoas, à qui Darius s'étoit accoutumé auparavant.

Le plaisir du repas, si cher à Alexandre, & où il se laissoit aller quelquefois jusqu'à l'excès, fut indifferent à César. Ce n'est pas que parmi les travaux, & dans l'action, Alexandre ne fût sobre & peu délicat : mais le tems du repos, la tranquillité lui étoit fade, s'il ne l'éveilloit, pour ainsi dire, par quelque chose de piquant.

Ils donnerent l'un & l'autre jusqu'à la profusion ; mais César avec plus de dessein & d'interêt. Ses largesses au peuple, ses dépenses excessives dans l'édilité, ses presens à Curion, étoient plûtôt des corruptions, que de véritables liberalités. Alexandre donna, pour faire du bien, par la pure grandeur de son ame. Quand il passa en Asie, il distribua ses domaines : il se dépoüilla de toutes choses, & ne garda rien pour lui que l'esperance des conquêtes, ou la resolution de périr. Lors qu'il n'avoit presque plus besoin de personne, il paya les dettes de toute l'armée. Les Peintres, les Sculpteurs, les Musiciens, les Poëtes, les Philosophes (tous illustres necessiteux) eurent part à sa magnificence, & se ressentirent de sa grandeur. Ce n'est pas que César ne fût aussi naturellement fort biberal :

mais

mais dans le dessein de s'élever, il lui fallut gagner les personnes necessaires ; & à peine se vit-il maître de l'empire, qu'on le lui ôta malheureusement avec la vie.

Je ne trouve point en César de ces amitiés qu'eut Alexandre pour Ephestion, ni de ces confiances qu'il avoit en Craterus. Les commerces de César étoient ou des liaisons pour ses affaires ; ou un procedé assez obligeant, mais beaucoup moins passionné pour ses amis. Il est vrai que sa familiarité n'avoit rien de dangereux ; & ceux qui le pratiquoient, n'apprehenderent ni sa colere, ni ses caprices. Comme Alexandre fut extrême, ou il étoit le plus charmant, ou le plus terrible ; & on n'alloit jamais surement dans une privauté où il engageoit lui-même. Cependant l'amitié fut sa plus grande passion après la gloire, dont il ne faut point d'autre témoignage que le sien propre, lors qu'il s'écria auprès de la statuë d'Achille : *O Achille, que je te trouve heureux d'avoir eu un ami fidele pendant ta vie, & un Poëte comme Homere après ta mort !*

Jusqu'ici nous avons cherché ces deux grands-hommes dans leur naturel. Il est tems d'examiner le génie des conquerans, & de les considerer dans toute l'étenduë de l'action. Il y a quelque espece de folie à raisonner sur des choses purement imaginaires : neanmoins, selon toute la vrai-semblance, si Alexandre se fût trouvé en la place de César,

il

il n'auroit employé ses grandes & admirables qualités qu'à sa propre ruïne. On peut croire que son humeur altiére, & ennemie des précautions, l'eût mal conservé dans les persecutions de Sylla. Difficilement eût-il pû chercher sa sureté dans un éloignement volontaire. Comme il donnoit par un pur mouvement de liberalité, ses largesses lui eussent été pernicieuses. Au lieu d'attendre l'édilité, où les magnificences & les profusions étoient permises, ses dons & ses presens hors de saison, l'auroient rendu justement suspect au Senat. Peut-être n'auroit-il pû s'assujettir à des loix, qui eussent gêné une ame si impérieuse que la sienne; & tentant quelque chose à contre-tems, il auroit eu le destin de Manlius, des Gracques, de Catilina. Mais si Alexandre eût péri dans la République, César, dont le courage & la précaution alloient d'ordinaire ensemble, ne se fût jamais mis dans l'esprit ce vaste dessein de la conquête de l'Asie.

Il est à croire que César, dont la conduite étoit si fine & cachée, qu'il entra dans toutes les conspirations, sans être accusé qu'une seule fois, & jamais convaincu; lui, qui dans les divisions qu'il fit naître entre les Gaulois, secouroit les uns, pour opprimer les autres, & les assujettir tous à la fin: il est à croire, dis-je, que ce même César suivant son génie, auroit soumis ses voisins, & divisé toutes les Républiques de la Grece, pour les assujettir pleinement. Et certes avoir quitté la Macédoine, sans espérance de retour ; avoir laissé des voisins mal-affectionnés, la Gréce quasi soumise, mais peu affermie dans la sujetion ; avec trente-cinq mille hommes, soixante-dix Talens (1), & peu de vivres, avoir cherché un Roi de Perse, que les Grécs appelloient LE GRAND ROI, & dont les simples Lieutenans sur les frontieres faisoient trembler tout le monde ; c'est ce qui passe l'imagination, & quelque chose de plus que si aujourd'hui la République de Genes, celles de Luques & de Raguse, entreprenoient la conquête de la France. Si César avoit déclaré la guerre au Grand Roi, ç'eût été sur les frontieres de proche en proche, & il ne se fût pas tenu malheureux de borner ses états par la Granique. Si l'ambition l'avoit poussé plus avant, pensez-vous qu'il eût refusé les offres de Darius, lui qui offrit toûjours la paix à Pompée : & qu'il ne se fût pas contenté de la fille du Roi, avec cinq ou six Provinces, qu'Alexandre refusa peut-être insolemment ? Enfin, si mes conjectures sont raisonnables, il n'auroit point cherché dans les plaines le Roi de Perse, suivi d'un million d'hommes. Quelque brave, quelque ferme qu'il pût être, je ne sai s'il auroit dormi profondément la nuit qui préceda la bataille d'Ar-

(1) *Qui sont 42 mille écus de nôtre monnoye.*

d'Arbelles ; je croi du moins qu'il eût été du sentiment de Parmenion, & nous n'aurions de lui aucune des réponses d'Alexandre. Cependant il falloit donner ce grand combat, pour se rendre maître de l'Asie ; autrement Darius eût traîné la guerre de Province en Province toute sa vie : il falloit qu'il pérît, comme il arriva, & que mille peuples differens le vissent vaincu avec toutes ses forces.

Il est vrai que ce desir de gloire immoderé, & cette ambition trop vaste, qui ne laissoit point de repos à Alexandre, le rendirent quelquefois si insupportable aux Macédoniens, qu'ils furent tout prêts de l'abandonner. Mais c'est-là particulierement que parut cette grandeur de courage, qui ne s'étonnoit de rien. *Allez lâches*, leur dit-il, *allez ingrats, dire en vôtre pays, que vous avez laissé Alexandre avec ses amis, travaillant pour la gloire de la Grèce, parmi des Peuples, qui lui obéïront mieux que vous.* Dans toute sa vie, Monsieur le Prince n'admire rien plus que cette fierté qu'il eut pour les Macédoniens, & cette confiance de lui-même. » Alexandre, dit-il, » abandonné des siens parmi des barbares mal » assujettis, se sentoit si digne de commander » qu'il ne croyoit pas qu'on pût refuser de lui » obéïr. Etre en Europe ou en Asie, parmi les » Grecs ou les Perses, tout lui étoit indiffe- » rent : il pensoit trouver des sujets où il trou- » voit des hommes.

Ce qu'on dit à l'avantage de César, c'est que les Macédoniens eurent à faire à des nations pleines de mollesse & de lâcheté, & que la conquête des Gaules, dont les peuples étoient fiers & belliqueux, fut beaucoup plus difficile aux Romains. Je ne m'amuserai point à examiner le courage des uns & des autres ; mais il est certain que César ne trouva pas dans les Gaules de véritables armées. C'étoient des peuples entiers, à la réserve des femmes, des enfans & des vieillards, qui s'armoient tumultuairement pour la défense de leur liberté : des multitudes de combattans sans ordre & sans discipline ; & à la verité, si vous en exceptez deux ou trois, César pouvoit dire, VENI, VIDI, VICI, en toutes les occasions. Ce qui me fait croire que Labienus commandant les Légions, n'eût pas moins assujetti nos Provinces à la République, ou selon toutes les apparences, Parmenion n'auroit pas donné cette grande bataille, qui décida des affaires de l'Asie. Vous trouverez encore cette particularité remarquable, que celui-ci eut besoin du secours d'Alexandre dans le combat, & que César un jour étoit perdu sans Labienus, qui après avoir tout battu de son côté, envoya la dixiéme Légion le dégager. Soit par le plus grand péril des entreprises, soit pour s'exposer davantage, ou pour être en cela plus malheureux, Alexandre fut cent fois en danger manifeste de sa vie, & reçut souvent de grandes

bles-

blessures. César eut véritablement ses hazards, mais plus rares : & je ne sache point qu'il ait été fort blessé dans toutes ses guerres.

Je ne voi pas aussi que les peuples de l'Asie dussent être si mols & si lâches, eux qui ont toûjours été formidables à l'Europe. Dans la plus grande puissance de la République, les Romains n'ont-ils pas été malheureux chez les Parthes, qui n'avoient qu'une partie de l'Empire de Darius ? Crassus y périt avec ses Légions du tems de César, & un peu après Antoine y fit un voyage funeste & honteux. Pour des conquêtes, on ne peut véritablement attribuer à César que celles des Gaules ; car dans la guerre civile, il assujettit la République avec la meilleure partie de ses forces ; & la seule bataille de Pharsale le fit maître de cent peuples differens, que d'autres avoient vaincus. Vespasien n'a pas conquis l'Empire, pour s'être fait Empereur par la défaite de Vitellius. Ainsi César a profité des travaux de tous les Romains : les Scipions, Emilius, Marcellus, Marius, Sylla & Pompée, ses propres ennemis ont combattu pour lui : tout ce qui s'étoit fait en six cens années, fut le fruit d'une seule heure de combat.

Ce qui me semble plus incompréhensible d'Alexandre, c'est qu'en douze ou treize ans, il ait conquis plus de pays que les plus grands Etats n'ont sû faire dans toute l'étendüe de leur durée. Aujourd'hui un voyageur est celebre, pour avoir traversé une partie des nations qu'il a subjuguées : & afin qu'il ne manquât rien à sa felicité, il a joüi paisiblement de son Empire, jusqu'à être adoré de ceux qu'il avoit vaincus. En quoi je plains le malheur de César, qui n'a pû donner une forme à l'Etat selon ses desseins, ayant été assassiné par ceux qu'il alloit assujettir.

Il me reste une consideration à faire sur Alexandre : que tous les Capitaines Macédoniens ont été de grands Rois après sa mort, qui n'étoient que des hommes médiocres, comparés à lui durant sa vie. Et certes je lui pardonne en quelque sorte, si dans un pays où c'étoit une créance reçûë, que la plûpart des Dieux avoient leur famille en terre ; où Hercule étoit cru fils de Jupiter, pour avoir tué un lion, & assommé quelque voleur : je lui pardonne, dis-je, si appuyé de l'opinion de Philippe, qui pensoit que sa femme eût commerce avec un Dieu ; si trompé par les Oracles ; si se sentant si fort au dessus des hommes, il a quelquefois méprisé sa naissance véritable, & cherhé son origine dans les Cieux. Peut-être faisoit-il couler cette créance parmi les barbares, pour en attirer la véneration ; & tandis qu'il se donnoit au monde pour une espece de Dieu, le sommeil, le plaisir des femmes, le sang qui couloit de ses blessures, lui faisoient connoître qu'il n'étoit qu'un homme.

Après

Après avoir parlé si longtems des avantages d'Alexandre, je dirai en peu de mots, que par le beauté d'un génie universel, Céfar fut le plus grand des Romains en toutes choses; dans les affaires de la République, & dans les emplois de la guerre. A la vérité, les entreprises d'Alexandre ont quelque chose de plus étonnant ; mais la conduite & la capacité ne paroissoient pas y avoir la même part. La guerre d'Espagne contre Petreius & Afranius, est une chose que les gens d'une expérience consommée admirent encore. Les plus mémorables sieges des derniers tems ont été formés sur celui d'Alexie : nous devons à Céfar nos forts, nos lignes, nos contrevallations, & generalement tout ce qui fait la sureté des armées devant les places. Pour ce qui est de la vigueur, la bataille de Munda fut plus contestée que celles d'Asie ; & Céfar courut un aussi grand peril en Egypte, qu'Alexandre dens le Bourg des Malliens.

Ils ne furent pas moins differens dans le procedé que dans l'action. Quand Céfar n'avoit pas la justice de son côté, il en cherchoit les apparences : les prétextes ne lui manquoient jamais. Alexandre ne donnoit au monde pour raisons que ses volontés : il suivoit par tout son ambition ou son humeur. Céfar se laissoit conduire à son interêt, ou à sa raison. On n'a guere vû en personne tant d'égalité dans la vie, tant de moderation dans la fortune, tant de
cle-

clemence dans les injures. Ces impetuosités qui coûterent la vie à Clitus : ces soupçons mal éclaircis qui causerent la perte de Philotas, & qui, à la honte d'Alexandre, traînerent ensuite comme un mal necessaire la mort de Parmenion ; tous ces mouvemens étoient inconnus à César. On ne peut lui reprocher de mort que la sienne, pour n'avoir pas eu assez de soin de sa propre conservation.

Aussi faut-il avoüer que bien loin d'être sujet aux désordres de sa passion, il fut le plus agissant homme du monde, & le moins ému : les grandes, les petites choses le trouvoient dans son assiette, sans qu'il parût s'élever pour celles-là, ni s'abaisser pour celles-ci. Alexandre n'étoit proprement dans son naturel qu'aux extraordinaires. S'il falloit courir, il vouloit que ce fût contre des Rois. S'il aimoit la chasse, c'étoit celle des lions. Il avoit peine à faire un present qui ne fût digne de lui. Jamais si résolu; jamais si gai, que dans l'abattement des troupes. Jamais si constant, si assuré, que dans leur désespoir. En un mot, il commençoit à se posseder pleinement où les hommes d'ordinaire, soit par la crainte, soit par quelqu'autre foiblesse, ont accoûtumé de ne se posseder plus. Mais son ame trop élevée s'ajustoit mal-aisément au train commun de la vie ; & peu sure d'elle-même, il étoit à craindre qu'elle ne s'échapât parmi les plaisirs dans le repos.

Ici

Ici, je ne puis m'empêcher de faire quelques réflexions sur les heros, dont l'Empire a cela de doux, qu'on n'a pas de peine à s'y assujettir. Il ne nous reste pour eux ni de ces répugnances secrettes, ni de ces mouvemens intérieurs de liberté, qui nous gênent dans une obéïssance forcée. Tout ce qui est en nous, est souple & facile ; mais ce qui vient d'eux est quelquefois insuportable. Quand ils sont nos maîtres par la puissance, & si fort au dessus de nous par le merite, ils pensent avoir comme un double empire qui exige une double sujetion ; & souvent c'est une condition fâcheuse de dépendre de si grands hommes, qu'ils puissent nous mépriser légitimement. Cependant, puisqu'on ne regne pas dans les solitudes, & que ce leur est une nécessité de converser avec nous, il seroit de leur interêt de s'accommoder à nôtre foiblesse. Nous les revererions comme des dieux, s'ils se contentoient de vivre comme des hommes. Mais finissons un discours qui me devient ennuyeux, & disons que par des moyens pratiquables, César a executé les plus grandes choses ; qu'il s'est fait le premier des romains.

Alexandre étoit naturellement au dessus des hommes : vous diriez qu'il étoit né le maître de l'univers, & que dans ses expéditions il alloit moins battre des ennemis, que se faire reconnoître de ses peuples.

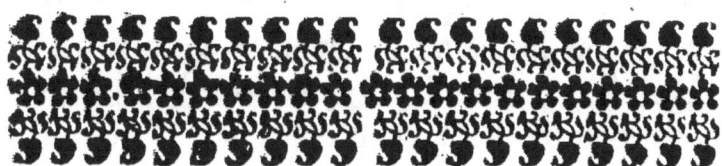

XLVII. REFLEXIONS,

SUR LES DIVERS GENIES DU PEUPLE ROMAIN,

Dans les divers tems de la République.

CHAPITRE PREMIER.

De l'origine fabuleuse des romains, & de leur génie sous les premiers Rois.

IL est de l'origine des peuples comme des généalogies des particuliers : on ne peut souffrir des commencemens bas & obscurs. Ceux-ci vont à la chimere ; ceux-là donnent dans les fables. Les hommes sont naturellement defectueux, & naturellement vains. Parmi eux les fondateurs des Etats, les législagiflateurs, les conquerans, peu fatisfaits de la condition humaine, dont ils connoissoient les foiblesses & les défauts, ont cherché bien souvent hors d'elle les causes de leur merite; & de là vient que les anciens ont voulu tenir ordinairement à quelque dieu, dont ils se disoient descendus, ou dont ils reconnoissoient une protection particuliere. Quelques-uns ont fait semblant d'en être persuadés, pour persuader les autres, & se sont servis ingenieusement d'une tromperie avantageuse, qui donnoit de la veneration pour leur personne, & de la soumission pour leur puissance.

Il y en a eu qui s'en sont flattés serieusement. Le mépris qu'ils faisoient des hommes, & l'opinion présomptueuse qu'ils avoient de leurs grandes qualités, leur a fait chercher chimeriquement une origine differente de la nôtre: mais il est arrivé plus souvent que les peuples, pour se faire honneur, & par un esprit de gratitude envers ceux qui les avoient bien servis, ont donné cours à cette sorte de fables.

Les Romains n'ont pas été exemts de cette vanité. Ils ne se sont pas contentés de vouloir appartenir à Venus par Enée conducteur des Troyens en Italie; ils ont rafraîchi leur alliance avec les dieux par la fabuleuse naissance de Romulus, qu'ils ont cru fils du dieu Mars, & qu'ils ont fait dieu lui-même après sa mort. Son successeur Numa n'eut rien de divin en sa race ; mais la sainteté de sa vie lui donna une communication particuliere avec la déesse Egerie, & ce commerce ne lui fut pas d'un petit secours pour établir ses cérémonies. Enfin les destins n'eurent autre soin que de fonder Rome, si on les en croit. Jusques-là qu'une providence industrieuse voulut ajuster les divers génies de ses Rois aux differens besoins de son peuple.

Je hai les admirations fondées sur des contes ; ou établies par l'erreur des faux jugemens. Il y a tant de choses vrayes à admirer chez les romains, que c'est leur faire tort que de les vouloir favoriser par des fables. Leur ôter toute vaine recommandation, c'est les servir. Dans ce dessein, il m'a pris envie de les considerer par eux-mêmes, sans aucun assujettissement à de folles opinions laissées & reçûës. Le travail seroit ennuyeux, si j'entrois exactement dans toutes les particularités ; mais je ne m'amuserai pas beaucoup au détail des actions. Je me contenterai de suivre le génie de quelques tems memorables, & l'esprit different dont on a vu Rome diversement animée.

Les Rois ont eu si peu de part à la grandeur du peuple romain, qu'ils ne m'obligent pas à des considerations fort particulieres. C'est avec raison que les historiens ont nommé leurs regnes, l'enfance de Rome ; car elle n'a eu sous eux qu'un très-foible mouvement. Pour connoître le peu d'action qu'ils ont eu, il suffira de savoir que sept Rois, au bout de deux cens tant d'années, n'ont pas laissé un Etat beaucoup plus grand que celui de Parme ou de Mantoüe. Une seule bataille gagnée aujourd'hui en des lieux serrés, donneroit plus d'étenduë.

Pour ces talens divers & singuliers qu'on attribuë à chacun par une mysterieuse providence, il n'est arrivé en eux que ce qui étoit arrivé auparavant à beaucoup de Princes. Rarement on a vu le successeur avoir les qualités de celui qui l'avoit précedé. L'un ambitieux & agissant a mis tout le merite dans la guerre. L'autre qui aimoit naturellement le repos, s'est cru le plus grand politique du monde, de se conserver dans la paix. Celui-là faisoit de la justice sa principale vertu. Celui-ci n'a eu de zele que pour ce qui regarde la religion. Ainsi chacun a suivi son talent; & il est ridicule de faire une espece de miracle d'une chose si ordinaire. Mais tant s'en faut qu'elle ait été avantageuse au peuple romain, qu'on lui doit imputer, le peu d'accroissement qu'a eu Rome sous ses Rois: car il n'y a rien qui empêche tant le progrès que cette difference de génie, qui fait quitter bien souvent le veritable interêt qu'on n'entend point, par un nouvel esprit qui veut introduire ce qu'on connoît mieux, & ce qui d'ordinaire ne convient pas.

Quand même ces institutions nouvelles auroient toutes leur utilité, il arrive de la diversité des applications, que diverses choses sont bien commencées, sans pouvoir être heureusement achevées.

La disposition étoit entierement à la guerre sous Romulus. On ne fit autre chose sous Numa que d'établir des Pontifes & des Prêtres. Tullus Hostilius eut de la peine à tirer les hommes d'un amusement si doux, pour les tourner à la discipline militaire. Cette discipline n'étoit pas encore établie, qu'on vit Ancus se porter aux commodités & aux embellissemens de la ville. Le premier Tarquin pour donner plus de dignité au Senat, & plus de majesté à l'empire, inventa les ornemens, & donna les marques de distinction. Le soin principal de Servius fut de connoître exactement le bien des romains, & de les diviser par Tribus selon leurs facultés, pour contribuer avec justice & proportion aux necessités publiques. » Tarquin le superbe, dit Florus, rendit un » grand service à son pays, quand il donna » lieu par sa tyrannie à l'établissement de la » République. C'est le discours d'un romain, qui pour être né sous des Empereurs, ne laissa pas de préferer la liberté à l'empire. Mon sentiment est qu'on peut bien admirer la République, sans admirer la maniere dont elle fut établie.

Pour revenir à ces Rois, il est certain que

cha-

chacun a eu son talent particulier ; mais pas un d'eux n'eut une capacité assez étenduë. Il falloit à Rome de ces grands Rois qui savent embrasser toutes choses par une suffisance universelle. Elle n'auroit pas eu besoin d'emprunter de differens Princes les diverses institutions qu'un même auroit pû faire aisément durant sa vie.

Le regne de Tarquin est connu de tout le monde, aussi bien que l'établissement de la liberté. L'orgueil, la cruauté, l'avarice étoient ses qualités principales. Il manquoit d'habileté à conduire sa tyrannie. Pour définir sa conduite en peu de mots, il ne savoit ni gouverner selon les loix, ni regner contre.

Dans un état si violent pour le peuple, & si mal sûr pour le Prince, on n'attendoit qu'une occasion pour se mettre en liberté, quand la mort de la miserable Lucrece la fit naître. Cette prude farouche à elle-même, ne put se pardonner le crime d'un autre : elle se tua de ses propres mains, après avoir été violée par Sextus, & remit en mourant la vengeance de son honneur à Brutus & à Collatin. Ce fut là que se rompit la contrainte des humeurs assemblées depuis si long-tems, & jusques alors retenuës.

Il n'est pas croyable qu'elle fut la conspiration des esprits à venger Lucrece. Le peuple à qui tout servoit de raison, fut plus animé contre Sextus de la mort que Lucrece se donna, na, que s'il l'eût tuée lui-même; & comme il arrive dans la plûpart des choses funestes, la pitié se mêlant à l'indignation, chacun augmentoit l'horreur du crime par la compassion qu'on avoit de cette grande vertu si malheureuse.

Vous voyez dans Tite-Live jusqu'aux moindres particularités de l'emportement & de la conduite des romains : mélange bizarre de fureur & de sagesse ordinaire dans les grandes révolutions, où la violence produit les mêmes effets que la vertu héroïque, quand la discipline l'accompagne. Il est certain que Brutus se servit admirablement des dispositions du peuple : mais de le bien définir, c'est une chose assez difficile.

La grandeur d'une République admirée de tout le monde, en a fait admirer le fondateur, sans examiner beaucoup ses actions. Tout ce qui paroît extraordinaire, paroît grand, si le succès est heureux : comme tout ce qui est grand, paroît fou, quand l'évenement est contraire. Il faudroit avoir été de son siecle, & même l'avoir pratiqué, pour savoir s'il fit mourir ses enfans par le mouvement d'une vertu heroïque, ou par la dureté d'une humeur farouche & dénaturée.

Je croirois pour moi, qu'il y a eu beaucoup de dessein en sa conduite. La profonde dissimulation dont il usa sous le regne de Tarquin, me le persuade, aussi bien que son adresse à faire chasser Collatinus du consulat. Il peut bien être que les sentimens de la liberté lui firent oublier ceux de la nature. Il peut être aussi que sa propre sûreté prévalut sur toutes choses; & que dans ce dur & triste choix de se perdre ou de perdre les siens, un interêt si pressant l'emporta sur le salut de sa famille. Qui sait si l'ambition ne s'y trouva pas mêlée ? Collatinus se ruina pour favoriser ses neveux : celui-ci se rendit maître du public par la punition rigoureuse de ses enfans. Ce qu'on peut dire de fort assuré, c'est qu'il avoit quelque chose de farouche : c'étoit le génie du tems. Un naturel aussi sauvage que libre produisit alors, & a produit fort long-tems depuis des vertus mal entenduës.

Chapitre II.

Du génie des premiers romains dans les commencemens de la République.

Dans les premiers tems de la République, on étoit furieux de liberté & de bien public. L'amour du pays ne laissoit rien aux mouvemens de la nature. Le zele du citoyen déroboit l'homme à lui-même. Tantôt par une justice farouche, le pere faisoit mourir son propre fils, pour avoir fait une belle action qu'il n'avoit pas commandée : tantôt on se dévoüoit soi-même, par une superstition aussi cruelle que ridicule; comme si le but de la société étoit de nous obliger à mourir, bien qu'elle ait été instituée pour nous faire vivre avec moins de danger, & plus à nôtre aise. La vaillance avoit je ne sai quoi de feroce, & l'opiniâtreté des combats tenoit lieu de science dans la guerre. Les conquêtes n'avoient encore rien de noble: ce n'étoit point un esprit de superiorité qui cherchât à s'élever ambitieusement au dessus des autres. Les romains étoient des voisins fâcheux & violens, qui vouloient chasser les justes possesseurs de leurs maisons, & labourer la force à la main les champs des autres.

Souvent le consul victorieux n'étoit pas de meilleure condition que le peuple qu'il avoit vaincu. Le refus du butin a coûté la vie: le partage des dépoüilles a causé le bannissement: on a refusé d'aller à la guerre sous certains chefs; on n'a pas voulu vaincre sous d'autres. La sédition se prenoit aisément pour un effet de la liberté, qui croyoit être blessée par toute sorte d'obéïssance, même aux magistrats qu'on avoit faits, & aux capitaines qu'on avoit choisis.

Le génie de ce peuple étoit rustique comme farouche. Les dictateurs se tiroient quelquefois de la charrüe, qu'ils reprenoient quand l'expedition étoit achevée; moins par le choix d'une condition tranquile & innocente,

cente, que pour être accoûtumés à une sorte de vie si inculte. Pour cette frugalité tant vantée, ce n'étoit point un retranchement des choses superfluës, ou une abstinence volontaire des délicieuses ; mais un usage grossier de ce qu'on avoit entre les mains. On ne désiroit point les richesses qu'on ne connoissoit pas : on se contentoit de peu, pour ne rien imaginer de plus : on se passoit des plaisirs, dont on n'avoit pas l'idée. Cependant à moins que d'y faire bien reflexion, on prendroit ces vieux romains pour les premieres gens de l'univers ; car leur posterité a consacré jusqu'aux moindres de leurs actions, soit qu'on respecte naturellement ceux qui commencent les grands ouvrages, soit que les neveux glorieux en tout, ayent voulu que leurs ancêtres eussent les vertus quand ils n'avoient pas les grandeurs.

Je sai bien qu'on peut alleguer certaines actions d'une vertu si belle & si pure, qu'elles serviront d'exemples dans tous les siecles : mais ces actions étoient faites par des particuliers qui ne se ressentoient en rien du génie de ce tems-là ; ou c'étoient des actions singulieres qui échapant aux hommes par hazard, n'avoient rien de commun avec le train ordinaire de leur vie.

Il faut avoüer pourtant que des mœurs si rudes & si grossieres, convenoient à la République qui se formoit. Une âpreté de naturel
qui

qui ne se rendoit jamais au difficultés, établissoit Rome plus fortement, que n'auroient fait des humeurs douces avec plus de lumiere & de raison. Mais cette qualité considerée en elle, étoit une qualité bien sauvage, qui ne merite de respect que par la recommandation de l'antiquité, & pour avoir donné commencement à la plus grande puissance de l'univers.

CHAPITRE III.

Des premieres guerres des romains.

LEs premieres guerres des romains ont été très-importantes à leur égard, mais peu memorables, si vous en exceptez quelques actions extraordinaires des particuliers. Il est certain que l'interêt de la République ne pouvoit pas être plus grand, puisqu'il y alloit de retomber sous la domination des Tarquins; & que Rome ne se sauva du ressentiment de Coriolanus que par les larmes de sa mere; que la défense du Capitole fut la derniere ressource des romains, lors qu'après la défaite de leur armée, leur ville même fut prise par les gaulois. Mais considerant ces expeditions, on trouvera que c'étoient plûtôt des tumultes, que de veritables guerres; & si les lacédémoniens avoient vû l'espece

d'art

d'art militaire que pratiquoient les romains en ces tems-là, ils auroient pris pour des barbares des gens qui ôtoient la bride aux chevaux, pour donner plus d'impetuosité à la cavalerie; des gens qui mettoient la sureté de leur garde sur des oyes, & sur des chiens, dont ils punissoient la paresse, ou recompensoient la vigilance. Cette façon grossiere de faire la guerre a duré assez long-tems: les romains ont fait même plusieurs conquêtes considerables avec une capacité médiocre. C'étoient des gens fort braves & peu entendus, qui avoient à faire à des ennemis moins courageux & plus ignorans: mais parce que les chefs s'appelloient des consuls, que les troupes se nommoient des legions, & les soldats des romains, on a plus donné à la vanité des noms, qu'à la verité des choses; & sans considerer la difference des tems & des personnes, on a voulu que ce fussent de mêmes armées sous Camille, sous Manlius, sous Cincinnatus, sous Papyrius Cursor, sous Curius Dentatus, que sous Scipion, sous Marius, sous Sylla, sous Pompée, & sous César.

Ce qu'il y a de veritable dans les premiers tems, c'est un grand courage, une grande austérité de mœurs, un grand amour pour la patrie. Une valeur égale dans les derniers; beaucoup de science en ce qui regarde la guerre & en toutes choses, mais beaucoup de corruption.

Il est arrivé de-là, que les gens-de-bien, à qui le vice & le luxe étoient odieux, ne se sont pas contentés d'admirer la probité de leurs ancêtres, s'ils n'étendoient leur admiration sur tout, sans distinguer en quoi ils avoient du merite, & en quoi ils n'en avoient pas. Ceux qui ont eu à se plaindre de leur siecle, ont donné mille loüanges à l'antiquité, dont ils n'avoient rien à souffrir; & ceux dont le chagrin trouve à redire à tout ce qu'on voit, ont fait valoir par fantaisie ce qu'on ne voyoit plus. Les plus honnêtes-gens n'ont pas manqué de discernement; & sachant que tous les siecles ont leurs défauts & leurs avantages, ils jugeoient sainement en leur ame du tems de leurs peres, & du leur propre: mais ils étoient obligés d'admirer avec le peuple, & de crier quelquefois à propos, quelquefois sans raison: *Majores nostri*, *Majores nostri*, comme ils entendoient crier aux autres. Dans une admiration si generale, les historiens ont pris aussi-tôt le même esprit de respect pour les anciens; & faisant un heros de chaque consul, ils n'ont laissé manquer aucune vertu à quiconque avoit bien servi la République.

J'avoüe qu'il y avoit beaucoup de merite à la servir: mais c'est une chose differente de celle dont nous parlons; & on peut dire que les bons citoyens étoient chez les vieux romains, & les bons capitaines chez les derniers.

CHAPITRE IV.

Contre l'opinion de Tite-Live sur la guerre imaginaire qu'il fait faire à Alexandre contre les romains (1).

J'ADMIRE jusqu'où peut aller l'opinion qu'a Tite-Live de ces vieux romains, & ne comprens pas comment un homme de si bon esprit, a voulu chercher une idée hors de son sujet, pour raisonner si faux sur la guerre imaginaire où il engage Alexandre. Il fait descendre en Italie ce conquerant avec aussi peu de forces qu'il en avoit, n'étant encore qu'un petit Roi de Macedoine. Il devoit se souvenir qu'un simple general des carthaginois a passé les Alpes avec une armée de quatre-vingts mille combatans.

Il donne autant de capacité pour la guerre à Papyrius Cursor, & à tous les consuls de ce tems-là, qu'en eut Alexandre ; quoi qu'ils n'en eussent qu'une connoissance très-imparfaite : car alors il n'y avoit parmi les romains aucun

---

(1) Ce n'est qu'une supposition de Tite-Live, qui examine ce qui seroit vraisemblablement arrivé, si Alexandre avoit fait la guerre aux romains. Voyez le IX. Liv. de la I. Décade.

aucun bon usage de la cavalerie. Ils savoient si peu s'en aider, qu'on la faisoit mettre pied à terre au fort du combat, & on lui ramenoit les chevaux pour suivre les ennemis, quand ils étoient en déroute. Il est certain que les romains faisoient consister leurs forces dans l'infanterie, & comptoient pour peu de chose le combat qu'on pouvoit rendre à cheval. Les legions sur tout avoient un grand mépris pour la cavalerie des ennemis, jusqu'à la guerre de Pyrrhus, où les thessaliens leur donnerent lieu de changer de sentiment. Mais celle d'Anibal leur donna depuis de grandes frayeurs ; & ces invincibles legions en furent quelque tems si épouvantées, qu'elles n'osoient descendre dans la moindre plaine.

Pour revenir au tems de Papyrius, on ne savoit ce que c'étoit que de cavalerie ; on ne savoit encore ni se poster, ni camper dans aucun ordre : car ils avoüent eux-mêmes qu'ils apprirent à former leur camp sur celui de Pyrrhus, & qu'auparavant ils avoient toûjours campé en confusion. On n'ignoroit pas moins les machines & les ouvrages necessaires pour un grand siege : ce qui venoit, ou du peu d'invention de ce peuple nullement industrieux, ou de ce que n'y ayant presque jamais de vieilles armées, on ne donnoit pas le loisir aux hommes de mener les choses à leur perfection.

Rarement une armée passoit des mains d'un
consul

consul dans celles d'un autre : plus rarement encore celui qui commandoit les legions conservoit le commandement, son terme expiré. Ce qui étoit admirable pour la conservation de la République ; mais fort opposé à l'établissement d'une bonne armée. Pour faire voir quelle étoit la jalousie de la liberté, c'est qu'après la défaite de Trasimene, où l'on fut obligé de créer un dictateur, Fabius à peine avoit arrêté l'impetuosité d'Annibal par la sagesse de sa conduite, qu'on lui substitua des consuls. Il y avoit tout à redouter de la fureur d'Annibal, rien à craindre de la moderation de Fabius ; & cependant l'appréhension d'un mal éloigné l'emporte sur la necessité presente.

Il est vrai que les deux consuls se gouvernerent prudemment dans cette guerre. Ils ruïnoient insensiblement Annibal comme ils rétablissoient la République, quand par la même raison on mit en leur place Terentius Varro, un présomptueux, un ignorant, qui donna la bataille de Cannes, & la perdit ; qui réduisit les romains à une telle extrémité, que leur vertu, quelque extraordinaire qu'elle fût alors, les sauva moins que la nonchalance d'Annibal.

Il y avoit encore un autre inconvenient qui empêchoit de donner toûjours aux armées les chefs les plus capables de les commander. Les deux consuls ne pouvant être patriciens, &

les patriciens ne pouvant souffrir qu'ils fussent tous deux d'une race Plébéïenne, il arrivoit d'ordinaire que le premier nommé étoit un homme agréable au peuple, qui devoit son élection à la faveur ; & celui qu'on eût voulu choisir pour son merite, se trouvoit exclus bien souvent, ou par l'opposition du peuple, s'il étoit patricien, ou par l'intrigue & les artifices des senateurs, lorsqu'il n'étoit pas de leur naissance. C'étoit tout le contraire dans l'armée des macédoniens, où les chefs & les soldats subsistoient ensemble depuis un tems incroyable. C'étoit le vieux corps de Philippe, renouvellé de tems en tems, & augmenté selon les besoins par Alexandre. Ici, la valeur de la cavalerie égaloit la fermeté de la phalange ; à qui même on peut donner l'avantage sur la legion, puisque dans la guerre de Pyrrhus les legions n'osoient se trouver opposées à quelques miserables phalanges de macedoniens ramassées. Ici, l'on entendoit également la guerre de siege & la guerre de campagne. Jamais armée n'a eu affaire à tant d'ennemis, & n'a vu tant de climats differens. Que si la diversité des pays où l'on fait la guerre, & celle des nations qu'on assujettit, peuvent former nôtre experience, comment les romains entreroient-ils en comparaison avec les macédoniens, eux qui n'étoient jamais sortis d'Italie, qui n'avoient vu d'autres ennemis que de petits peuples voisins de leur Ré-

République? La discipline étoit grande veritablement parmi eux, mais la capacité mediocre.

Depuis même que la République fut devenuë plus puissante, ils n'ont pas laissé d'être battus autant de fois qu'ils ont fait la guerre contre des capitaines experimentés. Pyrrhus les défit par l'avantage de sa suffisance : ce qui faisoit dire à Fabricius, que les Epirotes n'avoient pas vaincu les romains, mais que le consul avoit été vaincu par le Roi des Epirotes.

Dans la premiere guerre de Carthage Regulus défit en Afrique les carthaginois en tant de combats, qu'on les regardoit déja comme tributaires des romains. On n'en étoit plus que sur les conditions, qu'on leur rendoit insupportables, lorsqu'un lacédémonien, nommé Xantipe, arriva dans un corps d'auxiliaires. Ce grec, homme de valeur & d'experience, s'informa de l'ordre qu'avoient tenu les carthaginois, & de la conduite des romains. S'en étant instruit pleinement, il les trouva les uns & les autres fort ignorans dans la guerre ; & à force d'en discourir parmi les soldats, le bruit vint jusqu'au senat de Carthage du peu de cas que ce lacédémonien faisoit de leurs ennemis. Les magistrats eurent enfin la curiosité de l'entendre ; & Xantipe après leur avoir expliqué les fautes passées, leur promit le gain du combat, s'ils le vouloient mettre à la tête de leurs troupes.

Dans un miserable état, où l'on desespere de toutes choses, on prend confiance en autrui plus aisément qu'en soi-même : ainsi les jalousies fatales au merite des étrangers, vinrent à ceder à la necessité ; & les plus puissans pressés de l'apprehension de leur ruïne, s'abandonnerent à la capacité de Xantipe sans envie. Je ferois une histoire, au lieu d'alleguer un exemple, si je m'étendois davantage : il suffit de dire que Xantipe s'étant rendu maître des affaires, changea tout dans l'armée des carthaginois, & sut si bien se prévaloir de l'ignorance des romains, qu'il remporta sur eux une des plus entieres victoires qui se soit jamais gagnée. Les carthaginois hors de peril, furent honteux de devoir leur salut à un étranger, & revenant à la perfidie de leur naturel, ils crurent pouvoir étouffer leur honte, en se défaisant de celui qui les avoit défaits des romains. On ne sait pas bien s'ils le firent périr, ou s'il fut assez heureux pour leur échaper (1) ; mais il est certain que n'étant plus à

la

___

(1) *Appien dit au I. Livre des guerres des romains, que les carthaginois renvoyerent Xantipe dans une de leurs galeres avec de beaux présens ;* mais qu'ils donnerent ordre au capitaine de la galere de le faire jetter dans la mer, à une certaine distance de Carthage.

la tête de leurs troupes, les romains reprirent aisément la superiorité qu'ils avoient euë.

Si l'on veut aller jusqu'à la seconde guerre punique, on trouvera que les grands avantages qu'eut Annibal sur les romains, venoient de la capacité de l'un, & du peu de suffisance des autres : & en effet, lors qu'il vouloit donner de la confiance à ses soldats, il ne leur disoit jamais que les ennemis manquoient de courage ou de fermeté, car ils éprouvoient le contraire assez souvent ; mais il les assuroit qu'ils avoient à faire à des gens peu entendus dans la guerre.

Il est de cette science comme des arts & de la politesse : elle passe d'une nation à une autre, & regne en divers tems en différens lieux. Chacun sait qu'elle a été chez les grecs à un haut point. Philippe l'emporta sur eux ; & toutes choses arriverent à leur perfection sous Alexandre, lors qu'Alexandre seul se corrompit. Elle demeura encore chez ses successeurs. Annibal la porta chez les carthaginois, & quelque vanité qu'ayent eu les romains, ils l'ont apprise de lui par l'experience de leurs défaites, par des reflexions sur leurs fautes, & par l'observation de la conduite de leur ennemi.

On en demeurera d'accord aisément, si on considere que les romains n'ont pas commencé de résister à Annibal, quand ils ont été plus braves ; car les plus courageux avoient péri

dans

dans les batailles. On avoit armé les esclaves ; on avoit composé des armées de nouveaux soldats. Il est vrai, qu'on lui a fait de la peine, quand les consuls sont devenus plus habiles, & que les Romains en general ont mieux su faire la guerre.

Chapitre V.

Le génie des romains dans le tems que Pyrrhus leur fit la guerre.

MON dessein n'est pas de m'étendre sur les guerres des romains ; je m'éloignerois du sujet que je me suis proposé : mais il me semble, que pour connoître le génie des tems, il faut considerer les peuples dans les diverses affaires qu'ils ont euës ; & comme celles de la guerre sont sans doute les plus remarquables, c'est-là que les hommes doivent être particulierement observés, puisque la disposition des esprits, & que les bonnes & les mauvaises qualités y paroissent davantage.

Dans les commencemens de la République, le peuple romain, comme j'ai dit ailleurs, avoit quelque chose de farouche. Cette humeur farouche se tourna depuis en austérité. Il se fit ensuite une vertu severe, éloignée de la politesse & de l'agrément, mais opposée à la moindre apparence de corruption.

C'etoient

C'étoient-là les mœurs des romains, quand Pyrrus passa en Italie au secours des tarentins. La science de la guerre étoit alors médiocre ; celle des autres choses inconnuë. Pour les arts, ou il n'y en avoit point, ou ils étoient fort grossiers. On manquoit d'invention, & on ne savoit ce que c'étoit que d'industrie : mais il y avoit un bon ordre & une discipline exactement observée, une grandeur de courage admirable, plus de probité avec les ennemis qu'on n'en a d'ordinaire avec les citoyens. La justice, l'intégrité, l'innocence étoient des vertus communes. On connoissoit déja les richesses, & on en punissoit l'usage chez les particuliers. Le désintéressement alloit quasi à l'excès, chacun se faisant un devoir de negliger ses affaires pour prendre soin du public, dont le zele alors tenoit lieu de toutes choses.

Après avoir parlé de ces vertus, il faut venir aux actions qui les font connoître. Un Prince est estimé homme de bien, qui opposant la force à la force, n'employe que des moyens ouverts & permis, pour se défaire d'un ennemi redoutable. Mais, comme si nous étions obligés à la conservation de ceux qui nous veulent perdre, de les garantir des embûches qui leur sont dressées par d'autres, & de les sauver d'une trahison domestique, c'est l'effet d'une générosité dont on ne voit point d'exemple. En voici un du tems dont

j'ai

j'ai à parler. Les romains défaits par Pyrrhus, & dans un état douteux s'ils rétabliroient leurs affaires, ou s'ils feroient contraints de succomber, eurent entre les mains la perte de ce Prince, & en uferent comme je vais dire.

Un medecin en qui Pyrrhus avoit confiance, vint offrir à Fabricius de l'empoisonner, pourvu qu'on lui donnât une recompenfe proportionnée à un service si important. Fabricius effrayé de l'horreur du crime, en informe incontinent le senat, qui déteftant une action si noire, aussi bien que le conful, fit donner avis à Pyrrhus de prendre garde foigneufement à fa personne ; ajoûtant que le peuple romain vouloit vaincre par fes propres armes, & non pas fe défaire d'un ennemi par la trahifon des siens.

Pyrrhus, ou sensible à cette obligation, ou étonné de cette grandeur de courage, redoubla l'envie qu'il avoit de faire la paix ; & pour y porter les romains plus aifément, il leur renvoya deux cens prifonniers fans rançon. Il fit offrir des prefens aux hommes confiderables. Il en fit offrir aux dames, & n'oublia rien, fous prétexte de gratitude, pour faire glisser parmi eux la corruption. Les romains, qui n'avoient fauvé Pyrrhus que par un fentiment de vertu, ne voulurent recevoir aucune chofe qui eût le moindre air de reconnoiffance. Ils lui renvoyerent donc un pareil nombre

de

de prisonniers. Les presens furent refusés de l'un & de l'autre sexe ; & on lui fit dire pour toute réponse, qu'on n'entendroit jamais à la paix, qu'il ne fût sorti d'Italie.

Parmi une infinité de choses vertueuses qui se pratiquerent alors, on admire entre autres le grand desinteressement de Fabricius & de Curius, qui alloit à une pauvreté volontaire. Il y auroit de l'injustice à leur refuser une grande approbation. Il faut considerer pourtant que c'étoit une qualité generale de ce tems-là, plûtôt qu'une vertu singuliere de ces deux hommes. En effet, puisqu'on punissoit les richesses avec infamie, & que la pauvreté étoit recompensée avec honneur, il me paroît qu'il y avoit de l'habileté à savoir bien être pauvre. Par-là on s'élevoit aux premieres charges de la République, où exerçant une grande autorité, on avoit plus besoin de moderation que de patience. Je ne saurois plaindre une pauvreté honorée de tout le monde ; elle ne manque jamais que des choses dont nôtre interêt ou nôtre plaisir est de manquer. C'est donner une jouïssance exquise à son esprit de ce que l'on derobe à ses sens.

Mais que sait'on si Fabricius ne suivoit pas son humeur ? Il y a des gens qui trouvent de l'embarras dans la multitude & dans la diversité des choses superfluës, qui goûteroient en repos avec douceur les commodes, & même les necessaires. Cependant les faux connoisseurs admirent une apparence de moderation, quand la justesse du discernement feroit voir le peu d'étenduë d'un esprit borné, ou le peu d'action de quelque ame paresseuse. A ces gens-là, se passer de peu, c'est se retrancher moins de plaisirs que de peines. Quand il n'est pas honteux d'être pauvre, il nous manque moins de choses pour vivre doucement dans la pauvreté, que pour vivre magnifiquement dans les richesses. Pensez-vous que la condition d'un religieux soit malheureuse, lorsqu'il est consideré dans son ordre, & qu'il a de la réputation dans le monde ? Il fait vœu d'une pauvreté, qui le délivre de mille soins, & ne lui laisse rien à desirer qui convienne à sa profession & à sa vie. Les gens magnifiques pour la plûpart sont les veritables pauvres : ils cherchent de l'argent de tous côtés avec inquiétude & avec chagrin, pour entretenir les plaisirs des autres ; & pendant qu'ils exposent leur abondance, dont les étrangers jouïssent plus qu'eux, ils sentent en secret leur necessité avec leurs femmes & leurs enfans, & par l'importunité des créanciers qui les tyrannisent, & par le méchant état de leurs affaires qu'ils voyent ruïnées.

Revenons à nos romains, dont nous nous sommes insensiblement éloignés. Admire qui voudra la pauvreté de Fabricius ; je louë sa prudence, & le trouve fort avisé de n'avoir eu qu'une saliere d'argent, pour se donner le credit crédit de chasser du Senat un homme (1) qui avoit été deux fois consul, qui avoit triomphé, qui avoit été dictateur; parce qu'on en trouva chez lui quelques marcs davantage (2). Outre que c'étoient les mœurs de ce tems-là, le vrai interêt étoit de n'en avoir point d'autre que celui de la république.

Les hommes ont établi la societé par un esprit d'interêt particulier, cherchant à se faire une vie plus douce & plus sure en compagnie, que celle qu'ils menoient en tremblant dans les solitudes. Tant qu'ils y trouvent non seulement la commodité, mais la gloire & la puissance, sauroient-ils mieux faire que de se donner entierement au public, dont ils tirent tant d'avantages?

Les Décies qui se devoüerent pour le bien d'une societé dont ils alloient n'être plus, me semblent de vrais fanatiques: mais ces gens-ci me paroissent fort sensés dans la passion qu'ils ont euë pour une République reconnoissante, qui avoit autant de soin d'eux pour le moins qu'ils en avoient d'elle.

Je me représente Rome en ce tems-là comme une vraye communauté, où chacun se desaproprie pour trouver un autre bien dans celui de l'ordre. Mais cet esprit désinteressé ne subsiste guere que dans les petits états. On méprise

(1) *P. Cornelius Rufinus*.   (2) *Quinze marcs d'argent*.

méprise dans les grands toute apparence de pauvreté ; & c'est beaucoup quand on n'y approuve pas le mauvais usage des richesses. Si Fabricius avoit vécu dans la grandeur de la république, ou il auroit changé de mœurs, ou il auroit été inutile à sa patrie : & si les gens de bien des derniers tems avoient été de celui de Fabricius, ou ils eussent rendu leur probité plus rigide, ou ils auroient été chassez du Sénat comme des citoyens corrompus.

Après avoir parlé des Romains, il est raisonnable de parler de Pyrrhus, qui entre ici naturellement en tant de choses. C'a été le plus grand capitaine de son tems, au jugement même d'Annibal, qui le mettoit immédiatement après Alexandre, & devant lui, comme il me paroît, par modestie. Il avoit joint la délicatesse des negociations à la science de la guerre ; mais avec cela, il ne put jamais se faire un établissement solide. S'il savoit gagner des combats, il perdoit le fruit de la guerre : s'il attiroit des peuples à son alliance, il ne savoit pas les y maintenir. Ses deux beaux talens employés hors de saison, ruinoient l'ouvrage l'un de l'autre.

Quand il avoit éprouvé ses forces heureusement, il songeoit aussi-tôt à negocier ; & comme s'il eût été d'intelligence avec les ennemis, il arrêtoit ses progrès lui-même. Avoit-il su gagner l'affection d'un peuple ? sa premiere pensée étoit de l'assujettir. Il arrivoit de là qu'il perdoit ſes amis, ſans gagner ſes ennemis : car les vaincus prenoient l'eſprit de vainqueurs, & refuſoient la paix qu'on leur offroit ; & ceux-là retiroient non ſeulement leur aſſiſtance, mais cherchoient à ſe défaire d'un allié qui ſe faiſoit ſentir un vrai maître.

Un procedé ſi extraordinaire doit s'attribuer en partie au naturel de Pyrrhus, en partie aux differens interêts de ſes miniſtres. Il y avoit auprès de lui deux perſonnes, entre les autres, dont il prenoit ordinairement les avis, Cinéas & Milon. Cinéas éloquent, ſpirituel, habile, délicat dans les negociations, inſinuoit les penſées du repos toutes les fois qu'il s'agiſſoit de la guerre ; & quand l'humeur ambitieuſe de Pyrrhus l'avoit emporté ſur ſes raiſons, il attendoit patiemment les difficultés : ou menageant les premiers degoûts de ſon maître, il lui tournoit bien-tôt l'eſprit à la paix, afin de rentrer dans ſon talent, & de ſe remettre les affaires entre les mains.

Milon étoit un homme d'experience dans la guerre, qui ramenoit tout à la force. Il n'oublioit rien pour empêcher les traités, ou pour les rompre ; conſeilloit de vaincre les difficultés, & ſi on ne pouvoit conquerir des nations ennemies, d'aſſujettir en tout cas les alliées.

Autant qu'on en peut juger, voilà la maniere dont ſe gournoit Pyrrhus, tant par autrui que par lui-même. On pourroit dire ca sa faveur, qu'il a eu à faire à des nations puissantes, qui se trouvoient plus de ressource que lui : on pourroit dire qu'il gagnoit les combats par sa vertu ; mais qu'un foible & petit état comme le sien, ne lui donnoit pas les moyens de pousser à bout une longue guerre. A le regarder par les qualités de sa personne, & par ses actions, ç'a été un prince admirable, qui ne cede à pas un de l'antiquité. A considerer en gros le succès des desseins, & la fin des affaires, il paroîtra souvent mal-habile, & perdra beaucoup de sa réputation. En effet, il occupa la Macédoine, & en fut chassé : il eut d'heureux commencemens en Italie, d'où il lui fallut sortir ; il se vit maître de la Sicile, où il ne put demeurer.

Chapitre VI.

De la premiere guerre de Carthage.

LA guerre de Pyrrhus ouvrit l'esprit aux Romains, & leur inspira des sentimens qui ne les avoient pas touchés encore. A la verité, ils y entrerent grossiers & présomptueux, avec beaucoup de temerité & d'ignorance ; mais ils eurent une grande vertu à la soutenir : & comme ils virent toutes choses nouvelles avec un ennemi qui avoit tant d'experience, ils devinrent sans doute plus industrieux &

plus

plus éclairés qu'ils n'étoient auparavant. Ils trouverent l'invention de se garantir des éléphans, qui avoient mis le désordre dans les legions au premier combat. Ils apprirent à éviter les plaines, & chercherent des lieux avantageux contre une cavalerie qu'ils avoient méprisée mal-à-propos. Ils apprirent ensuite à former leur camp sur celui de Pyrrhus, après avoir admiré l'ordre & la distinction des troupes, qui campoient chez eux en confusion. Pour les choses qui sont purement de l'esprit, quoique la harangue du vieil Appius eût fait chasser de Rome Cinéas, l'éloquence de Cinéas n'avoit pas laissé de plaire, & sa dexterité avoit été agréable.

Les presens offerts, bien que refusés, donnerent cependant une secrette veneration pour ceux qui les pouvoient faire; & Curius si fort honoré pour sa vertu désinteressée, le fut encore davantage, quand il leur fit voir dans son triomphe, de l'or, de l'argent, des tableaux & des statuës. On connut alors qu'il y avoit des choses plus excellentes ailleurs qu'en Italie.

Ainsi des idées nouvelles firent de nouveaux esprits, & le peuple romain touché d'une magnificence inconnuë, perdit ces vieux sentimens, où l'habitude de la pauvreté n'avoit pas moins de part que la vertu.

La curiosité éveilla donc les citoyens: les cœurs même commencerent à sentir avec émotion ce que les yeux avoient commencé de voir avec plaisir; & quand ces mouvemens se furent mieux expliqués, on fit paroître de veritables désirs pour les choses étrangeres. Quelques particuliers conserverent encore l'ancienne continence, comme il est arrivé depuis, & dans le tems de la république la plus corrompuë. Il se forma une envie generale de passer la mer, pour s'établir en des lieux où Pyrrhus avoit su trouver tant de richesses. Voilà d'où est venuë la premiere guerre de Carthage; le secours donné aux tarentins en fut le prétexte; la conquête de la Sicile le veritable sujet.

Après avoir dit par quels mouvemens les romains se porterent à cette guerre, il faut faire voir en peu de mots quel étoit alors leur génie. Leurs qualités principales furent, à mon avis, le courage & la fermeté. Entreprendre les choses les plus difficiles, ne s'étonner d'aucun peril, ne se rebuter d'aucune perte. En tout le reste, les carthaginois avoient sur eux une superiorité extraordinaire, soit pour l'industrie, soit pour l'experience de la mer, soit pour les richesses que leur donnoit le trafic de tout le monde, quand les romains, naturellement assez pauvres, venoient de s'épuiser dans la guerre de Pyrrhus.

La vertu de ceux-ci leur tenoit lieu de toutes choses. Un bon succès les animoit à la poursuite d'un plus grand, & un évenement fâcheux ne faisoit que les irriter davantage.

tage. Il en arrivoit tout autrement dans les affaires des carthaginois, qui devenoient nonchalans dans la bonne fortune, & s'abattoient aisément dans la mauvaise. Outre le different naturel de ces deux peuples, la diverse constitution des républiques y contribuoit beaucoup: Carthage étant établie sur le commerce, & Rome fondée sur les armes. La premiere employoit des étrangers pour ses guerres, & ses citoyens pour son trafic. L'autre se faisoit des citoyens de tout le monde, & de ses citoyens des soldats. Les romains ne respiroient que la guerre, même ceux qui n'y alloient pas, pour y avoir été autrefois, ou pour y devoir aller un jour.

A Carthage on demandoit toûjours la paix au moindre mal dont on étoit menacé, tant pour se défaire des étrangers, que pour retourner au commerce. On y peut ajoûter encore cette difference, que les carthaginois n'ont rien fait de grand, que par la vertu des particuliers, au lieu que le peuple romain a souvent rétabli par sa fermeté ce qu'avoit perdu l'imprudence, ou la lâcheté de ses generaux. Toutes ces choses consideréees, il ne faut pas s'étonner que les romains soient demeurés victorieux ; car ils avoient les qualités principales qui rendent un peuple maître de l'autre.

Comme l'idée des richesses avoit donné aux romains l'envie de conquerir la Sicile, la conquête de la Sicile leur donna envie de joüir

des

des richesses qu'ils s'étoient données. La paix avec les carthaginois, après une si rude guerre, inspira l'esprit du repos, & le repos fit naître le goût des voluptés. Ce fut-là que les romains introduisirent les premieres pieces de théatre, & là qu'on vit chez eux les premieres magnificences. On commença d'avoir de la curiosité pour les spectacles, & du soin pour les plaisirs.

Les procès, quoi qu'ennemis de la joye, ne laisserent pas de s'augmenter, chacun ayant recours à la justice publique, à mesure que celle des particuliers se corrompoit.

L'intemperance amena de nouvelles maladies, & les medecins furent établis pour guérir des maux dont la continence avoit garanti les romains auparavant.

L'avarice fit faire de petites guerres : la foiblesse fit apprehender les grandes. Que si la necessité obligea d'en entreprendre quelqu'une, on la commença avec chagrin, & on la finit avec joye.

On demandoit aux carthaginois de l'argent qu'ils ne devoient point, quand ils étoient occupés avec leurs rebelles ; & on eut toutes les précautions du monde pour ne rompre pas avec eux, quand leurs affaires furent un peu raccommodées.

Ainsi c'étoit tantôt des injures, tantôt des considerations, toûjours de la mauvaise volonté, ou de la crainte ; & l'on peut dire que

les

les romains ne furent vivre ni en amis, ni en ennemis : car ils offenfoient les carthaginois, & les laiffoient rétablir, donnant affez de fujet pour une nouvelle guerre, où fur toutes chofes ils apprehendoient de tomber.

Une conduite fi incertaine fe changea en une vraye nonchalance, & ils laifferent perir les fagontins avec tant de honte, que leurs ambaffadeurs en furent indignement traités chez les efpagnols & chez les gaulois, après la ruine de ce miferable peuple. Le mépris des nations, dont ils furent piqués, les tira de cet affoupiffement ; & la defcente d'Annibal en Italie réveilla leur ancienne vigueur. Ils firent la guerre quelques tems avec beaucoup d'incapacité & un grand courage ; quelque tems avec plus de fuffifance & moins de réfolution. Enfin, la bataille de Cannes perduë leur fit retrouver leur vertu, & en excita une nouvelle, qui les éleva encore au deffus d'eux mêmes.

Chapitre VII.

De la seconde guerre punique.

POUR voir la république dans toute l'étenduë de sa vertu, il faut la considerer dans la seconde guerre de Carthage. Elle a eu auparavant plus d'austerité, & depuis plus de grandeur ; jamais un merite si véritable. Aux autres extrémités où elle s'est trouvée, elle a du son salut à la hardiesse, à la valeur, à la capacité de quelque citoyen. Peut-être que sans Brutus, il n'y auroit pas eu même de république. Si Manlius n'eût défendu le capitole ; si Camille ne fût venu le secourir, les romains à peine libres, tomboient sous la servitude des gaulois.

Mais ici le peuple romain s'est soutenu : le génie universel de la nation a conservé la nation : ici le bon ordre, la fermeté, l'émulation generale au bien public, ont sauvé Rome, quand elle se perdoit par les fautes & les imprudences de ses generaux.

Après la bataille de Cannes, où tout autre état eût succombé à sa mauvaise fortune, il n'y eut pas un mouvement de foiblesse parmi le peuple ; pas une pensée qui n'allât au bien de la république. Tous les ordres, tous les rangs,

rangs, toutes les conditions s'épuiserent volontairement : les romains apportoient avec plaisir ce qu'ils avoient de plus précieux, & gardoient à regret ce qu'ils étoient obligés de le laisser pour le simple usage. L'honneur étoit à retenir le moins, la honte à garder le plus dans leurs maisons. Lorsqu'il s'agissoit de créer les magistrats, la jeunesse, ordinairement prévenuë d'elle-même, consultoit avec docilité la sagesse des vieillards, pour donner ses suffrages plus sainement.

Les vieux soldats venant à manquer, on donnoit la liberté aux esclaves, pour en faire de nouveaux; & ces esclaves devenus romains, s'animoient du même esprit de leurs maîtres, pour défendre une même liberté. Mais voici une grandeur de courage qui passe toutes les autres qualités, quelque belles qu'elles puissent être. Il arrive quelquefois dans un danger éminent, qu'on voit prendre de bonnes resolutions aux moins sages : il arrive que les plus interessés contribuënt largement pour le bien public, quand par un autre intérêt, ils craignent de se perdre avec le public eux-mêmes. Il n'est peut-être jamais arrivé qu'on ait songé au dehors comme au dedans, en des extrémités si pressantes; & je ne trouve rien de si admirable dans les romains, que de leur voir envoyer des troupes en Sicile & en Espagne, avec le même soin qu'ils en envoyoient contre Annibal.

Accablé

Accablés de tant de pertes, épuisés d'hommes & d'argent, ils partagerent leurs dernieres ressources entre la défense de Rome, & le maintien de leurs conquêtes. Un peuple si magnanime aimoit autant périr que déchoir, & tenoit pour une chose indifferente de n'être plus, quand il ne seroit pas le maître des autres.

Quoi qu'il soit toûjours avantageux de se conserver, je compte néanmoins entre les principaux avantages des romains, d'avoir dû leur salut à leur fermeté & à la grandeur de leur courage. Ce leur fut encore un bonheur d'avoir changé de génie depuis la guerre de Pyrrhus; d'avoir quitté ce désinteressement si extraordinaire, & cette pauvreté ambitieuse dont j'ai parlé; autrement on n'eût pas trouvé dans Rome les moyens de la soutenir.

Il falloit que les citoyens eussent du bien comme du zele pour aider la république. Si elle n'avoit pû secourir ses alliés, elle en eût été abandonnée. Le discours du consul qui pensoit donner de la compassion aux députés de Capouë, n'excita que leur infidelité. Le senat beaucoup plus sage, prit une conduite toute differente; il envoya des hommes & des vivres aux alliés, qui en eurent besoin, & de tout le secours que vinrent offrir ceux de Naples, on n'accepta que des bleds pour de l'argent.

Mais avec tant de fermeté & de bon-sens, il

n'y

n'y avoit plus de république romaine, si Carthage eût fait pour la ruiner la moindre des choses que fit Rome pour son salut. Pendant qu'on remercioit un consul qui avoit fui (1), de n'avoir pas desesperé de la république, on accusoit à Carthage Annibal victorieux. Hannon ne lui pouvoit pardonner les avantages d'une guerre qu'il avoit déconseillée. Plus jaloux de l'honneur de ses sentimens, que du bien de l'état; plus ennemi du general des carthaginois, que des romains, il n'oublioit rien pour empêcher les succès qu'on pouvoit avoir, ou pour ruiner ceux qu'on avoit eus. On eût pris Hannon pour un allié du peuple romain, qui regardoit Annibal comme l'ennemi commun. Quand celui-ci envoyoit demander des hommes & de l'argent pour l'entretien de l'armée, *que demanderoit-il, disoit Hannon, s'il avoit perdu la bataille ? Non, non, Messieurs, ou c'est un imposteur, qui nous amuse par de fausses nouvelles, ou un voleur public, qui s'approprie les dépoüilles des romains & les avantages de la guerre.* Ces oppositions troubloient du moins les secours, quand elles ne pouvoient en empêcher la resolution. On executoit lentement ce qui avoit été resolu avec peine. Le secours enfin préparé

---

(1) *Terentius Varro, qui donna la bataille de Cannes malgré son colle-gue L. Æmil. Paulus, & la perdit.*

ré demeuroit long-tems à partir. S'il étoit en chemin, on envoyoit ordre de l'arrêter en Espagne, au lieu de le faire passer en Italie. Il n'arrivoit donc quasi jamais, & lors qu'il venoit joindre Annibal, (ce qui étoit un miracle,) Annibal ne le recevoit que foible, ruiné, & hors de saison.

Ce general étoit presque toûjours sans vivres & sans argent, réduit à la necessité d'être éternellement heureux dans la guerre : nulle ressource au premier mauvais succès, & beaucoup d'embarras dans les bons, où il ne trouvoit pas de quoi entretenir diverses nations, qui suivoient plûtôt sa personne, qu'elles ne dépendoient de sa république.

Pour contenir tant de peuples differens, il ajoûtoit à sa naturelle severité une cruauté concertée, qui le faisoit redouter des uns, lors que sa vertu le faisoit reverer des autres. A la verité, il ne se faisoit pas grande violence ; mais étant naturellement un peu cruel, il se trouvoit dans une condition où il lui étoit necessaire de l'être. Cependant ses interêts regloient quelquefois sa cruauté, & lui donnoient même de la clemence ; car il savoit être doux & clement pour le bien de ses affaires, & le dessein l'emportoit toûjours sur le naturel.

Il faisoit la guerre aux romains avec toute sorte de rigueur, & traitoit leurs alliés avec beaucoup de douceur & de courtoisie, cherchant à ruiner ceux-là entierement, & à détacher ceux-ci de leur alliance. Procedé bien different de celui de Pyrrhus, qui gardoit toutes ses civilités pour les romains, & les mauvais traitemens pour ses alliés.

Quand je pense qu'Annibal est parti d'Espagne, où il n'avoit rien de fort assuré ; qu'il a traversé les gaules, qu'on devoit compter pour ennemies ; qu'il a passé les Alpes pour faire la guerre aux romains, qui venoient de chasser les carthaginois de la Sicile : qu'il n'avoit en Italie ni places, ni magasins, ni secours assuré, ni la moindre esperance de retraite ; je me trouve étonné de la hardiesse de son dessein. Mais lors que je considere sa valeur & sa conduite, je n'admire plus qu'Annibal, & le tiens encore au dessus de l'entreprise.

Les françois admirent particulierement la guerre des Gaules, & par la réputation de César, & parce que s'étant faite en leur pays, elle les touche d'une idée plus vive que les autres. Cependant, à en juger sainement, elle n'approche en rien de ce qu'a fait Annibal en Italie. Si César avoit trouvé parmi les gaulois l'union & la fermeté que trouva celui-ci parmi les romains, il n'eût fait sur eux que de mediocres conquêtes ; car il faut avoüer qu'Annibal rencontra d'étranges difficultés, sans compter celles qu'il portoit lui-même. Le seul avantage sur lequel il pouvoit raisonnablement se fonder, étoit la bonté de ses troupes, & sa propre suffisance.

Il est certain que les romains avoient pris une grande superiorité sur les carthaginois dans la guerre de Sicile : mais la paix leur ayant fait licencier leur armée, ils perdoient insensiblement leur vigueur, tandis que leurs ennemis occupés en Espagne & en Afrique, mettoient en usage leur valeur, & aqueroient de l'experience.

Ce fut donc avec un vieux corps qu'Annibal vint attaquer l'Italie, & avec une vieille réputation, plus qu'avec de vieilles troupes, que les romains se virent obligés de la défendre. Pour les generaux des romains, c'étoient des hommes de grand courage, qui eussent cru faire tort à la gloire de leur république, s'ils n'avoient donné la bataille aussi-tôt que les ennemis se presentoient.

Annibal se fit une étude particuliere d'en connoître le génie, & n'observoit rien tant que l'humeur & la conduite de chaque consul qui lui étoit opposé. Ce fut en irritant l'humeur fougueuse de Sempronius, qu'il sut l'attirer au combat, & gagner sur lui la bataille de Trébie. La défaite de Trasimène est dûë à un artifice quasi tout pareil.

Connoissant l'esprit superbe de Flaminius, il brûloit à ses yeux les villages de ses alliés, & incitoit si à propos sa témerité naturelle, que le consul prit non seulement la resolution

de

de combattre mal-à-propos, mais il s'engagea en certains détroits, où il perdit malheureusement son armée avec la vie. Comme Fabius eut une maniere d'agir toute contraire, la conduite d'Annibal fut aussi toute differente.

Après la journée de Trasimene, le peuple romain créa un dictateur & un general de la cavalerie. Le dictateur étoit Quintus Fabius, homme sage, & un peu lent, qui mettoit la seule esperance du salut dans les précautions, d'où peut naître la sureté. En l'état où étoient les choses, il croyoit qu'il n'y avoit point de difference entre combattre & perdre un combat; de sorte qu'il ne songeoit qu'à rassurer l'armée, & perdant l'esperance de pouvoir vaincre, il croyoit agir assez sagement, & assez faire, que de s'empêcher d'être vaincu.

Marcus Minutius fut le general de la cavalerie; violent, précipité, vain en discours, aussi audacieux par son ignorance que par son courage. Celui-ci mettoit l'interêt de l'état dans la réputation des affaires, & pensoit que la république ne pourroit subsister, si elle n'effaçoit la honte des défaites passées par quelque chose de glorieux. Il vouloit de la hauteur où il falloit de la sagesse; de la gloire où il étoit question du salut.

Annibal ne fut pas longtems sans connoître ces differentes humeurs, par le rapport qu'on lui en fit, & par ses propres observations; car il présenta la bataille plusieurs jours de suite à

Fabius, qui bien loin de l'accepter, ne laiſſoit pas ſortir un ſeul homme de ſon camp. Minutius, au contraire, prenoit pour autant d'affronts les bravades artificieuſes des ennemis, & faiſoit paſſer le dictateur pour un homme foible, ou inſenſible à la honte des romains.

Annibal averti de ces diſcours, tâchoit d'augmenter l'opinion de crainte & de foibleſſe qu'on attribuoit à Fabius. Il brûloit devant lui le plus beau pays d'Italie, pour l'attirer au combat, ce qu'il ne put faire; ou du moins pour le décrier, en quoi il ne manqua pas de réüſſir. Il fit ſoupçonner même qu'il y avoit de l'intelligence entre eux, conſervant ſes terres ſeules avec grand ſoin dans la déſolation generale de la campagne.

Ce n'eſt encore qu'une partie de ſes artifices. Pendant qu'il travailloit à ruiner la réputation de Fabius, qui lui faiſoit de la peine, il n'oublioit rien pour en donner à Minutius, auquel il ſouhaitoit le commandement, ou du moins une grande autorité dans l'armée. Tantôt il faiſoit ſemblant de l'apprehender, quand il témoignoit toute ſorte de mépris pour l'autre. Quelquefois après s'être engagé en quelque leger combat avec lui, il ſe retiroit le premier, & lui laiſſoit prendre une petite ſuperiorité, qui augmentoit ſon crédit parmi les romains, & le préparoit à ſe perdre par une témeraire confiance. Enfin il ſut em-
ployer

ployer tant d'artifice à décrier le dictateur, & à faire estimer le general de la cavelerie, que le commandement fut partagé, & les troupes separées ; ce qui ne s'étoit jamais fait auparavant. Vous diriez que Rome agissoit par l'esprit de son ennemi ; car ce decret si extraordinaire étoit un pur effet de ses machines & de ses desseins.

Alors la vanité de Minutius n'eut plus de bornes : il méprisoit avec une égale imprudence Fabius & Annibal, ne parlant rien moins que de chasser lui seul tous les étrangers d'Italie. Il voulut donc avoir son camp separé, dont Annibal ne se fut pas si-tôt apperçû, qu'il en approcha le sien ; & sans m'amuser à décrire le détail de toutes les actions, Minutius se laissa engager dans un combat, où il fut défait.

C'est ainsi que se comportoit Annibal durant la dictature de Fabius ; & il se comporta quasi de la même sorte avec les consuls qui donnerent la bataille de Cannes. Il est vrai qu'il n'eut pas besoin d'une conduite si délicate. La sagesse de Paulus l'incommoda moins, que n'avoit fait celle de Fabius : & l'ignorance présomptueuse de Terentius, le précipitoit assez de lui-même à sa ruine.

On s'étonnera peut-être que je me sois si fort étendu sur une affaire qui aboutit à la simple défaite de Minutius, & que je ne parle qu'en passant de cette grande & fameuse bataille

taille de Cannes : mais je cherche moins à décrire les combats, qu'à faire connoître les génies. Et comme les habiles gens ont plus de plaisir à considerer César dans la guerre de Petreius & d'Afranius, que dans les plus éclatantes de ses actions ; j'ai cru qu'on devoit observer plus curieusement Annibal dans une affaire toute de conduite, que dans ce ce grand & heureux succès, que l'imprudence de Terentius lui fit avoir sans beaucoup de peine.

Il faut avoüer pourtant que jamais bataille ne fut gagnée si pleinement ; & ç'auroit été le dernier des romains, si Annibal n'eût mieux aimé joüir des commodités de la victoire, que d'en poursuivre les avantages.

Celui qui avoit fait faire tant de fautes aux autres, se ressent ici de la foiblesse de la condition humaine, & ne peut s'empêcher de faillir lui-même. Il s'étoit montré invincible aux plus grandes difficultés ; mais il ne peut résister à la douceur de sa bonne fortune, & se laisse aller au repos, quand un peu d'action le mettoit en état de se reposer toute sa vie.

Si vous en cherchez la raison, c'est que tout est borné dans les hommes : la patience, le courage, la fermeté s'épuisent en nous.

Annibal ne peut plus souffrir, parce qu'il a trop souffert ; & sa vertu consumée se trouve sans ressource au milieu de la victoire. Le souvenir des difficultés passées, lui fait envisager

des

des difficultés nouvelles : son esprit, qui devoit être plein de confiance, & quasi de certitude, se tourne à la crainte de l'avenir : il considere, quand il faut oser ; il consulte, quand il faut agir ; il se dit des raisons pour les romains, quand il faut mettre les siennes en exécution.

Comme les fautes des grands-hommes ont toûjours des sujets apparens, Annibal ne laissoit pas de se représenter des choses fort spécieuses. » Que son armée invincible à la cam-
» pagne, n'étoit nullement propre pour les
» sieges, ayant peu de bonne infanterie ; point
» de machines, point d'argent, point de sub-
» sistance reglée : Que par ces mêmes défauts,
» il avoit attaqué Spolete inutilement après
» le succès de Trasimene, tout victorieux
» qu'il êtoit : Qu'un peu avant la bataille de
» Cannes, il avoit été contraint de lever le
» siege d'une petite ville sans nom & sans
» force : Qu'assieger Rome munie de toutes
» choses, c'étoit vouloir perdre la réputation
» qu'on venoit d'aquerir, & faire périr une
» armée, qui seule le faisoit considerer : Qu'il
» falloit donc laisser les romains enfermés dans
» leurs murailles, tomber insensiblement
» d'eux-mêmes, & cependant aller s'établir
» proche de la mer, où l'on recevroit les se-
» cours de Carthage commodément, & où il
» seroit aisé d'établir la plus considerable
» puissance de l'Italie. Voilà les raisons qu'ac-
com-

commodoit Annibal à la disposition où il se trouvoit, & qu'il n'eût pas goûtées dans les premieres ardeurs.

En vain Maharbal lui promettoit à souper dans le Capitole ; ses reflexions qui n'avoient que l'air de sagesse, & une fausse raison, lui firent rejetter, comme téméraire, une confiance si bien fondée. Il avoit suivi les conseils violens, pour commencer la guerre avec les romains, & il est retenu par une fausse circonspection, quand il trouve l'heure de tout finir.

Il est certain que les esprits trop fins, comme étoit celui d'Annibal, se font des difficultés dans les entreprises, & s'arrêtent eux-mêmes par des obstacles, qui viennent plus de leur imagination, que de la chose.

Il y a un point de la décadence des états, où leur ruine seroit inévitable, si on connoissoit la facilité de les détruire : mais pour n'avoir pas la vûë assez nette, ou un grand courage, on se contente du moins, quand on peut le plus, tournant en prudence, ou la petitesse de son esprit, ou le peu de grandeur de son ame.

Dans ces conjonctures, on ne se sauve point par soi-même. Une vieille réputation vous soutient dans l'imagination de vos ennemis, quand les veritables forces vous abandonnent. Ainsi Annibal se met devant les yeux une puissance qui n'est plus. Il se fait un fantô-
me

me de soldats morts & de legions dissipées, comme s'il avoit encore à combattre & à défaire ce qu'il a défait.

La confusion n'eût pas été moindre à Rome après la bataille de Cannes, qu'elle l'avoit été autrefois après la journée d'Allie (1). Mais au lieu d'approcher d'une ville, où il eût porté l'épouvante, il s'en éloigna, comme s'il eût voulu la rassurer, & donner loisir aux magistrats de pourvoir tranquillement à toutes choses. Il prit le parti d'attaquer des alliés, qui tomboient avec Rome, & qui se soutinrent par elle avec plus de facilité qu'elle ne se fût soutenuë.

C'est là la premiere & la grande faute d'Annibal, qui fut aussi la premiere ressource des romains. La consternation passée, ceux-ci augmenterent de courage, en diminuant de forces; & les carthaginois diminuerent de vigueur, en augmentant de puissance.

Que si l'on veut chercher les causes de tous leurs malheurs, on en trouvera deux essentielles: la nonchalance de Carthage, qui laissoit anéantir les bons succès, faute de secours; &

l'envie

---

(1) Rivière à trois ou quatre lieuës de Rome, près de laquelle les romains furent défaits par les gaulois. Ceux-ci se rendirent maîtres de la ville; mais ils ne pûrent prendre le Capitole, où une partie de la jeunesse s'étoit retirée. Voyez Tite-Live, au V. Livre de la I. Décade.

l'envie précipitée qu'eut Annibal de mettre fin aux travaux, avant que d'avoir fini la guerre.

Après avoir goûté le repos, il ne fut pas long-tems sans vouloir goûter les délices; & il en fut charmé d'autant plus aisément, qu'elles lui avoient toûjours été inconnuës. Un homme qui sait mêler les plaisirs & les affaires, n'en est jamais possedé : il les quitte, il les reprend, quand bon lui semble; & dans l'habitude qu'il en a formée, il trouve plûtôt un délassement d'esprit, qu'un charme dangereux qui puisse corrompre. Il n'en est pas ainsi de ces gens austeres, qui par un changement d'esprit, viennent à goûter les voluptés. Ils sont d'abord enchantés de leurs douceurs, & n'ont plus que de l'aversion pour l'austerité de leur vie passée. La nature en eux lassée d'incommodités & de peines, s'abandonne aux premiers plaisirs qu'elle rencontre. Alors ce qui avoit paru vertueux, se présente avec un air rude & difficile; & l'ame, qui croit s'être détrompée d'une vieille erreur, se complaît en elle-même de son nouveau goût pour les choses agréables.

C'est ce qui arriva à Annibal & à son armée, qui ne manquoit pas de l'imiter dans le relâchement, puisqu'elle l'avoit bien imité dans les fatigues.

Ce ne furent donc plus que bains, que festins, qu'inclinations & attachemens. Il n'y eut

eut plus de discipline, ni par celui qui devoit donner les ordres, ni dans ceux qui devoient les exécuter. Quand il fallut se mettre en campagne, la gloire & l'interêt réveillerent Annibal, qui reprit sa premiere vigueur, & se retrouva lui-même ; mais il ne retrouva plus la même armée : il n'y avoit que de la mollesse & de la nonchalance : s'il falloit souffrir la moindre necessité, on regrettoit l'abondance de Capoüe. On songeoit aux maîtresses lors qu'il falloit aller aux ennemis : on languissoit des tendresses de l'amour, quand il falloit de l'action & de la fierté pour les combats. Annibal n'oublioit rien qui pût exciter les courages ; tantôt par le souvenir d'une valeur qu'on avoit perduë ; tantôt par la honte des reproches où l'on êtoit insensible.

Cependant les generaux des romains devenoient plus habiles tous les jours, les legions prenoient l'ascendant sur des troupes corrompuës, & il ne venoit de Carthage aucun secours qui pût ranimer une armée si languissante. Mais plus Annibal trouvoit de vigueur parmi les ennemis, moins il recevoit de services des siens, plus il prenoit sur lui-même ; & il n'est pas croyable avec quelle vertu il se maintint en Italie, d'où les romains ne l'ont fait sortir, qu'en obligeant les carthaginois à l'en retirer. Ceux-ci défaits, & chassés d'Espagne; battus, & ruinés en Afrique, eurent recours à leur Annibal pour leur derniere ressource.

source. Il obéït aux ordres de son pays avec la même soumission qu'auroit pu faire le plus simple des citoyens; & il n'y fut pas si-tôt arrivé, qu'il en trouva les affaires desesperées.

Scipion qui avoit vu les calamités de sa république sous des chefs malheureux, en commandoit alors les armées dans les prosperités qu'il avoit fait naître. Pour Annibal, il n'avoit que le souvenir de sa bonne fortune, dont il avoit mal usé; mais il ne manquoit en rien pour soutenir la mauvaise. Le premier confiant de son naturel, & par le bonheur présent de ses affaires, étoit à la tête d'une armée, qui ne doutoit pas de la victoire. Le second augmentoit une défiance naturelle par le méchant état où il voyoit sa patrie, & par la mauvaise opinion qu'il avoit de ses soldats.

Ces differentes situations d'esprit firent offrir la paix, & la rejetter; après quoi l'on ne songea plus qu'à la bataille. Le jour qu'elle fut donnée, Annibal se surpassa lui-même, soit à prendre ses avantages, soit à disposer son armée, soit à donner les ordres dans le combat : mais enfin le génie de Rome l'emporta sur celui de Carthage, & la défaite des carthaginois laissa pour jamais l'empire aux romains.

Quant au general, il fut admiré de Scipion, qui au milieu de sa gloire sembloit porter envie à la capacité du vaincu; & le vaincu, dont l'humeur étoit assez éloignée des vaines ostentations, crut toûjours avoir quelque superiorité

riorité dans la science de la guerre : car discourant un jour des grands capitaines avec Scipion, il mit Alexandre le premier, Pyrrhus le second, & lui-même le troisième ; à quoi répondit froidement Scipion : *Si vous m'aviez vaincu, dit-il, en quel rang vous seriez-vous mis ? Le premier de tous, répondit Annibal.*

Il est certain qu'il avoit une merveilleuse capacité dans la guerre, & ces conquerans illustres, qui ont laissé un si grand nom à la posterité, n'approchoient pas de son industrie, & pour assembler, & pour maintenir des armées.

Alexandre passa en Asie avec des macédoniens, qui obéissoient à leur roi. S'il avoit peu d'argent & peu de vivres, les batailles qu'il gagnoit, le mettoient dans l'abondance de toutes choses. Une ville prise ou renduë, lui livroit les tresors de Darius, qui devenoit necessiteux en son propre pays, à mesure qu'Alexandre en possedoit les richesses. Scipion, dont je viens de parler, fit la guerre en Espagne & en Afrique avec des legions que la république avoit levées, & qu'elle faisoit subsister. César eut les mêmes commodités pour la conquête des gaules, & il se servit des forces & de l'argent de la république même, pour l'assujettir.

Pour nôtre Annibal, il avoit joint à un petit corps de carthaginois plusieurs nations, qu'il fut lier toutes par lui-même, & dont il put se faire obéïr dans une éternelle necessité. Ce qui est encore plus extraordinaire, les combats ne le mettoient guere plus à son aise : il se trouvoit presque aussi embarrassé après le gain d'une bataille qu'auparavant. Mais s'il a eu des talens que les autres n'avoient pas, aussi a-t-il fait une faute, où apparemment ils ne seroient pas tombés.

Alexandre êtoit si éloigné de laisser les choses imparfaites, qu'il alloit toûjours au delà, lors qu'elles êtoient consommées. Il ne se contenta pas d'assujettir ce grand empire de Darius jusqu'à la moindre province, son ambition le porta aux Indes, quand il pouvoit accommoder la gloire & le repos, ce qui est rare, & jouïr paisiblement de ses conquêtes. Scipion ne songea pas à se reposer, qu'il n'eût réduit Carthage, & établi en Afrique les affaires des romains. Et une des grandes loüanges qu'on donne à César, c'est qu'il ne pensoit jamais avoir rien fait, tant qu'il lui restoit quelque chose à faire :

Nil actum credens, dum quid superesset agendum(1).

Quand je songe à la faute d'Annibal, il me vient aussi-tôt dans l'esprit qu'on ne considere pas assez l'importance d'une bonne résolution

(1) *Lucan. Pharsal. Lib. II.*

lution dans les grandes choses. Aller à Rome après la bataille de Cannes, fait la destruction de cette ville, & la grandeur de Carthage; n'y pas aller, produit avec le tems la ruine des carthaginois, & l'empire des romains.

J'ai vu prendre une résolution, qui causoit la perte d'un grand état, si elle eût été suivie. J'en vis prendre une contraire le même jour, par un heureux changement, qui fut son salut; mais elle donna moins de réputation à l'auteur d'un si bon conseil, que n'auroit fait la défaite de cinq cens chevaux, ou la prise d'une ville peu importante (1). Ces derniers évenemens frappent les yeux ou l'imagination de tout le monde. Le bon-sens n'est admiré quasi de personne, pour n'être connu que par des reflexions, que peu de gens savent faire. Revenons à nôtre Annibal.

Si le métier de la guerre, tout éclatant qu'il est, méritoit seul de la consideration, je ne

(1) *La cour étant à Pontoise (en 1652.) & le cardinal Mazarin considerant que Mr. le Prince n'en étoit pas éloigné; que Fuensaldagne s'avançoit avec vingt-cinq mille hommes, & le duc de Lorraine avec douze mille, resolut de faire retirer le roi en Bourgogne, ne le croyant pas en sureté à Paris. Mr. de Turenne ne se trouva pas alors au conseil; mais ayant appris cette résolution, s'y rendit incessamment, & dit aux ministres que si le roi quittoit Paris, il n'y rentreroit jamais, & qu'il falloit y vaincre ou perir. Cela obligea le conseil de changer d'avis.*

ne voi personne chez les anciens qu'on pût raisonnablement lui préferer : mais celui qui le sait le mieux, n'est pas le plus grand-homme. La beauté de l'esprit, la grandeur de l'ame, la magnanimité, le desinteressement, la justice, une capacité qui s'étend à tout, font la meilleure partie du mérite de ces grands-hommes.

Savoir simplement tuer des gens ; être plus entendu que les autres à désoler la societé, & à détruire la nature, c'est exceller dans une science bien funeste. Il faut que l'application de cette science soit juste, ou du moins honnête ; qu'elle se tourne au bien même de ceux qu'elle assujettit, s'il est possible ; toûjours à l'interêt de son pays, ou à la necessité du sien propre. Quand elle devient l'emploi du caprice ; qu'elle sert au déreglement & à la fureur ; quand elle n'a pour but que de faire du mal' à tout le monde, alors il lui faut ôter cette gloire qu'elle s'attribuë, & la rendre aussi honteuse qu'elle est injuste. Or il est certain qu'Annibal avoit peu de vertus, & beaucoup de vices ; l'infidelité, l'avarice, une cruauté souvent necessaire, toûjours naturelle.

D'ailleurs on juge d'ordinaire par le succès, quoi que disent les plus sages. Ayons toute la bonne conduite qu'on peut avoir, si l'évenement n'est pas heureux, la mauvaise fortune tient lieu de faute, & ne se justifie qu'auprès
de

de fort peu de gens. Ainſi, qu'Annibal ait mieux fait la guerre que les romains; que ceux-ci ſoient demeurés victorieux par le bon ordre de leur république, & qu'il ait péri par le mauvais gouvernement de la ſienne, c'eſt la conſideration d'un petit nombre de perſonnes. qu'il ait été défait par Scipion, & que la ruine de Carthage ſoit arrivée enſuite de ſa défaite, ç'a été une choſe pleinement connuë, d'où s'eſt formé le ſentiment univerſel de tous les peuples.

Chapitre VIII.

Du génie des romains vers la fin de la ſeconde guerre de Carthage.

Sur la fin d'une ſi grande & ſi longue guerre, il ſe forma un certain eſprit particulier, inconnu juſqu'alors dans la république. Ce n'eſt pas qu'il n'y eût eu ſouvent des ſéditions. Le ſenat s'étoit porté plus d'une fois à l'oppreſſion du peuple, & le peuple à beaucoup de violences contre le ſenat; mais on avoit agi dans ces occaſions par un ſentiment public, regardant l'autorité des uns comme une tyrannie qui ruinoit la liberté, & la liberté des autres comme un déreglement qui confondoit toutes choſes.

Ici les hommes commencerent à ſe regarder moins en commun, qu'en particulier. Les liens de la societé, qu'on avoit trouvés si doux, semblerent alors des chaînes fâcheuses; & chacun dégoûté des loix, voulut rentrer dans le premier droit de disposer de soi-même; de se laisser aller à son choix, & de suivre dans ce choix, par les lumieres de son propre esprit, les mouvemens de sa volonté.

Comme le dégoût de la sujettion avoit fait rejetter les rois, & avoit porté les peuples à l'établissement de la liberté, le dégoût de cette même liberté qu'on avoit trouvé fâcheuse à soutenir, disposoit les esprits à des attachemens particuliers qu'on se voulut faire.

L'amour de la patrie, le zele du bien public s'étoient épuisés au fort de la guerre contre Annibal, où l'affection & la vertu des citoyens avoient été au delà de ce que la république en pouvoit attendre. On avoit donné son bien & son sang pour le public, qui n'étoit pas encore en état de faire trouver aucune douceur aux particuliers : la durté même du senat avoit augmenté celle des loix en quelques occasions, & la rigueur qu'on avoit tenuë aux prisonniers de la bataille de Cannes, avoit touché tout le monde : mais on avoit souffert patiemment dans un tems où l'on croyoit endurer tout par un interêt commun. Si-tôt qu'on eut moins à craindre, on crut que la necessité de souffrir étoit finie; & chacun ayant perdu la docilité & la patience

avant

avant la fin de ses maux, on supportoit avec peine ce qu'on s'imaginoit endurer sans besoin, par la seule volonté des magistrats.

C'est ainsi que se formerent les premiers dégoûts; d'où il arriva que les hommes revenus de la république à eux-mêmes, cherchoient de nouveaux engagemens dans la société, & regardoient parmi eux à choisir des sujets qui méritassent leurs affections.

Dans cette disposition des esprits, Scipion se présenta aux romains avec toutes les qualités qui peuvent aquerir l'estime & la faveur des hommes. Il étoit de grande naissance, & l'on voyoit également en lui la bonté & la beauté d'un excellent naturel. Il avoit une grandeur de courage admirable, l'esprit vehement en public, pour inspirer sa hardiesse & sa confiance: poli & agréable dans les conversations particulieres, pour le plaisir le plus délicat des amitiés; l'ame haute, mais reglée; plus sensible à la gloire, qu'ambitieuse du pouvoir; cherchant moins à se distinguer par la considération de l'autorité, ou par l'éclat de la fortune, que par la difficulté des entreprises, & par le mérite des actions. Ajoûtez à tant de choses, que des succès heureux répondoient toûjours à des desseins élevés: & pour ne laisser rien à désirer, il avoit persuadé les peuples qu'il n'entreprenoit rien sans le conseil, & n'agissoit jamais sans l'assistance des dieux.

Il n'est pas étrange qu'un homme comme celui que je dépeins, ait pû s'attirer des inclinations qu'on vouloit donner, & ait détaché les esprits d'une république, pour qui on avoit déja quelque dégoût. Ainsi les volontés d'une personne si vertueuse furent préferées à des loix, qui n'avoient peut-être pas la même équité.

Quant à Scipion, il exerçoit toute sorte d'humanité & de courtoisie ; & quittant l'ancienne severité de la discipline, il commandoit avec douceur à des troupes qui obéïssoient avec affection. * Je sai bien qu'on attribuë à sa facilité quelques seditions qui arriverent dans son camp : mais, si je l'ose dire, c'étoit un malheur quasi necessaire en ce tems-là. Ce fut un nouvel esprit dans la république, qui fit préjudice au gouvernement : sans ce nouvel esprit néanmoins toute la république étoit perduë ; & Scipion seul se trouvoit capable de l'inspirer. Ce n'étoit pas assez de maintenir l'ordre parmi les citoyens selon le génie de leurs anciens legislateurs, il falloit celui d'un heros avec des vertus moins severes,

---

* Ce passage, & celui qu'on trouvera un peu plus bas renfermez entre deux crochets, sont tirez du manuscrit de Mr. de St. Evremond, qui étoit demeuré entre les mains de Mr. Vvaller. J'en ai parlé dans une note sur la vie de Mr. de St. Evremond, vers la fin.

tes, pour animer contre Annibal des soldats tous abbatus, & leur donner la confiance de pouvoir vaincre. Les affaires de Rome étoient tellement desesperées, qu'il falloit des qualités heroïques, & l'opinion des choses divines pour les sauver. Il est sur que jamais general des romains n'avoit eu de si grandes vertus, & n'avoit si bien agi : les legions n'avoient encore montré tant d'ardeur à bien faire ; & la république étoit mieux servie qu'elle n'avoit été, mais par un autre esprit que celui de la république.

Fabius & Caton (1) s'apperçurent de ce changement, & n'oublierent rien pour y apporter du remede. A la verité, ils y mêlerent le chagrin de leurs passions ; & l'envie qu'ils portoient à ce grand-homme, eut autant de part en leurs oppositions, que la jalousie de la liberté.

Ce qui est extraordinaire, c'est que le corrupteur demeuroit homme de bien parmi ceux qu'il corrompoit, & agissoit plus noblement que les personnes qui s'opposoient à la corruption. En effet, il rapportoit tout à la république, dont il détachoit les autres, & n'avoit de crimes que celui de la servir avec les mêmes qualités dont il eût pu la ruiner.

J'avouë bien que dans les maximes d'un gouvernement si jaloux, on pouvoit prendre

avec

---

(1) *Le censeur.*

avec raison quelque allarme. Une ame si élevée est cruë incapable de modération : un desir de gloire si passionné se distingue mal-aisément de l'ambition, qui fait aspirer à la puissance. Une confiance si peu commune n'est pas éloignée des entreprises extraordinaires. En un mot, les vertus des heros sont suspectes dans les citoyens. J'ose dire même que cette opinion de commerce avec les dieux, si utile aux legislateurs pour la fondation des états, sembloit d'une perilleuse consequence dans un particulier pour une république établie.

Scipion fut donc malheureux de donner des apparences contraires à ses intentions : ce qui servit de prétexte à la malice de ses envieux, comme de fondement à la précaution des personnes allarmées.

Voilà aussi-tôt un homme de bien, suspect, & peu après un innocent accusé. Il pouvoit répondre, il pouvoit se justifier ; mais il y a une innocence heroïque, aussi-bien qu'une valeur, si on peut parler de la sorte. La sienne negligea les formes où sont assujettis les innocens ordinaires ; & au lieu de répondre à ses accusateurs, il fit rendre graces aux dieux de ses victoires, quand on lui demandoit compte de ses actions. Tout le peuple le suivit au Capitole, à la honte de ceux qui le poursuivoient : Et pour mieux justifier la sincerité de ses intentions, & la netteté de sa vertu, il

donna

donna ses ressentimens au public, aimant mieux vivre loin de Rome par l'ingratitude de quelques citoyens, que de s'en rendre le maître par l'injustice d'une usurpation. Tant de belles qualités ont obligé Tite-Live de faire son heros de ce grand-homme, & d'insinuer délicatement la preference qu'il doit avoir sur tous les romains.

S'il y en a eu qui ayent gagné plus de combats, & pris un plus grand nombre de villes, ils n'ont pas défait Annibal, ni réduit Carthage: S'ils ont su commander aux autres comme lui, ils n'ont pas su se commander à eux-mêmes, & se posseder également dans l'agitation des affaires, & dans le repos d'une vie privée. Je laisse à disputer s'il a été le plus grand; mais si j'ose dire ce que Tite-Live n'a fait qu'insinuer, à tout prendre, ç'a été celui qui a valu le mieux. Il a eu la vertu des vieux romains, mais cultivée & polie: il a eu la science & la capacité des derniers, sans aucun mêlange de corruption.

Il faut avoüer pourtant que ses actions ont été plus avantageuses à la république que ses vertus. Le peuple romain les goûta trop, & se détacha par elles des obligations du devoir, pour suivre les engagemens de la volonté.

L'humanité de Scipion ne laissa pas de produire de méchans effets avec le tems. Elle apprit aux generaux à vouloir se faire aimer. Or comme les choses dégenerent toûjours, un
com-

commandement agréable fut suivi d'une indigne complaisance ; & quand les vertus manquoient, pour gagner l'estime & l'amitié, on employoit tous les moyens qui pouvoient corrompre. Voilà les suites fâcheuses de cet esprit particulier, noble & glorieux dans ses commencemens, mais qui fit depuis les ambitieux & les corrompus.

[Je dirai encore que n'eût été le charme des vertus de Scipion, l'esprit d'égalité, fier & indocile comme il étoit chez les vieux romains, eût subsisté plus long-tems : un citoyen se fût moins appliqué à un autre, & cette application n'eût pas produit un assujettissement insensible, qui mene à la ruine de la liberté : mais sans le charme de ces mêmes vertus, les romains ne seroient jamais sortis de l'abattement où les avoit jettés la crainte d'Annibal ; & les mêmes qui sont devenus depuis les maîtres, auroient été peut-être assujettis aux carthaginois.]

Ces premiers dégoûts de la république eurent au moins cela d'honnête, qu'on ne se détacha de l'amour des loix, que pour s'affectionner aux personnes vertueuses. Les romains vinrent à regarder leurs loix comme les sentimens de vieux legislateurs, qui ne devoient pas regler leur siecle ; & les sentimens de Scipion furent regardés comme des loix vivantes & animées.

Pour Scipion, il tourna au service du public

blic toute cette confideration qu'on avoit pour fa perfonne : mais voulant adoucir l'auftérité du devoir par le charme de la gloire, il y fut peut-être un peu plus fenfible qu'il ne devoit ; à Rome particulierement, où les citoyens avoient paru criminels, quand ils s'étoient attirés une eftime trop favorable.

Ce nouveau génie, qui fuccedoit au bien public, anima les romains affez long-tems aux grandes chofes, & les efprits s'y portoient avec je ne fai quoi de vif & d'induftrieux, qu'ils n'avoient pas eu auparavant : car l'amour de la patrie nous fait bien abandonner nos fortunes & nos vies mêmes pour fon falut ; mais l'ambition & le defir de la gloire excitent beaucoup plus nôtre induftrie, que cette premiere paffion toûjours belle & noble, mais rarement fine & ingenieufe.

C'eft à ce génie qu'on a du la défaite d'Annibal, & la ruine de Carthage, l'abaiffement d'Antiochus, la conquête ou l'affujettiffement de tous les grecs : d'où l'on peut dire avec raifon qu'il fut avantageux à la république pour fa grandeur, mais préjudiciable pour fa liberté.

Enfin, on s'en dégoûta comme on avoit fait de l'amour de la république. Cette eftime, cette inclination fi noble pour les hommes de vertu, fembla ridicule à des gens qui ne voulurent rien confiderer qu'eux-mêmes. L'honneur commença de paffer pour une chimere, la gloire pour une vanité toute pure ; & chacun se rendit bassement interessé, pensant devenir judicieusement solide.

Or le génie d'interêt qui prit la place de celui de l'honneur, agit diversement chez les romains selon la diversité des esprits. Ceux qui eurent quelque chose de grand, voulurent aquerir du pouvoir : les ames basses se contenterent d'amasser du bien par toutes sortes de voyes.

Comme on ne va pas tout d'un coup à la corruption entiere, il y eut un passage de l'honneur à l'interêt, où l'un & l'autre subsisterent dans la république, mais avec des égards differens. Il y avoit de l'honnêteté en certaines choses, & de l'infamie en d'autres.

Les esprits se corrompoient dans Rome aux affaires qui regardoient les citoyens. L'intégrité devenoit plus rare tous les jours. On ne connoissoit presque plus de justice. L'envie de s'enrichir étoit la maîtresse passion, & les personnes considérables mettoient leur industrie à s'approprier ce qui ne leur appartenoit pas. Mais on voyoit encore de la dignité en ce qui regardoit les étrangers, & les plus corrompus au dedans se montroient jaloux de la gloire du nom romain au dehors.

Rien n'étoit plus injuste que les jugemens des senateurs : rien de si sale que leur avarice. Cependant le senat s'attachoit avec scrupule

pule à la conservation de la dignité, & jamais on n'apporta plus de soin pour empêcher que la majesté du peuple romain ne fut violée.

Ce senat, d'ailleurs si interessé & si corrompu avec ses citoyens, opinoit avec la même hauteur qu'auroit pu avoir Scipion, où il s'agissoit des ennemis. Dans le tems d'une grande corruption, il ne put souffrir le traité honteux de Mancinus avec les numantins (1) ; & ce miserable consul fut obligé de s'aller remettre entre leurs mains avec toute sorte d'ignominie. Graccus, qui avoit eu part à la paix, étant questeur dans l'armée de Mancinus, tâcha de la soutenir inutilement. Son credit n'y servit de rien. Son éloquence y fut vainement employée.

Comme il est arrivé par Graccus une des plus importantes affaires de la république, & peut-être la source de toutes celles qui l'ont agité.

___

(1) *Le consul C. Hostilius Mancinus après avoir été défait plusieurs fois par les numantins, se laissa renfermer dans son camp avec une armée de trente mille hommes, qu'il ne put sauver, qu'en faisant un traité avec les ennemis, par lequel ses soldats furent obligés de se dépouiller de toutes leurs armes. Le senat en fut si indigné, qu'il renvoya Mancinus pieds & poings liés aux numantins, pour en faire ce qu'ils jugeroient à propos; mais ils ne voulurent point le recevoir. Voyez les sommaires de Florus sur Tite-Live. liv. LV.*

agité depuis, il ne sera pas hors de propos de vous le faire connoître.

C'étoit un homme fort considérable par sa naissance; par les avantages du corps, & par les qualités de l'esprit; d'un génie opposé à celui du grand Scipion, dont Cornelia sa mere étoit sortie; plus ambitieux du pouvoir, qu'animé du desir de la gloire, si ce n'étoit de celle de l'éloquence, necessaire à Rome pour se donner du credit. Il avoit l'ame grande & haute, plus propre toutefois à embrasser des choses nouvelles, & à rappeller les vieilles, qu'à suivre solidement les établies. Son intégrité ne pouvoit souffrir aucun interêt d'argent pour lui-même. Il est vrai qu'il ne procuroit guere celui des autres, sans y mêler la consideration de quelque dessein. Avec cela l'amour du bien lui étoit assez naturelle, la haine du mal encore plus. Il avoit de la compassion pour les opprimés, plus d'animosité contre les oppresseurs: en sorte que la passion prévalant sur la vertu, il haïssoit insensiblement les personnes plus que les crimes.

Plusieurs grandes qualités le faisoient admirer chez les romains. Il n'en avoit pas une dans la justesse où elle devoit être. Ses engagemens le portoient plus loin qu'il n'avoit pensé: sa fermeté se tournoit en quelque chose d'opiniâtre; & des vertus, qui pouvoient être utiles à la république, devenoient autant de talens avantageux pour les factions.

Je

Je ne voi ni délicatesse, ni modération dans les jugemens qu'on en a laissés. Ceux qui ont tenu le parti du senat, l'ont fait passer pour un furieux ; les partisans du peuple pour un veritable protecteur de la liberté. Il me paroît qu'il alloit au bien, & qu'il haïssoit naturellement toute sorte d'injustice ; mais l'opposition mettoit en désordre ses bons mouvemens. Une affaire contestée l'aigrissant contre ceux qui lui résistoient, il poursuivoit par un esprit de faction, ce qu'il avoit commencé par un sentiment de vertu. Voilà, ce me semble, quel êtoit le génie de Graccus, qui sut émouvoir le peuple contre le senat. Il faut voir en quelle disposition êtoit le peuple.

Après avoir rendu de grand services à l'état, le peuple se trouvoit exposé à l'oppression des riches, & particulierement à celle des senateurs, qui par autorité, ou par d'autres méchantes voyes, tiroient la commune de ses petites possessions. Des injures continuelles avoient donc aliené les esprits de la multitude : mais sans avoir encore de méchantes intentions, elle souffroit avec douleur la tyrannie ; & plus miserable que tumultueuse, attendoit plus qu'elle ne cherchoit à sortir d'une condition infortunée.

J'ai cru devoir faire la peinture du senat, de Graccus & du peuple, avant que d'entrer en cette violente agitation que ressentit la république.

On

On concevra donc le senat injuste, corrompu, mais couvrant les infamies au dedans par quelque dignité aux affaires de dehors. On aura l'idée de Graccus, comme d'une personne qui avoit de grands talens, mais plus propre à ruiner absolument une république corrompuë, qu'à la rétablir dans sa pureté par une sage réformation. Pour le peuple, il n'étoit pas mal affectionné; mais il ne savoit comment vivre dans sa misere, ni où s'occuper après la perte de ses terres.

AVERTISSEMENT.

Monsieur de Saint-Evremond, comme on l'a remarqué dans sa vie, ayant resolu de passer en hollande en 1665. laissa ses papiers en garde à son bon ami Mr. Waller; mais à son retour (en 1670.) il trouva que la plûpart s'étoient perdus durant la grande peste de Londres, & entr'autres les sept CHAPITRES *suivans, avec l'affaire de Graccus contre le senat, qui manque à celui-ci. On n'a jamais pu les recouvrer, & Mr. de St. Evremond n'a pas voulu se donner la peine de les refaire. Il ne nous en reste que les sommaires. Les voici.*

Chapitre IX.

Le génie du peuple romain quand Jugurta s'empara du royaume de Numidie. Sale intérêt pour le dehors, comme il étoit déja pour le dedans. Infamie des premiers qui furent employés dans cette affaire. Génie de Scaurus.

Chapitre X.

Guerre conduite par Metellus. Son caractere. Celui de Jugurta. Orgueil de la noblesse.

Chapitre XI.

Caractere de Marius. Son arrogance. Génie du peuple, & l'esprit de faction contre le senat. Le peuple superieur au senat. Sa licence.

Chapitre XII.

Caractere de Sylla, qui releve le senat, & opprime le peuple. Quelque chose de Pompée & de Sertorius.

Chapitre XIII.

Etat de Rome, & le génie des romains dans la conspiration de Catilina. Son caractere. Le caractere de Clodius; & le bannissement de Ciceron, avec son caractere.

Chapitre XIV.

Etat de Rome dans le partage du gouvernement entre Pompée, César & Crassus.

Chapitre XV.

Les motifs de la guerre civile entre Pompée & César. Leur caractere. Ce que le senat étoit à Pompée, & le peuple à César. Les sentimens du premier touchant la république, & l'établissement de son pouvoir au delà de la liberté. L'esprit de César allant par degrés au dessein de la domination.

Chapitre XVI.

D'Auguste, de son gouvernement, & de son génie.

JE ne parlerai point des commencemens de la vie d'Auguste; ils ont été trop funestes: je prétens le considerer depuis qu'il fut parvenu à l'empire. Et à mon avis, jamais gouvernement n'a mérité de plus particulieres observations que le sien.

Après la tyrannie du triumvirat, & la désolation qu'avoit apporté la guerre civile, il voulut enfin gouverner par la raison un peuple assujetti par la force; & dégoûté d'une violence, où l'avoit peut-être obligé la necessité de ses affaires, il sut établir une heureuse sujetion, plus éloignée de la servitude, que de l'ancienne liberté.

Auguste n'étoit pas de ceux qui trouvent la beauté du commandement dans la rigueur de l'obéïssance; qui n'ont de plaisir du service qu'on leur rend, que par la necessité qu'ils en imposent.

Ce rafinement de domination a été à un point de délicatesse sous quelque Empereur, qu'il n'étoit pas permis aux sujets de vouloir ce qu'on vouloit d'eux. Une disgrace que l'on recevoit sans peine, un bannissement où l'on s'accommodoit avec facilité, une soumission aisée en quoi que ce fût, faisoit le dégoût du prince. Pour obéïr à son gré, il falloit obéïr malgré soi. Mais il falloit aussi être bien juste dans la répugnance; car celle qui osoit se produire avec éclat, excitoit le dépit & la colere: en sorte que les miserables romains ne savoient où trouver un milieu trop délicat entre deux choses perilleuses.

Auguste a jugé tout autrement. Il a cru que pour bien disposer des hommes, il falloit gagner les esprits, avant que d'exiger les devoirs; & il fut si heureux à les persuader de l'utilité de ses ordres, qu'ils songeoient moins à l'obligation qu'ils avoient de les suivre, qu'à l'avantage que l'on y trouvoit.

Un des plus grands soins qu'il eut toûjours, fut de bien faire goûter aux romains le bonheur du gouvernement, & de leur rendre, autant qu'il put, la domination insensible. Il rejetta jusqu'aux noms qui pouvoient déplaire, & sur toutes choses, la qualité de Dictateur détestée dans Sylla, & odieuse en César même.

La plûpart des gens qui s'élevent, prennent de nouveaux titres, pour autoriser un nouveau pouvoir; il voulut cacher une puissance nouvelle sous des noms connus, & des dignités ordinaires. Il se fit appeller Empereur de tems en tems, pour conserver son autorité sur les legions: il se fit créer tribun, pour
dis-

disposer du peuple, Prince du senat, pour le gouverner : mais quand il réünit en sa personne tant de pouvoirs differens, il se chargea aussi de divers soins, & il devint l'homme des armées, du peuple & du senat, quand il s'en rendit le maître ; encore n'usa-t-il de son pouvoir, que pour ôter la confusion qui s'étoit glissée en toutes choses. Il remit le peuple dans ses droits, & ne retrancha que les brigues aux élections des magistrats. Il rendit au senat son ancienne splendeur, après en avoir banni la corruption ; car il se contenta d'une puissance temperée, qui ne lui laissoit pas la liberté de faire le mal : mais il la voulut absoluë, quand il s'agit d'imposer aux autres la necessité de bien faire.

Ainsi le peuple ne fut moins libre que pour n'être pas si séditieux ; le senat ne fut moins puissant que pour être moins injuste. La liberté ne perdit que les maux qu'elle peut causer ; rien du bonheur qu'elle peut produire.

Après avoir établi un si bon ordre, il se trouva agité de differentes pensées, & consulta long-tems en lui-même, s'il devoit garder l'empire, ou rendre au peuple sa premiere liberté. Les exemples de Sylla & de César, quoi que differens, faisoient une impression égale en faveur de ce dernier sentiment. Il consideroit que Sylla, qui avoit quitté volontairement la dictature, avoit eu une mort paisible au milieu de ses ennemis ; & que

César pour l'avoir gardée, avoit été assassiné par ses meilleurs amis, qui en faisoient gloire.

Je sai que ces matieres-ci ne souffrent guere les vers ; mais on peut alleguer ceux de CORNEILLE sur les romains, puisqu'il les fait mieux parler qu'ils ne parlent eux-mêmes :

Sylla m'a précedé dans ce pouvoir suprême,
Le grand César mon pere en a joüi de même :
D'un œuil si different tous deux l'ont regardé,
Que l'un s'en est démis, & l'autre l'a gardé.
Mais l'un cruel, barbare, est mort aimé, tranquille,
Comme un bon citoyen dans le sein de sa ville :
L'autre tout débonnaire, au milieu du senat,
A vû trancher ses jours par un assassinat (1).

Combattu d'une incertitude si fâcheuse, il découvrit l'agitation de son ame à ses deux amis principaux, Agrippa & Mécénas. Agrippa, qui lui avoit aquis l'empire par sa valeur, lui conseilla par modération de le quitter ; si ce n'est peut-être qu'il ait eu des fins plus cachées, & que pour se trouver plus grand homme de guerre que n'étoit Auguste, il ait attendu les principaux emplois de la république, quand elle seroit rétablie.

Pour Mécénas, qui n'avoit eu aucune part aux victoires, il lui conseilla de retenir ce
qu'elle

---

(1) *Cinna* Act. II. Sc. 1.

qu'elles lui avoient donné. Ce ne fut pas sans faire entrer dans ses raisons la considération du public, qui ne pouvoit plus, disoit-il, se passer d'Auguste. Mais quoique cela pût être en quelque sorte, il suivit en effet son inclination pour la personne du prince, & ses propres interêts.

Mécénas étoit homme de bien; de ces gens de bien néanmoins doux, tendres, plus sensibles aux agrémens de la vie, que touchés de ces fortes vertus, qu'on estimoit dans la république. Il étoit spirituel, mais voluptueux, voyant toutes choses avec beaucoup de lumiere, & en jugeant sainement; mais plus capable de les conseiller, que de les faire. Ainsi se trouvant foible, paresseux, & purement homme de cabinet, il esperoit de sa délicatesse avec un Empereur délicat, ce qu'il ne pouvoit attendre du peuple romain, où il eût fallu se pousser par ses propres moyens, & agir fortement par lui-même.

Pour revenir des personnes à la chose, l'empire fut retenu par son conseil : & la résolution de le garder étant prise, Auguste ne laissa pas d'offrir au senat de s'en démettre.

Quelques-uns en furent touchés comme d'une grande modération. Plusieurs reconnurent la simple honnêteté de l'offre : mais tous s'accorderent veritablement en ce point, de refuser l'ancienne liberté. Vous eussiez dit que c'étoit une contestation de civilités, qui aboutirent à une satisfaction commune; car Auguste gouverna l'empire par le senat, & le senat ne se gouverna que par Auguste.

Un gouvernement si temperé plut à tout le monde; & le prince ne suivit pas moins en cela son interêt, que son humeur moderée: car enfin on passe mal-aisément de la liberté à la servitude; & il pouvoit se tenir heureux de commander en quelque façon que ce fût à un peuple libre.

De plus, le funeste exemple de César l'avoit peut-être obligé de prendre des voyes differentes, pour éviter une même fin. Le grand Jule, né dans une faction opposée au senat, eut toûjours une envie secrette de l'opprimer; & l'ayant trouvé contraire à ses desseins dans la guerre civile, il en prit une aversion nouvelle pour le corps, quoiqu'il eût beaucoup de douceur & de clemence pour les senateurs en particulier. Depuis son retour à Rome, comme il se vit assuré du peuple & des legions, il compta le senat pour peu de chose, & le traita même insolemment en quelques occasions, tant il est difficile aux plus retenus de ne se pas oublier dans une grande fortune. Or il est certain que ce mépris orgueilleux irrita beaucoup de gens, & fit naître, ou du moins avancer la conspiration qui le perdit.

Au-

Auguste, un des plus avisés princes du monde, ne manqua pas de profiter d'une observation si necessaire ; & à peine se fut-il aquis l'empire par les legions, qu'il songea à le gouverner par le senat. Il connoissoit la violence des gens de guerre, & le tumulte des peuples ; les uns & les autres lui paroissant plus propres à être employés dans une occasion presente, qu'aisés à conduire quand elle est passée.

Il voulut donc fonder le gouvernement sur le senat, comme sur le corps le mieux ordonné, & le plus capable de sagesse & de justice : mais en même tems, il s'assura le peuple & les legions par des largesses & par des bienfaits. Ainsi tout le monde fut content, comme j'ai dit ; & Auguste trouva dans sa modération la sureté de sa personne & de sa puissance : en quoi il eut un bonheur extraordinaire, n'y ayant rien de si heureux dans la vie, que de pouvoir suivre honnêtement son inclination & son interêt.

Je ne veux pas excuser ses commencemens ; mais je ne doute point que dans la violence du triumvirat, il ne s'en soit fait beaucoup à lui-même. Il est certain qu'il haïssoit naturellement l'humeur cruelle de Marius, de Sylla, & de leurs semblables. Il haïssoit ces ames fieres, qui n'ont qu'un plaisir imparfait d'être les maîtres, s'ils ne font sentir leur pouvoir ;

qui

qui mettent la grandeur à être craints, & le bonheur de leur condition à faire quand il leur plaît des miserables.

Il avoit éprouvé qu'un honnête-homme se fait le premier malheureux, quand il en fait d'autres ; & il ne fut jamais si content, que lors qu'il se vit en état de faire le bien selon son inclination, après avoir fait le mal contre son gré. Il alloit toûjours au bien des affaires : mais il vouloit que les affaires allassent au bien des hommes, & consideroit dans les entreprises beaucoup moins la gloire, que l'utilité. Durant son gouvernement, aucune guerre ne fut negligée, qui pût être utile ; & on laissa pour les heros celles qui sont purement glorieuses.

C'est ce qui le fit accommoder avec les parthes, & renoncer au projet que faisoit César, quand il fut assassiné : c'est ce qui fit rejetter la proposition de certaine guerre en Allemagne, où il ne voyoit pas un veritable interêt : c'est ce qui lui fit donner des bornes à l'empire, quelque interprétation qu'ait donné Tacite à un si sage dessein. Enfin, il se laissa peu aller à l'opinion, au bruit, à la vanité. Il estima la réputation solide, qui rend la vie des hommes plus douce & plus sure.

Il est bien vrai qu'Auguste n'avoit qu'un talent médiocre pour la guerre ; & pour loüer sa sagesse & sa capacité, il ne faut pas loüer sa vertu en toutes choses.

Hirtius & Pansa conduisirent la premiere guerre contre Antoine (1), dont Auguste seul profita. Il aquit peu de gloire dans celle de Brutus, qui fut conduite & achevée par Antoine. La perte d'Antoine fut un effet de sa passion pour Cléopatre, & de la valeur d'Agrippa. Auguste eut peu de part aux combats, & gagna l'empire. Ce n'est pas qu'il ne se soit trouvé en plusieurs occasions, & qu'il n'ait été blessé même en quelqu'une; mais avec plus de succès pour les affaires, que de gloire pour sa personne. Aussi la dixiéme legion, un peu insolente par la haute estime qu'avoit eu pour elle le grand César, ne pouvoit goûter le neveu, toutes les fois qu'elle se souvenoit de l'oncle : d'où il arriva qu'elle fut cassée avec tout son merite, pour l'avoir méprisé une fois en sa presence. Cela n'empêche pas qu'il ne se soit servi de la guerre admirablement pour son interêt, & pour celui de l'empire. Jamais prince n'a sû donner un meilleur ordre, ni se transporter plus volontiers par tout

---

(1) *Marc-Antoine, qui assiegeoit D. Brutus, l'un des assassins de J. César, dans Modene. Antoine fut défait devant cette ville; mais les deux consuls A. Hirtius & C. Vibius Pansa y perirent. Tout cela contribua beaucoup à l'elevation d'Auguste, qu'on appelloit alors Octavius César.*

tout où les affaires l'appelloient, en Egypte, en Espagne, dans les Gaules, en Allemagne, dans l'Orient.

Mais enfin on voyoit que la guerre ne s'accommodoit pas à son veritable génie; & quoiqu'il triomphât avec l'applaudissement de tout le monde, on ne laissoit pas de connoître que ses lieutenans avoient vaincu.

Il eût passé pour un grand capitaine du tems de ces Empereurs, qui par leur peu de vertu, ou par une fausse grandeur, n'osoient prendre, ou tenoient au dessous d'eux le commandement des armées. Etant venu dans un siecle où l'on ne se rendoit recommandable que par ses propres exploits, & succedant particulierement à César, qui se devoit tout, il lui fut desavantageux de devoir plus à autrui qu'à lui-même.

Il n'en étoit pas ainsi dans le gouvernement, où le senat ne faisoit rien de bon ni de sage, qu'Auguste ne l'eût inspiré. Le bien de l'état étoit toûjours sa premiere pensée, & il n'entendoit pas par le bien de l'état, un nom vain & chimerique, mais le veritable interêt de ceux qui le composoient. Le sien le premier; (car il n'est pas juste de quitter les douceurs de la vie privée, pour s'abandonner au soin du public, si on n'y trouve ses avantages :) & celui des autres, qu'il ne crut jamais être separé du sien.

Les personnes du plus grand service avoient
la

la première considération, & le merite avançoit sous lui ceux qu'il eût ruiné sous ses successeurs, où le crime étoit moins dangereux que la vertu. Agrippa n'avoit pas tant de part en sa confidence que Mécénas; mais ses grandes qualités le rendirent bien plus considerable: & l'étant devenu à un point dans Rome, qu'Auguste se trouvoit obligé de s'en défaire, ou de se l'aquerir, il aima mieux lui donner sa fille, quelque peu de naissance qu'il eût, que d'écouter les inspirations de la jalousie. Quant à Mécénas, comme il étoit plus agréable, & plus homme de cabinet, aussi fut-il plus avant que lui dans ses plaisirs & dans ses secrets.

Auguste fit du bien à ses courtisans, & ne fut pas fâché que ces romains, autrefois si libres, voulussent profiter de ses bonnes graces. Ainsi l'on s'étudia à lui plaire, & le soin de la cour devint un veritable interêt. Ce ne fut pas néanmoins le plus considerable. Le merite qui se rapportoit à l'état, étoit preferé à celui qu'on s'aqueroit par l'attachement à sa personne: ce qu'il établissoit lui-même par ses discours, ne parlant jamais de ce qui lui étoit dû, mais toûjours de ce qu'il devoit à la république.

Cependant il n'y a point de vie si uniforme, où des actions particulieres ne démentent quelquefois le gros de l'habitude & de la conduite. Il défendit un jour un de ses amis, accusé
d'une

d'un crime horrible (1) ; & apparemment il le sauva par la seule considération. Ce ne fut pas sans choquer tous les gens de bien ; mais il eut tant de modération à garder les formes, & à souffrir la liberté de ceux qui lui répondoient un peu hautement, qu'il en regagna les esprits : & les mêmes qui s'étoient scandalisés, revenus de leur indignation, excuserent ce qu'il y a d'injuste à proteger un méchant homme, par l'honnêteté qui se trouve à ne pas abandonner un ami.

Les gens de lettres eurent part à sa familiarité ; Tite-Live entr'autres, Virgile & Horace : par où l'on peut voir la bonté de son jugement, aussi-bien pour les ouvrages, que pour les affaires. Il aimoit le goût exquis de son siecle, dont la délicatesse a été peu commune dans tous les autres. Mais il craignoit les singularités qui venoient d'un esprit faux, & dont les méchans connoisseurs font le merite extraordinaire. Comme il vivoit parmi des gens délicats, il prenoit plaisir de voir ses choix approuvés ; & son opinion étoit qu'il vaut mieux tomber naturellement dans le bon-sens des autres par sa raison, que de faire recevoir ses caprices par autorité.

Outre

---

(1) *Nonius Asprenas*, accusé d'avoir empoisonné 130. personnes avec un seul plat. Voyez Pline, *Hist.* *Nat.* lib. XXXV. cap. 12. & *Suetone*, in Augusto, cap. 56.

Outre l'honneur de son jugement, dont il fut jaloux, il croyoit encore qu'un bienfait desapprouvé n'étoit grace que pour un seul, & injure pour plusieurs: Que la disgrace d'un honnête-homme au contraire étoit ressentie de tous les honnêtes-gens, par la pitié qu'elle fait aux uns, & l'allarme qu'elle donne aux autres.

Il avoit un discernement admirable à connoître l'humeur & l'ambition des personnes les plus élevées, sans concevoir néanmoins des soupçons funestes à leur vertu.

La liberté des sentimens ne lui déplut point sur les choses generales, estimant que les hommes y ont leurs droits: que c'est un crime de rechercher curieusement les secrets du prince, & une infidelité de ne pas bien user de sa confidence: mais que les affaires devenuës publiques, appartenoient, malgré qu'on en eût, au jugement du public: qu'il falloit se le représenter avant que d'agir, & ne pas prétendre de le pouvoir empêcher, quand les actions étoient faites.

Ce fut peut-être sur la connoissance de son humeur, que Tite-Live osa écrire si hardiment la guerre de César & de Pompée, sans qu'il en ait été moins bien avec lui (1). Cremius Cor-
___
(1) Titus-Livius eloquentiæ ac fidei præclarus inprimis Cr. Pompeium tantis laudibus tulit, ut Pompeianum eum Augustus appellaret: ne-

dus lui récita son histoire, & il ne se scandalisa point d'y voir nommer Brutus & Cassius les derniers des romains. Loüange funeste à Cremutius sous Tibére, dont on lui fit, dit Tacite, un crime inoüi jusqu'alors, & qui lui coûta la vie (1). Mécénas lui avoit donné un conseil particulier encore, mais d'un usage plus difficile; c'étoit de ne se piquer jamais de ce qu'on diroit contre lui.

» Si ce qu'on dit de nous est vrai, ajoûtoit
» Mécénas, c'est plûtôt à nous de nous corri-
» ger, qu'aux autres de se contraindre. Si ce
» qu'on dit est faux, aussi-tôt que nous nous
» en piquerons, nous le ferons croire verita-
» ble. Le mépris de tels discours les décredi-
» te, & en ôte le plaisir à ceux qui les font.
» Si vous y êtes plus sensible que vous ne de-
» vez, il dépend du plus miserable ennemi,
» du plus chetif envieux, de troubler le re-
» pos de vôtre vie, & tout vôtre pouvoir ne
» sauroit vous défendre de vôtre chagrin.

Auguste alla plus loin en certaines choses, & demeura fort au dessous en quelques autres. Je voi des injures oubliées, je le voi si hardi dans sa clemence, qu'il ose pardonner une conspi-

que id amicitiæ eorum offecit. Tacitus *Annal. lib. IV.*

(1) Cremutius Cordus postulatur novo ac tum primum audito crimine, quod editis Annalibus, laudatoque M. Bruto, C. Cassium Romanorum ultimum dixisset. *Ibid.*

conspiration non seulement veritable, mais toute prête à s'exécuter (1).

Cependant quelques vertueux que soient les hommes, ils ne donnent jamais tant à la vertu, qu'ils ne laissent beaucoup à leur humeur. Il n'est pas croyable combien il fut délicat sur son domestique. Rien n'étoit si dangereux que de parler des amours de Julie, si ce n'étoit d'avoir quelque interêt avec elle. Ovide en fut chassé sans retour ; & ce qui me paroît extraordinaire, le mari même eut à se ressentir de cette méchante humeur. Que la conduite de Julie ne plût pas à Auguste, c'étoit une chose naturelle ; mais que le pauvre Agrippa ait eu à souffrir le chagrin de son beaupere, & les débauches de sa femme en même tems, c'est une affaire bizarre, & le dernier malheur de la condition d'un mari.

Il faut avoüer que la famille de l'Empereur lui donna trop d'embarras. Dans un applaudissement general de tout l'empire, il ne pouvoit résister à de petits chagrins que lui donnoit sa maison, & il s'y portoit plus en simple personne privée, qu'en grand-homme ; car il ne savoit ni finir le mal par un bon ordre, (ce qui veritablement n'est pas aisé,) ni du moins se mettre l'esprit en repos. Après s'être trop affligé d'un côté, il se laissa aller trop nonchalamment à la douceur qu'il trouvoit de l'autre ;

(1) *La conspiration de Cinna.*

tre ; & si Julie le chagrina tant qu'elle vécut, Livie sut le posseder si bien dans le declin de son âge, que l'adoption de Tibere fut plûtôt un effet de sa conduite, que le veritable choix de l'Empereur.

Auguste connoissoit mieux que personne les vices de Tibere, & les desseins de Livie ; mais il n'avoit pas la force d'agir selon le jugement qu'il en faisoit. Tandis qu'il voyoit tout d'une vûë saine, qui ne le portoit à rien, sa femme laissoit là son entendement avec des lumieres inutiles, & se rendoit maîtresse de sa volonté. C'est ce qui a trompé Tacite, à mon avis, dans ce rafinement malicieux qu'il donne à Auguste. Il savoit que le naturel de Tibere ne lui êtoit pas inconnu ; & pour ne pas croire qu'un grand Empereur pût aller dans une chose si importante contre son propre sentiment, il a mis du dessein & du mystere, où il n'y a eu, si je ne me trompe, que de la facilité.

Après ces particularités du domestique, revenons au general. Il rendit le monde heureux, & il fut heureux dans le monde. Il n'eut rien à souhaiter du public, ni le public de lui ; & considerant les maux qu'il a faits pour parvenir à l'empire, & le bien qu'il fit depuis qu'il fut Empereur, je trouve qu'on a dit avec beaucoup de raison, qu'il ne devoit jamais naître, ou jamais mourir.

Il mourut enfin, regretté de tous les hommes ;

mes ; moins grand, sans comparaison, que César, mais d'un esprit plus reglé : ce qui me fait croire qu'il eût été plus glorieux d'être de l'armée de César, & plus doux de vivre sous le gouvernement d'Auguste.

Pour les romains, ils n'avoient rien de si élevé que dans le tems de la république, ni pour la grandeur du génie, ni pour la force de l'ame ; mais quelque chose de plus sociable. Après tous les maux qu'on avoit soufferts, on fut bien aise de trouver de la douceur en quelque maniere que ce fût. Il n'y avoit plus assez de vertu pour soutenir la liberté. On eût eu honte d'une entiere sujettion ; & à la reserve de ces ames fieres, que rien ne put contenter, chacun se fit honneur de l'apparence de la république, & ne fut pas fâché en effet d'une douce & agréable domination.

Chapitre XVII.

De Tibere, & de son génie.

COMME il y a peu de révolutions où l'on en demeure à des termes si moderés, un état heureux & honnête se changea bientôt en une miserable & indigne condition. La vertu romaine s'étoit adoucie après la mort de Brutus & de Cassius, qui en soutenoient la fierté. Depuis la perte d'Antoine, ce fut un agrément quasi general pour la conduite d'Auguste, & une complaisance égale pour sa personne. A l'avenement de Tibere, cette complaisance se tourna en bassesse & en adulation. On peut dire que ce prince, naturellement irrésolu, n'auroit pris qu'une autorité bien médiocre : mais les romains, plus disposés à servir, que Tibere à commander, lui porterent eux-mêmes leur servitude, quand à peine il osoit esperer leur sujettion. Voilà quel fut alors le génie du peuple romain.

Il faut maintenant parler de celui de Tibere, & faire voir l'esprit qu'il porta au gouvernement de l'empire. Son dessein le plus caché, mais le mieux suivi, fut de changer toutes les maximes d'Auguste. Celui-ci devenu Empereur, donnoit au bien general toutes ses pensées. D'une politique si juste & si prudente, Tibere fit une science de cabinet, où étoit renfermé un faux & mysterieux interêt du prince, separé de l'interêt de l'état, & presque toûjours opposé au bien public.

Le bon-sens, la capacité, le secret furent changés en finesse, en artifice, en dissimulation. On ne connoissoit plus les bonnes & les mauvaises actions par elles-mêmes : tout étoit pris selon les délicates intentions de l'Empereur, ou se jugeoit par le rafinement de quelque spéculation malicieuse.

Le credit qu'eut Germanicus d'appaiser les legions, fut d'un service fort avantageux, &

peu

peu de tems agréable. Quand le danger fut passé, on fit reflexion qu'il pourroit tirer les troupes de leur devoir, puisqu'il avoit sû les y remettre. En vain il fut fidelle à Tibere; sa moderation à refuser l'empire, ne le fit pas trouver innocent. On le jugea coupable de ce qui lui avoit été offert; & tant d'artifices furent employés à sa perte, qu'on se défit à la fin d'un homme qui vouloit bien obéïr, mais qui méritoit de commander. Il périt, ce Germanicus, si cher aux romains, dans un armée, où il eut moins à craindre les ennemis de l'empire, qu'un Empereur, qu'il avoit si bien servi.

Il ne fut pas seul à se ressentir de cette funeste politique : le même esprit regnoit generalement en toutes choses. Les emplois éloignés étoient des exils mysterieux : les charges, les gouvernemens ne se donnoient qu'à des gens qui devoient être perdus, ou à des gens qui devoient perdre les autres. Enfin, le bien du service n'entroit plus en aucune consideration; car dans la verité, les armées avoient plûtôt des proscrits, que des generaux, & les provinces des bannis, que des gouverneurs. A Rome, où les loix avoient toûjours été si religieusement gardées, & avec tant de formes, tout se faisoit alors par la jalousie de ce mysterieux cabinet.

Quand un homme d'un mérite considerable témoignoit de la passion pour la gloire de l'em.

l'empire, Tibere soupçonnoit aussi-tôt que c'étoit avec dessein d'y parvenir. S'il restoit à quelqu'autre un souvenir innocent de la liberté, il passoit pour un esprit dangereux, qui vouloit rétablir la république. Loüer Brutus & Cassius, étoit un crime, qui coûtoit la vie : regretter Auguste, une offense secrette, qu'on pardonnoit d'autant moins, qu'on n'osoit s'en plaindre ; car Tibere le loüoit toûjours en public, & lui faisoit décerner des honneurs divins, qu'il étoit le premier à lui rendre. Mais les mouvemens humains n'étoient pas permis, & une tendresse témoignée pour la memoire de cet Empereur, se prenoit pour une accusation détournée contre le gouvernement ; ou pour une mauvaise volonté contre la personne du Prince.

Jusqu'ici vous avez vû des crimes inspirés par la jalousie d'une fausse politique ; presentement c'est la cruauté ouverte, & la tyrannie declarée. On ne se contente pas de quitter les bonnes maximes ; on abolit les meilleures loix, & on en fait une infinité de nouvelles, qui regardent en apparence le salut de l'Empereur, mais dans la verité, la perte des gens de bien qui restoient à Rome. Tout est crime de leze-majesté. On punissoit autrefois une veritable conspiration ; on punit ici une parole innocente malicieusement expliquée. Les plaintes qu'on a laissées aux malheureux pour le soulagement de leurs miseres ; les larmes, ces expressions naturelles de nos douleurs ; les soupirs qui nous échapent malgré nous ; les simples regards, devenoient funestes. La naïveté du discours exprimoit de méchans desseins : la discretion du silence cachoit de méchantes intentions. On observoit la joye comme une esperance conçûë de la mort du Prince : la tristesse étoit remarquée comme un chagrin de sa prosperité, ou un ennui de sa vie. Au milieu de ces dangers, si le peril de l'oppression vous donnoit quelque mouvement de crainte, on prenoit vôtre appréhension pour le témoignage d'une conscience effrayée, qui se trahissant elle-même, découvroit ce que vous alliez faire, ou ce que vous aviez fait. Si vous étiez en réputation d'avoir du courage & de la fermeté, on vous craignoit comme un audacieux, capable de tout entreprendre. Parler ; se taire ; se réjoüir ; s'affliger ; avoir de la peur, ou de l'assurance, tout étoit crime, & attiroit bien souvent les derniers supplices.

Ainsi les soupçons d'autrui vous rendoient coupables. Ce n'étoit pas assez d'essuyer la corruption des accusateurs, les faux rapports des espions, les suppositions de quelque delateur infame ; vous aviez à redouter l'imagination de l'Empereur : & quand vous pensiez être à couvert par l'innocence, non seulement de vos actions, mais de vos pensées, vous périssiez par la malice de ses conjectures. Pour ne pousser pas la chose plus avant, il y avoit beaucoup de mérite à être homme de bien ; car il y avoit beaucoup de danger à l'être. La vertu qui osoit paroître, étoit infailliblement perduë, & celle qu'on pouvoit deviner, n'étoit jamais assurée. Comme on n'est pas exemt d'embarras dans le mal qu'on fait endurer aux autres, Tibere ne fut pas toûjours tranquile dans l'exercice de ses cruautés. Sejan, qui s'avança dans ses bonnes graces par des voyes aussi injustes que les siennes ; ce grand favori, las d'honneurs & de biens, qui le laissoient toûjours dans la dépendance, voulut s'affranchir de toute sujettion, & n'oublia rien pour se mettre insensiblement à la place de son maître. Instruit des maximes de l'Empereur, & devenu savant en son art, il lui enleve ses enfans par le poison ; & il étoit sur le point de se défaire de lui, quand ce prince revenu de son aveuglement, comme par miracle, garantit ses jours malheureux, & fait périr ce grand confident, qui le vouloit perdre. Sa condition n'en fut pas plus heureuse qu'auparavant : il vécut odieux à tout le monde, & importun à lui-même ; ennemi de la vie d'autrui & de la sienne. Enfin il mourut à la grande joye des romains, n'ayant pu échaper à l'impatience d'un successeur, qui le fit étouffer dans une maladie dont il alloit revenir.

J'ai fait quelquefois reflexion sur la différence qu'il y a euë de la république à l'empire,

&

& il me paroît qu'il n'eût pas été moins doux de vivre sous les Empereurs que sous les consuls, si les maximes d'Auguste eussent été suivies. Rome ne fut pas si heureuse. La politique de Tibere fut embrassée de la plûpart de ses successeurs, qui mirent l'honneur de leur regne, non pas à mieux gouverner l'empire, mais à se l'assujettir davantage.

Dans ce sentiment, Auguste fut moins estimé, pour avoir sû rendre les romains heureux, que Tibere, pour les avoir fait impunément miserables. Il parut à ces Empereurs qu'il y avoit de l'insuffisance ou de la foiblesse à garder les loix; & tantôt l'art de les éluder faisoit le secret de la politique, tantôt la violence de les rompre paroissoit une veritable hauteur & une digne autorité. Les forces de l'empire ne regardoient plus les étrangers : la puissance de l'Empereur se faisoit sentir aux naturels, & les romains opprimés tinrent lieu de nations assujetties. Enfin les Caligules, les Nerons, les Domitiens pousserent la domination au delà de toutes bornes; & quoi que les droits des Empereurs fussent infiniment au dessous de ceux des Rois, ils se porterent à des violences où n'auroit pas voulu aller Tarquin même.

Les romains de leur côté devinrent également funestes aux Empereurs; car passant de la servitude à la fureur, ils en massacrerent quelques-uns, & s'attribuerent un pouvoir
injuste

injuste & violent d'en ôter, & d'en établir à leur fantaisie. Ainsi les liens du gouvernement furent rompus, & les devoirs de la société venant à manquer, on ne travailloit plus qu'à la ruine de ceux qui obéïssoient, ou à la perte de ceux qui devoient commander. Une si étrange confusion doit s'attribuer principalement au méchant naturel des Empereurs, & à la brutale violence des gens de guerre. Mais si on veut remonter jusqu'à la premiere cause, on trouvera que ce méchant naturel étoit autorisé par l'exemple de Tibere, & le gouvernement établi sur les maximes qu'il avoit laissées.

Comme les plus concertés ne s'attachent pas toûjours à la justesse des regles, les plus déreglés ne suivent pas éternellement le desordre de leurs inclinations & de leurs humeurs. On ajoûte pour le moins une politique à son tempérament. Ceux même qui font toutes choses sans y penser, y reviennent par reflexion quand elles sont faites, & appliquent une conduite d'interêt aux purs mouvemens de la nature. Mais que les Empereurs ayent agi par naturel, par politique, ou par tous les deux ensemble, je soutiens que Tibere a corrompu tout ce qu'il y avoit de bon, & introduit tout ce qu'il y a eu de méchant dans l'empire.

Auguste, qui avoit des lumieres pures & délicates, connut admirablement le génie de

son

son tems, & n'eut pas de peine à changer un assujettissement volontaire aux chefs de parti, en véritable sujetion. Tibere plein de ruses & de finesses, mais d'un faux discernement, se méprit à connoître la disposition des esprits. Il crut avoir affaire à ces vieux Romains amoureux de la liberté, & incapables de souffrir aucune domination : cependant l'inclination générale alloit à servir; les moins soumis étoient disposés à l'obéïssance. Ce mécompte lui fit prendre des précautions cruelles contre des gens qu'il redouta mal-à propos : car il est à remarquer qu'un Prince si soupçonneux n'eut jamais à craindre que Sejan, qui lui faisoit craindre tous les autres. Avec ces fausses mesures la cruauté augmentoit tous les jours; & comme celui qui offense, est le premier à haïr, les Romains lui devinrent odieux par le mal qu'il leur faisoit. Enfin il agit ouvertement, & les traita comme ses ennemis, parce qu'il leur avoit donné sujet de l'être.

L'esprit de docilité qui regnoit alors, faisoit endurer paisiblement la tyrannie. On souffrit la brutalité de Caligula avec une soumission pareille ; car sa mort est un fait particulier, où le senat, le peuple, ni les legions n'eurent aucune part. On souffrit la stupidité dangereuse de Claudius, & l'insolence de Messaline. On souffrit la fureur de Neron, jusqu'à ce que la patience étant épuisée, il se fit une révolution dans les esprits.

Tome I.   Z   Aussi-

Aussi-tôt on conspira contre sa personne Des conspirations particulieres on vint à la revolte des légions ; de la revolte des légions à la déclaration du senat. Peut-être que le senat eût pu rétablir la liberté ; mais déja accoutumé aux Empereurs, il se contenta de disposer de l'Empire. Les cohortes Prétoriennes en voulurent disposer elles-mêmes, & les légions des Provinces ne purent leur ceder cet avantage. La division se mêla parmi celles ci, les unes nommant un Empereur, les autres un autre. Ce ne furent que massacres, que guerres civiles; & jamais les esprits ne se trouverent dans leur véritable situation, si vous en exceptez le regne de quelques Princes, qui surent réünir les interêts que la fausse habileté de Tibere avoit divisés pour le malheur commun des Empereurs & de l'Empire.

SONNET.

SONNET. XLIX.

Qu'aviez-vous plus, Destins, à me faire endurer ?
N'aviez-vous pas assez éprouvé mon courage,
Et falloit-il encore par ce dernier outrage,
Pousser un malheureux à se desesperer ?

Je n'avois pas voulu seulement soupirer,
J'avois tout supporté sans changer de visage ;
Mais il faut repousser la rage par la rage,
Et contre vos rigueurs sans cesse murmurer.

Par vos ordres cruels l'amour & la fortune
Rendant sur mon sujet leur disgrace commune,
M'ont éloigné d'Iris, & chassé de la Cour.

Poussez jusqu'au bout votre mortelle envie,
Et ne me laissez pas la lumiere du jour,
Après m'avoir ôté les douceurs de ma vie.

A MADAME ***.

STANCES.

IL me souvient de mes plaisirs,
Je songe à Paris, à Valence;
Je pousse ici mille soupirs,
Et pour Lisie, & pour la France:
Je pense à tous momens, à ces aimables lieux,
Qui faisoient autrefois mes plus cheres délices:
Mais parmi tant d'ennuis, les plus cruels supplices
Sont les maux que me fait l'absence de tes yeux.

En vain le murmure des eaux,
Triste charme des solitudes;
En vain le chant de mille oiseaux
Veut flater mes inquietudes:
Rien ne peut soulager de si vives douleurs,
Soit que j'aille chercher le repos du silence,
Ou soit que je le trouve au recit des malheurs
Dont je souffre aujourd'hui l'injuste violence.

Quand nous étions en même cour,
Et que sur les bords de la Seine
Voir mon maître, & parler d'amour,
Etoit une chose sans peine,
Je voyois chaque jour tes innocens appas,
L'amour touchoit bien peu ma jeune fantaisie;
Et maintenant, helas! trop aimable Lisie,
Je t'aime, je me meurs, & je ne te voi pas.

O vous, race de gens d'honneur,

Petits

DE SAINT-EVREMOND.

    Petits Montresors (1) de campagne,
    Qui troublez tout notre bonheur
    Du chagrin qui vous accompagne :
Professeurs éternels de regularité,
Ne romprez-vous jamais votre morne silence,
Que pour nous alleguer quelque grave sentence,
Et nous faire sentir votre severité ?

    Meres, qui d'un esprit jaloux
    Voyez les charmes de vos filles ;
    Maris, dont on craint le courroux
    Aux plus innocentes familles,
Puisse arriver bien-tôt le terme de vos ans !
Veüille un Prince animé vous déclarer la guerre,
Et contraire à celui qui tua les enfans, (2)
Ne laisser ni maris, ni meres sur la terre !

Sur

(1) M. de Montresor se piquoit d'une regularité scrupuleuse & importune. (2) Hérode.

LI. *Sur la complaisance que les femmes ont en leur beauté.*

IL n'y a rien de si naturel aux belles personnes que la complaisance qu'elles ont en leur beauté : elles se plaisent avant qu'on leur puisse plaire : elles sont les premieres à se trouver aimables, & à s'aimer. Mais les mouvemens de cet amour sont plus doux qu'ils ne sont sensibles : car l'amour propre flatte seulement, & celui qui est inspiré, se fait sentir.

Le premier amour se forme naturellement en elles, & n'a qu'elles pour objet : le second vient du dehors, ou attiré par une secrete sympathie, ou reçu par la violence d'une amoureuse impression. L'un est un bien qui ne fait que plaire, mais toujours un bien, & qui dure autant que la beauté ; l'autre fait toucher davantage, mais il est plus sujet au changement.

A cet avantage de la durée qu'a la complaisance de la passion, vous pouvez ajoûter encore, qu'une belle femme se portera plûtôt à la conservation de sa beauté, qu'à celle de son amant, moins tendre qu'elle est pour un cœur assujetti, que vaine & glorieuse de ce qui peut lui donner la conquête de tous les autres. Ce n'est pas qu'elle ne puisse être sensible pour cet amant ; mais avec raison elle se resoudra plûtôt à souffrir la perte de ce qu'elle aime,

aime, que la ruine de ce qui la fait aimer.

Il y a je ne sai quelle douceur à pleurer la mort de celui qu'on a aimé. Votre amour vous tient lieu de votre amant dans la douleur; & de là vient l'attachement à un deüil qui a des charmes.

Qui me console, excite ma colere,
Et le repos est un bien que je crains:
Mon deüil me plaît, & me doit toujours plaire;
Il me tient lieu de celle que je plains. (1)

Il n'en est pas ainsi de la perte de la beauté. Cette perte met une pleine amertume dans vos pleurs, & vous ôte l'esperance d'aucun plaisir pour le reste de votre vie.

Avec votre beauté, il n'y avoit point d'infortune dont vous ne pussiez vous consoler: sans votre beauté, il n'y a point de bonheur dont vous puissiez vous satisfaire. Par tout, le souvenir de ce que vous avez été fera vos regrets; par tout, la vûë de ce que vous êtes fera vos chagrins.

Le remede seroit de vous accommoder sagement au malheureux état où vous vous trouvez: & quel remede pour une femme qui a été adorée, de revenir d'une vanité si chere à la raison! nouvelle & fâcheuse experience après l'habitude d'un sentiment si doux & si agréable!

Les dernieres larmes que se reservent de
beaux

---

(1) *Maynard dans l'Ode*] *sur la mort de sa fille.*

beaux yeux, c'est pour se pleurer eux-mêmes, quand ils seront effacés. De tous les cœurs le seul qui soupire encore pour une beauté perduë, c'est celui d'un miserable qui la possedoit.

Le plus excellent de nos Poëtes, pour consoler une grande Reine de la perte d'un plus grand Roi, son époux, veut lui faire honte de l'excès de son affliction, par l'exemple d'une Reine désesperée, qui se prit au sort, dit aux astres des injures, accusa les Dieux de la mort de son mari.

Qui dit aux astres inno cens
Tout ce que fait dire la rage,
Quand elle est maitresse des sens. (1)

Mais ne trouvant pas que l'horreur de l'impieté pût être assez forte dans une ame outrée de douleur, il garde pour sa derniere raison à lui

---

(1) Malherbe dans sa CONSOLATION à Caritée sur la mort de son mari. M. de S. Evremond croit que Malherbe fit cette Ode pour Marie de Medicis après la mort de Henri IV. Mais quelque belle que soit cette piece, le stile m'en paroît trop simple, & pour ainsi dire, trop familier pour une personne d'un si haut rang. Menage, dans les OBSERVATIONS sur les Poësies de Malherbe, prétend que cette Caritée étoit une Dame de Provence de grand mérite, & d'une beauté extraordinaire. Notez que M. de S. Evremond ayant vû cette Remarque, m'a dit que de son temps personne ne doutoit à la Cour, que Malherbe n'eût en vûë Marie de Medicis.

lui representer l'interêt de ses appas, comme s'il n'y avoit plus aucun remede à son mal que la consideration du tort qu'elle fait à sa beauté.

Que vous ont fait ces beaux cheveux,
Dignes objets de tant de vœux,
Pour endurer votre colere,
Et devenus vos ennemis,
Recevoir l'injuste salaire
D'un crime qu'ils n'ont point commis ?

Il pardonnoit aux femmes d'être impies, d'être insensées : il ne leur pardonnoit pas de s'être renduës moins aimables. C'est le crime dont il prétendoit avec moins de peine leur faire horreur. Les vouloir rappeller à la Religion, c'est peu de chose : leur mettre devant les yeux l'interêt de leur beauté, c'est tout ce qu'il s'imagine de plus fort contre l'opiniâtreté de leur deüil : il ne connoît rien au-delà qui soit capable de les guerir.

Pour connoître jusqu'où va cet attachement des femmes à leur beauté, il le faut considerer dans les plus retirées & les plus devotes. Il y en a qui ont renoncé à tous les plaisirs, qui se sont détachées de tous les interêts du monde, qui ne cherchent à plaire à personne, & à qui personne ne plaît, mais dans une indifference de toutes choses, elles se flattent secretement de se trouver encore aimables. Il y en a d'autres qui s'abandonnent à toutes sortes d'austeritez ; & si par hazard elles se regardent dans un mi-
roir,

roir, vous les entendrez soupirer de se voir changées. Elles font avec la derniere ferveur ce qui défigure leur visage, & ne peuvent souffrir la vûë de leur visage défiguré.

La nature qui peut consentir à se laisser détruire elle-même par un sentiment d'amour pour Dieu, s'oppose en secret au moindre changement de la beauté, par un mouvement d'amour propre dont elle ne se défait point. En quelque lieu qu'une belle personne soit retirée, en quelque état qu'elle soit, ses appas lui seront chers. Ils lui seront chers dans la maladie ; & si la maladie va jusqu'à la mort, le dernier soupir est moins pour la perte de la vie, que pour celle de la beauté.

Fin du premier Tome.

TABLE

TABLE
ALPHABETIQUE
DES MATIERES PRINCIPALES

Contenuës dans ce premier Tome.

On a mis une n. pour marquer lorsque les Chiffres se rapportent aux Notes, & non pas à l'Ouvrage même.

A.

Absences: Combien les absences sont insupportables à un cœur tendre. 69
Academiciens, Comedie. Quand elle fut composée. n. 3.
Alexandre (le Grand) mis en parallele avec Cesar. 154. & suiv. Quel étoit son principal but dans ses études. 156. Sa passion pour Homere & pour Pindare. *ibid*. Il fut superstitieux. 157. Il étoit moderé dans les plaisirs de l'amour. 158. Excessif à l'égard des plaisirs de la table. 159. Très-liberal. *là même*. Fort sensible à l'amitié. 160. Ce qu'auroit fait Alexandre placé dans les mêmes circonstances où se se trouve Cesar. 160. 161. Combien est admirable l'entreprise formée par Alexandre d'attaquer le Roi de Perse. 162. Fierté d'Alexandre où elle parut le plus. 163. Il est souvent en danger manifeste de perdre la vie. 164. L'étenduë de ses conquêtes fort surprenante, 165. Il a joüi paisiblement de son Empire. 166. Tous les Capitaines de son armée Macedonienne.

donienne comparez à lui, furent regardez comme des gens médiocres durant sa vie. Ce qu'ils furent après sa mort. *là même*. Alexandre est excusable d'avoir cherché son origine dans les cieux. *là-même*. Il ne donne pour raison que ses volontez. 167. Ses emportemens. 168. En quelles occasions il étoit dans son naturel. *là-même*.

Ame, son immortalité. Jamais homme n'en a été persuadé par sa raison. 119. 120. Sentiment de Socrate sur ce sujet. *là-même*. Ce qu'en pensoit Epicure. *là-même*. D'où viennent les contradictions d'Aristote & de Seneque sur l'immortalité de l'Ame. *là-même*. Sur cet article la Foi doit assujettir notre raison. 121. Un discours sur l'immortalité de l'ame a poussé certaines gens à chercher la mort. Quelle en peut être la cause. 121. 122. Ce qu'on fait en voulant se persuader de l'immortalité de l'ame par la raison. 122

Amour : Vive peinture d'un amour tendre & malheureux. 61. *& suiv*. D'un amour constant, quoique méprisé. 64. *& suiv*. Quel est le veritable objet de l'amour. 65. 66

Annibal, son caractere. 208. *& suiv* Si ce qu'il fit en Italie, doit être preferé à ce que Cesar a fait dans les Gaules. 209. Tâche de rendre Fabius suspect aux Romains, & de faire valoir Minutius. 211. Il ne sait pas profiter de sa bonne fortune. 214. Raison de cette foiblesse. *là-même*. Sa grande habileté dans la guerre mise dans tout son jour. 223. *& suiv*.

Apologie pour M. le Duc de Beaufort, attribuée mal-à-propos à M. de St Evremond. *n.* 55. Girard, le véritable Auteur de cette piece. *là-même*.

Auguste tâche à persuader l'utilité de ses ordres avant que d'en exiger l'execution. 242. Cache une puissance nouvelle sous des noms connus. *Ibid*. Consulte long-temps s'il doit retenir l'Empire. 243. *& suiv*. Trouve dans sa moderation la sureté de sa personne & de sa puissance. 247. Il n'avoit pas beaucoup de talent pour la guerre. 248. Dans le

Gouvernement

DES MATIERES.

Gouvernement, il conduisoit tout 250. Ne distinguoit point son interêt de celui du public. *là même.* Il avoit soin de recompenser le mérite. 250. 251. Il vécut familierement avec les Gens de lettres. 252. Souffrit sans peine la liberté que le peuple se donne de juger des affaires publiques. 253. Fut trop sensible aux desordres de sa famille. 255. Se laissa trop gouverner par Livie. 256. Combien son Regne fut doux. 257

B.

Baudoin : sa Traduction Françoise de l'Histoire que Davila a faite en Italien des Guerres Civiles de France, le plus supportable de ses Ouvrages. *n. 6.*

Bautru, (Guillaume) son caractere. 104

Boisrobert, (l'Abbé de) comment il s'insinua dans l'amitié du Cardinal de Richelieu. *n. 5.* Caractere de son esprit. *là même.* Accusé du vice de non-conformité. 6

Brun, (Antoine le) Procureur General au Parlement de Dole. *n. 39*

Brutus, (Lucius Junius) adroit à se servir des dispositions du peuple, après la mort de Lucrece. 175. Son caractere difficile à déterminer. 176

C.

Adeau, terme bourgeois. 39. 40

Camus, (Jean-Pierre) Evêque du Bellay, Auteur de quelques Romans pieux. 94

Car, en danger d'être banni de la langue. 35

Carthaginois, en quoi superieurs aux Romains du tems de la premiere Guerre Punique. 200. Leur mauvaise conduite durant la seconde Guerre Punique. 217

Cavalerie : Le bon usage en fut ignoré long-temps par les Romains. 184

Céfar.

César, son éloge. 154. Mis en paralelle avec Alexandre. 155. *& suiv.* A quoi se reduit l'amour qu'il avoit pour les Sciences. 156. 157. César Sectateur d'Epicure. *là-même.* Nullement devot. *là-même.* Amateur des voluptez qui le touchoient. 158. Exposé par cette raison aux railleries sanglantes du Poëte Catule. *là-même.* Le but de sa liberalité. 159. 160. Le caractere de son amitié. *là-même.* Bon mot contre Cesar. 158. Ce qu'auroit fait César, placé dans les circonstances où se trouva Alexandre. 161 *& suiv.* Par la seule bataille de Pharsale, il devint maître de cent peuples differens, que d'autres avoient vaincus. 166. Il fut le plus grand des Romains. 167. Il étoit adroit à justifier ses injustices par de specieux prétextes. *là-même.* Egal, & maître de ses passions. *là-même.*

Chagrin, combien il est ridicule de s'y abandonner. 132.

Chapelain, tourné agreablement en ridicule à l'occasion de la dureté de ses vers, & de la foiblesse de son genie. 17 *& suiv.*

Christine, Reine de Suede : Si elle fit bien de s'appliquer si fort à l'étude, & d'abdiquer sa Couronne. 105.

Cineas, Ministre du Roi Pirrhus. Son caractere. 197

Cœur : Description vive des transports de deux cœurs, pleins d'un sincere amour. 113

Colletet, Auteur du *Monologue des Tuilleries.* n. 12

Colomby, Parent & Disciple de Malherbe. n. 14. Quelle Charge il avoit à la Cour. *là-même.*

Condé, (le dernier Prince de) ce qu'il admiroit le plus dans Alexandre. 163

Coquette, son caractere. 101

Cotterie, Terme bourgeois. 39

Cour Sainte, Ouvrage de devotion, composé par le Pere Caussin, Jesuite. n. 94

Cour : Quand c'est qu'un honnête-homme a droit de mépriser la Cour. 98

Courtisans,

Courtisans, qui ne peuvent quitter la Cour, & se chagrinent de tout ce qui s'y passe, combien ridicules. 99. Conduite de la plûpart des Courtisans à l'égard des malheureux. 100

Crematius Cordus, nommé dans une Histoire Brutus & Cassius, *les derniers des Romains*. Comment Auguste reçut cette liberté, & ce qu'elle coûta à l'Auteur, sous Tibere. 254

D.

Dame engageante, son caractere. 111
Decies, ce qu'on doit juger de leur dévoüement. 195.
Délicatesse tyrannique. 241
Descartes: ce qu'a produit sa Démonstration d'une substance qui doit penser éternellement. 122
Des-marets, Auteur d'une Comedie intitulée *les Visionnaires*. n. 37
Deüil, il a ses charmes. 271
Devotes, Voyez *Femmes*.
Devotion, espece de tendresse, qui peut aisément changer d'objet. 138. La devotion demande moins de lumiere que de soumission à la volonté de Dieu. 142. Deux écüeils à éviter dans la devotion. *là-même*.

E.

Ecoles de Theologie; question ridicule qu'on y fait sur l'Existence de Dieu. 148
Epicure, sa Secte la plus en vogue à Rome. 151. 152
Evremond, (Saint) On lui offre en Normandie le commandement de l'Artillerie. 49. Sauve l'armée du Duc de Longueville. n. 52. Idée de quelques-unes de ses qualitez. 60. S'il a raison de croire que Malherbe avoit en vûë Marie de Medicis, dans sa *Consolation à Caritée*. n. 272.

Fabius

TABLE

F.

Fabius (Quintus), son caractere. 215

Fabricius, s'il doit être fort loüé de son peu d'amour pour l'argent. 193. 194

Favoris, quels sentimens on doit avoir pour les favoris. 103

Femmes, leur penitence ordinaire. 138. Differens motifs qui les portent à la devotion. 139. Leur caractere particulier paroît presque dans leur devotion. 140. Femmes devotes, moyen de bien juger du merite de leur devotion. *ibid. & suiv.* Quelle perte est plus sensible aux femmes. 271. Moyen de connoître jusqu'où va leur attachement à la beauté. *la même, & suiv.*

Feüillantines, espece de chansons galantes, pourquoi ainsi nommées. *n.* 93

G.

Gassendi, son éloge. 156

Gaules, leur état lorsque César en fit la conquête. 164

Germanicus devient suspect à Tibere, pour lui avoir rendu un grand service. 258

Girard, Auteur de l'*Apologie pour le Duc de Beaufort*. *n.* 55.

Godeau, le caractere de son esprit. 5. Son *Benedicite*, une de ses meilleures pieces. *n.* 8

Gombauld, son caractere. 6. Il étoit Protestant. *n.* 36

Gomberville, son antipathie pour le mot de *Car*. *n.* 35

Gournai (Mademoiselle de), fille d'alliance de Montagne, dont elle a publié les *Essais* corrigez, avec une Préface de sa façon. *n.* 24 Se declare pour les expressions surannées. *la même.*

Gracchus, son caractere. 235. *& suiv.*

Grece, la source du savoir & de la politesse. 151

Guerre ; la science de la guerre passe d'une Nation à une

une autre. 189. Quel fut le veritable sujet de la première guerre de Carthage. 200

H.

Hobbes, son éloge. 148. A quoi il attribuoit la division des Chrétiens. *là-même*.
Hommes, ce qui les a portez à se joindre en societé. 195.
Honnête-homme, l'Honnête-homme prend un juste milieu entre la bassesse & la fausse generosité. 102.

I.

Jars, (le Commandeur de) son caractere. 104. & *suiv*.
Immortalité de l'ame, voyez Ame.
Indolence agreable, ce que c'est. 133.

L.

Lavardin, Evêque du Mans, caractere de son genie. 107.
Lettres, Dispute pour & contre les Lettres. 104. & *suiv*. Alexandre & César les ont aimées. 155.
Belles Lettres, leur utilité. 151. 152.

M.

Malherbe, tour ingenieux dont il se sert pour consoler une grande Princesse de la perte de son époux. 271.
Mathematiciens, fort utiles. 150.
Mathematiques, fort penibles. *là-même*.
Mecenas, excellent avis qu'il donne à Auguste. 254.
Milon, Ministre de Pirrhus, son caractere. 197.
Minutius, (Marcus) son caractere. 213. & *suiv*.
Monde, il est composé de deux sortes de gens. 149.

TABLE

Tant qu'on est engagé dans le monde, il faut s'assujettir à ses maximes. *là-même.*

Monologue des Tuilleries, Piece en vers composée par Colletet. *n.* 12. L'estime qu'en fit le Cardinal de Richelieu. *là-même.*

Morale, son utilité. 151

Mort, méditation d'une mort concertée, souvent déraisonable & peu sincere. 127. Ce qui seul peut diminuer l'horreur de la mort. 128

N.

Naturel sauvage & libre, ce qu'il est propre à produire. 177

O.

Olonne, (le Comte de) de quelle Maison il étoit. 104.

Olonne, (la Comtesse d') ses perfections & ses bonnes qualitez 72. 73. Ses défauts. 74. 75. De quelle Maison elle est. *n.* 72

Ovide, quelle fut la cause de son exil. 255

P.

Parthes, redoutables à la Republique Romaine, lorsqu'elle étoit dans sa plus grande puissance. 165.

Passion, vieille passion, miserable vertu, tournée en ridicule. 97

Penitence, caractere de la penitence ordinaire des femmes. 138

Peuples, leur origine ordinairement fabuleuse. 172 173.

Philosophie, combien douteuse & incertaine. 149

Plaisirs, comment il faut joüir des plaisirs presens. 130. Délicatesse dans les plaisirs, son usage. *là-même.* Objets de nos plaisirs, leurs effets. 130. Les

Gens

DES MATIERES.

Gens qui ne songent qu'à leurs plaisirs, plus humains & plus accessibles que ceux qui ne pensent qu'à leurs affaires. 100

Politique, ses usages. 152

Porcheres-d'Arbaud, Intendant des plaisirs nocturnes. 15.

Précieuse, son caractere. 110. & *suiv*. En quoi une précieuse fait consister son plus grand mérite. 112

Protestante, si un mari est à couvert de tout accident avec une femme Protestante. 125

Pirrhus, son caractere. 198. & *suiv*.

R.

Reformateurs du Genre humain. Leur sagesse est inutile dans le monde 100. Ils ont leurs interêts particuliers en vûë. 101. Combien ils sont dangereux. *là-même*.

Religion Reformée, elle est aussi avantageuse aux maris, que la Catholique est favorable aux Amans. 123.

Renti, (le Marquis de) Ce qui fut la cause de sa mort. *n*. 94. Sa Vie écrite par le Pere de S. Jure, Jesuite. *là-même*.

Romains, ils étudioient de bonne heure la politique. 152. Ils aimoient passionnément les Belles-lettres. *là-même*. Ils ont eu la vanité de se croire descendus des Dieux. 171. Dans les commencemens de la Republique, Voisins violens, étrangement capricieux, & rustiques. 178 Ce qu'on doit juger de leur frugalité, de leur moderation, de leur éloignement des plaisirs. 179. De leurs premieres guerres. 180. Caractere des Romains des premiers siecles. 181. En quoi les derniers Romains ont différé des anciens. *là même*. Cause des éloges excessifs donnez aux anciens Romains. 182. Jusqu'où les Romains portoient la jalousie de la liberté. 185. La constitution de leur Gouvernement les empêchoit de donner toû-

jours le commandement de leurs armées aux plus habiles Chefs. *là-même*. Ils étoient peu habiles dans l'Art militaire, du tems de la premiere guerre Punique. 189. Leur courage & leur fermeté leur tenoient lieu de tout. 200. D'où venoient les grands avantages qu'Annibal remporta sur eux. 202. 203. Leur desinteressement, quand Pirrhus passa en Italie. 191. Leurs mœurs se corrompirent après la premiere guerre Punique. 201. 202. Leur conduite à l'égard des Carthaginois, mal entenduë. 202. 203. Les Romains n'eurent jamais tant de grandeur, tant de veritable mérite, que du tems de la seconde guerre Punique. 206. Ils furent après cela plus attachez à leur interêt particulier, qu'à celui de la Republique. 226. Quel étoit le genie des Romains lorsque Tibere parvint à l'Empire. 258. Leur condition malheureuse sous les Empereurs après Tibere. 264
Rome, quel usage on y faisoit de la Philosophie. 152. Son enfance a duré autant qu'elle a été gouvernée par des Rois. 172. Ses Rois ont eu des talens particuliers, qu'ils ont pris plaisir à cultiver. 175. Cette diversité de talens est la cause du peu d'accroissement de Rome sous les Rois. *là-même*.

S.

Sagesse, à quel usage elle nous a été principalement donnée. 127. Son peu d'utilité parmi les douleurs, & aux approches de la mort. *là même*.
Sciences qui touchent le plus les Honnêtes-gens. 151
Scipion l'Africain, son caractere. 228. *& suiv* Exposé à l'envie, il se bannit de Rome. 230. 231
Sidias, Heros d'un petit Ouvrage de Theophile. *n*. 107.
Socrate, n'étoit pas bien sûr de l'immortalité de l'Ame. 120. L'inutilité de sa sagesse à l'approche de la mort. 121.

Tambonneau

DES MATIERES.

T.

Tambonneau, (le Président) raillé, parce qu'il faisoit le difficile sur la bonne-chere. *n.* 86
Tarquin le Superbe, son caractere. 175
Théologie, à qui convient seulement. 147
Tibere, son dessein le plus caché, mais le plus suivi. 258. Un grand mérite lui étoit suspect. 258. 259. Il agit ouvertement en Tyran sanguinaire, 260. Tout lui fait ombrage. 259. 260. La vie lui devient onereuse. 262. Il fut la cause de tous les desordres des Regnes suivans, 264
Turenne, (le Vicomte de) donne un conseil qui sauve la France *n.* 223

V.

Vermeil, (la Comtesse de) Maîtresse imaginaire de Chapelain. *n.* 17
Vivre, moyen de vivre heureux. 252. *& suiv.*

Fin de la Table du premier Tome.

www.ingramcontent.com/pod-product-compliance
Lightning Source LLC
Chambersburg PA
CBHW071409230426
43669CB00010B/1497